清沢満之と哲学

清沢満之と哲学

今村仁司著

岩波書店

序文

私が本書のなかで清沢満之の仕事に注ぐ関心のありようと、その関心がよってきたる立場について、ごく簡単に述べておきたい。

私は社会哲学的観点から清沢満之の思想に関心をもち、その観点から彼の全仕事に接近する。本書は、清沢満之のテクストのなかの思想的・理論的内容にのみ関心を集中するのであるから、本書では清沢満之の伝記的事実はすべて脇に置かれる。すでに優れた伝記や評伝が存在するのだから、彼の生涯に関してはそれらの諸研究に委ねることにする。

ところで、こうした接近には研究上の限界がある。仏教者清沢満之の思想は、哲学の範囲に限定して取り上げる場合ですら、およそ「社会」哲学とはかけ離れているようにみえる。私の関心は、清沢満之の思想とは触れ合わないかにみえる。しかし原理的な場面では予想以上に触れ合うのである。

私の社会哲学的関心の中心は、もっとも抽象的で原理的な場面では、社会形成の条件が「無限者」(特定の個人的身体に受肉すると民衆によってみなされる)の産出であり、有限者と有限者との関係が無限者によって媒介されることにある、という論点にあった(拙著『排除の構造』ちくま学芸文庫および『暴力のオントロギー』勁草書房、を参照)。他方、清沢満之の仏教的信念の成立は、有限な個人の孤立的な、そして「自力的」な努力によるのではなくて、無限者による「媒介」(浄土門仏教における無限者による摂取不捨をそのように解釈したい)にある。私の場合は、具体的な現実の社会形成(複数の人間たちの「社会性」の成立)が問題になるが、清沢満之の場合では、信念の獲得という精神的な旋回が問題になる。二つの場面は、たしかに異なるが、しかし現世内人間の存在構造からみれば、同じ事態の別々の現われである。現世内人間は、どの領域で行為しようと、身体的・欲望的に行為しようと、精神的・観念的に行為しようと、またそれが完全であろうと不完全であろうと、正常であろうと転倒していようと、とにかく世界のなかで人間と事物が交渉しつつ、特定の領域で特定の目的を成就するべく行動するとき、人間は自覚するしないにかかわらず、無限としかよびようのない「何ものか」を導入したり、それに対して特異な交渉をしたり接触したりするのである。

無限なるものについてどのように定義するかは、理論的にはやっかいで困難なところがあるが、それを一応ここでは無視して語るとして、ともかく有限な人間の行為が無数にあるなかで、有限な行為では決着がつかない問題に直面する。有限世界内の問題は、必ずや無限を通過するのである。真実の無限であるか、疑似的無限であるかは、この際はどうでもよい。真実か疑似かにかかわらず、人間は無限とよぶほかないような何ものかを必要とするのである。まさにこれこそが私の関心であり、同じ関心を私は清沢満之の仕事のなかに見たのである。

私は社会哲学的関心を語ったが、私の主たる理論的関心は本書においては「有限・無限」論にあるのであって、必ずしも清沢や仏教一般のなかに社会哲学そのものを求めるのではない。仏教のなかには、現代のわれわれが考えるような「社会性」の理論(具体的には、経済や政治に現われる社会性)は存在しなかったし、またその必要もなかったのであろう。とはいえ、仏教のなかには一種の「他者問題」がかなり抽象的な形式をおびて存在してきた。そのような他者問題の仏教的処理のなかに、望むなら社会性の哲学的探求の可能性が芽生えていたとみなすことができる。私見では、清沢満之の仕事のなかに、可能性として潜在する他者との関係の理論を開発する第一次着手を見ることができる。少なくとも私は、清沢満之の有限無限論や有機組織論のなかに、社会性の原理的展開のための示唆を汲み取りたい。

しかし本書は、最初の関心を社会哲学に置くとはいえ、だからといって本書は清沢満之の「社会哲学的」研究ではない。社会性への問いをはるかに越えて、清沢および仏教と哲学との出会いがどのように展開するのか、そしていかにして清沢がこの出会いを通して仏教のなかから厳密に哲学的諸要素を発展的に汲みだし、引き伸ばしていくのか、を見定めたいと思うのである。

本書の第一部「清沢満之の基本構想」は、清沢の哲学的著作のなかにある主要概念を中心にして、彼の基本構想を可能なかぎり忠実に再構成する試みである。

第二部「基本構想の展開」は、第一部に登場する種々の着想を、清沢の思索を踏まえつつも、ある程度まで彼から独立して私の解釈を提示しつつ、仏教一般に関しても清沢哲学に関しても、そのなかに散種されている展開可能な内容をできるだけ顕在化させ、引き伸ばしていく試みである。清沢の用語を使用していえば、これは「他力門哲学」の展開の試みともいえよう。それは、結局は、清沢満之の哲学的思考を追思考したり、その内容を分析的に考察したりしつつ、可能なかぎり現代の思想的言語に移しかえる努力でもある。当然のことだが、こうした取り組みへと誘う独自な内容が清沢満之のなかにあるからである。

目次

第一部　清沢満之の基本構想

序説　清沢満之研究の方向と目的

はじめに

これまでの清沢研究は、彼における宗教者と求道者としての側面に格別の関心を寄せてきた。それは仏教思想家としての清沢満之に迫るためには当然の態度であった。しかし、そうした態度が過度に強調されるあまり、哲学者としての清沢の側面についての深められた研究はほとんど手つかずのままに放置されてきたように思われる。清沢満之は、卓越した仏教者であるばかりでなく、さらに近代日本における最初の哲学的思索者でもあった(ここでいう哲学とは西欧的意味での哲学に限定して使用する)。彼は西欧哲学の中心的で核心的な問いと問題を鋭く嗅ぎとり、それを厳密に概念として定式化する才能をもっていた。ギリシア・西欧の哲学史に精通し(明治時代前半という時代を考慮すると、驚くべき研鑽というべきである)、それをふまえて哲学が何を考えるべきか、哲学が何に直面して問いを発し、その問いにどう答えるのか、その道筋を根拠をもって言語的に表現するすべを心得ていた。また自分が西欧の哲学者のなかでも誰の仕事により多く共鳴するかをも、はっきりと表明していた(例えば、ヘーゲル)。とはいえ、清沢は、西欧哲学の研究者に甘んじたのではけっしてない。彼の主要な究極の関心は、仏教にある。彼は西欧哲学の言語をもって、より正確には清沢的に改作された哲学的言語をもって、仏教的精神または仏教に内在する思考をいわば再発見し、語り直し、仏教の哲学的可能性だけでなく、仏教的信念(または信知、信と知との合一としての智慧)の本質を解明しようとしたのであった。彼の基本的な問いを言い直してみよう。

どこに哲学の課題を置くべきか。

どこに宗教的信念の領域が成立するのか。

いうまでもなく、一方の推論的で理性的な哲学と、他方の宗教とは、次元を異にする。理性的な行為と宗教的行為との根源的な差異をまずは解明しなくてはならない。さらに理性と宗教との関わりがあるとすれば、それはどういう関係か。こうした問いは清沢が自分に提起したものである(英語版『宗教哲学骸骨』の序論「宗教と科学」『清沢満之全集』第一巻を参照)。哲学的言説の、一般に論証的理性の、境界と限界がどこにあるか。理性の限界を越える領域を哲学はどこまで、どのように語ることができるのか、または語りえないのか。こうしたことを厳密に首尾一貫して語るのが、前期清沢の哲学的仕事の中心的課題になる。哲学的思考の極限とその彼岸をめぐる諸問題を自己自身の精神につきつけること。ここから近代日本の哲学的精神が開始する。

一　仏教と哲学

仏陀の学(Bouddho-logie)

清沢が近代仏教史のなかで開拓したのは、事実上は、仏教「神学」(西欧のキリスト教神学からの比喩でいえば)である。すなわち仏陀の学、仏性の学(ブッダの概念＝ロゴス)である。「神」、世界、人間の主題に即して考えてみよう。哲学は「自己とは何か」を問うときに、「人間と世界の関係」または「世界のなかの人間」をも問いつつ、とりわけそのように問う自己＝理性を練り上げつつ、人間と世界の関係を考える。世界の全体性を、その組立て(組織化)の論理を探求しつつ、同時に世界のなかの自己のありかた(存在様式)を探求する。西欧では、プラトンからヘーゲルに至るまでの道は、世界と人間との関係のなかで、自己と世界の関係づけ(組織化)を、首尾一貫して語る(自覚するかぎりで有意味な言葉をもって可能なかぎり矛盾なしに語る)ことであった。

その途上において、とくにプラトンの場合のように、後の時代に「神学」と呼ばれる思想の型に類似する思索に入り込むこともあった。すでにプラトンは『ティマイオス』のなかでデーミウルゴスとしての神を設定していて、それはすでに原＝神学の開始であった。あるいはアリストテレスのように、有限的で時間的な世界に対する超越者を除去して、有限存在のみに哲学的語りを限定することもあった(ただし、アリストテレスの場合、有限的時間的世界のなかに一種の超越的永遠的存在を「動物的種」として導入するかぎりでは、まだプラトン的超越を残している)。西欧哲学史のなかには、哲学を語りながら「神学」になるタイプ(プラトンのタイプ)と、神学なき哲学に徹するタイプがある(アリストテレスのタイプ)。哲学史のなかで、「哲学」と「神学」との事実上の抗争があった。最後には、この矛盾を取り除いて、神学なき哲学に純化させた最後の形態がヘーゲルの哲学である(ヘーゲルの「精神」を神として解釈しないという条件で)。近代において、超越存在の除去の課題は、カントにおける「物自体」をめぐる論戦の歴史があり、それがドイツ古典哲学(ドイツ観念論)を舞台として密度の濃い仕方で展開したことは周知の通りである。ヘーゲルにおいて、人間とそれがそのなかに存在する世界との関係だけ(超越存在なしに)が中心になる。概念的にいえば、有限な世界の全体性と、同じ有限な「人間的自己」の関係、つまり有限な自己が全体(やはり有限な)を知りつつ、同時に完全に自己を意識し、そうすることで全体と自己とが一致する状態が到来する。これが『精神現象学』(第八章)におけるヘーゲル的絶対知の状態であり、『論理学』の用語でいえば絶対知の極限は概念の「理念」にあたる。

西洋の伝統的神学は神と人間との関係を中心に展開する。神による啓示が議論の中心である。神による世界の創造論は、宗教的信仰にとっては一次的であるが、人間的思考にとってはある意味では二次的である。「二次的」というのは、人間の側から見て魂への神の啓示が第一次的であり、啓示を受け取る魂すなわち人間の創造や世界の創造は結果的に(事後的に)議論されるからである。神としての超越存在は、信仰と啓示を必然的に要求する。

仏教の仏陀学においても、形式からみれば、事情は似ている(似ているだけで、同じではない)。中心の議論は、仏陀と個人的魂との関係、つまり浄土門では阿弥陀仏の恩恵(慈悲)による人間の魂の安心と平安、すなわち救いが中心である。ただし西欧の神学との差異があるとすれば、その差異は、仏陀による「世界創造」の議論は仏教にはないという点にある。仏教においては、世界も人間もつねにすでに「ある」。仏教では、世界や人間は無から創造されたのではない。それらは始めもなく終わりもなく「実在している」。阿弥陀仏による「慈悲と救い」もまた「つねにすでにある」。これを清沢は「顕在性」と呼ぶ。この特徴づけは決定的に重要である。

前期清沢は、宗教哲学の形式をもって、哲学による宗教の解釈を試みた。彼においてアクセントは哲学に置かれているが、哲学を通して宗教に至る道——おそらくは質的な断絶と不連続を通してであるが——を探求していたといえよう。けれども後期清沢は徐々に哲学一般ではなく、仏陀学そのものを純粋に追求するようになる。哲学的な語りを最後まで残すとしても、後期清沢にとって議論の中心が哲学から仏陀学へと移動していく。世界の存在論的構成の問題は背後に退き、個人と阿弥陀との関係のみがすべてになる。阿弥陀の慈悲と個人の信心(無知と悪を自覚し、そこからの目覚め)が仏陀学を成立させる。哲学は非＝理性的な(理性とは違うという意味での)信念を直接にも間接にも「語る」ことはできない。宗教的経験の「非合理的な、不可－思議な」性格、ありえないようにみえてやはりある経験を理性的形式を借りて語る、あるいは原理的に人間の有限な理性をもっては「語りえないもの」をあえて語るのが仏陀の学である(「借用」の問題は重要である。それが清沢の言う「比喩」の問題である。『宗教哲学骸骨』中の「比」の概念を参照)。そのように清沢の思索の進捗を受けとめることができる。

知を介在させない行為が信念(信心)であるが、信念のなかにあるかぎりは、人間は知的には何も「語る」(ロゴス的に語る)ことはできないし、その必要もない。しかしひとたびその信念について「語る」ことをはじめるとき、それはすでに信念から距離をとっており、すでにある種の「知的行為」である。

理性的ではけっしてない不可－思議な行為を、哲学はその理性的な本質によって「語る」ことはできない。西洋の神学はもとより(有神論的に)、仏陀学は(無神論的に)理性と知性の限界を越えるような「何ものか」を語ろうとする。カントは理性のこのようなはみだしを批判し、現象界と物自体を峻別し、理性の範囲を確定した(同時にカントは理性を越える超越存在を真実に矛盾しないで語る可能性を「あたかも真実であるかのように」実践理性として語りうる余地を残した)。

仏教は原理的に無神論的であるけれども、その宗教的態度は、信念であるかぎりはいわば「物自体」であり、「それ」について「語る」ときには知的形式をとるほかはない。これが仏陀の学の役割である。近代的な意味での理性の原則から見れば、自己矛盾をおかすのだが、信念する人間が同時に語る人間であるかぎりは、自己の信念を語ることを止めるわけにはいかない。しかしそのとき信念「について」語ることは信念から距離をとっているし、近代的な意味での理性形式にのせて信念の「何であるか」(本質)を語るほかはない。理性の観点からは自己矛盾にみえても、信念「についての」語りは、その矛盾に耐えるほかはない。問題は、信念の現実の経験と、「それについての語り」の差異とずれと矛盾を自覚しているかいなかである。普通は、この論点をなおざりにして、ひとは宗教ないし宗教経験について杜撰に語りすぎる。しかし清沢はこの問題点を実にするどく理解していたし、ある意味では、彼はこのずれの意識を媒介にして、哲学的思索を深めていくし、そして後期に至って仏陀の学を再建するべく「精神主義」を実行していたのだといえよう。

かえりみれば、法然と親鸞は、浄土門の仏陀学の開拓者であったといえる。彼らは、宗教者であることに甘んじないで、さらに仏陀についての「知的語り」の日本における創造者でもあっただろう。「神秘的」(mystique)で不可思議な宗教経験についての知的語りがもつ「逆説」を真実に深いところで自覚しているものだけが、仏陀の学のあやうい性質をよく理解している。釈尊にせよ、法然や親鸞にせよ、彼らが純粋に宗教的経験にとどまるなら、彼らはあえて「語る」必要はなく、沈黙に徹してよいのである。なぜなら、神秘的な宗教経験は、けっして伝達できないのだから、かりに語るとしても原理的には内容からずれていくであろうし、結局はその語りは「騙り＝嘘」になるからだ。しかしこの不可思議な経験を「語る」とき、あるいは語ることを余儀なくされるとき、どのような「語り」が可能なのか、知的形式を借用するにしても、その形式の「本性」は何なのか。これこそが、まさに問われているのである。過去の論師たちは難解な理論書を書いている。彼らの「書物」とはどういう書物なのか。宗教経験の神秘に生きるなら、「語る」必要はないし、ましてや理論語で満ちた知識人のスタイルをもつ書物を書く必要はない。しかしなぜ、例えば龍樹（ナーガールジュナ）や世親（ヴァスバンドゥ）あるいは法然や親鸞は書物を書いたのか。余計なことではないか。もし余計でないのなら、彼らの「書物」の意味は何なのか。

おそらく清沢は、この問いを引きうけたに違いない。親鸞のなかにある「理論的語り」の意味を掘り起こし、それの独自の意味を再建したのである。清沢は親鸞の仏陀学の再建者になった。おそらく清沢の考えでは、仏教における仏陀の学の再建なしには近代仏教は蘇生することはできないと思われたのだろう。仏教の純粋な「宗教性」を回復し甦らせるためには、信心・信念の必要を空虚に公言するだけではまったく無力である。なぜ信心・信念が近代の人間に必要なのか。これを説得的に「語る」のでなくてはならない。近代はある意味では信心の不必要な時代である。科学や技術が疑似宗教になる時代である。これと対決するのでなくてはならない。なぜ近代において純粋な、「神秘的」で不可思議な宗教的経験が必要であるのか（実用的な意味ではなく）、そればかりでなく人間存在の内部から切迫的に要求されてくるものであるのかを、ある種の知的形式をもって語らなくてはならない。これが仏陀学の使命なのである。

清沢の観点からいえば、仏陀学の「語り」を再建する、あるいは親鸞のなかにあった仏陀学の可能性を発掘することを通してしか、仏教は文字通り「仏陀の教え」（仏智）として再生しない。あるいは仏教は、仏陀学の新しい構築によって、あらためて智慧の教えの資格を獲得するだろう。哲学自体ではなくて、いわんや科学ではなくて、仏陀学こそが、仏教を救うのである。この清沢の構想は、日本近代史のなかで忘れ去られてしまったのではないだろうか。いまでも忘却されたままであるのではないだろうか。もしも浄土門のなかですら忘却されているのだとしたら、清沢の先駆的仕事をあらためて考え直し、彼を忘却から救いださなくてはならないのではないのか。聖者伝説的な名前ばかりを記憶するのではなくて、彼の真実の宗教哲学・他力門哲学的精神をこそ記憶するのでなくてはならない。

コスモロジー（宇宙論または世界論）とブッドロジー（仏陀学）

仏教のなかには、コスモロジーが優越して存在するが、ブッドロジー(仏陀学)はコスモロジーのなかに潜在しているにすぎないか、あるいはそれ自体としては課題にされていないようにみえる。この関係についていささかの考察を加えておこう。

仏教の宇宙論は、浄土/穢土、極楽/地獄、光(光明)の世界/光の不在の世界(無明)などの区別があるし、とくに現世の汚れと悪についての詳細な描写は(『往生要集』のように)多々あった。五濁悪世《ごじょくあくせ》としての現世と、それとは本質的に異なる理想の世界という二世界論が仏教の宇宙論である(西洋の宗教でも基本的に同じ)。現世がなぜ汚れているかの理由は、結局は煩悩に帰着する。(この点でも言葉遣いと実存的気分の違いを除けば、おそらくはユダヤ＝キリスト教あるいはイスラムでも同じかもしれない。)その観点から、現世拒否の倫理が生じる。現世拒否がなぜ要求されるかは、現世における生活が煩悩/執着する欲望を中心に組織されていて、したがって現世への執着的態度(執着するがゆえに肯定的な態度)に満ちており、まさにそのゆえに現世的ありかたとは違う世界がありうること(これは「彼岸」という空間的比喩で表現される)を忘却させるからである。現世拒否あるいは現世軽蔑は、洋の東西を問わないで共通する。現世拒否を要請する現世超越の根拠を知的形式で語るときに、神学が成立する。こうして神、世界、人間の三部門の関係が思索の中心になる。しかし仏教は神としての超越存在を認めないから、西洋的な三部門はありえない。では、前述の二世界論は認めるのだろうか。

一見したところでは、仏教でも彼岸という比喩を文字通りにとるなら、二世界論的である。しかし仏教では彼岸は比喩以上のものでなく、彼岸の比喩で指示される内容は実際には此岸に内在するのだから、仏教では実質的にはひとつの有限な世界が現実に存在するだけである。だからこそ、仏教においては、有限な人間が「語る存在」として実存する「この世界」が決定的に重要であり、仏教の学的探求は有限世界に集中する。ここに仏教の超越なき哲学という特質が生じる。だが仏教は、この有限な世界の内部において「無限的なもの」をも探求し、それの自覚のなかに完全な満足を求める。この点で、仏教は西洋的無神論と本質的に異なる。その相違は、無限者がたんなる無ではなくて、語りえざる充実とみる態度にある。要するに、仏教では、有限世界と無限がひとつであり、無限を超越的存在にしないのである。喩えていえば、有限世界の円と無限の円が完全に重なり、一重になるのである。有神論の有限と無限を、時間と永遠を実体的に区別し、二世界論を作る考えかたと対照させてみれば、仏教の独自性はいっそう明らかになる。目覚め論はこの「有限と無限のひとつの円」の自覚にある。浄土門における阿弥陀仏による摂取不捨の論理もまた、仏教におけるこのような世界論に基づくだろう。

したがって、仏教においてなぜ「世界論／宇宙論」が必要なのかを自覚する必要があるだろう。この現世とそのなかでの人間の存在を厳密に語ることは、宗教的経験にとっては回り道であるが、この回り道が「神秘的」な宗教的態度(信念)の深い意味を消極的に開示するからである。仏教の古典のなかに潜在する宇宙論的語りの回復を目指したのが、清沢の仕事であった。

二　清沢満之における前期と後期

清沢満之の前期

前期清沢という呼称は、まずは『宗教哲学骸骨』の清沢をさす。これは哲学と宗教の両立または相互補完を語る。「両立」とは、哲学と宗教が一致することを意味するのではなくて、反対に、宗教(無限への信念)は原理的に哲学を越えるものであるとしても、哲学は無限の信念に至る筋道を明らかにし、理性の可能な範囲を限定することで、仏教的信念の可能性を一層明白ならしめる。

世界(現世)の因果律的認識(哲学)は無限の信知に至る回り道である。世界の構造を形而上学的に知ることを通り抜けて、それとの対照関係のなかで、無限の何であるかを知ることができる。この知はあくまで理性の知であり、哲学的な概念的把握であって、それ自体はまだ信念ではない。しかし概念的知の極限において、学的知と信念はみえない境界線で接触する。この境界線上での接触は、後で何度も言及するように、逆説的な接触であり、それを生きるなかで無限内包摂の信念が獲得される。学知から信念への移行は、忽然として生じるのであり、有限な思考を越える意味で「不可‐思議」というほかはない。だからその移行の個人的経験についてはけっして理性的には語ることができない。とはいえ、学知はこの信念の成立の瞬間まで人々を「導く」という意味で、仏教において不可欠な仕事である。それは知的な求道であり、それを仏教におけるフィロソフィア(智慧を求める学知の道)とよぶことができる。

この意味で清沢満之はギリシア＝西洋的フィロソフィア(哲学)を仏教のなかに導入し、その用語を厳密に使用するのである。清沢において、「世界」論は『骸骨』の用語でいえば、有機組織論(英訳版の用語では「有機的構成」論)である。清沢の言う世界の「有機的構成」の知(形而上学的宇宙論)は、無限の信念への通路を切り開く。無限に接近する通路がない、あるいは通路の自覚がない主観確信は妄想であり妄念である。仏教的覚醒または正覚が万人に妥当するという意味で真実であると「言う」ことができるためには、無限への接近通路が学的に用意され、誰もが理性を使用できるかぎりではその道を通り抜けることできると証明するのでなくてはならない。信念は学知の道(知的求道＝哲学)によって保証される。

とはいえ、学知だけで無限の信念(無限内包摂の確信)が得られるのではない。人間的理性は不完全であり、それだけで無限に達することは原理上できない。学知は一種の案内者であり、信念獲得の門前まで導くにすぎない。信念の門を潜り抜けるのは、理性的知の仕事ではなくて、別の精神の仕事である。それをどのような名前でもよぶことができるが、仏教では正覚(目覚め)とよび、浄土門では信知とよぶ。まとめて覚者の智慧とよぶこともできるだろう。言い換えれば、哲学知の「完成」は、無限の何であるかを指し示すことを通して、仏教的信念との繫がりを解明する。ある意味では哲学知の「完成」は仏教的信念によって「成就」されると考えられる。哲学の根底にも信念があると清沢が言うとき、その意味することは以上のことではないだろうか。これに関して清沢満之の言葉を引用しておこう(英語版から引用する)。

四　理性と信念の関係

> それでは宗教はその領域内で理性の使用を拒否するのであろうか。けっしてそうではない。その基本的特質は信念であるとはいえ、宗教は、宗教自身の奥底から湧きあがる数々の疑いを説明し、かつ消し去るに際して、理性の奉仕をけっして拒否するものではない。いやそれどころか、時によっては理性は宗教にとって不可欠ですらある。……われわれは宗教が信念にもとづくと主張したが、それは宗教が理性をよせつけない(*unreasoned*)とか不条理な(*unreasonable*)信念を要求するという意味ではない。それどころか反対に、理性の命題と信念の命題という二つの命題がある場合、われわれはむしろ信念命題よりも理性命題を採用するべきである。というのは、真実の命題は理性にとっても信念にとっても真実であり、理性の命題は他の理性の命題によって訂正されるが、信念の命題はこのような訂正の手段を欠いているとわれわれは確信するからである。けれども、理性の本性が不完全であること、すなわち理性はどれだけ命題を連ねても不完全であり、ひとつの命題は他の命題に際限なく(*ad infinitum*)結びついていたり依存したりすることを銘記しなくてはならない。だから誰であれ理性だけに頼るなら、宗教的信念という堅固な安住の場所に至りつくことはできないだろう。（英語版『宗教哲学骸骨』『現代語訳 清沢満之語録』岩波現代文庫、七―八ページ。強調は原文通り。『清沢満之全集』第一巻、岩波書店、二〇〇二年、一四五―一四六ページ。以下、『現代語訳 清沢満之語録』は『語録』と略記。岩波書店版『清沢満之全集』は『全集』と略記し、巻数は第一巻なら『全集一』のように記す。ページ数は両者とも漢数字で示す）

してみると、哲学から宗教への非連続的展開という考えかたは、理性の仕事の「完成の条件」を絶対無限者の信知に見るのであるから、清沢はそれによって仏陀の学を事実上主張していることになる。清沢の言う「宗教哲学」は、哲学的な宗教論というよりも、仏陀学の別名といえる。例えばヘーゲルの宗教哲学は神学ではなく、哲学からの宗教の批判的解釈である。いわゆる宗教学は、宗教の科学的な調査と分析であり、けっして神学ではない。清沢の「宗教哲学」は、ヘーゲル的宗教哲学でもなく、宗教学でもないとしたら、それは仏陀の学(ブッドロジー)というほかはない。

現世(世界)については、厳密に哲学的に語ることができる。清沢の有機組織論は、哲学的な世界論(と人間論)である。これを語るかぎりでの清沢は「哲学者」である。しかし仏陀の智慧に至った状態は、したがって無限の覚者の心的風景は、理性によって推理・論証的に語ることが原理的にできないものである、つまり「語りえざる」ものである。この「語りえざるもの」をあえて語るのが仏陀学である。仏陀学は、語りえざるものすなわち一種の「神秘」を語るとき「知的形式」を哲学から借用するが、しかしそうした借用的な語りは、そしてその知的形式は、本来の哲学的推論ではなくて、知的形式をまとった「比喩的語り」である。清沢が『骸骨』のなかで「比(喩え)」を問題にしているのは、卓見であるというべきである。清沢が哲学的語りの有効な範囲と、宗教的語りの範囲との根源的差異を十分に承知していた証拠である。このずれの自覚があるかないかは、宗教的な語りの深さと強度を規定する。語りえざるものを語るという逆説を生きるのは、本来の信念というよりも、むしろ信念についての「語り」なのである。逆説を忘れるとき、宗教的信念の堕落がとめどなく進行するだろう。それを清沢ほど洞察したものは近代の日本ではいなかった。ここに清沢の偉大な功績がある。

この論点は基本的には「言葉をもって語ること」すなわち言説に関わる重要な主題であるから、第二部において主題的に論じるであろう。

清沢満之の後期

後期の清沢は前期の清沢と少しばかり違う相貌を示す(ここで後期とよぶのは、厳密な区分ではなく、便宜の上で主として「精神主義」以後の時期の清沢の仕事をさす)。例えば「我が信念」のなかで典型的に見られるように、哲学・科学はもとより、自分の前期の仕事である「宗教哲学」の理性的研究すらも無用のものとして切り捨てられるかのようにみえる。

人生について真面目ではなかった間のことは問わないとして、真面目になってからは、どうも人生の意義について研究しないではいられなくなり、その研究がついには人生の意義は不可解であるとの結論に到達して、そこに如来を信じることがひきおこされてきた。信念を得るには、あながちこのような研究を必要とするわけではないから、私がこのような順序を経たのは偶然ではないかと疑われるかもしれないが、私の信念の場合にはこの順序を経る必要があったのである。私の信念のなかには、いっさいのことについて私の自力が無効であると信じるという点がある。自力無効を信じるためには、私の知慧や思案を可能なかぎりを尽くして、頭のあげようがないまでになることが必要である。これははなはだ骨の折れる仕事であった。この極限に達するまえにも、しばしば、宗教的信念とはこんなものだといった決着をつけることができたのだが、それが後から後からうち壊されてしまったことが幾度もあった。論理や研究で宗教を建立しようとおもっている間は、この難点を免れない。何が善で何が悪なのか、何が真理で何が非真理なのか、何が幸福で何が不幸なのか、ひとつもわかるものではない。自分には何もわからないとなったところで、いっさいのことをあげて、ことごとくこれを如来に信じ頼ることになったのが、私の信念の大要点である。……

私も以前には、有限である、不完全であるといいながら、その有限不完全な人智をもって、完全な標準や無限な現実存在を研究しようとする迷妄を脱却しがたいことがあった。私も以前には、真理の標準や善悪の標準がわからなくなるなら、天地も崩れ社会も治まらないようにおもったこともあったが、いまは真理の標準や善悪の標準が人智で定まるはずがないと決着している。（「我が信念」『語録』四一五—四一六、四一八。『全集六』一六一—一六二、一六三）

いっさいの理性的な行為は、仏陀の智慧への信念の境地からみれば、「迷い」に通じるとみなされる。「世界」について正確に知ろうと、世界知に関する数々の立派な学説があろうと、その類の仕事はもはや信念の獲得と無限の境地にとっては何の意味ももたないという。晩年の「我が信念」に至る途中の「精神主義」関係の諸論文では——細かくいえば、これを中期清沢の仕事とよぶこともできよう――学問はいろいろあってもかまわないがそれらと宗教とは別のものだという、中間的なスタンスをとっているが、このような両立的な立場ですら、晩年においては放棄されるかにみえる。

　したがって晩年の清沢が辿り着いた境地は、理性と宗教の両立とは正反対の、一切の理性的な仕事と手をきった宗教的信念に徹底することであった。無限大悲への信頼という純粋の回心《えしん》と帰依《きえ》のみがある。上記の引用文をそれだけ切り離して単独に読むならば、こうした態度は人間的理性により智慧を獲得するという意味での智慧を実現することを拒否する態度であり、無限の智慧に至るかいなかに関するかぎりでは、人間の知的努力をもってしては不可能であるという宣言でもある。それは智慧は人間の側にあるのではない。それはアミダのなかにだけあると見ることである。人間のなしうる唯一の意味のある行為は、道理（理性）を捨て、法然が「愚痴の法然」と自称し親鸞が「愚禿の親鸞」と自分を呼んだように無知を自覚し、放下《ほうげ》し、回心することに尽きる。これはきわめてラディカルな結論である。後期清沢の「結論」をとことんまでつきつめると、次のようになる――道理はロゴスによって表現されるのだから、道理を否定すればロゴス的表現（言葉をもって首尾一貫して語ること）も否定される。したがって、真実の智慧は「絶対の沈黙」以外にありえないことになる。

　ここでいう「沈黙」とは、理性的に言語を使用して語ることをしない・できないことを意味する。「――とは何か」を問うことはできないし、したがってその解答を出すこともできない（「とは何か」という問いは「本質」の問いであり、形而上学または哲学の問いであるから）。理性的な問いがなく、また問いへの解答もないところで、絶対の沈黙に近い語りがあるとすれば、それは念仏の声である。念仏という発話は言説的な語りではない。それは「なむあみだぶつ」の言葉をつかうとしても、本来は沈黙の声なのである。それは無言の沈黙にもっとも近い「つぶやきあるいは叫び」である。なぜなら念仏は伝達言語ではなく、自分の内部で把握できない無限に向けての訴えの声であるから。

　とはいえ、晩年の清沢は、けっして沈黙しない。理性的言語（学問知）を否認するかにみえながらも、他方では、自力的な学問知を否認するという事実を学問知をもって語る。学問の否定を学問的に語るのである。一切の学問が不要であることを、哲学の言葉で語るのである。「我が信念」の言説はきわめて明晰判明であり、有意味な言葉で組織されている。たしかにこれは自己矛盾ではある。しかしまさにこの自己矛盾こそが貴重なのである。人間は言葉を使い、事実について(自己や世界について、自分の苦悩について)「問い」を発するやいなや、「解答」を出そうと知的に努力するものだ。現世において「煩悩に苦しむ我」とは何ものかを問いはじめると、ただちに人間は、自己／世界／仏について限りない発言をしはじめる。それは道理(理性)に基づく知的探求になる。たとえ不完全な語りであれ、人間はこうした知的探求をけっしてあきらめない。

要するに、自覚するしないにかかわらず、人間は広義の「哲学的」探求と哲学知(学問知)なしにはすまないし、事実むかしも今もそうしている。人間は心のどこかで「自己とは何か」を理知的に納得したいと願望しているからこそ、問いを発し解答を出そうとする。これは人間であるかぎりどうしても避けられない。にもかかわらず、この理知的な問いはけっして成就されないだけでなく(成就と完成がないのは学問の本性であり、学問の不名誉ではない)、学問知がかりに完成され成就されても人間は完全に「満足しない」。

おそらくここに「宗教的」経験が登場する。回心や発心《ほっしん》は、突然であり、不連続であり、不可思議な断絶的飛躍であるが、そうした経験が学問のかなたに姿を現わす。この回心と信念の出現の瞬間にたっていえば、たしかに学問などは不要であろうし、そもそもそうした飛躍の経験は不可－思議(思考不可能)であるのだから(西洋では mystique という)、学問や理性とは無縁である。この瞬間に関してのみ、晩年の清沢は、理性的な迂回路は不要といったのだろう。ところが、清沢がそうした宣言をなし、そうした境地に至るには、学問的な迂回路なしにはありえなかったはずである(引用文のなかに「私にとっての順序」という形でこの事実を告白している)。知的な問いと解答の努力の長い道程があってはじめて、自分の知の不完全性を自覚できるだけでなく、理性的努力によって自己の存在の「悪人性」からの解放を本来不完全な学問では乗り越えることができないことをすら、自覚することができるのである。この自覚を深い奥底からすることなしには、つまり学問を経た目覚めなしには、回心は「みせかけ」になるだろう。いったい「信心を得た」とどうして自分と他人に「証明する」のであろうか。信心のみせかけと真実をどうして区別することができるのだろうか。

要するに、清沢の人生がつきつけることは、無限に接触する「宗教的」信念は原理上では有限な理性とは無関係であるのだが、はたして哲学知なしに「宗教的」信念は可能なのか、という問いかけである。

どういう点で、理性(学問)と「宗教」とは本質的に違うのか。

どういう点で、理性と「宗教」は協働するのか(あるいは場合によって協働しないのか)。

これを人間と世界の存在の根源から首尾一貫して語ることに、清沢の全仕事は集中している。

三　宗教哲学のディレンマ

理性と沈黙

「哲学」はギリシアに生まれ、ギリシア科学から論証形式を借りて理論的推論を練り上げた。哲学は、この意味で理性の仕事であり、理性的に語りうることのみを語る。哲学は理性を越える領域(宗教的信仰、超自然的＝神秘的なこと)については何も語ることができない。つまり哲学は理性を越えるものについて推論をもって(論証的に)首尾一貫して語ることはできない。

仏教における仏陀の智慧自体に関しては、無限な智慧が本来は語りえないものだから、それをあえて言説するとすれば、知的形式を理性的言説から借用するほかはない。それは原理的には哲学的言説ではない。それはあくまで知的形式を「借用した」言説であるのだから、知的な形をとっていても、本質的には「比喩」の語りである。理性の衣を着た比喩の語りである。このずれは重要である。宗教哲学(この言葉自体がすでにある種のあいまいさをはらんでいるが)のディレンマは、基本的には、理性の形式と比喩とのずれと重なりのなかから生まれる。

信念をもつものにとっては、信念の「哲学的」基礎づけなどは不要である。また信念をもたないものにとっては、信念の「哲学的」基礎づけは何の意味もないし、どうでもいいことである。清沢の宗教哲学は、このディレンマを抱えている。彼自身もそれを自覚しているように、「信念をもつものにとっては宗教についての哲学的語りは不要である」と述べている。では、誰のために彼は語っているのであろうか。目覚めを待つもののために彼は語るのである。

『骸骨』に即していえば、固有の意味での「哲学的言説」が成立するのは、彼がいうところの「転化論」である。転化＝生成論すなわち有限世界の存在構成とその論理を彼は「有機的構成」(日本語版では「有機組織」)と名づける。有機的構成＝有機組織論の論理は、「因・縁・果」の弁証法である。この領域においてのみ、理性的な語りとしての哲学の語りは十全な権利をもって妥当する。語るもの(主体)も語られる世界も有限であるがゆえに、弁証法が成立する。なぜなら、時間が存在しないがゆえに無限であり永遠であるものについては、(時間的に存在する)有限な人間は語ることができないからである。

他方、清沢が十分に自覚しているように、無限としての無限については、理性と哲学は沈黙する。その沈黙を破ってあえて語るなら、それは哲学的語りではなくて、比喩的な語法である。そして宗教的経験＝信念は本性上沈黙であり、したがってこの場面では哲学による信念の「基礎づけ」(信念を理性をもって説明し正当化すること)は不可能である。

そうだとすれば、宗教哲学が「哲学」であると主張するかぎりでは、宗教哲学は信念の場面では挫折するだろう。しかし宗教哲学という用語で清沢が別のことを、すなわち「仏陀学」を考えているのであれば、それは成り立つだろう。ただし、それの「語りの形式」はあくまで「比喩形式」つまりは「詩的」または修辞学的言説になるだろう。

ところで、いま述べた区別――哲学としての宗教哲学と仏陀学としての宗教哲学の区別――を清沢自身は、予感していたとしても、必ずしも十分に自覚していなかったのではないかと思われる。だから、彼の立論では、哲学的言説と信念の成就が、区別されながらも素直に接続している印象を与える。清沢の哲学的関心は、有限世界の有機的構成論にあり、彼によれば、その理論はおのずから「無限」(数学的に計算可能な無限)を含むことを「証明する」ことにある。その証明とは、理性の語りの極限において「無限」に通じていくと言おうとする。有限世界の「底」に無限への通路があるのだという口吻が文章のなかに現われている。この考え方に従えば、理性の仕事(哲学)を完了するその時点から宗教が開始する。哲学の「終わり」が宗教の「始まり」になる。ここで哲学(理性)と宗教とが、区別ないし分離の関係をもちながら接続する。(ここでいう分離と接続はそれとして問題になりうるが、これはいずれ扱うことにしよう。)ともあれ、清沢の視線に即していえば、哲学的探求の成就によってはじめて、宗教的無限の何たるかが十分に理解されることになる。

カントとヘーゲルの「調停」

このような手続きは、大枠の構図からいえば、ほとんどカント的立場である。有機的構成論において改作ヘーゲル主義(因・縁・果の弁証法)を採用し、哲学と宗教との関係についてはカント的立場、すなわち理性と「物自体」の峻別とある種の接続の立場を採用している。思想史の観点からいえば、カントとヘーゲルとを統合した構図になっている。そこにいくつかの問題点が立ち上がる。本書における今後の議論のために、最小限の論点をここで提出しておきたい。

1　カント的立場にたつなら、「物自体」(清沢の言う無限)についてのある種の「語り」の可能性が残る。「物自体」については理性は沈黙するが、厳密な理性的な語りと沈黙の間に、特殊な語り方が成立するだろう。それが、倫理学の言説であり、美学の言説である。カント的な道徳形而上学と美学は、「善」自体や「美」自体という超越的な物自体を対象とするのであるから、経験的事象を対象とする本来の理性的な語りではない。理性を越える「善自体」と「美自体」を扱うとき、理性が語りうる限界を越えるから、その言説は「あたかも――のように」(「かのように」)の形式をとるほかはない。これがつまりは「比喩」の語りなのである。カント的な「自由の王国」はけっして人間の世界では実在しないが、「善」との関係においては、人間はそれがあたかも実在するかのように、自分があたかも自由の王国のメンバーであるかのように行為「しなくてはならない」。「美」との関わりでは、人間はあたかも「美の理念」(超越的)が現世内に実在するかのように世界を経験するべく意欲する。

道徳は現世において宗教の「代理」になる。道徳は現世内では「ありえないこと」(不可能なこと)を、すなわち現世を超越する道徳的理念を、あたかも「ありうるかのように」人間に命令し、その命令に基づいて行動するべく「強制する」。それは現実には実行不可能な道徳である。しかしそれなしには人間は倫理的な人間世界を築くことができないという意味で、「かのように」の理念は理想であり、「統制的」理念である。

2　ヘーゲルの立場。有限世界の弁証法によって人間はついには完全な自己意識に到達し、自己意識と世界の全体性が一致する。主観的精神と客観精神が合一するといってもいい。両者を含む絶対精神が、主観的精神と客観的精神の動きを通じて「自己を認識する」とも言い換えることができる。有限な人間精神は、数的無限としての全体性と合一することができる。絶対知の段階で人間は完全に自己自身に満足する。言い換えれば、人間は有限世界のなかで、全体という意味での「無限」と「ひとつになる」ことができる。しかしこの全体も人間的自己もともに有限であることに変わりない。ここでは、宗教的無限(現世超越的)は不要になる。有限世界の全体のなかで人間が自己と世界について全体的な認識を完全に成し遂げつつ(完全な自己認識)、「全体的で完全に存在する」人格的自我が自己にとっても他人にとっても生きる模範になりえたことで完全に満足し、そうすることを通して、現にあるがままの自己の存在に満足できるなら、それ以外に(つまり現世を越える世界のなかに)満足の手立てを要求する必要はないからである。

前述のように、清沢がカントとヘーゲルの構図を事実上引き継ぐようになっているという解釈が成り立つなら、清沢は、カントとヘーゲルの立場を「調停」しなくてはならないだろう。有限世界のなかで人間は全体の知にいたり、そこで完全に満足するというヘーゲルに対しては、人間は有限世界のなかでは完全には満足しないことを指摘し、有神論的「彼岸」ではないにせよ何らかの彼岸的なものにおける満足が不可欠であると語らなくてはならないだろう。他方、カント的道徳が事実性ではなくて超越的理念からの要請であり、「かのように」の形式をとること、つまり現世の道徳が一種の虚構であって「真実においては」現世において実現不可能であり、超越的な「目的の国」に満足の希望をたくすと主張しているのに対して、清沢は虚構ではない現実的道徳を立てなくてはならないだろう。彼は、自力門は道徳は不要である(宗教と道徳の区別はなく、宗教だけがある)が、他力門は宗教と並んで道徳が不可欠だと言っているのだから、この道徳の存在理由を(「かのように」の虚構ではなく)基礎づけなくてはならない。

道徳問題をめぐる自力門と他力門の違いについて、清沢満之は次のように述べている。

一〇　宗教と道徳

……自力門では、宗教と道徳の区別はない。……しかし他力門では……有限の二重の関係が区別して見出される。一方では、無限に向かう宗教的関係がある。他方では、他の有限に向かう道徳的関係がある。宗教の面では、有限的個人は無明のものたちのためにすべての修行を成就した他力の無限の恩恵〔慈悲〕にたいして永遠に歓喜し、救済者から何も要求せず、ただ万物を包摂する他力の慈悲と知恵のしるしを得たいと思う。道徳の面では、他力門の信者たちは、謙虚に、しかし力強く、有限者としての有限者に課せられた義務を遵守し、世界の進歩と改善のために全力を尽くすのである。(英語版『宗教哲学骸骨』『語録』六六―六七。『全集一』一〇九―一一〇)

理性と宗教

カントでは「理性の限界内での宗教」すなわち「かのようにの倫理学」が要請され、ヘーゲルではそうした代理宗教すら不要になる。ヘーゲルから宗教的無限(神)は実際には追放される、あるいは宗教＝神学的「精神」(Geist)は人間の「精神」にとって代えられる。清沢は、理性と宗教の峻別を語りつつ(この点ではカントとヘーゲルに同意しつつ)、他方で、彼は宗教の必然性(必要性)をも語る。これは本来の「哲学」的語りではなく、前に定義した仏陀学の語り(仏智＝智慧についての言説)なのである。ここに清沢の独自性がある。カントとヘーゲルに対する清沢の独自のスタンスがどこにあるかといえば、カントとヘーゲルがあくまで理性の立場に徹し、理性的認識に関してのみ理性を越える超越存在を理性から遠ざける(カント、ただし彼は神、不滅の魂などの物自体を仮設の世界のなかで温存する)あるいは認識と実践のすべての領域から超越を切り捨てる(ヘーゲル)のに対して、清沢は理性と一種の「超越者」(宗教的無限)との現世の内部での共存と協働をあくまで主張することにある。私がここで「一種の超越者」という曖昧な言い方をするのは、仏教には厳密な意味での超越存在は認められないからである。仏教は無神論的構図のなかで、西洋思想がいう超越存在を何らかの仕方で処理しなくてはならない。

ここにはたしかに困難な問題がある。理性と宗教との共存と協働をいうかぎり、けっして両立しない二つの領域を調停しなくてはならない。この調停の意味は、理性が宗教を「基礎づける」ことにあるのだが、それはもはや本来の理性の仕事ではなくて、理性から論証形式を借用した語り、知的形式を採用する「喩えの語り」になる。それが仏陀学の道である。彼は理性的・哲学的に語りうる「世界」論が宗教的経験を「用意する」という。言い換えれば、「有限世界」論はすでにはじめから宗教的経験の目的論によって(救済の観点から)色づけされ、方向づけられているのである(このような扱いかたが理論的に正当かどうかは、勿論、検討に値することであるが、本論のなかで何らかの形で取り上げるだろう)。だから彼は「有機的構成論」のなかに宗教的経験への「門戸」あるいは「開き」があると語るのである。これを言うためには、つまり有限世界のなかに「無限」への「開き」があると言いうるためには、「数的無限」と宗教的無限を「アナロジー(類似)」をもってつなぐほかはない。清沢が二つの無限概念を区別なしに同時に語っている理由は多分以上のような事情によるのであろう。

しかし数的無限と宗教的無限ははたして「アナロジー」でつなげるのだろうか。数的無限は有限世界の「無際限」であり、それは厳密に理性的に語ることができる。他方、宗教的経験としての無限は理性によって知ることは不可能であるし、理性にとっては沈黙するほかはない何ものかである(二つの無限の区別に関しては、第一部第二章を参照)。清沢が残した著作のなかでは、必ずしもこの困難な課題に決着がついていないのだが、彼がひとつの問題を厳密な仕方で提起したことは、解決すること以上に重要なことである。哲学においては、問いを立てることこそが大切であり、しかも可能なかぎり鮮明に問いを理論的に接近可能な問題へと作りかえることが大切である。われわれは清沢満之のなかに問いから理論的問題への変換の努力をみることができるなら、後からいくわれわれはその問題を引き受けて、可能なかぎり解答するべく努めなくてはならない。本書第二部はその試みである。

清沢が晩年に到達した境地は、親鸞がすでに言っていたことを確認したのだということもできる。真宗の宗教者としては当然の、そしてもっとも正しい結論であるといえる。清沢が一生をかけた思索と模索の努力は、法然と親鸞の歩いた道を近代において再現・再演し、なぜ六字(南無阿弥陀仏)の念仏に帰着するのかの筋道を哲学的用具をもって明らかにし、仏教の始祖たちの思考の隠された歩みを、理論と実践のなかで、現代において甦らせたのである。彼には次の問いがあった――なぜ六字の念仏なのか。「ナムアミダブツ」の念仏だけが唯一の宗教的経験であり、それだけが宗教的救済の必要十分条件であると、なぜ言うことができるのか。

清沢は、哲学的用具をもって、人間の自己理解が念仏に帰着せざるをえない「必然性」を、彼の生涯における修行の努力を含めて、そしてとくに理性の努力をもって考え抜き、歩み抜いた。とりわけ『骸骨』は、この思索の道の出発点であり、そのなかに、理論的に解決すべき矛盾も信念の実践のなかで解決すべき逆説も、それを乗り越える諸条件と共に直接・間接に凝縮して含んでいるが、まさにそこに前期清沢の思想的意義がある。学問と理性の放棄を語るかにみえる晩年の清沢の境地を真実に理解するためにも、『骸骨』は決定的である。ひょっとすると晩年の清沢が直面した重要な課題をも前期の仕事は含んでいるかもしれないのだ。清沢の仕事を現在において評価する場合、おそらくは前期の仕事から出直す必要がありそうである。

第一章　初期清沢満之の思想

はじめに

学生時代に清沢は、二篇のスピノザ論と一篇のカント論を書いている(これは外人教師に提出した課題論文であったと思われる)。この三論文は、彼の哲学的人生の開始を告げる意味では伝記的に重要であろうが、ここには清沢独自の思索はまだ現われていない。たしかに二つのスピノザ論を読み比べると、たった一年の間にスピノザ理解が格段に前進していることに驚かされるし、彼のカント論は『純粋理性批判』(時間と空間からカテゴリー論まで)の内容を忠実に辿ったものだが、的確な記述である。ついでながら、三論文はすべて英語で書かれているのだが、実に達者な英語であって、清沢の語学力の高さを思わせる。ともあれ、学生時代の諸論文は、当時の自己自身のためのノートも含めて、伝記的興味をそそることを除けば、分析したり解釈したりするに値するものはない。したがって、「初期清沢満之」という表現のなかにこの時期の文章は含めないことにする。

検討に値する「初期清沢」は、教師になってからの清沢であり、もっと特定していえば、すでに「純正」哲学と「西洋哲学史」を講義し、そのために準備ノートを作るなかで独自の思索を表現しつつあった時期の清沢満之をさす。明治二十年(一八八七年)に清沢は井上円了の哲学館において「純正」哲学を講義している。明治二十一年(一八八八年)には真宗大学寮(真宗大谷派の学校)で「西洋哲学史」を講義した。明治二十二年(一八八九年)には、これらの講義を踏まえて論文「純正哲学」、「西洋哲学史」(ただし古代ギリシアの項まで)を書いている。そして明治二十五年(一八九二年)には処女作『宗教哲学骸骨』を出版する。年表風にいえば、明治二十年から明治二十五年までの時期、つまり『骸骨』出版以前の清沢をここでは「初期清沢」とよぶことにする。

さて、ここで特に取り上げて分析し解釈してみたい彼の仕事は、明治二十二年の論文「純正哲学」である。この論文は、その序文を参照して推測すると、非常に大規模な構想の下で書き始められたように思われる。完成原稿としての「純正哲学」は、この大きい構想の第一部でしかない。草稿群をみるかぎりでは、その続編のために論理学、心理学に関する草稿が作られたように思われる。しかしこれらの草稿群がどのような体系的位置を占めるのかは、草稿を見るかぎりでははっきりしない。

論文「純正哲学」は、これにつけられた「緒論」と「本論第一章　実在論」とから成り立つ（『全集三』三―五一）。われわれは、論議の便宜のために、一応、緒論と本論を分離して論じることにしたい。なぜなら、緒論自身はごく短い文章であるが、そこには清沢の哲学構想がはっきりと述べられているからである。この構想は、おそらくは主著『骸骨』にも貫かれているだろうから、一層重視されてしかるべきである。どういう構想の下で清沢満之は哲学研究を開始したのかを知っておくことは、彼の思索の奥行きを把握するためにきわめて重要である。他方、本論の「実在論」の方もまた、主著のなかでさらに一層練り上げられて登場する基礎概念あるいは基本的着想がすでに顔を出しているのだから、たとえ事実の確認の面に限るとしても、かなり読み手の関心がそそられる。要するに、この論文ではこれからまさに飛翔しようとする清沢満之の哲学精神が星雲状態で渦巻いているのである。まさにここに哲学者清沢満之が生誕したのである。

一　「緒論」の分析

ここで清沢を論じるにあたって、清沢に対する西洋の学者たちの影響関係は扱わない。彼の議論のなかにしばしば同時代のロッツェその他の学者の名前が登場するが、それらへの論評は彼の『西洋哲学史講義』（『全集五』）のなかに見られるので、ここでは割愛する。ここで吟味しておきたいことは、彼の今後の仕事において基礎概念になる用語のいくつかである。結論を先回りしていえば、主著およびそれに関連する諸論文のなかで決定的役割を果たす「有機組織」の概念の最初の姿を確認することである。それは「純正哲学」においては「有規聯絡」の用語としてまずは登場する。この用語で彼は何を考えていたのであろうか。「有規聯絡」とは、「規則によって連関している」事態を意味する。したがって、有規は規則性あるいは(自然の)因果性と言い換えることができる。聯絡を相関性ないし関係性とみなすなら、有規聯絡は規則によって支配される普遍的相関として言い直すことができる。おそらくここでいう有規の用語は、「自然的」因果性を意味するだろうから、言葉自体をみれば、この有規聯絡が後の「有機組織」と同じとはみえないかもしれない。しかし論文「純正哲学」を子細に読むと、清沢は事実上、有規聯絡を有機組織の意味で捉えていくようすがわかる。まだ厳密に概念規定がなされているわけではないが、自然法則的連関を有機組織的に概念把握する方向はすでに歴然としている。

この事実を確認することは、成熟した清沢の思想がどのように生成したかを知るためにも重要であるが、加えて、自然法則的相関性と特殊人間的な因果的相関とを峻別する可能性をも示唆する。後者の問題は、清沢の哲学体系の構想に関わる重大な問題であり、仏教に関しては、縁起理論の現代的再構成にとって決定的な意味をもつであろう。これらの諸論点については、いずれ独立の章をもうけて詳細に論じることになるだろう。とりあえずここでは、清沢満之の哲学の当面の課題と哲学的構えを、彼の所論に即して見定めることにとどめる。

清沢的「純正哲学」の課題

「緒論」の内容をかいつまんで提示しておこう。(清沢の用語は現代通用の用語とは異なるので、一々の言葉の現代的意味を指摘しないが、少数の特定の言葉に限って原文と現代用法との対比を示すことにする。以下の文章は清沢の主張をほぼ意訳的に翻訳したものだといってよいが、いささか筆者の解釈も加えるのを余儀なくされた。)

清沢によれば、哲学は変動する現実を研究する、あるいは客観的現実性を変化の相において研究する。変化とは何か。それは、事柄や物の生成と消滅、潜在的なありかたと顕在的なありかたを意味する。現実または客観的現実性とは何か。それは宇宙のなかに現出するすべてのもの(万有、存在者の全体)をさす。現実性を構成する事・物は、第一に、無ではなくて有であり、第二に、けっして生起しないものではなくて、事実的に生起する(あるいは生起することができる)ものであり、そして第三に、現実的事物の関係は、存在しない関係ではなくて、現実に存在する関係である。要するに、三つの側面をまとめていえば、それらはすべてリアルに「ある」ことであって、けっしてノン・リアルに「ある」のではない。これをカントにならって現象ということもできる。

こうした現実性ないし現象について、二つの解釈がありうる。ひとつは、現実性は千差万別であるから、あるいは変動常なき多様性であるから、プラトン的な理想(イデア)の不変不動永遠性に比べるとおよそ劣ったありかたである、とみなす(イデアリスム)。もうひとつは、こうした多様な現象こそが真実の現実性であり、しかも一方では多様性のなかに確実で一定した関係があり、他方では多種多様の活動があるからこそ、イデア的世界よりも勝っているとみなす(レアリスム)。この二つの世界解釈は、古代以来の二大傾向であるが、そのどちらを選ぶかどうかはともかく、両方に共通することは、現実ないし現象のなかに変化を承認することである。変化は存在者全体を貫徹する事実であり、それについて生成消滅といおうと、能動受動といおうと、あるいは運動発展といおうと、それらは変化についての言い回しにすぎない。したがって、哲学の課題はこの変化という事実の探究である。あるいは、哲学的思考を促す当のものこそ事物の変化であるといってもよい。

およそ学的認識は、想念(予想)と経験的事実との矛盾から生まれる。予想は、現代的な用語でいえば、「投企」としての projet であろう。人間は何かについての想念をもたないでは行為することができないが、行為が現実になる以前では、想念はすべて原則的には「予想」つまり「予めの想念」にほかならない。(予想の概念はきわめて重要であるが、ここではこれ以上の注釈はひかえる。)例えば、われわれが日々遭遇する経験的事実は、われわれが予め想念するものと合致しない。事実と想念との矛盾を解決しようとするところに、学問的努力が生まれる。事象の探究としての諸科学がそうであり、哲学もまたそうである。ところで、想念あるいは予想について、三種類の考え方がある。

第一のタイプ。この説によれば、人間は本性上、あるいは生まれつきもつところの予想がある。経験的事実がどうあれ、人間は本性上事物の存在を知覚する能力をもっている。もしこの天性の能力を展開させるなら、あるいはすでに心のなかに含まれている観念を開発させるなら、存在者全体(万有)の原理を理性的推論をもって認識することができるだろう。この理論を主張するものは、天賦の想念がはたして経験的事実に照応するのかどうかを考慮しない傾向がある。

第二のタイプ。これによれば、感情的予想こそが存在者の真理を把握すると主張する。それは人間の感じる能力(感性的直観)のなかに真理の把握をみる(ロマン主義)。この説は、道理あるいは理性を放棄して主観的信念にたよることになる。このなかには、宗教的感情から存在者の原理を演繹する立場(神学的立場)も含まれる。この説は道理によらないから、哲学の観点からその是非を論じる必要はない。

第三のタイプ。実験的予想は近代の物理化学における予想である。近代科学は、すでに行なわれた経験・実験から多くの法則を発見し、この法則を万有の真実の原理とみなす。近代科学の成果に基づいて万象の原理を探究するものは、おおむねこのような予想を立てる。これは、以前の予想に比べるとやや正確になっているが、その基礎になっている「経験・実験」がどのように成り立つのかを明らかにしていないのは、その短所である。

以上の三種の予想は、われわれが現実に経験する事実と適合しないことがある。このために「疑い」が生まれ、またそこから哲学(的思考)も立ち上がってくる。

予想と事実が適合しないという事態から、二種の懐疑(スケプシス)が生まれる。すなわち、整合的(徹底した)懐疑と不整合の(不徹底な)懐疑の二つである。一般に、懐疑とは宇宙万有(存在者全体)の原理などは不可知である、と主張する態度をさす。

学者が日々研究にいそしむのは宇宙の原理を発見しようとするからだが、個々の事物の原理や法則を発見することができるとしても、宇宙万有の原理と法則などはとうてい人間が探知することはできないという立場がある。これはいくばくか懐疑をもつ主張である(不整合的懐疑論)。個々の事物の原理や法則といえども、とうてい知ることはできないという立場は、純粋な懐疑論というべきである(整合的懐疑論)。この二種の懐疑論は、前に述べた予想と事実が適合しないがゆえに生まれた。少し前に予想と事実の適合しない可能性のケースを論じ、とくに情感的予想は哲学的には論じる必要がないことを指摘したのだから、第一と第三の予想から二種の懐疑が生じるといってよい。

ところで、予想と事実が適合しないのであれば、一方を捨てて他方を取るほかはない。実験的事実を捨てることができえない場合には、二者択一するときに予想を捨てざるをえない。しかし実験的予想を捨てるわけにはいかない。なぜなら、この予想は既存の実験に基づくからである。したがって、ただ実験に基づく原理だけを真理というべきであり、万有の原理のごときは実験で検証できないから、それは不可知だとする。人間が認識することができるのは、個々の事物の実験的法則に限られる。このような態度は、部分原理の認識可能性を認めるが、全体の原理の認識可能性を否定するのだから、不整合の懐疑論になる。他方、先験的予想(「天賦の予想」)を承認しない立場は、事実の存在だけを承認し、いっさいの原理を放棄することになる。これは徹頭徹尾原理の不可知を主張するから純粋の懐疑論になる(現在の用語でいえば、事実の実証主義)。

ところで、蓋然論もまた懐疑論や不可知論をよびこむ想念である。蓋然という想念をどのように考えたらよいのか。蓋然とは「将来もおそらくこうだろう」という推測であって、既存の事実や経験から将来を推測するときに、「必ずそうなる」とは言わないで、疑いの余地を残すことである。この疑いの余地から原理の可能性への懐疑が生まれるが、蓋然性は「有規聯絡」のなかに位置づけなくてはならない。万物の研究は、宇宙のなかに一定の規則があり、この規則が万物の聯絡をつけていると想定するからこそ実行できる。この想定や仮定は、たしかに実験と観察による検証をまつとしても、想定ないし仮定という行為は、既存の事実のなかにある特定の関係を総括した想念である。仮定や想定と観察事実が適合するとき、この適合の事実から不変の原則を取り出すのは、学者の思考である。宇宙のなかに有規聯絡があるというのは、ひとつの思考である。懐疑論者はこれを反駁していうだろう――観察や実験は有規聯絡を証明することはできない、それは仮定の蓋然性を増大させるにすぎないと。けれども、蓋然性は有規聯絡を承認してはじめて生まれる想念である。蓋然性の役割は、過去の事実から推測して将来もそうだろうという仕方で事物を説明することであって、実物の説明は、散漫な事実を統一させ、規則のなかに包摂することである。だから、ひとたび説明という用語を使用するかぎり、事物の統一性つまり規則性を承認せざるをえない。要するに、規則性つまり有規聯絡がなければ、そもそも蓋然性なる想念も成り立たないのである。

以上は科学的認識に関わることである。では事物の本性(清沢の用語では「事物の要因」)、あるいは経験を越える事物の基礎を探究する哲学的認識についてはどうであろうか。ここでも、哲学の可能性に関する懐疑論がある。前述のように、科学は宇宙のなかに有規聯絡すなわち規則性を承認するかぎりでは、科学の範囲内での懐疑論を免れるにしても、その科学は経験と実験のみを重視して、経験を越えるものに関する認識の可能性は否定する。実証的な経験科学は、哲学を無用とする傾向がある。経験(実験)主義の科学者はこういうであろう——哲学は万有の本性を求めるが、そんなことは不可能である、存在者全体の本性なるものは人間にとって知ることができないものであると。しかし、事物の規則性は知ることができるが、事物の本性は知りえないという言い方そのものがすでに矛盾している。なぜなら、事物の本性は知りえないというとき、すでにそのような本性なるものを認知しているからである。「Aなるものはない」という言明が成り立つには、この言明が論駁するべき「Aなるもの」の存在を予め承認している。ここは重要な箇所なので、原文を引用しておこう。

「既ニ其物アルヲ知ル　何ンゾ不可知ト云フヲ得ンヤ　而シテ又之ヲ不可知ト云フハ要因〔本性〕ト吾人トノ間ニ一定ノ関係アルコト即チ知ル可カラサル理由アルコトヲ認定スル者ナリ　復焉ンゾ不可知ト云フヲ得ンヤ」(『全集三』七。〔　〕は引用者)

ところで、科学が駆使するところの基本概念、すなわち、論理や数理の原則、空間と時間、原因と結果の関係などは、すべて有規聯絡(規則と法則による連関)に属する原理であり、これによって実験と経験の知識を形成するのだとしても、これはけっして観察や経験から導きだせるものではない。清沢によれば、このことを「要因」すなわち先験的本性という。ではこれらの原理や原則はどういうものであろうか、そしてそれらと経験的事実との関係はどうであろうか。この問いに答えることができなければ、あらゆる学問の基礎は崩壊する。この問題を引き受けるのが哲学である。諸科学はこの哲学的認識に基礎を得なければならない。哲学は、諸科学が前提するところの原理や原則がどこから出てくるのかを探求し、先験的な想念をもって構成される有規聯絡を探求するのである。すなわち、宇宙の法則・規則的な全体連関を哲学は解明するのである。前に、宇宙のなかに有規聯絡があると言明するのは人間の思考であると指摘した。ではこの思考とは何ものであろうか。これをまずもって探求しなくてはならない。（清沢はこの思考ないし思想を研究する学問を「心理学」とよぶ。これは現今の実証的心理学のことではなくて、例えばデカルトやカントのいう「理性」論のことである。）

以上の記述から推察すると、清沢満之は、自分の哲学組織を、まずは二つの部分に分かつ。第一の部門は、宇宙論である。これは、古い用語でいえば自然の形而上学、現代風にいえば、自然哲学である。これが扱う対象は、自然存在であるかぎりでのすべての存在者（自然としての人間をふくむ）であり、このような存在者の間の有規聯絡（自然法則性）を解釈し、記述する。第二の部門は、特殊人間的な精神、言説する人間的思考を対象とする。ひとまずこれだけのことは確実にいえる。

超越的目的（意匠）の排除

「純正哲学ハ規律ヲ本トシ意匠ヲ重ンゼズ」（『全集三』一〇）

「有規聯絡」があることが確実であると予想されるからこそ、知識（認識）が可能になる。有規聯絡すなわち自然宇宙における法則性という想念ないし思想は、とくに近代になって普遍的真理として理解されるようになったが、近代以前まではそうした見解が万人（少なくとも学者集団）に承認されてはいなかった。昔の人々も、たしかに存在者の間に一定の聯絡があることを認めていたのだが、その聯絡を「いつでもどこでも、したがって必ず妥当する」という意味で普遍的な規則・法則とはみなさない。むしろ反対に古人は、この聯絡を「意匠あるいは計画による聯絡」とみなしていた。言い換えれば、古代ギリシアの思想のように、個々の特殊な事物はそれぞれ独自の「目的」をもち、これらの相互の異なる諸目的が結集して、ひとつの「意匠あるいは計画」を構成すると考えていた。したがって、こうした古代的な思考によれば、学問は、唯一の究極的な目的(理想ないしイデア)をもって基礎ないし出発点とし、ここから多様な諸物の特殊な目的を演繹し、それぞれの事物の目的に即して経験的事物(現象)の本質(「それが何であるか」)を説明しようとしてきた。

古代的思考の難点はどこにあるのか。それは最上究極のイデア(目的)が何であるかを説明できないところにある。「説明」とは、究極的なものを有限な世界のなかに位置づけることができることを意味する。別の言葉でいえば、究極の観念を有限世界のなかに位置づけることができないとすれば、それが人間的な意味で「善なるもの」か「悪なるもの」かを「言う」ことができない。もしこの観念が「不正」であるなら(観念を語るものが正しいと信じていても、「それ自体で」あるいは現代の「われわれ」から見て「不正」であるなら)、その究極の観念から演繹されるすべてのことも不正になるだろう。もし幸いにして演繹がよい結果を得たとしても、それがなぜよいのかを語る理論的必然性はないのだから、「ただ情感的に」満足するほかはない。要するに、どちらにしても、究極の目的・理想的観念は、理性をもってしては決定不可能である。なぜなら、究極の目的観念は、有限な世界を超越しているからである。有限な人間にとって、この世界の外部にある「超越存在」を論証的に語ることはできないからである。

「蓋シ此ノ如キ最上究竟ノ観念ハ設ヘ之アルモ吾人ノ現ニ達シ得ル所ニアラス　吾人ノ達シ得ル所ハ現実ノ万象ニアリ」(『全集三』一一)

もし現象すなわち有限世界内の万象が究竟の観念から生じているとしたら、それは万象の内部に見つけ出されるべきものであり、けっして世界の彼岸にある超越的なものではないはずである。もし究竟的観念なるものが経験的世界にあるのだとすれば、それは実際には、宇宙の有規聯絡にほかならない。神的な超越的観念は、有限な世界に内在する法則性に還元されなくてはならない。

「何ントナレハ知識ハ有規聯絡ニ基カサルヲ得サレハナリ　然ラハ則チ此ノ如キ観念ニ到達シ得ヘキト否トニ関セス純正哲学ハ遍通ノ有規聯絡ヲ現実ノ万象中ニ討尋スヘキノミ　是レ則チ純正哲学ハ規律ヲ本トシ意匠ヲ重セサル所以ナリ」(『全集三』一一)

ここでの議論において何が肝心であるかといえば、それは哲学的認識から神学的目的論を取り除くことである。「意匠」とは、すべての神学的な目的論、すなわち宗教的な摂理とか、非宗教的な形式をとる自然神学的な「意図・目的」——世俗化した進歩思想の究竟目的などもこの類である——を意味する。これらの超越的性格をもつ目的論は、清沢満之によって「意匠」として一括されている。意匠すなわち超越的目的の除去、これこそが哲学がまずはなすべき仕事である。その意味で、哲学は、有限性に徹することである。有限な人間が有限な世界を認識することである。より正確にいえば、哲学的認識は、科学的な事象認識を取り入れながら、そのかぎりで普遍相関性の承認を科学と共有しながら、事象の客観的知識を求めるのではなく(これは実証科学の仕事)、有限な世界のなかに存在する自己、あるいは世界のなかで生きる自己、略して世界内人間を、要するに自己と世界の存在とその意味を理解することを目指す。

清沢満之は、この場面では、すべての哲学史的過去への言及を省いているけれども、議論の筋立てを眺めるならば、彼の念頭にはカントの体系があることは明らかである。しかしカントの体系をあるがままに受け入れるのではなくて、一種の取捨選択をしていることもはっきりしている。文章の表面ではカントとの対決はけっして現われないのだが、清沢満之の立論の前半と後半を見るとき、次の事実を取り出すことができる。この「緒論」の前半では、カントの『純粋理性批判』の先験的(超越論的)カテゴリー論を肯定している。カントの用語でいえば、可能的対象(とアプリオリなカテゴリー)と経験的対象の峻別、そして前者の後者への「適用」(「結合」)において現実的な認識が可能になるこのと、これらはそのまま承認されている。またそこに哲学的認識が経験的認識を「基礎づける」ことの理由もまた肯定される。

しかし「緒論」の後半では、カントとの対決が事実上行なわれている。カントの『判断力批判』において展開される「自然神学的」目的論(清沢の用語では「意匠」)は、哲学の体系から追放される。ある意味ではカントもまた、物自体(超越的想念)すなわち、不滅の魂/未来の国/神を本来の論証的言説としての哲学体系から、道徳と宗教へと「追放」したともいえるが、カント自身は、物自体なき哲学的言説と自然神学的目的論の「共存」を肯定していた。しかし清沢満之は、この共存をさえ否定する。彼は神学的な超越存在を追放することで、徹底した有限性の哲学を目指したといえよう。しかしそうなると、今度は、新しい問いが登場することだろう。彼がいう無限は、もしそれがカント的な物自体でないとしたら、それは有限性の哲学のなかでどのような位置を占めるのか、そこでのそれの役割はどのようなものであろうか。いっさいの超越を拒否するなら、当然にも内在論に徹底することになるだろう。そのとき内在する無限とはどのような事態をさすのか。こうしたことが理論的には必ず提起されてくるだろう。清沢満之の哲学は、この観点からいえば、超越存在を否定しながら内在無限の概念を構築することに集中することになる。こうしたことはすでにこの「緒論」のなかで、いわば陰画的に顔を出しているともいえるのである。ともあれ、清沢満之は、ギリシア＝西洋的意味での Theos を追放したかぎりでは、理論的には、A-The-ism(無-神-論)としてのラディカルな有限性の哲学の軌道を設定したのである。おそらくは、彼の精神のなかではすでに仏教におけるア-テオスの問題があっただろうし、学としての仏教を超越存在なき「無-神-論」として、したがってラディカルな有限性の哲学として、再構成することもまた、彼の哲学構想のなかに芽生えていたに違いない。

学的組織の構想

どのように哲学的言説を組織していくべきか。学的展開は、基礎から始まり、いくつかの部門へと展開する。おのずから順序というものがある。この順序ないし秩序を明らかにしておかなくてはならない。すでに古来、いくつかの組織構成の企てがあったのだから、それらを尊重しつつ批判的に摂取するなら、この学的体系の組織も比較的容易に定めることができる。とはいえ、何よりも重要なことは、それぞれの人間個人の実際の経験を観察することであり、それを首尾よく実行するなら、おのずから学的展開の道筋をはっきりと自覚することができるはずである。

「外界ノ万物ト内界ノ精神トノ二顕象アリテ互ニ相流行活動シ以テ一大系統ヲ形成スルヲ見ル」（『全集三』一一）

ここで清沢が「外界の万物」とよぶものは、現代の言葉でいえば、自然としての自然、外的自然のすべてである。「内界の精神」とは、個人の内部の精神だけをさすのであろうが、可能的には個人の精神を含むところの、人間精神一般（個人的と集団的の二つ）が関与する社会的・歴史的世界をさすとみなすのが妥当であろう。こうして、哲学の学的組織の大綱が得られる。清沢満之の文章をもってまずは示してみよう。

実在論　内外貫通ノ原理ヲ考究ス
宇宙論　外界顕象ノ原理ヲ考究ス
心霊論　内界顕象ノ原理ヲ考究ス（『全集三』一二）

この引用文を読んですぐに理解するわけにはいかない。なぜなら、清沢の基本用語は、現代の用語法と違うからである。いささか用語の詮索をしておこう。

まず、「実在論」とはここでは何であろうか。現在では、翻訳語で流通している実在論は、西欧語の realism をさすのであるが、これは哲学の立場を示すもので、哲学組織の部門名ではない。では、「実在論」という用語で清沢は何を考えていたのであろうか。

「実在トハ真実ニ存在スルコトヲ指ス語ニシテ事物ノ実在トハ凡百ノ事物ノ真実ニ存在スルトハ抑如何ナルコトナルヤヲ論究セントスルヲ云フ」（『全集三』一三）

この定義から明らかであるように、「実在」はけっしてリアルなものを指すのではなくて、「真実の存在」の省略語にほかならない。真実の存在は、存在についての論証的語りのなかで開示される。真実存在とは、言説のなかで開示される「存在」である。あるいは、存在は、人間の言説、しかも可能な限り矛盾しない(矛盾しないで語る意図をもちつつ、しかし事実的には誤謬の可能をはらむ)仕方で語る人間の言説のなかで、「自分で自分を指し示す」。人間の言説は、意図において真実を矛盾なく語ろうとしながらもしばしば――後から見て――誤謬をおかすという意味では、人間の言説は真実を「覆い隠す」のであるが、しかしこの言説の意図(矛盾なく語るという誠実さの意図)を信頼しながら語るほかに、存在の真実あるいは真実の存在を開示する(覆われないままで明るみに出す)ことはできない。

人間の言語活動に関するこの二重性の問題は、清沢満之の思考の歩みに今後もついてまわる。それは、まとめていえば、人間的言説における論証性と比喩性となるだろう。この論点に関しては本書のなかで何度も触れることになるだろう。詳細はその機会に委ねて、さしあたり問題になるのは、清沢満之の言う「実在論」とは何であるか、である。たんに「ある」をも語りつつ(出発点として)、真実に存在するものについて語ることは、学問の名前としては、西欧哲学の表現では、「存在論」(オントロギー)であろう。Ontologie は、Onto-logie であり、存在するものについて「語ること」(ロゴス)である。より正確にいえば、存在者について語るところの「語ること」そのことを語ることである。したがって、存在論は、実質的には、論理学である。してみると、清沢満之の「実在論」とは、現代の翻訳語でいえば、存在論または(存在について語る)論理学である。ここで、その後の清沢の思想を知っているわれわれから言い直すなら、この論理学は、形式論理学のことではなくて、「根本の撞着」を含む存在-論理学である。まさにそこで後の清沢はヘーゲルの論理学(存在論)と出会うことになる。「内外貫通ノ原理」という言葉は、人間存在も人間でない存在者も含むところの存在者一般についての「語ること」自体の原理を意味する。

次に、「宇宙論」は、西欧語でいえばコスモロジーであろう。清沢の定義では「外界顕象ノ原理」とされるように、この「外界」は自然一般であろう。自然は、しばしば万有、万象ともいわれるように、つまりは宇宙のことである。こうして、この「宇宙論」は、現代的な用語でいえば、自然哲学を指すと理解できる。自然哲学は、自然自体(人間の関与しないかぎりでの自然）ではなく、自然についての人間的知識のなかに登場する自然の表象を扱うかぎりでは、自然科学的知識を土台とするが、しかし自然哲学は、問いの方向において自然科学と違う。自然哲学は、自然についての実証的で客観的知識を求めるのではなくて、自然であるかぎりでの「人間」と人間でない自然的存在が「存在する意味」を問いつつ考える。自然的である人間を含むすべての自然存在は、互いにどういうありかたをしているか、つまりは自然的な相関性を論議するのが自然哲学としての「宇宙論」であろう。ここで解釈を加えながら仏教縁起論に触れるとすると、清沢的「宇宙論」は縁起論の自然哲学になるだろう。縁起論は、まずは自然哲学として登場するのである。その意味では、清沢の宇宙論は、仏教縁起論であるといっても間違いないだろう。しかしすぐ後で触れるように、縁起論は、自然哲学的縁起論がすべてではない。それは、特殊人間的世界における縁起論として展開されなくてはならない。つまり縁起論は二重性をもっているのである。

最後に、「心霊論」とは何か。それは、前にも顔を出したことがあるが、清沢自身もこれをプシコロジー（心理学）と受けとめたふしがある。西欧では、「我」の内容を記述する学は伝統的に psychologie と名づけてきたのだから、心理学で間違いはないのだが、この心理学は、現代の「科学的」心理学ではなくて、「哲学的」心理学である。それは実質的には「自我」または「意識」の現象を扱うのだから、意識論とも自我論ともいえる。したがって清沢の「心霊論」は、さしあたりは意識の哲学とみなしていいのだが、前に指摘したように、そして清沢の有規聯絡論からして、この「心霊論」は、単に意識哲学としての自我論（現代的にいえば意識の現象学）ではなくて、むしろ個人の意識と集団の精神を構成要素とする「社会的・歴史的世界」をあつかう哲学的人間学であると、受けとめるべきであろう。なぜなら、清沢の人間把握は、孤立的個人ではなくて、有規聯絡的に関連した人間と人間の関係であるからである。これが特殊人間的な世界における縁起の理論になる。縁起の理論は、普遍相関性であるのだから、そもそもはじめから、孤立的自我の自立性などは入る余地はないのである。「内界」という言葉によって、自我の内部に閉鎖した内面性を思い浮かべると清沢の意図を誤解することになる。「内界」は、むしろ自然的所与存在とは違う世界、ヘーゲル的にいえば「精神」であり、現代風にいえば「社会的および歴史的世界」である。もちろん、清沢が「社会的・歴史的世界」を自覚的に展開しているというのではない。彼はこの人間世界に関する記述を予感していたとはいえ、実際には、ほとんど着手していない。だからここで清沢の「心霊論」を「社会・歴史的世界」として定義し直すのは、縁起論の観点から、発展可能性として解釈しているのである。

さて、以上のことからわかるように、清沢の学的構想は、存在論—自然哲学—人間学、という三部編成であった。一見すると、いかにもヘーゲルのエンチュクロペディー体系とそっくりであるが、清沢がヘーゲルを模範にしたかどうかを確かめる資料はいまのところない。だから、ここではこの三部編成は清沢の独自の構想としておきたい。とはいえ、カントに通じていた清沢のことだから、存外カントの文章から着想を得たのかもしれない。カントは『純粋理性批判』「第二篇先験的方法論」「第三章純粋理性の建築術」のなかで、次のように述べている。

狭義の形而上学は、先験的哲学と純粋理性の自然学〔Physiologie〕とから成る。先験的哲学は、悟性および理性そのものだけを、一切の概念および原則——即ち、与えられた特殊な対象を想定するのではなくて対象一般に関係するような概念および原則の体系として考察する（存在論〔Ontologia〕）。また自然学は、自然即ち与えられた対象（それが感官に与えられているのかそれとも別種の直観に与えられているかは問うところでない）の総括を考察する、それだから自然学（まったく理性的な学ではあるが）と呼ばれるのである。……内在的自然学は、感官の一切の対象の総括としての自然、即ち我々に与えられているままの自然を考察する、しかしそれとても自然が一般に我々に与えられ得るためのア・プリオリな条件のもとでのみ考察するのである。ところで内在的自然学の対象は二通りだけしかない。その第一は、外感の対象であり、従ってかかる対象の総括としての物体的自然である。また第二は、内感の対象即ち心であり、また心の根本的概念一般に従えば『思惟する自然』である。物体的自然の形而上学は物理学〔Physik〕と呼ばれるが、しかしこの学はア・プリオリな自然認識の原理のみを含まねばならないから、理性的物理学ということになる。また思惟する自然の形而上学は心理学と呼ばれるが、ここではいま物理学について述べたのと同じ理由から、思惟する自然の理性的認識〔理性的心理学〕としてのみ解せらるべきである。

するとこの形而上学の全体系は次の四つの主要部門から成るわけである。（一）存在論〔Ontologie〕。（二）理性的自然学。（三）理性的宇宙論。（四）理性的神学。またこの第二部門、即ち純粋理性の自然学は、更に二つの小部門に細分される、即ち理性的物理学〔physica rationalis〕と理性的心理学〔psychologia rationalis〕とである。（Kant, I., *Kritik der reinen Vernunft*, Felix Meiner, SS. 758–759. カント『純粋理性批判』篠田英雄訳、岩波文庫（下）、一三四―一三五ページ。〔　〕は引用者）

カントの構想と清沢の構想は、直接には一致しないが、カントのいう「神学」を除去するという前提で、カントの理性的自然学の一部（理性的物理学）と理性的宇宙論をひとつにまとめるなら清沢の「宇宙論」になるし、カントの理性的自然学の他の一部（理性的心理学）はそのまま清沢の「心霊論」とみなすこともできる。そのとき清沢的三部門編成ができあがる。こうした改作はおそらくヘーゲルがしたことだが、清沢もまた同じような改作と再編をしなかったとはいえないだろう。もしカントもヘーゲルも清沢の念頭になかったとすれば、あの三部構成は清沢のまったく独自の構想であったとするほかはない（おそらくはこれが事実に近いかもしれない）。これはあくまでひとつの仮説的解釈であるが、何らかの参考になるだろう。

これはあくまで構想であって、これに向けての種々の草稿は残されているが、それはいずれも構想された体系のための予備的作業である。このうち存在論（「実在論」）に関しては、まとまった論文が書かれているが、それですら、まだ準備作業の域を出ていない。とはいえ、この「実在論」（存在論）論文は、その後の清沢満之の思索の方向と理論的な基礎概念をうちかためようとしている。その意味でこの論文は、清沢論にとって欠かせない文献である。以下において、この論文のなかの最も重要な概念だけに注目して考察しておこう。

二　有規聯絡の概念

関係内存在

万物は相互関係のなかにおいて真実にある。関係なき事物の存在はない。関係の外部に事物が独立し、自立的に存在するとみなすのは、ひとつの妄念である。清沢の存在論はこの関係論を徹底することにある。彼の言葉でいえば次のようになる。

関係ヲ離レテ事物ノ実在スヘキナリ〔クの誤記か〕　事物ヲ離レテ関係ノ独存スヘキナキノミナラス一物ノ実在ハ他物ノ実在ヲ要シ一物ノ行動ハ他物ノ行動ト離ル可カラス　更ニ一歩ヲ進メテ之ヲ論スレハ一物ノ実在ハ万物ノ実在ニシテ一物ノ行動ハ万物ノ行動タラサルヲ得ス（『全集三』一七。〔　〕は引用者）

通俗的に関係というときには、関係以前に個々の事物が予め独立して存在しているとみなし、しかる後に事物たちが関係づけあう、という見方をするが、それは間違いであると清沢は正当にも指摘している。

事物ノ実在ハ斯ノ如ク無数ノ関係互ニ相聯織《ママ》組合シテ成立シ決シテ相分離スヘカラサル者ナリト雖トモ此組織中ニ於テ思想上ノ判別順次ヲ立ツレハ個々独立シテ自存シ以テ諸関係ノ中心タルヘキ諸点先ツアリテ而シテ後諸点ノ間ニ現実ノ関係成立スト思考セサル可カラス　此ノ如ク関係ヲ離レタル実在ハ所謂純正実在ニシテ哲学思想界中ノ一大問題タリ　其純正ト名クル所以ハ関係ヲ雑ヘタル経練的実在ニ別タンカ為ナリ（『全集三』一七）

関係を捨象するなら、事物はもはや現実的に存在する事物ではなくて、一個の抽象にすぎない。事物は関係のなかで相互に働きあうなかで、現実的な事物として生成する。このような関係を離れてはいかなるものも現実存在できないのだから、このような関係を捨象して「純粋存在」を虚構することは間違いであることを、清沢は繰り返し強調する。時間－空間のなかに、したがって持続－延長のなかに現実的に存在する事物に対して「超越するもの」を想定し、そこから現実的なものを導出することは転倒の誹りを免れない。このような指摘は、「理想論」(観念論)への批判である。しかし他方で清沢は、関係なるものを独存させる傾向、つまり関係の「実体主義化」傾向をも批判する。これは一種の唯物論的「観念論」の批判でもある。

真ニ存在スルモノハ個々特殊ノ理法ニシテ普関遍通ノ理法ハ畢竟吾人ノ思想上ノモノ即チ実存セサル〔経験的に客観的に存在しない〕者ナリ　然ルヲ古来ノ大家ニ在リテモ屢々此点ヲ誤リ普関理法ヲ以テ独立実存スル者ト為セシノミナラス又個々特殊ノ事物ハ普関理法ノ摸像ニ過ギズト云ヘルモノアリ　理想論実体〔客観的現実性〕論ノ分カル、此点ニアリ　読者此節ノ所説ヲ追跡考究セバ理想ハ実体〔客観的現実性〕ヲ離レテ存スル者ニアラス　常ニ実体〔客観的現実性〕内ニ流行活動スルモノナルコトヲ瞭知スルニ至ルヘシ　蓋シ吾人ハ実体〔客観的現実性〕ノ何タルヲ推究セント欲セハ事物ノ存在ト運行トヲ稽査シテ其適当ニシテ錯乱ナキ所ニ理法ノ行ハル、コトヲ発見セサル可カラズ（『全集三』三二。〔　〕は引用者）

(用語法について一言付け加えておこう。現在のわれわれが「実体」とよぶものを、清沢は「本体」とよび、彼はそれにわざわざカタカナで「サブスタンス」とルビをふっている。してみれば清沢のいう「実体」はサブスタンスではなく、現実体の意味であり、われわれはそれを「客観的現実性」とよんでおく。これを西洋の用語に還元するならば、Wirklichkeit, objective reality にあたるだろう。)

このように清沢は関係内存在を主張するが、引用文にあるように関係の独立存在をも否定し、むしろ個々の事物の現実性を強調する。関係と事物の同時成立が真相であるのだが、個別的事物の自存性を批判するために関係内存在の思想を提起するのであって、用語につられて関係を自存化させる傾向への警戒も怠らない。二つの自存化を回避しながら、関係内存在としての現実性の概念を構築するのは、けっして容易ではないが、いずれにしても清沢の哲学的課題はまずもってこれに集中していく。

生成と有規聯絡

現在のわれわれが「生成」(Werden, devenir, becoming)とよぶものを、清沢は一貫して「転化」とよぶ。彼のいう「転化」すなわち生成は、変化(Wandlung, changement, change)ではない。変化は、ひとつの事物の性質や形状の変改であり、「転化」は、卵から鶏への転変のような事実をさすのだから、現代的にいえば生成というのが適当である。以下ここでは転化論は生成論として扱う。

宇宙万有はつねに変化し、さらに生成転化する。しかしこれらの変動のなかには一定の規則性がなければならない。少なくとも思想と認識は宇宙のたえざる変動のなかに規則性の存在を仮定しなくてはならない。その仮定は予想であり、予想的想念こそが理性的認識を可能にするからである。「理法」とはそのような規則性であり、別の名前でいえば法則性である。有規聯絡は規則性ないし法則性を意味する。ではこの有規聯絡としての法則性をどのように説明するべきであろうか。ライプニッツその他のように予定調和や神的「大意匠(摂理)」を持ち出すことを回避しながら、現実性論に徹して法則性の存在を説明し理解しなくてはならない。荒削りながら、清沢は次のように言う。

> ラ〔イプニッツ〕氏ノ説ハ蓋シ有規聯絡ヲ如何ニスヘキ乎ヲ明言セサルモノト云ハサル可カラス　茲ニ吾人ハ通常ノ見解ニヨリ吾人カ嘗テ論述スル所ニ由テ之ヲ説カンニ一物(甲)ノ(イ)ニ転スルヤ同時ニ他物(乙)ノ(ロ)ニ転スルノ必要〔必然〕アリトスヘシ　然ルトキハ此必要(他諸物全体ノ現状ニ帰着ス)ト(甲)ノ(イ)ニ転スルノ二件ハ(乙)ニ動作ヲ及ホスモノト云フ可シ　而シ(乙)ノ(ロ)ニ転シテ(ハ)(ニ)(ホ)等ニ転セサルハ(甲)(乙)(丙)(丁)等ノ諸物体相依テ一聯ノ関係ヲ有スルニ由ルモノト云フヘシ　果シテ然ラハ(イ)ノ生スルヤ他ノ事情ノ生セサル以上ハ必ス(ロ)ノ生スルヲ見ルヘシ　是レ宇宙ニ漸次ノ転化〔生成〕アリ　動化的ノ因果アリ　随テ有規聯絡アル所以ナリ（『全集三』四四。〔　〕は引用者）

文中の「二件」がここでは重要である。「甲がイに転化すること」と「他の諸物全体の現状」が結合して、「乙がロに転化する」事態を結果として引き起こす。後の『宗教哲学骸骨』と『他力門哲学骸骨(試稿)』(『全集二』)の基本用語で言い直すなら、前者の要件は「因素」であり、後者は「縁素」である。そして「縁素」はここでは「他のすべての物体の全体性」と定義されている。これは何であろうか。ここではまだ縁起論そのものは問題にはなっていない。いずれここでの有規聯絡論は縁起論として再定義されるのだが、注意すべき事実がひとつある。縁起の概念を解説するとき、通常、ひとは「原因」と「条件」と言い換える。しかし清沢の考えでは、因素も縁素も、結果にとっては、どちらも条件なのである。問題はいわゆる「条件」がどのような性格をもっているかを定義しなくてはならないのである。縁素は、ここでの清沢の定義によれば、甲と非甲のすべてを含む全体構造があり、そのなかで甲にとっての非甲総体が縁素になる。非甲の総体は甲の変動を限定し、その限定された範囲内で、乙の変動が生じる。他の因素についても同様である。構造全体のなかで、諸要素が変動し、その都度に、構造全体はその形状を変えるにしても、構造全体としてはつねに同一である。言い換えれば、縁素とは、甲という要素にとっての構造的条件なのである。その意味で有規聯絡論は、一種の構造論になる。そして、このような構想が「万物一体」論として展開される。これを具象的な喩えでいうと、次のようになる。

今若シ万物ハ一実体〔客観的現実性〕ノ諸部分ナリトセハ一物ノ変動他物ニ影響セサルアレハ其何故ナルヤヲ尋ネサル可カラサルニ至ル　茲ニ一個ノ空気ヲ含メル袋嚢アリトセンカ　其一部ヲ圧セハ必ス他部ノ隆起ヲ来スベシ　是レ空気ノ一部分ニ独立ノ性質アリテ自ラ陥入シ他部ニ亦独立ノ性質アリテ自ラ隆起スルニアラス　嚢中ノ空気ハ皆相依リテ一団ヲ為スモノナリ　若シ一団ヲ為サス隔所ニ散在セル空気ナリセハ決シテ一方ノ為ニ他方ノ変化ヲ生スルコトナキナリ　今夫万物一体ニシテ常ニ其自体ヲ保持スルカユヘニ一物ノ変動ハ必ス他物ニ影響ヲ及ボサヽルヲ得ス　更ニ詳ニ追鑿スルニ嚢中空気ノ一部ノ圧搾ヲ受タル為ニ隆起ヲ生スルハ或ハ一部ニ於テスルアル数部ニ於テスルアルヘク又時ニハ圧搾ヲ受ケタル外〔他〕ノ諸部分全体ニ於テスルコトアルヘシ　万物一体中ノ模様モ亦之ヲ以テ推考シ得ベシ（『全集三』四五。〔　〕は引用者）

このようにして、有規聯絡は、一方では仏教縁起論の現代的記述を目指すものであり、他方では、巧まずして、そして先取り的に、全体(構造)とその要素(部分)の相互関係を、諸部分(要素)の生成論を組み入れた動的構造論として構築する試みになっている。このように概念を構築するならば、伝統的な超越的存在者(テオス、神)なしに有限性の哲学に徹底することができるだろう。

「既ニ事物ト同時ニ存シ一体ノ外ニナシトセハ関係ハ事物ト事物トノ間ニアリト云フ可カラス　各事物ノ内部ニアリトセサル可カラス」(『全集三』四七。強調は引用者)

伝統的な超越存在は、このように、内在無限論へと改作され、同時に仏教の内在哲学としての基本性格をクリアカットに取り出す道も用意されることになったといえる。

第二章　無限と倫理

一　無限との関係

無限の観念

デカルトが『省察』の第三省察のなかでひとは創造の瞬間に自己の観念をもつと同時に「神の観念をもつ(avoir l'idée de Dieu)」というとき、この「もつ」とはどういうことだろうか。

たしかに「神の観念をもつ」ことはできる。しかしその言葉を文字通りに受けとめると、人間が「もつ」観念は例外なく有限な事物についての有限な観念であるから、無限であるべき神は、人間の精神のなかに「もたれた」表象のなかで、またそれによって、有限化されてしまうだろう。人間は「神」に対向するとき、必然的に、有限的表象を通過するしかないのだろうか。それとも「神の観念をもつ」という言い方でひそかに目指されている「別の事態」が予想されているのだろうか。

デカルトの表現形式は外見上(文字通りに受け取るなら事実上は)矛盾している。人間は理性の領域では(そして一般に、主題化的、表象的、対象化的な知のレベルでは)「神」については何ごとも首尾一貫して「言う」ことはできない。すなわち、表象したり、言語化したりすることはできない。「神」については人間は理性の立場に立つかぎりは「沈黙」しなくてはならない。

そうだとすれば、デカルトの命題が有意味であろうとすると、矛盾の形式を通して別のこと(理性的言説による語りではないこと)を目指していると解釈するほかはない。「神の観念をもつ」は「無限の観念をもつ」と翻訳することができる、あるいは二つの命題は等価である。神の問題は無限の問題になる。人間が無限に対面するとき、人間の振る舞いはきわめて特殊な、異例の振る舞いでなくてはならないと予想しなくてはならない。「無限の観念をもつ」ためには、その前に、人間が無限と何らかの関係を「生きている」のでなくてはならない。無限が「ある」とは無限を「感じている」ことであり、「ある」と「感じる」がひとつになった形で無限を生きているという根本的事実がなくてはならない。この「ある」は「SはPである」という形での「ある」ではない。「ある」と言明するときには、この「ある」の言明は有限な言語的表象になっているのだから、「無限がある」の「ある」は表象以前の「ある」、すなわち言語的表現以前の、主題化する以前の、対象化する以前の「生きる」である。無限との関係を「生きる」ことは、無限との直接的な、対象化以前的な関係を「感じる」ことである。この関係を感じつつ生きることである。

このような「感じつつ生きる」という無限との関係を、私は「無限による包摂」と名づける。人間の側からいえば、無限によって包摂されることによって「自己があり無限があると感じる」のである。être = sentir の公式を立てることができる。

無限なるものは、人間とは本質的に異なるものであり、ましてや有限な世界内存在者とも共通するところはまったくない。したがって、無限は人間的には語らない。語るのは人間である。無限との関係(感じつつ生きること、すなわち無限内包摂)について語るのは人間のほうである。そしてこのレベルでの人間の「語り」は、無限についての理性的語りが原理的に不可能であるから、比喩的に語るほかはない。だから人間が対無限関係と包摂感情について語るとき、宿命的に比喩的言語表現をもってすることにならざるをえない。無限は「人間のように振る舞う」と比喩的に人間のほうが語るのは、人間が無限内包摂を人間的行為になぞらえて感じるからである。「無限を感じる」ことがすでにして比喩的である。そもそも「包まれている」という言い方が比喩である。包むものを人間は人間的に表象する。有限な事物について人間は比喩的にも語るし、理性的にも語る。しかし対無限関係については比喩的な語りしかできない。比喩的な語りは、無限についての「感じ」からすでにずれているのだから、そのずれのゆえに比喩を拒否するなら、無限との関係の経験については人間はひたすら「沈黙」しなくてはならないし、そして事実、無限との関係の真実のありようは沈黙こそがふさわしい。とはいえ、人間はこの経験について語りたいとも思う。この語りは喩えによる「詩的」言語になるだろう。

したがって比喩は人間の原初的存在にとって構成的である。すなわち、人間が語る存在であり、言語を使用して何かについて語り、意味のある発言をしようとするかぎりでは、人間は比喩的言説をまずは繰り広げるのである。このレベルでは比喩はまだ想像的でも表象的でもなく、感情とひとつになっている。ここでの比喩は感情がいわば「言わしめて」いるのである。この場面ではすでに「擬人法」(アントロモルフィズム)が顔をだしているのだが、ずっと後の段階での想像的神話的「擬人法」とこの段階でのそれを混同することはできない。擬人法を回避するために、無限を別の名前で呼び替える努力があるが(例えば、神、実体、一者、ブッダ、等々)、そうしたからといって原初の比喩的表現をなくすことはできない。「比喩」は人間にとって、人間が語ろうとするかぎりは根源的であり、不可欠である。これまで人類がどの地域においてであれ、行なってきた対無限関係についての語りはほぼ例外なく比喩的表現であったから、それに即して考察していかなくてはならない。神的なものの慈悲、恩恵、怒り、愛、等々はすべて比喩であり、「神」の振る舞いはすべて人間の振る舞いから類比的に解釈されている。

ところで、無限に対向して、無限によって包摂されて「ある」と感じることは、比喩の表現をもっていうとすればどうなるだろうか。ここでいう「包摂」とは「迎え入れる」ことである。すなわち、無限は人間をつねにすでに「迎え入れている」(accueillir)。「包摂(subsumer)」とは「迎え入れること」である。この用語が示唆するように、無限による包摂の事態に対して、「客迎え」の人間的振る舞いを適用することができる。「主」と「客」の歓待の振る舞い、客人を家の主人が快く迎える、例えば食事を与え、宿を提供するというホスピタルな態度である。これをホスピタリティという。

「迎える」は人間が迎えるのではなく、無限が迎えるのである。だから無限のほうが客人を迎える「ホスト」であり、人間がゲストである。浄土門ではアミダが人間を迎える、あるいは「迎えに来る」(阿弥陀来迎)。仏教は「迎えること」を機軸概念としてもっている。阿弥陀＝無限は人類全体をつねにすでに——「本願の力」によって——「迎え入れ」を実現してしまっている(actualisation)。浄土教典では、法蔵菩薩は四十八願によって人類を浄土に「迎え入れる」ことを目指す。法蔵菩薩が阿弥陀に「成った」という事態は、法蔵の本願が完全に成就・完了・実現したことを意味する。法蔵から阿弥陀への移行は本願が成就し実現してしまっていることを比喩的に表現しているのである。(これに対してユダヤ＝キリスト教では、救いはつねに成就しておらず、際限なく未来に延期されている。そこでは「神による迎え」は可能性にとどまり、つまりはつねに潜在的である。迎えが潜在的であるという点で、ユダヤ＝キリスト教は仏教の自力門――上座部仏教、大乗派のなかの自力門と同じ立場にたっている。)

いま浄土門に即して考えていこう、そして清沢の思考を念頭において考えてみよう。

無限による包摂が「迎え入れる」ことであり、ホスピタルな態度であるなら、そして包摂・迎えが「つねにすでに成就している」(アクチュアルになっている、顕在的になっている)とするならば、仏教的にいえば、すべての人間は、事実上、現実に(可能的にでなく)「救われている」、すなわち「摂取不捨」の状態にあるといえる。にもかかわらず、現世の人間たちは「それ」を「知らない」。してみると、無限と人間との接点は、アクチュアルな、すでに実現している「摂取不捨」の事態に人間の目を向けさせ、気づかせ、「目覚めさせる」ことにある。そしてさらに、この「目覚め」を妨害し、阻止する柵(バリアー)ないし障害物(オブスタクル)を取り払うことにすべての努力を注ぐこと(慈悲の行)が課題になるだろう。現世の人間が「すでに成就している包摂・摂取を知らない」のは、彼らが五濁悪世に沈みこみ、無数の煩悩に汚染され、しかもそれに安住し居直り、無明(無光)の状態を光ある状態と取り違え、悪を善と取り違えている、あるいは真実と不真実、正義と不正義を取り違えていながら、それに充足しているかにみえて、実は挫折し苦悩しているからである。

この取り違え(quid pro quo)こそが決定的であり、定義によって、それは認識の問題である、すなわち「知る、知らない」の問題である。現世が五濁悪世であることすら知られていない、そしてそのなかで生きる万人が例外なく「悪－人である」ことを根源的なところで「知らない」こと、何か表層的なことでは現世に不満をもつとか、おそれを感じるとかを発条にして現世批判的になるときはあるにしても、実際には自分をとことんのところで「善‐人」だと心の底から確信していること、表層の疑似的な知が真実の知を抑圧し隠蔽すること、これがまさに知(savoir)の問題である。この取り違えを自分にも他人にも納得のゆくように説明し語ることは途方も無く困難であるが、しかしそれなしには浄土門の教えは空文に帰するだろう。まさにそこに学的な知の不可欠性がある。現世を悪世として「知る」ことこそ、目覚めの第一歩であり、しかしあくまで第一歩である。

世俗と悪

現世(「この世界」、「世俗的世界」)は、目がくらんだ人間、あるいは暗闇のなかで盲目になった人間にとっては、かえって光に満ちた世界として、安住に値する世界として受けとめられる。そうだとすれば、現世が濁った世界であり、濁った世界で生きる人間もまた濁っていることを、あるいは人間が例外なく悪‐人であることを何らかの仕方で彼(ら)に「知らせる」ことが緊急の仕事になるだろう。「悪い世」と「悪い人間」は一組になっているはずだが、ここでの「悪人」とは現世倫理でいう善悪判断における「悪」の意味での「悪人」ではない。自分が教養もあり道徳的にも「正しい」と信じている人たちもまた、無知で無教養な、道徳的にも「粗野な」(「道徳的に正しくない」と指弾されるような)大衆と同様に、いやそれどころか粗野な大衆以上に、「悪人」である。現世において生きるかぎり例外なく本質的にすべての人間は「悪人」である。このことをこそ明るみにもたらさなくてはならない。

親鸞は『歎異抄』のなかで「善人なおもて往生をとぐ、いわんや悪人をや」と言っている。この言葉は、誤解をまねきやすい。この表現を文字通りに受けとめるなら、それは善人／悪人の存在を前提にし、その上で両者を対比して、悪人のほうが救いの可能性が多くあると言いたいかのようである。善人なるものが別個に「実在し」、他方に悪人なるものが別個に「実在する」、そして悪人のほうが善人よりも往生するチャンスをもっていると額面通りに受けとめられても仕方がない。しかし親鸞の言語表現は、他人を説得するための修辞語法以上のものではない。親鸞そして仏教一般の考え方にとって、現世で生きる人間は善人であることを原理上不可能にされている。人間は現世的人間であるかぎりは、つまり濁った悪い世のなかで濁りに染まって生きるかぎりは、またそう生きるほかはないのだから、現世において善人であるとか、善人になるとかを言うことはできない。現世のなかでは「悪である宿命を余儀なくされている」からこそ、摂取不捨の論理が出てくるのである。仏教では、そして浄土門でも、現世における善(人)のカテゴリーは存在する余地はないはずである。仏教では、原理的には、善(人)のカテゴリーが必要になるところは、現世ではなく浄土である。(この点ではユダヤ＝キリスト教でも同じであって、人類は現世内存在そのものにおいて本質的に宿命的に「罪人」である。)

修辞法と学的言説(学的知)の差異は重要である。修辞上の比喩は人間の言説にとって不可避であるが、しかしそれは学的知とは違う。この意味で比喩の問題は重要なのである。世俗的道徳の観念を知らぬ間に心に染み込ませて――そして現世はこの道徳的イデオロギーは強烈に作用するのだから無理もないのだが――悪人こそが救われるのだから、いっそのこと率先して悪人になったほうがいいのではないか、いやそのように親鸞は勧めているのだと「解釈して」、おのれの現世内存在を無批判的に肯定し、悪人に居直るという悪人正客論を称えるひとが出てくる。浄土門的な「悪」の概念と摂取不捨との縁起存在論的関連、そしてそこから設定される救いの「機縁」の論理をつきつめないままに、世俗道徳の土俵のうえで、イデオロギー的な悪人論を振り回すとき、種々の世俗イデオロギーが仏教のなかに浸透する。そうなると、浄土門仏教の縁起存在論(「世界の理論」)およびそれと相関する「現世内人間論」が消失してしまう。

なぜ、どのようにして、この世、この世界、現世、等々は「悪世である」のか、またなぜ、どのようにして、現世のなかで生きる人間は本性において「悪人である」のか。これについて仏教は多くの言葉を費やしてきたし、例えば『往生要集』は、いわば文学的詩的想像力をもって魂に迫る仕方で人間世界を描き出している。煩悩論であれ、現世地獄論であれ、これまでの語りは文学的修辞にとどまってきた。歴史的にそうした比喩と修辞の言語表現が教化と説法の上で偉大な貢献をしたことを認めなくてはならないし、いまもその役割は重要であるとしても、ただいま現在の境地において数百年前と同じ修辞だけですますことができるとは思えない。この世の中が五濁悪世であることを世界の存在構成の理論をもって語らなくてはならない、それも現代の地球的人類の共通の理論的な言語の平面において語らなくてはならないだろう。世界の「存在」、人間と人間の関係、人間と自然との関係の総体が必然的に、「悪になる」としか言いようのない筋道を、理性をもって語るのである。そうしてこそ、この世が「無明《むみょう》」であることを人々に真実の意味で「知らしめる」ことができる。ここに理性と哲学のきわめて大きな役割がある。伝統的仏教は文学的修辞をもって現世が悪世であることを教えてきたが、いまではそれだけでは通用することはできないだろう。伝承されたままの仏教用語とか言い古されてきたままでの用語だけで満足することはできない。ましてや、雰囲気的な、気分的な用語で語ってすますことは許されないだろう。清沢が「宇宙論」とよぶ「世界」論、そして私が縁起存在論とよぶものを、仏教の精神に即して開拓することは、理性と哲学の道であり、まさにこの課題を清沢は自分につきつけたのである。

まさにここに清沢満之の卓越した功績がある。理性と哲学が「現世」の理論的解明のために不可欠であること、それだけでなく、ひいては理性的探求の成果が、理性と宗教の決定的な差異に、その間にある断絶に強烈な照明を当てるという回り道を通して、仏教的信念の再生に不可欠になると確信し、彼は西欧哲学の概念を批判的に吸収しながら、仏教の思想的原理に相応する有機組織論という名前の「世界」の理論を構築したのである。

無限による摂取と贈与論理

無限による人間の「迎え入れ」についてさらに議論を続けよう。

無限が客迎えのホストになり、人間がゲストになる。無限(浄土門では阿弥陀)は公平無私の歓待をする。歓待の家は、浄土門の用語でいえば、浄土(仏国土)である。この家がどれほどすばらしいかを浄土三部経は数々の比喩をもって描き出している。この「清らかで美しい」土地または無数の諸仏が住まう「大いなる家(グランド・メゾン)」は、何ものにも妨げられないで(とりわけ他人の目を気にして生きるという障害物、欲望を欲望するという最悪の煩悩など)「悟り」を得る行が可能になる理想的環境であろう。その家に迎え入れられた人間は、この世の人間であることを止めた「ひと」すなわちすべての現世的資格を棄てた誰でもないひと(personne)であるかぎりでの「目覚めたひと」であるから、もはやけっして眠らない、眠る必要のない存在である。この家では現世では不可能なことが可能になる。

しかし現世ではない浄土は死後の世界ではない。浄土にいくこと、往生、は死ぬことではない。それは一層よく生きることである。この家(浄土)は、現世とならぶもうひとつの世界ではない。それは現世のなかにあるのだが、ある種の見えない「回転扉」によって隔てられており、その扉をおすことができるひとだけが「そこへの通路」(Eingang, passage)を見つけだす。この扉が何であり、扉を押すとはどういうことかを語るのが理性的知の仕事である。

さて、いま述べた「迎える」関係とはどういう関係であろうか。人間は無限によって包摂され、「迎え入れられる」のであるから、人間の側からいえば、一種の訪問である。普通の世俗的慣行でも「お客になる」ためには、手ぶらでは訪問できない。ホスト／ゲスト関係としての歓待関係は、贈与の関係である。贈与(don, gift, Gabe)の観点から、無限と人間との関係を考察してみよう。

まずはじめに、無限は人間に対して「理想の家」を提供し、人間をそこに招待して歓待する。無限のほうから贈与することが肝心である。無限はつねにすでに贈与しているのである。たとえ人間がその贈与に気づかないでいても、事態に変わりはない。贈与は可能的なものでも、潜在的なものでもなく、久しい以前から(無始以来)つねにすでに現実化(顕在化)しているのである。

無限が人間の意識には関係なく贈与するという場合、贈与はまずは「理想の家」であるが、この「家」の贈与は同時に人間の「自己」の贈与でもある。この「自己」は、普通の「我」や「自我」ではない。それは、現世内的自我が

「理想の家」の贈与つまり無限による包摂とともに贈与される。仏教の教えでは、現世内自我から無限内自己(無－我)への移行は悟りとか目覚め(正覚)とよばれるが、これが可能になるには、人間のなかにそれを可能にする根拠がなくてはならない。この根拠は、無限が無始以来人間たちを無我の相において摂取しているという事態である。通常の自我とは別の平面で、すなわち「無意識」の平面ですべてが進行するのだが、人間は自我以前の段階で、無限による人間的「自己」の贈与と、それに対する人間の側からの対抗贈与が――自覚するしないにかかわらず――なされてしまっている。しかしこの対抗贈与とは何であろうか。

無限による「迎え」のなかでは人間側からの返礼が不可欠である、あるいはどうしても欠かせないという意味で必然的である。ここで注意すべきことがある。無限は返礼を期待しないでつねにすでに贈与している。無限の観点では贈与は一方的である。返礼の観点はもっぱら人間の立場である。人間は、自分の存在(自己)を贈与されたことに無関心ではいられない。ここでいう「関心、無関心」は喩えであって、返礼(対抗贈与)の振る舞いもすべては意識以前に、あるいは無意識のなかで、進行する。この無意識的な返礼の行為とは何であろうか。そもそも人間が「存在＝自己」の贈与に対して対抗贈与するものをもっているのだろうか。基本的には何もないのだが、しいていえばひとつだけある。それは身体としての我である。人間は無限の贈与に対して自分の身体を返礼として無限に向かって贈与する。

人間の側からの身体(実際には現世的自我とひとつ)の贈与とは、現世からの身体の分離である。分離とは、身体の廃棄であり、身体の犠牲である。それは身体の犠牲、身体の否定、身体の廃棄という意味での身体的犠牲である。贈与は、犠牲を伴う。一方的に降ってくる贈与に対して、人間は自己の身体の犠牲をもって応える。人間は、この世界に到来するとき、同時にこれを実行している、しかも普通の自我には気づかれない形で、いわば自動的に実行している(なお、贈与論の詳細に関しては、拙著『交易する人間(ホモ・コムニカンス)』講談社、を参照)。

無限に対向し、無限による包摂・摂取・迎えを「感じる」とき、人間はホスピタリティと贈与の論理に厳密にしたがって必ず自己贈与を行なう。これが無限による包摂と迎えに応じるときの基本的形である。喩えていえば、何かを提供してくれたものの「家」を訪問するときの礼儀作法である。事実、人類はこれまで、どの地域でも、どの宗教的文化圏でも、無数の身体犠牲という名の自己贈与を行なってきた。宗教的苦行の数々、身体の傷つけ慣習、等々はすべて自己贈与の形式である。なぜ人間は身体贈与をするのか、なぜ苦行をするのか、人間はなぜかくも身体をいじめるのか。その理由は無限による包摂(を感じること)のなかに見出せる。ひとりの人間がこの世のなかに出現するまさにその瞬間に動きだす関係が贈与の関係である。地球人類が太古以来実行してきた贈与的相互行為の存在理由もまた、根源的には、人間の現実存在を舞台として働く無限による包摂作用の感受のなかにある。

さていま、久しい以前から知らぬ間に贈与「されていた」自己の存在に気づいた後でひとはどのように行動するのかを見てみよう。贈与された「自己」に気づくことは「目覚め」とよばれる。この自己は現世的自我とはレベルを異にする。それは現世的自我の否定ですらある。目覚めとは現世的身体とひとつの自我によって隠されていた「自己」の発見であり、無限を感じる自己への回帰であるともいえる。修行の「行」とは、無限による迎えすなわち無限による「目覚めの贈与」に返礼する行為である。論理の順番では、修行があるから救われるのではない(これは自力のスタイルである)。まずはじめに無限の包摂がある。無限による「迎え」と自己の存在の無限からの贈与があり、それに応じての返礼的自己贈与がある。何らかの自己贈与の行為(極限的には自死であるが、生物的死ではない種々の自己贈与が多々ありうる)を同時に伴わないような無限との関係はない。「行」とは自己贈与の形式である。自力門でも他力門でも自己贈与としての行を行なうが、自己贈与と「行」の位置づけと解釈がそれぞれにおいて異なるであろう。

二　顕在と潜在

信念の獲得

信念の獲得(心の平安)をめぐって、無限の認知の仕方が他力門と自力門とでは異なってくる。清沢は次のように述べている。

ところで、このように無限を認知する仕方は、自力門と他力門とでは明らかに異なる。自力門では、心の外では、宇宙の森羅万象はすべて無であるという言い方が基礎になる。だから無限を認知するに際して、自力門は霊魂のなかに無限の能力を認める。いいかえれば、それは無限を潜在的無限とみなす。反対に、他力門は自己の有限な無力さの自覚を基礎とする。したがって、それは無限をわれわれの外部にある現実的な力とみなす。いいかえれば、他力門は無限を顕在的無限とみなす。(英語版『宗教哲学骸骨』第六章第三節、『語録』五六。強調は原文通り。『全集二』一一七)

浄土門(他力門)において阿弥陀による摂取の「アクチュアリティ」(顕在性、実現していること)の概念は重要である。摂取は「すでに実現している」のである。しかも人間の側からの働きかけとはまったく無関係に「久しい以前から顕在化している」。人間の行為とは独立に、無限の摂取はすでに「成就している」。これが無限からの一方的贈与の意味である。

清沢満之の指摘によれば、自力主義は無限との関係が自分のなかで潜在的で可能的であるとみなし、だからこそ刻苦勉励の自力修行によって無限に接近する、あるいは無限を顕在化させようとする。自力主義は人間の側からの働きかけを重視する人間中心主義または人間主体中心主義ともよぶことができる。人間の努力次第で、その努力の計算可能な成果に比例して(経済的比例の観念)無限への接近と救いが実現するとみなされる。西欧ではこの経済主義的、功徳蓄積的、簿記会計的救済論の堕落形態が、教会による「免罪符」の販売であった。似たようなことが仏教のある種の形態のなかで見られないだろうか。功徳を積むと天国にいけるなどと上座部仏教では信じられている。大乗仏教のある種の形態でもそれと類似のことがないだろうか。自力的思想では無限を「自分の力でこちら側に引き寄せることができる」と考える。それは知らぬ間に無限を「物体化して」いるし、無限を有限化し、そうすることで人間の力で操作可能なものだと知らぬ間に想定している。これが経済主義的、簿記会計的と規定する所以である。ここでは無限と有限が連続してしまっている。

呪術と仏教の違い

特定の手段をもって結果＝効果をもたらす行為は、一般に技術的行為であるが、その原初的形態は呪術である。呪術は、特定の理想、あるいは「よい」観念を、特定の手段(修行、想像的なもの、呪文、まじない、等々)をもって自分のほうに引き寄せる。例えば、「功徳」を「積み重ねる」なら、その功徳に比例して(計算可能な比率で)「救い」がいわば自動的にもたらされる、という「考え方」は、経済的でもあれば、技術的でもあり、結局は呪術的である。呪術は、原始的であれ高度に知的であれ、手段と結果＝効果の計算可能な等価性(「——に応じて」の比例的同等性)の構図をもつかぎり、どのような形態でも同一である。一定の手段と効果を足し算する技術である。手段を駆使して巧みに結果を生産するためには、「主体の力」(自力)が不可欠である。

他力門が自力を拒否するのはなぜであろうか。法然や親鸞を含めての伝統的な言い方によれば、「われわれ無力なものは難行が不可能であるから」という理由を挙げている。自力聖道の道は特別の例外者だけがよくすることができるのだが、普通のひとは、一般に、そんな行為によって救いに到達することができない、だから他力を頼むのだといわれる。この理由づけは、民衆への説法としてはよくできているが、本当のねらいはそこにあるのではないのだろう。自力門はまさに自力修行を手段として「計算された(はからわれた)」結果をもたらそうとするがゆえに、すなわち有限世界のなかで有限な手段をもって救済という本来的に無限に属することを(つまり有限者にとって不可能なことを)実現しようとするという点で、まさに自力門は本質的に「呪術」であるからなのではないか。

宗教と呪術は、歴史的経験に即して観察するかぎりでは、事実上区別しがたいところがある。未開の宗教であれ、ユダヤ＝キリスト教であれ、ある種の伝統的仏教であれ、つねに宗教と呪術は入りまじってきたし、いまでも(ますます)そうである。しかし仏教の本来の狙いは呪術から「仏陀の教え」(正法)を峻別し、呪術から教えを切断し、呪術から解放された教えになることであったとおもわれる。そこに釈尊の本来の狙い(思想の旋回)があったのではないか。

ここに、日本において仏教を呪術から解放しようとした法然と親鸞の重要な意義がある。他の仏教諸派は、むしろ呪術の積極的実践をもとめた(加持祈禱は呪術である)。経典についての学問的知識は知的形式をとった「呪術的道具」である。そうした知識をもって望ましい結果をもたらすとおもうとき、知識は呪術的手段に変質する。現代的用語でいえば、イデオロギーになる。自力と他力の区別は、呪術と仏教の峻別になる。どの宗教でも自力を強調するとき、いつも呪術的になっていった(ユダヤ教、キリスト教にも同じ現象がみられた。儀式は呪術のはじまりである)。現在のわれわれは、この論点に関してはおそらく、数百年前と同じ用語と理屈づけを繰り返す必要はないだろう。歴史的文脈が根本的に違う以上は、法然や親鸞と同じ論法で(「われら無力なる凡夫は云々」)語る必要はないし、そうしたことはかえって混乱が起きる。古典のなかにある言説を分析して、新しい議論を組み立てるべきであろう。

例えば、「前世の宿業によって」という言葉がある。これは文字通りには呪術的言葉にきこえる。前の人生の行為が「原因」になって現世の結果が生じるのだから、この因果関係は呪術的な説明にみえる。古い時代にはその種の表現で人々は納得できたし、それで納得できる共通の雰囲気があったし、それ以外の説明方法はありえなかったともいえる。しかしこの言い回しはいまでは通用しないであろうが、他方で「前世の宿業によって」は何か正しいことを言い当てようとしている。「前世」とは何か、「宿業」とは何か。この二つのタームを考えるとき、新しい用語をもって本来の意図を明るみにもたらすのでなくてはならない。日本仏教史のなかで、「前世の宿業によってわれわれの現在の状況はある」という命題を、厳密なやり方で、理論的にあるいは哲学的に語った人がいただろうか。私の見るところでは、この命題の内容を、新しい用語(理論語)をもってあざやかに説明したのは、清沢満之である。清沢は、古い教典の古い言葉の精神を現在に甦らせたといえる。「前世の宿業」を抽象的な用語で言い換えると、「因・縁・果」である。仏教「因果」論は理論的に再構成されなくてはならない。それは近代科学の因果論と同じなのか、違うのか。そのなかに科学的因果論とは違う新しい思考の可能性があるのかどうか。近代科学の因果論を批判的に踏まえて仏教の因果論を新しく立て直し、そうすることで、例えば「前世の宿業」という言葉に代表されるような表現形式のなかにある「真実」を捉え直すとどうなるだろうか。

因果論

清沢が大いに強調する概念形式は、因・縁・果の三項推論式である。彼はこれに「主伴互具」の理論を付け加える。別の言葉で言い直すと、垂直因果論(因から果へと流れる本流)と傾斜因果論(縁の介入)との結合である。(この着想は元来は清沢満之のものである(英語版『宗教哲学骸骨』第四章「生成(Becoming)」の「三」から「六」を参照。『語録』三四一―四四。『全集二』一一四―一一七)。)記号で表現すると、次のようになる。

A＋B　→　C

ここで、Aは「因」であり、Bは「縁」であり、Cは「結果」である。清沢の議論において決定的に重要なカテゴリーは「縁」である。では「縁」とは何か。彼によれば「縁」とは「状況」あるいは「条件」である(英語やフランス語ではcondition)。「状況と条件」は、ひとつの出来事が出現するときにそれが身を置くところの「境地、境遇、環境」であり、それは西欧の言葉でいえばconjonctureによってまとめられるだろう。それをさらに「舞台」(シーン)あるいは「場面」と言い換えることもできる。ともあれひとつの出来事が出現するためには、特定の「空間」(物理的空間にとどまらず、主として、優越的に社会的歴史的な空間である)が不可欠である。

ひとつの事件が「結果」として生じた場合、その「結果」は、「ひとつの」原因ではなくて、複数の原因をもつ。そしてこれらの複数の原因のなかには重要度における差異があり、ヒエラルキーがある。単に複数の原因があるのではなくて、複数の原因の間に上下関係または主要と副次の関係がある。ごく図式的にまとめるなら、ひとつの「結果」を構成するときには、主要な原因と副次原因が参加する。この副次原因は、清沢の用語法では「縁」であり、それをわれわれの現代的用語に翻訳するなら「条件・状況」であり、要するに状況的機会原因である。直接的な主要原因に加えて、間接的で条件的な機会的副次原因が参加するとき、ひとつの結果が生まれる。これが因・縁・果の理論である。それは複合原因論なのである。

ここに伝統的近代科学の原因論を一歩越え出る構想がある。それを近年の用語でいえば、清沢の因・縁・果論は、アルチュセールの用語を借りていえば「重層的決定」の理論であるとすらいえる。さらに、「縁」を清沢的考え方よりも一層ひろく引き伸ばしていけば、この「因」と「縁」の組み合わせは「構造」の概念へと通じていく可能性もある。例えばフロイトと精神分析の用語として「多元的決定」あるいは「多数原因による決定」がある。これだけでも近代科学の因果論を越える優れた着想である。しかしそれは原因の複数性を述べた点で画期的であっても、原因の多数性をいうにとどまる。原因が多数あるというだけでは真実の因果論にはならない。主要原因と副次原因の区別と結合とが重要な論点になる。清沢が直線的な流れと斜めの流れを区別したのは、歴史的にみてきわめて先駆的であり、十九世紀の人清沢が、十九世紀の思想水準を事実上はるかに超越して、二十世紀的な思想の先取りになっている意味で重要であるが、あえていえばその理論的発展可能性からみて現在でこそアクチュアルな意味をもっている。

さて、因・縁・果の因果論を時間系列で見てみると、「現在の結果」を構成する主要原因と副次的条件的原因のそれぞれもまた、過去の時点ではひとつの結果であった。それもまた主要原因と副次原因から構成されている、そして以下同様に続く。したがって、「現在の」結果(例えば現在の「我」)を生産するためには、無数の、限りない「世代」(ジェネレーション)が「原因」(複数)として参加しているし、さらに加えて人間的存在だけでなく、「事件」も「自然の元素」も、人間以外の生き物も、間接的に参加して現在の「結果」に、その度合いを違えて、参加している。極端にいえば、現在の「我」の事実存在(実存)は全人類史と全自然史を「原因」としている。万物すなわち一切衆生はすべてことごとく「いまの我」のなかに関与しつつ「我」の構成要素として「実在している」。万物は「我」の身体と精神の構成要素であり、万物と我はひとつである、あるいは万物は我において「一」にして「全体」であるという意味で「一になっている(統一)」という結論が出てくる。したがって「我」自身を構成するいっさいの事物、生き物、他者たちは、それぞれが何らかの形で「我」自身なのであるから、「我」はそれらを破壊することができない。ところが他方では、現実の「我」は、そして人間の社会は、事実上つねに、万物を破壊しつつ実在している。原理的には、「我」は、そして人間たちは、有機的組織(構成)論からいえば、そうした破壊に「責任」をもっている。責任とは、「我」が自分以外の他者たち(人間だけではない)につねに「繋げられ縛られている」、その意味で他者たちに「因らえ」られている事態をさす。自覚するしないにかかわらず、ただいま現在の我の実在において他者すなわち万物に対して責任を負っているのである。

こうした因果論をもってようやく「前世の宿業……」の直観的内容が理論的に解明されるし、それは人間存在と世界存在の理論を通じて「倫理的正義」または「責任」の理論までいきつく。有限世界の哲学的理論を構築することで、換言すれば、理性の仕事を通じてはじめて、仏教は呪術から解放されるのである。理性なしには呪術を克服することはできない。理性のしばりがないとき、たとえ元来は優れている仏教も、つねに呪術に後退する危険がある。呪術はある意味では「宗教」よりも強い。呪術もまた「不可思議なもの」と接触している。仏教もまた「不可思議」で「神秘的な」と形容できる独特の合一経験である。類似のものはつねに混同される。

この混同を解体し、「宗教的」経験の本来の姿を解明し、明るみにもたらすことは、仏教的な比喩的語りだけをもってはたして可能なのか。理性の仕事、哲学的な(あるいは科学的な)仕事の援助なしに、仏教は呪術から解放されうるのか、呪術との混同の危険を回避できるのか。まさにこれをこそ清沢満之は鋭く自覚したのであった。清沢は、有限存在または世界の存在についての理性的理解を企て、それを有機組織論または有機的構成論という独自の理論をもって接近したのだが、その彼の理論的関心の所在をわれわれはかつて以上に鋭く学ばなくてはならない。有限世界の理論の重要性はかぎりなく大きい。なぜならそれを通して、有限と本質的に違う「無限」をネガティヴに浮かび上がらせることができるからである(ネガティヴの概念については、第二部で詳細に論じるだろう)。「アミダ」とは何かの問いに十全に答えるためには、有限世界の理論を通過しなくてはならない。これが清沢の残した重大なメッセージである。

飛び越し不可能な深淵

ところで、無限と有限の間には飛び越すことができない溝がある。人間の側からはどうにもならない深淵である。この深淵の存在を承認するかどうかが、思想の別れ目になる。深淵は、人間の力では手に負えない、人間のどのような力をもってしても飛び越せないからこそ、この飛び越しを可能にする無限の側からの働きかけがあるのだと浄土門は主張する。それが無限による包摂であった。無限のほうから深淵の飛び越しの助けが来るし、事実すでにつねに来ている。それが「顕在無限による摂取の成就」の意味である。仏教ではこの深淵を「海」の喩えで語り、飛び越しを「船」の喩えで語る。そして、深淵を飛び越えること、大海を渡ることは、有限存在にとっては、少なくとも現世のなかで生きているままの有限存在にとっては、原理的には不可能であるが、他方で、もし飛び越しと渡しが何らかのやり方で、何らかの通路によって可能になるとしたら、それは「不可‐思議」の経験であり、理性を越えるという意味で「思議できない」ことでもある。

もしもこの「不可能なこと」の可能な経験(不可能なことを経験できること)を実現することがありうるとすれば、その条件はひとつしかない。人間に課せられるその条件とは、親鸞と清沢の用語では「信」である。この「信」の形は何であろうか。あるいは「信」(深信)の振る舞いはどういうことであろうか。それはもちろん言葉の上のことではない。言葉だけの「信」は空語である。「信」は、不可能なことがらと接しているのであるから、言語を越えるものであり、原理的には言葉でもって表現することすらできないことかもしれないのだ。言葉でなければ、行為しかない。沈黙の行為だけが「信」を実現する。それは現世内自我と現世的身体的欲望を何らかのかたちで「否定」することである。われわれが身体をもって現世のなかで生きるかぎり、完全には身体的欲望とそれに連動する精神的欲望(主として社会的な対他欲望すなわち無数の煩悩)から離脱することができないのはたしかである。欲望の放棄が「できない」ということを口実にして欲望（の欲望）を否定することを放棄するなら、元の木阿弥になる。自分の努力だけでは身体的欲望と精神的対他欲望を克服することが「できない」ことを「深く知る」ことは、それ自体がそのまま同時に、無限への包摂の感受であり、無限への包摂は現世的欲望（事実的には、他人と競り合い、他人に優越しようとする虚栄心である――名利、名声を求めること）の放棄でなくてはならない。現世的人間に充足しつつ「信」を口にするものは、基本的には「偽善」者である。自覚するしないにかかわらず、「信」にかわる「偽善者」は、そのなかに思想的な「懐疑主義」をひそめており、それは結局は「仏智疑惑」に通じていくだろう。

浄土門では、信と念仏は一体であるという。念仏と信が合一するとはどういうことか。現世的身体的欲望の「否定」ぬきに信はない。無限との関係について見たときに指摘したように、ここには意識以前の存在構成における贈与関係があり、したがって自己贈与が本性上ついてまわる。それと同様に、無限との関係である念仏は欲望の否定（一層正しくは、欲望の効果の否定ないし宙づり――これが自己贈与の契機）という「行」を要求する。念仏、信、行はひとつの構造をなす。念仏は、つねにすでに「与えられている自己」、しかし普通は意識から隠されている「自己」に目覚めることである。無限への帰依とは無限への包摂を「感受する」ことである。「包摂」を感じることは、無限に迎え入れられたこと、これまで気づかれなかった無限への通路を見出すことである。これが「自己」（現世的自我と峻別される）に「目覚める」ことを意味する。デカルト的にいえば、「ナム」とは「無限の観念を持つこと」である。換言すれば、すでにとっくに贈与され、当方もとっくの昔から「受け入れている」無限への包摂通路としての「自己」を、「ナム」によって、念仏によって、あらためて、もう一度、「受け入れる」のである。

念仏は、「自己」の二度目の「受容である」。「二度目」とは目覚めである。すでに無限は「自己」を、その自己の迎えを、無限のほうから贈ってきている、すなわち「回向《えこう》している」。しかし現世的自我はその贈与と回向に気づかないので、自己を喪失している。無限による贈与・回向を「受容すること」は、その贈与・回向に「気づく」ことであり、気づくこともまた縁起の理法からいえば無限による贈与・回向である。この気づきの瞬間は、現世内自我と身体的欲望の「放棄」と同時的である。この「放棄」あるいは否定が「行」であった。贈与・回向の「受容」が「信」であり、現世内存在の放棄またはそれからの離脱が「行」であり、両契機（気づくことおよび行）の統一が「念仏」であるといえようか。

現世的存在からの離脱の行は、つまり身体的・精神的欲望の「放棄」（欲望の効果の否定）は、無限による贈与・回向の受容であろう。肉体を酷使するかしないかは、事柄の本質には無関係である。たとえ肉体を酷使したところで、現世内の身体的・精神的欲望を否定することができるわけではない。肉体の酷使（苦行）が、心・身の欲望から解放することを保証するわけではない。西洋でも東洋でも、苦行と肉体酷使が、現世からの離脱に通じると信じられてきたが、それは一種の錯覚であろう。問題になることは、贈与・回向の受容、すでに贈与されている「自己」への「目覚め」である。

贈与・回向に気づくかいなかは、個人の側からいえば一種の偶然としか言いようがない。気づくかどうかはその人の態度如何に左右される。気づかなかったらそれまでのことである。この偶然を必然にするものについては、一般論を語ることはできない。とはいえ、気づくこと、目覚めることに間接的に貢献する仕事がある。それが理性の仕事である。現世とそのなかでの存在（自我と身体）についての首尾一貫した哲学の語りがそれである。「いかなる意味でわれらは悪人であるか」を理性的に語るのである。いうまでもなく理性的語りが、必ず目覚めを保証するわけではないが、しかし現世内「自我」が、自分を善人と確信していようと、また実際に善意の人であろうと、そうしたことにかかわらず本性の上で「悪人存在」であることをまずは理性的に納得しないでは、つまり真実の意味で自己認識を成し遂げるのでなくては、目覚めもありえないだろう。目覚めの動機は、経験のなかにあるのだろうが、経験が必ず目覚めに通じるわけではない。目覚めの動機をうち固めるためにも、理性的な知は不可欠である。世界と人間について、首尾一貫して語ることができなくて、どうして現世内人間の「悪人存在性」を他人にも自分自身にも教え、そして納得することができるのだろうか。

現世的人間の存在様式の理解を知的に深めないで、伝承された喩え話で満足するとき、仏教は現代において風化するほかはない。この(危険な)事実を、いち早く気づき、新しい道を開拓したのが、清沢満之であった。

三　アポリアと「無限」の経験

アポリア

アポリアとは、「道がないこと」「通過することができないこと」を意味する。前にも進めず、後にも後退することができない。進退極まって敷居の上で立ち往生することである。

「無限」についての、無限に対面しての経験は、このアポリアの経験である。通り過ぎるべき「関門」があるのだが、けっして通り抜けることができない、という意味での「通過不可能性」である。無限についての経験とは、このような「不可能性の経験」なのであり、不可能を経験することの可能性ともいえる。

有限な世界は、原理上、有限な個人にとって経験可能である。経験とは、無数の、際限のない数の「道」を通り抜けること、旅をすることである。一人の個人の生涯は限定されているから、この個人が現世内の無数の「道」や「通路」をことごとく「通過する・歩き抜く」ことはできないのは当然である。これもたしかに不可能なことであるが、このような経験の事実的な不可能性は、有限な事物についての数的無限に関するかぎりでの不可能性であって、質的な無限あるいは無限としての無限に関しての不可能性とは違う。かりに一人の人間が「限りのない」年数(寿命)を生きることができるとした場合に、有限の世界の「あらゆる道と通路」を通過することは原理上は可能である。しかし限りのない生命を持ちうるであろうとしても、そうした人間ですらも現世内人間であるかぎり有限であるのだから、経験の延長線の先端で質的な無限を経験するだろうともいえない、すなわち、本来の、無限としての無限への、あの「関門」を通り抜けることはできない。彼は、無限としての無限の「門前で」いつまでもとどまらなくてはならないだろう。それが人間が有限であることの意味である。普通、人間の有限性は、どこかで生まれ、どこかでいつかは死ぬだろう、したがって空間的にも時間的にも短い一生に限定されていることでもって定義されている。つまり有限性とは人間が死をもつこと、死ぬことと同義である。しかし、ここで思考実験によって示したように、たとえ数的に無限の生命があっても、人間は有限である。本来の無限としての無限への関門を潜り抜けることができない意味で、人間は有限なのである。

自力修行は、有限な個人のなかで「際限のない無数の通路」を凝縮して通過すると想定する。自力思想がいう「無限」は数的無限にすぎない。ひとつの修行はひとつの「道」を通過することであり、その次の修行は別の道を通過する、そしてこれが際限なく続き、遠い先のどこかで「無限」に至るだろうと想像的に考える。数々の「道」のシリーズは連続的に消尽点まで連なる。これなら原理的に先まで「計算できる」。なぜなら、自力の修行は連続関数だから。しかし有限な人間によって計算できることはすべて有限である。自力論には、アポリアが自力では解決できないこと、通過不可能な道があることを教える。自力主義の難点は、消極的にではあるが、質的無限の経験の不可能性を、あるいは不可能の経験の可能性を教える。

有限な個人にとって、「この」世(有限世界)は現世的事物と経験可能な道によってできているが、それらは数的に限りないので、有限な個人(死すべき人間)にとってはある種の「無限」を感じさせる。しかしそれはあくまで「限界のなさ」の意味での、はるけさとしての遠さという意味での「無限」でしかない。数の上でどれほど際限がなくとも、そうした膨大な数の事物がある世界はあくまで有限である。漠然たる、とらえどころのない、広大さに人はときに打たれ、感動することがある。ロマン・ロランが「大洋感情」と言っているのがそれだ。しかしそれはたとえ崇高であっても、有限な世界の、有限な個人にとっての、広大さの感じであって、要するに無＝限界としての限りなさである。有限な世界と「接して」、その縁辺に、質的無限が「ある」。それはモノが「ある(存在する)」ように「ある」のではないが、しかし「それはある」。「接して」「縁辺に」――この直接的な接触点に「無限への関門」がある。この関門を有限な人間は自力では通過できない。この「通過できない」ことがアポリアであり、道の消失である。にもかかわらず、有限な個人が「生の満足」を求めるときに、そしてその願望を満足させたいならば、この「通過不可能な関門」を通過しないわけにはいかない。絶対的不可能性の可能性への転化が絶対的に要求されている。

無限による満足と不可能性の解消

人間は有限な事物によってたいていは充足されてしまう。しかし有限な事物による充足が不完全であるのは、有限な事物による充足を阻止する現世の制度があるからである。ところで、いまかりに阻止的制度の難点を完全に取り払ったとしてみよう(この取り払いは、現世における「政治の課題」であるし、これは今でも重要な課題である)。制度の難点がなくなり、理想的とでもいうべき「社会」ができたとして、有限な事物による充足が望むかぎりで実現されたとしても、人間はそれで満足しない。言い換えれば、人間というやっかいな生き物は、有限な世界の有限な事物とか他の人間たちの行為によって、個人の尊厳価値を承認してもらうことを欲望するのであるが、たとえ有限な事物や他の人間たちによってこの承認欲望が充足されたとしても、それで完全には満足しないのである。人間は有限者による承認以外の承認を、心の奥底で(無意識的に)願望している。有限を越えるものが与える承認によってのみ人間は承認欲望を満足させる。かりにこの有限を越える何ものかを無限とよぶなら、この無限による承認が実現したとき、人間の欲望は停止する。それが完全な満足である。

したがって、無限による承認は人間の生の充足にとって不可欠であるが、にもかかわらず現世のままの状態では、そして現世内での自己努力だけでは、無限への通路を通過することができない。このアポリアをアポリアでなくする「道」が求められる。アポリアの解消、それが他力との関係、絶対的不可能性の可能性の経験である。それは二つの側面をもつ。

1　現世内の自我が現世的欲望に汚されており、そうした自我が「悪の存在」であることを知ること。ここで「知る」行為が決定的に重要である。「悪人である」にもかかわらず、それを取り違えて現世の自我にあくまで信頼を寄せることが「善人」と自称するものたちである。この取り違えを洞察し、「善人」への自己信頼を「破壊する」ことが「知」の役割である。

2　「知」による自己の現実の姿の認識の成就と、現世的自我の絶対的否定または転換が、無限への通路を開く。この通路を通過することがそのまま目覚めである。では、目覚めを構成する契機(要素)とは何であろうか。

自利と利他

親鸞は『教行信証』(「証」の巻)のなかで往相《おうそう》と還相《げんそう》を語る。

二つに還相回向と言うは、すなわちこれ利他教化地の益なり。……『浄土論』に曰わく、「出第五門」とは、大慈悲をもって一切苦悩の衆生を観察して、応化の身を示す。生死の園、煩悩の林の中に回入して、神通に遊戯して教化地に至る。本願力の回向をもってのゆえに。これを「出第五門」と名づく。……『論註』に曰わく、「還相」とは、かの土に生じ已りて……生死の稠林に回入して、一切衆生を教化して、共に仏道に向かえしむるなり。もしは往、もしは還、みな衆生を抜いて、生死海を渡せんがためなり。(『定本親鸞聖人全集』第一巻、二〇一—二〇二ページ。『真宗聖教全書』第二巻、一〇六—一〇七ページ。読み下しは『真宗聖典』二八四—二八五による。)

ごく圧縮していえば、その内容は次のように理解していいだろうか——往相は浄土へ往くことすなわち「目覚め」である。還相は、その「浄土」すなわち目覚めの清浄な国から現世に還帰して、現世の人々の許に赴き、人々の目覚めを助けることである。

この場合、往相と還相を時間的・空間的に区別して考えることはできない。例えば、「まずはじめに」往相があり、「しかるのちに」還相がある、と言うことはできない。空間的に生きるほかはない人間の通常の行動になぞらえて

「浄土にいき、そしてその後で現世に帰ってくる」と言うことはできない。文字通りにそのように解釈するなら、行き来するこの存在者は「幽霊、化け物」以外のなにものでもない。

往相と還相は、同一の事態の二つの側面である。同一の事態とは、「我」が無限に包摂された「自己」に目覚めるという事態である。目覚めることは、「同時に」二つのヴェクトルをもつ運動を含む。親鸞はこう言う――「一念一時無前無後」と。

往の相は、「我」が無限的自己に目覚めること、すなわち「自己」が浄土に迎え入れられることを「知る」あるいは「悟る」ことである。それが「自利」の定義であろう。自利は、無限による「自己」(自我ではなく)の包摂であり、その感受である。その感受はおそらくは歓喜として表現されるだろう。そうでなくては「利」ではない。

還の相は、目覚めた自己と他人との関係をさす。還相は、対他関係である。目覚めた自己が他者に対して、覚醒させる相において関係する。目覚めた自己とは無限のなかの自己であり、無限による包摂と「同じ」振る舞いを他者にする。自己から他者へに向けて目覚めを贈与するのである。贈与的行為は、他人たちを、彼らの現世内の資格を問うことなしに、こちらへと「迎え入れる」ことでもある。浄土門の用語でいえば、アミダが衆生を「迎える」(摂取する)ように、還相の自己は衆生(現世内の他者たち)を迎える。この行為は、現世の境界において、無限による「迎え」の行為を、いわば縮小して反復するのである。目覚めた「自己」はアミダの縮小模型になる。無限の内に迎えられる自己はもはや現世内存在者ではないのだから、現世のすべての「掟」(経済的、法律的、世俗道徳的な、すべての命令と束縛)を離脱している。当然、所有物もない。目覚めた自己は、ひたすら、他人を迎えること、受け入れることに徹する。

目覚めた自己による現世の他人の「歓迎と受け入れ」という態度・振る舞いこそが、現世的他者を目覚めさせるのである。少なくとも目覚めの機縁(条件)を作る。「迎える」ことが他者の目覚めのきっかけになる。これが原理的意味での「僧」の定義になるのではないだろうか。仏教の「僧」とは、目覚めた自己である、そして同時に(原則的に無数の)他者を迎え受容する「容器」である。この容器は、プラトンの言う「コーラ」(英語ではレセプタクル)ともいえよう。目覚めること(往相)と迎えること(還相)は、同じひとつのことであり、同一の振る舞いである。目覚め／自利と迎え／利他は同時的である。

他人との関係を、ユダヤ＝キリスト教のケースと比較しながら、もう少し具体的に述べてみよう。

ユダヤ＝キリスト教では「貧しさ」が倫理的意味をもつ。「清貧の生活」が倫理的生活の模範である。「貧しさ」・「貧しい人々」が倫理的な色彩を強めるとき、貧しさ・貧民に対するカリタス(愛徳)が「目覚め」の契機になる。だから、ユダヤ＝キリスト教の文脈では、他者とは「貧しい他者」のことである。貧しい他者の背後には、「神の顔」が貼り付いている。「貧しい人々」に出会うとき、ひとは彼らの顔を見るだけでなく、同時に見えざる神の顔をも見るのである。神は貧民の相をもってたち現われるとユダヤ＝キリスト教の倫理的感性は感じる。そして一般に、現世に生きる「他人」といわれるとき、その他人とはこうした意味での「他人」として受けとめられる。

こういう貧しさ(貧しい人間たち)に直面すると、ひとは自分の泰平な生活を揺るがされ、他人の貧しさや不幸の原因があたかも「我」にあるかのように感じることがありうる。カリタスとは、世俗的自我から真実の「自己に目覚める」ことであると同時に、他人への責任を感じること、他人に負い目を負っていると感じることを意味する。この宗教圏では、他人は、いつも貧しい他人でなくてはならない。豊かな他人はいるであろうが、豊かな他人は倫理的感情の対象にならない。ボロをまとい、食べ物に飢える貧民、これが他人である。そのとき、倫理的行為は次のようになる――「私の口のなかにあるパンを他人にそっくり与えること」。

シモーヌ・ヴェーユは自分のいるところから非常に遠く離れたところで、飢えた子供たちや飢えと病気に苦しむ人々が存在すると考えると、自分もまた同じ苦しみを感じ、ともに苦しみを経験することができるひとであったという。他人の苦しみを自分の苦しみと感じることをヴァルネラビリティという(傷つきやすいという意味)。心が傷つきやすいのは、他人の不幸に反応し、責任を感じ、わがことのように苦しむことである。そういう行為が可能なひとは、ヴェーユがそうであるように、一般に「聖人」という。だからユダヤ＝キリスト教の倫理的人間像は、「聖人」である。普通の人間にはできないことをするのが聖人である。聖人(聖者)と聖者性、これらが道徳的模範の理念である。仏教でも、とくにテラワーダ(上座部)仏教では、聖人である釈尊を模範にする。聖人というモデルに可能なかぎり近づくことをもって修行とする。

貧しさも貧民も、地球上にいまもゴマンといる。今後もなくなるとはおもえない。特に「南」の世界ではそうだ。だからユダヤ＝キリスト教の倫理規範やテラワーダ仏教の倫理徳目はいまも有効であるかもしれない。しかし先進国で、「豊かな人々」が大量に出てきたとき、「貧しい他人」の問題はどうなるのか。貧しさとか貧しい人々という意味での他人が少数になるとき、彼らとの「出会い」を目覚めの機縁としてきたこれまでの宗教倫理は有効であろうか。おそらくは失効するであろう。

これに対して、浄土門では、他人が貧しいか豊かであるかは、主たる争点ではない。物質的貧しさの多少にかかわらず、現世内存在者としての人間は、欲望に満ちた、欲望のゆえに苦しむ「悪‐人」である。万人が定義上「悪‐人」たらざるをえない。万人悪人論がおそらくは親鸞の本意であったのかもしれないが、ともかく浄土門の「現世内人間」論は万人悪人論に帰着することは確かである。親鸞ならずとも、浄土教典の論理を極限まで突き詰めればそうなるほかはない。浄土門では、貧しい他人に直面してカリタスを発揮することから「目覚め」が始まる、などとは考えない。万人が悪人なら、まずもってひとりひとりが自分を悪人であると自覚することから、目覚めの過程が始まる。

欲望する人間としての悪人

悪人とは何ものか。悪人で「ある」とは、現世に生きるかぎり、「欲望存在である」こと以外の生き方は不可能であることを意味する。物質的貧しさは、この文脈では、決定的意味はない。世俗内で生きる人間的欲望こそが、「悪‐人‐存在」の根源である。

人間と人間、人間と自然との関係を生きる人間特有の「生」のなかに、現世からの離脱の欲望が（現実逃避や、現世での充足もまた）生まれてくる。煩悩の問題は人間学的問題である。煩悩と苦悩は、複数の他人と一緒に生きること、また身体をもつ自然存在として生きることから生まれる。とりわけ他人との関係のなかにあらゆる煩悩とそれによる苦悩が芽生える。

世俗生活のなかで、他人にたいして人間はどう振る舞うのか。人間は相互に他人として、欲望する存在として振る舞う。この欲望は身体欲望ではなくて、自然的でないという意味でメタフィジックな欲望であり、純粋に観念的である。簡単にいえば、他人に対して個々人は、自己の尊厳を他人によって評価してもらうことを欲望する。他人の欲望が向かうべき対象を、自分の価値をもって置き換え、こうすることで他人の欲望を自分に振り向けて、他人の欲望が私のほうへ流れるようにしたいとひとは心の奥底で熱望している。対他関係における欲望は、他人の欲望を欲望することである。欲望の欲望（他人の欲望を欲望すること）、これが社会的人間が宿命的にもつメタフィジックな欲望の実質である。自分が「高い、優れている」と感じつつ、同時に他人を自分よりも「劣っている、低級である」とも感じる。そうした差異化と差別化の欲望、自己卓越化の欲望、それが「虚栄心」であり、それの具体的展開が「嫉妬と羨望」である。それは人間の等級を量的に計算する。対他欲望は、本性上、計算する欲望であり、欲望は計算器（はからう器械）である。例えば現代の消費社会は、この欲望の動きから生まれ、この欲望を肥大化していく。しかし現代だけでなく、この欲望は人類の発生とともに古い。つまりこの欲望は人間存在とひとつである。多数の他人と一緒に生きることを現世内存在という。そのような現世内人間であることは、他人に対して評価計算的に欲望しつつ生きることであり、人間であることと欲望存在であることは、同一の事柄の別名なのである。

現世のなかで生きるかぎり、人間は欲望を欲望するべく強制されている。欲望の欲望すなわち虚栄心、自己尊厳または自尊心が充足されないとき、心は挫折感であふれかえり、それだけ一層他人の欲望を欲望し、嫉妬と羨望で精神は満ちる。現世での「苦しみ、苦悩、悩み等々」といわれるものは、せんじつめれば、欲望の欲望すなわち虚栄心に帰着する。名声、出世その他はすべてこの欲望のなせるわざである。国家レベルでのナショナリズムは、集団的形態でのこの欲望の現われである。そうだとすれば、現世内存在として「生きる」ことそれ自体のなかに、あらゆる意味での「悪」が含まれている。この苦悩から逃れたいと思いながら、人間はますます虚栄の欲望の虜になっていくという悪循環のなかに巻き込まれる。仏教の煩悩論と五濁悪世論は、欲望の人間学をもって現代的に書き直すことができるし、そうしなければならない。私はその原理を他のところで展開した（拙著『近代性の構造』講談社、を参照）。

倫理の必然性は、人間が抱える欲望と苦悩のなかにある。対他欲望は、自己卓越化欲望であり、しかしそれはたいていは挫折する。なぜなら、他人も同じ振る舞いをするかぎり、相互衝突を起こすからである。そこから充足されざる欲望を充塡するために、不可能な充足をもとめてますます病的な虚栄欲望を肥大化させる。他人を押し退け、差別する、等々の闘争状態が出てくる。これを押さえるために、現世倫理のイデオロギーが多数生じてきたし、いまもそうである。たいていはそれは禁欲倫理のイデオロギーであって、事情は西欧でも日本でも同じである。しかし禁欲倫理は、現世内人間の本質（欲望する人間）に真正面から衝突し、有効性を喪失するだろう。すなわち現世内人間の欲望を説法するのは、欲望するほかはない人間にたいして身体なき天使になれと要求するようなものである。禁欲という世俗道徳的徳目が空疎になる所以である。対他欲望は、現世では相互衝突しか生まない、したがってけっして充足されないという不可能性のゆえに、かえってますます不可能を可能にするべく空疎な虚栄心を際限もなく繰り出す。これが欲望の輪廻であり、仏教が流転とよぶ事態であろう。欲望によって、現世内人間は、地獄、餓鬼、畜生の悲惨をすべて経験する。

浄土門では、煩悩が身・口・意から出てくるすべての欲求であるとする。言葉の上では、欲求も欲望も同じであるが、私は身体的欲求と対他的欲望を峻別すべきだと考える。身体的欲求は自然の法則に従う。身体的生も身体的死または老衰も自然法則の結果である。それには従容として服する以外にはない。老いること、病をうること、死ぬことはたしかに苦しいことには違いないし、普通の意味では人生のいわゆる「受苦」ではあろう。しかしそれは自然の掟であって、それに文句をつけるほうがおかしい。ところが、対他関係から出てくる欲望は、自然法則の内部にある身体的苦痛とは違う。対他欲望こそが本来の煩悩である。この欲望から生まれる苦しみは身体的苦しみの比ではない。それはいっさいの苦しみの源泉であり、苦痛の根本様式である。しかも対他欲望は反作用を及ぼして、自然的身体的欲求をすら巻き込み、自然的欲求を不自然な欲求つまり「貪欲」に変質させる。極限では、対他欲望はすべての自然的欲求を消滅させて、身体欲求を酷使して自然的でない欲望に変形してしまう。こうして現世において生きる人間は対他欲望一色に染め上げられ、塗り込められていく。これが「社会内存在」の根本的な真実の姿なのである。

したがって、「煩悩」論の中心には、対他関係、他人との関係が据えられなくてはならない。対他関係とは、この関係に囚われるとき人は他人よりも自己を高く評価し、ディスタンクティヴな差異化を目指し、自分が他人よりも高い価値をもつのだと他人から評価されたいと、つねに激しく熱望している、といった事態をさす。それは暴力的な欲望である(暴力的とは、激しいという意味と、他人を傷つけるという意味をもつ)。他人が目指す欲望の対象／価値の位置に、自分を据えたいと欲望すること、それが他人の欲望を欲望することである。

一般に、同じことを誰もがするのだから、対他欲望すなわち自分の尊厳価値の実現欲望／要求は、いつも挫折する。ここに心の奥底まで食い込む「憾み・怨恨」等々が「苦しみ」としてとぐろをまく。苦しみは、嫉妬、羨望、怨恨であり、癒すことのできない心の「傷」である。現世で生きるかぎり、つまり社会的に生きるかぎり、人間はつねにこの苦しみとしての煩悩をトゲのように抱えて生きる。対他欲望、すなわち自己威信の他人による評価への欲望、という煩悩は、トゲのようにいつまで心を突き刺しつづける。それは理性のコントロールをすり抜ける。

この欲望が「悪」の根源なのである。悪人とは対他欲望にひきずられて生きている人間のことである。目覚めとは、自分のこの悪人性に目覚めること、すなわち他人に向かう「欲望の欲望」が自分の世俗的現世的存在をすみずみまで浸していることに、気づき知ることである。浄土門でいう「目覚め」とは、おそらくは、このような「自我存在」にごまかしなく直面することであろう。現世における「自我存在」(この世に生きる自我)とは対他欲望そのものであり、そうした自分の生き方、ありかたに、何らかの挫折を通じて気づいていくものだが、その気づきかたが「目覚め」とよばれるのであろう。

このような対他欲望が原理的には仏教では「執着」とよばれ「煩悩」とよばれるのであろう。煩悩に満ちた自我が「悪」であるとすれば、それに気づくことは、同時に他人もまた「悪」であることに気づくことであり、ひいては現世としての社会関係自体もまた「悪である」ことに気づくことである。自我の側からいえば、自我＝欲望が他人の自我＝欲望と構造的にひとつになっている(これを「対化」という――ドイツ語ではPaarung)ので、他人の「悪－存在」が「我」の欲望存在に原因をもつというような関係になっている。他人の側からいっても同じである。

人間たちは、互いに「悪の存在」になり、客観的に相互に助けあって、世界を「悪－世」として増幅しつつ構成している。悪に関しての有機的構成があるのである。かりに「我」が自分の悪存在に「気づく／目覚める」ことが可能なら、それは同時に、他人と悪世の「悪」に自分が深く関与していることに気づくことでもある。しかし、この気づき、つまり目覚めは、現世に生きる人間にとってはじつに困難である、いやそれどころか不可能ですらある。この不可能を可能にする行為こそが、無限との関係にあった。この難関を乗り越えることができるためには、どこかに機縁つまり契機がなくてはならない。

対他関係は他人に向かう欲望としてまずは具体的に現われる。この欲望は、純粋な身体的欲求とは違い、けっして充足されないがゆえにつねに挫折する。それが心を傷つけ苦しめることはすでに述べた。対他の欲望こそが「苦悩」の源泉である。ところがまさにこのどん底のなかに目覚めの契機がある。心の傷とそれを生み出す源泉・原因をごまかしなく認識する覚悟(決断)が生まれたとき、そのときこそが目覚めの機縁である。他人の悪存在の原因が「我」にあると気づくとしても、それはけっして他人の「身代わりになる」ということではない(ユダヤ＝キリスト教はこの身代わりの受難を強調するが、それは殉教者または聖人を普通の人間にも強要することであり、不可能なことである)。そうではなくて、他人の悪存在に「責任／負い目」をもつことを自覚することは、同時に、我と他人をそうした悪人＝存在に追い込んでいる現世の構造を認識することまで突き進まなくてはならない。現世がそうした「悪の世」であるなら、そうした現実的世界の批判あるいは解消を何らかの形で目指すこともまた避けることはできないだろう。仏教の現世離脱論のなかに、あくまで可能性の芽としてであるが、そうした現世批判が含まれている。

現世からの離脱は、仏教の共通了解事項であるが、浄土門ではそれは個人的努力による解脱ではなく、他力による援助に基づく離脱であり、つまりは絶対他力への包摂あるいは現世的自我の否定ないし自己贈与である。この「自己贈与」は他人の身がわりを意味するのではない。それは他力への「自己の」贈与である。この贈与は浄土門では、「他力への委任」とみなされる。このような他力への委任＝自己贈与の振る舞いが目覚め＝往相であり、同時にそれは他人へ向かっての振る舞いとしては「他者迎え」になる(還相)。他者受容(他人をあるがままに受容すること)は、苦痛を伴なうことかもしれないし、西洋の宗教におけるように他人の身代わりという殉教者的な行為として表現されることもあるかもしれない。問題は、具体的な表現の違いはあっても、目覚める行為が同時に他者との新しい関係になること、あるいは無限を媒介にしてはじめて目覚めが可能になり、同時に他者受容が可能になること、である。目覚めは自分が光明をうることに尽きるのではない、それは他人との関係、社会関係を、現存の社会関係とは違う方向で作りかえることでもある。単なる個人道徳ではなく、対他関係としての倫理の問題がここで厳密に提起される。他者関係の変革と無関係な個人的な目覚めは、本来の真実の目覚めではない。それは自力修行の自己満足以外ではないだろう。他力本願の特徴は対他関係の変更を厳しく要求するところにある。自力派には倫理はなく、他力門においてのみ倫理はあると清沢が述べた理由はそこにある。

ところで、目覚めと一体の倫理の問題は、他力門でも十分に意識されているだろうか。学問の面で扱われるかぎりでの倫理問題は理論的に解明されているのだろうか。

目覚めと他力

「精神主義」時代の清沢満之の議論を簡単にふり返ってみよう。清沢の論旨は、私の解釈をいれていえば、大略次のようである。

一切衆生あるいはとくに人間は、他力によってつねにすでに「摂取されている」(本書における理論用語でいうと「承認されている」)のだから、もしそれに気づき目覚めるなら、個々人は精神のなかで「満足する」ことができる。ここで「つねにすでに」とは、他力の顕在的実現を意味するし、「満足する」とは、個々の有限存在による承認ではなく、「最も高い存在」によって承認されることで、人間の本質である承認欲望が完全に満足させられることを意味する。

ところで、他力による摂取によって承認欲望が充足してしまえば、現実の世界における不平等とか格差(身分、階級、階層の格差)などには無関心になり、「現にある通りの」状態で満足してよい。現在の個々人の境遇はアミダのハカライである、つまり個人にとっては一種の運命(哲学的には「必然性」)である。他力による摂取がある以上、その運命と境遇に満足して生きていけばよい。すなわちアキラメ主義である。このアキラメは、たんなる断念としての諦念ではなく、現世内存在としての自分が悪‐人であることを「アカラメル」こと(完全な自己認識、学的知の成就)を通じて、アミダにすべてを委ねる意味での「アキラメ」である。

清沢の精神主義の骨子は以上の通りである。ここでは倫理問題はどうなっているのであろうか。これを考察してみよう。

そもそも他力本願にすがるという思想が出てきたのは、現実の世界には無尽蔵の「不幸と苦痛」があるからであり、この苦しみから発して他力が呼び求められるはずである。現世、現実の世界では苦痛ばかりがあり、個人は「世界のなかで」すなわち対他関係のなかで欲望によって汚染されているし、定義によってこの対他欲望は充足されないし、この不充足が苦悩と苦痛を加速させる。当然にも、この現世では有限な他人による承認欲望は充足されるはずがないし、原理的にも不可能である。換言すれば、現世の苦悩から自力のはからいをもってしては脱出できない。だから、脱出不可能の認識を通して、他力による摂取が期待されるのであった。他方で、摂取が保証されてしまうと、現実の不幸は不幸でなくなり(不幸と感じない)、現実に満足してしまうようにみえる。つまり現世を肯定してしまうように聞こえる。現実の不幸からの解放を願望しつつ、救済が「保証」されると、今度は苦痛の源泉である現世的不幸を肯定するかにみえる。あたかも信心が現世的不幸を忍耐させることになるかのようであり、現実の不幸は解決不可能なままに永続するのを許してしまうかのようである。もしそうなら倫理などは不要になるだろう。

他力本願は自力批判として登場した。自力による現世での、現世からの、救済が不可能であるからこそ他力論が要求された。自力論は、近代の知識人の理想主義と同様に、理想を自己自身のなかに求め、自己自身の現在において自己を高めることで満足を見出す。他力論には、自力による現世の不幸の解決(自己成就、自己救済)が不可能であるという自覚がある。これは原則的に正しい方向である。ここには有限と無限の関係についての二つの解釈が対立しているのだが、自力論は有限の内なる無限をいうことで有限と無限の連続的連鎖を語る。しかし他力門は無限と有限の断絶を語ることで、対他関係の変革に通じていくはずであった。無限の媒介による有限の救済は、浄土門では、行としての念仏に見た。本来はここに倫理の可能性の芽を見出し、そこから対他関係の倫理、正義としての他者受容へといくべきであるが、現世肯定主義的なアキラメ論は、その芽をつぶすかにみえる。言葉の上でそうみえるだけでなく、考え方の実質においてもそのようになってしまうのだとしたら、現状肯定と保守主義への道が開かれて、倫理の不在という点では自力門と同列になってしまうだろう。信心も帰依も空虚になり、行としての契機も希薄になる。現世を悪世として洞察し、その洞察を通して現実世界のメカニズムを解明するという知性の契機すらもが水泡に帰するであろう。清沢の「アキラメ」論が平板に読まれるなら、おそらくは現状肯定主義に誘惑されるであろう。それを阻止するためには、理性の仕事すなわち哲学的な知の援助を必要とする。浄土門における倫理性を学的に組織することによって、言葉の上すべりな理解を防止しなくてはならないし、元来、浄土門はその学的可能性を内蔵しているはずである。

このような疑念が出てくるのは、清沢においてすら、新しい対他関係としての倫理、倫理的な意味での正義の概念、「正しい」(ということができる)対他関係の理論がまだ十分に構築されていないからであろう。清沢には(『骸骨』のなかに明言されているように)、他力門こそが倫理をもつのだという自覚があった。対他関係の倫理学、倫理的正義の可能性の問題を欠如させたままに放置すると、一般の人々もまた欠如に気づかずそのまま安住し、ついには主観主義的自己的信心でいいとおもうだろう。そうなれば、念仏はもはや親鸞がいう意味での念仏ではなくなるだろう。しかし親鸞も清沢も、こうした危険を自覚していたのではないだろうか。例えば親鸞が往相と還相の問題を重視したのは、主観主義的満足の危険を自覚していた証拠であろう。

1　他力による摂取の確信の証としての念仏行。これは往相として語られる。

2　本当に他力摂取を実感し目覚めた人は、親鸞風にいえば、他力によって現世に回向される(送り戻される)はずである。これがおそらくは「僧」の位相である。往相の確証を得た人は、現世の悪の認識を深め、悪世からの民衆の解放をすすめる。これが還相の段階である。

人は「僧」としての位相において現実的世界のメカニズムを原因・結果の論理によって把握し、他人にも把握させる。そうすることで現世の仕組みと、現世での満足の間違い(迷妄)を指摘し、自覚させる。運命に順応しないで、運命として強制される現世道徳の無効を確信させる。

法蔵菩薩と阿弥陀仏という二重化した人格的表現は、たしかに無限と有限の関係の「擬人法的比喩」以上のものではない。とはいえ、前にも述べたことだが、この比喩には重要な教えが含まれている。法蔵の願行は、往相であり、願行の成就によって有限な法蔵は「かれがあるところのものになる」すなわち阿弥陀仏になる。こんどはかつて法蔵であったところの阿弥陀が実行する衆生の摂取不捨は、還相である。有限な法蔵から無限の阿弥陀への移行と阿弥陀の現世への還帰という往還過程は、目覚めた限りでの人間によって反復されうる。個々人は、修行の形式において法蔵の修行を繰り返す。そして彼は、ひとたび目覚めたあとでは、現世に滞留して悪世を構成する対他関係を変更し、そこから人々を抜け出すように教化する。「新しい」対他関係の実現は、阿弥陀が摂取する行為を縮小して繰り返すことである。すなわち他者を摂取する、つまり他者を受容することである。「覚者」は、現在の人々の「ひとりひとり」に「呼びかけて」、各人の欲望存在の実態を直視させ、虚栄心を破壊し、欲望から発する相互闘争を停止させるべく「説法する」。彼は、論議をもって現世内の他者たちが知らぬ間に注入されている妄念と妄想を破壊して、それらが隠蔽した真実の自己に直面させる。それが他力の代理人としての「僧」すなわち「覚者」の勤めであり、言説的実践である。教化は、言説をもって行なわれるし、この行は知的な論議であり、同時に「正しい」倫理的行為である。

責任の問題

「精神主義」の清沢によれば、阿弥陀に乗託し摂取されることが、個人から「責任」を取り去ることだという。だから、個人がこの世の中で生きていく場合に、万事について責任を感じる必要はない、したがって「無‐責任主義」だともいう（「精神主義（明治三十五年講話）」『全集六』一六五―一七一参照）。ところが、この論文の一年前の「精神主義（明治三十四年講話）」（『全集六』二九四―三〇四）では、次のようにいわれている。

「なにごとにも、自ら進んで責任を負い、自ら罪悪のものなりと自覚する人物が住するところは、恭順和楽の天地を構成することになります。」（『語録』三〇一）

短期間の間に意見が変化したのであろうか。それとも、文脈を変えれば、あるいは観点を変えれば、別の言い方が――矛盾なく――可能だというのだろうか。おそらくは、二つの文章の間に、まだ詰められていない論理と記述が隠されているのかもしれないし、それ自体を一応ありうることだと想定して、われわれのほうで問題を引き受けて論理を無矛盾的に構築してみることが重要であろう。それの実行はここでは今後の課題としてとりあえずは脇に置いておこう。しかし先の文章を文字通りに受け取る限りでは、明らかに矛盾した論述があるのだから、二つの立場のうちのどちらかを選択することを、文章自身がわれわれに要求しているかのごとくである。要するに、二つの論文において提起される問題を定式化するなら、こうなる――一方では「全責任主義」が提起されているが、他方では無責任主義が提起されている。折衷案は、こうなるだろう――阿弥陀に向かうかぎりでは「無責任主義」になり、現世では「全責任主義」になると。ここにひとつの問いが提起されている。

阿弥陀／無限に摂取されるかぎり、そこでは責任問題はまったく登場しないはずである。阿弥陀に乗託することは、現世で責任を取るとか取らないといったレベルとはまったく関係ないし、レベルまたは領域が異なる以上は比較論にすらならない。責任の問題は、有限存在に関係するかぎりで登場する。たしかに、ありうべき対他関係における責任の取りかたは無限によって媒介されるとしても(還相の位相)、責任はつねに有限な他者に関係する。阿弥陀に摂取される位相は、純粋に対無限関係であり、そこでは原理的に責任という用語を使用することができない。この意味で「無＝責任」を語るのは正当である。無限との関係では人間は、ただもっぱら、無限によって包摂されるだけであり、有限世界に通用するいっさいの用語と論理(因果の法則)はここでは無効になる。

「精神主義(明治三十五年講話)」におけるアキラメ主義＝無責任主義を文字通りにとって、それに即して思考実験をしてみよう。例えば、「私」が犯す人殺しも盗みも阿弥陀の不可思議なハカライであり、「私」にはどうにもならないし、その意味で「私の責任」を言うことができないことになる。殺してもいいという勧めではないにしても、殺しや盗みという現世の行為に関して、有意味な議論を組むことはできなくなる。清沢は極端論をたてることで、他力の乗託をいやがうえにも浮き彫りにする意図をもっていたのだろう。このような極端論は、問いを鋭く提起するときの哲学的手法であり、それ以上のものではない。提起された問いを、解答可能な理論的問題へと変換しなくてはならない。

悪人正機論の本意は、責任があるかないか(有限者にとって)といった事実とは無関係である。だから世俗的意味での無責任主義あるいは全責任主義とも、原理的には関係ない。悪人であることが有限世界に生きる人間にとって「本性上」必然であり、その意味であらゆる人間は例外なく「悪人」であり、したがって「善人」などは存在しない。親鸞の『歎異抄』における「善人なおもて……」の善人／悪人比較論は、比喩であることについては前にも指摘したが、たとえ自分を善人と思い込んでいようと、自力で救済されると信じていようと、上流人士、貴族、博学な「学生」が自分でも善人であると思い、他人からも善人とみなされていようと、そんなことはすべて錯覚でしかないということだ。だから「悪のなかに－いること」は自分の存在意義が極小であることに気づくところの自覚の可能性の「近く」にいることを意味する。要するに、悪人正機論は、摂取／包摂／救いの可能性、あるいは摂取されていることの自覚の機縁の問題である。悪人正機論は、悪人であればあるほど救われるのだから徹底的に悪人であれというのではない。悪人正客論を悪用すると、悪人への居直りが生まれる。いっさいの「私」の悪い行為の「責任」は阿弥陀がとってくれるから、安んじて現世において悪人に徹して、無責任主義を満喫しようと考えるひとも出てこないとも限らないし、事実それは出てきた。こうした危険を払うためにも、責任概念の妥当領域を明確に定義する必要がある。レベルの混同を禁止することから始めなくてはならない。

無限に対しては責任概念は使用できない。無限／阿弥陀についても、有限者についても、無限／有限の摂取関係の文脈では責任という論点をいれる余地はない。反対に現世における有限者と有限者との関係においては、責任の用語が使用できるし、使用しなくてはならない。しかしこの場合には、世間に通用する、個人道徳の理念や種々の倫理思想との批判的対決が不可欠になる。そのときにはじめて、どういう関係が真実の対他関係であるかという「正義、正しさ」の問いがあらためて提起されるだろう。これが前にも指摘したように無限を媒介にした「他者迎えの倫理」である。ここではじめて清沢の言う「全責任主義」の概念がきわめてアクチュアルな意味をもってくるだろう。

自我と自己の峻別

清沢は、文章を読むかぎりでは、必ずしも自我と自己の概念的区別をしていないように思われる。彼は一貫して

「我」だけで議論を押し進めている。しかし、自我(「我」)と自己を別々の概念として当てる必要があるのではないだろうか。

「自我」——この俗世に生きる個人の自我は欲望に満ちており、五濁のなかにある。苦悩の源泉は現世とそのなかにある自我である。「悪人」の源泉はこの「自我」である。現世内存在としての個人は「自我」である。

「自己」——この悪人としての自我から切断して生じるのが「自己」である。「自己」とは無限の「呼びかけ」に「応答する」ことが可能な(応答をよくなしうる)ものである。無限の呼びかけ—自己への目覚め—自己から無限への応答という順序が自己のレベルで立てることができる。応答(response)可能な状態にあるありかたが応答可能性＝責任(responsibility)である。自己への目覚めと「応答可能性のなかにあること」は、同一の事柄である。だから自己に目覚めたものは原理的には呼びかけに‐応える‐存在である。この応答は無限との関係から発するのであるが、まずは自己への目覚めとして現われる。この応答が「責任」として現われるのは有限な他者との関係においてである。すなわち、無限との関係における応答は、第一に自己への目覚めとして現われ、第二に、他者に向かっての責任として現われる。

また無限の呼びかけに応答する行為は、発‐言として現われる。目覚めは発‐言とひとつである。浄土門では、この発‐言は「念仏」である。「名を称える」は無限への応答である。目覚めの構造は、呼びかけ—帰依—応答としての念仏—包摂—安心の証(証しと悟り)という繋がりであり、こうした自己の状態が可能になってはじめて有限な他者を迎えることができる。「自我」は他の自我と闘争する。「自己」は他者を迎え入れ、摂受(受容)する。両者はレベルを異にする。

呼びかけと固有名

無限による呼びかけがあり、それに対して有限者は応答する。さて、その場合、この呼びかける声は「どこ」に向けて呼びかけるのか。その声は「何」に向かって呼びかけるのか。その声は、有限者の固有名に向かって呼びかける。世俗生活における戸籍の名前ではない。戸籍の名前以前の名前、人間が人間になるためにどうしても持たなくてはならない名前、あるいはそれを通してはじめて人間個々人が「自己」になる名前、それが固有名である。世俗的自我が生まれる以前に、日常の言葉を発する以前に、人間は無限によって呼びかけられて、「我は……」と何らかの形で意識できるところの名前、それがひょっとすると「自己」ではなかったか。世俗生活のなかで成長するなかで現世的自我が大きくなり、そのゆえに声にも言葉にもならない固有名としての自己はいつしか闇のなかに埋もれていくのではなかったか。仏性に目覚めるとは、この闇のなかに放置された固有名としての自己に目覚めることではなかったか。してみると、固有名は目覚め＝覚醒にとって決定的になる。

以上は、世俗的自我と覚醒せる自己とを峻別するための仮説的で「独断的」な提言である。ともあれこれを手掛かりにして、二つの「我」を区別する問題を考察してみたい。回り道をして、まずはユダヤ教神学の現代的革新者の言葉を手掛かりにしてみよう。フランツ・ローゼンツヴァイク(Franz Rosenzweig)は『救済の星』のなかで次のように言っている。

> 固有名の呼びかけとともに、啓示の言葉は真実の対話のなかに入ってくる。固有名のなかでこそ、物体性の固定した壁のなかで口が開かれる。固有名をもったものは、もはや物一般ではありえないし、世界のなかの物でもありえない。彼はジャンル(類)のなかに全面的に解消することはできない。なぜなら、彼が属するジャンルはないからだ。彼は彼自身だけで自分のジャンルなのだ。彼は世界のなかに場所すらもたず、生成のなかにその瞬間をもたない。反対に、彼の「ここ」と「いま」を彼は自分に携えていく。彼が立つ場所が中心であり、彼が口を開く瞬間が、開始なのである。(Rosenzweig, F., *L'Étoile de la Rédemption*, Le Seuil, p. 221.)

この文章のなかにいくつかの重要な論点あるいは問いが含まれている。

「呼びかける」とは任意のものに呼びかけるのではない。必ず「汝よ！」と呼びかける。そのとき、有限者が「汝よ！」と呼びかけられたと「感じる」。その「汝」は必ず「固有名」をもっている。それが世俗名以前の固有名であり、「自己という名」であろう。固有名をもつものは単独者(単数)であり、つまりは「唯一者」である。固有名によって呼びかけることは、「唯一人」に呼びかけることを意味する。したがって、呼びかけは、固有名を「言う」ことであり、呼びかけられたものに「唯一性」「我一人」を自覚せしめる。ここで無限と有限の「対話」がはじまる。固有名によって呼びかけられたものは、はじめて、この声に応えて「我は……」と応答する。つまり「口を開く」のである。「口を開くこと」、応答することは、その瞬間に何ごとかを開始するのである。いうまでもなく、きわめて異例の、例外の、物の世界ではありえない、無限と有限の「対話」を開始するのである。それはほとんど奇跡に近いことであり、まさに不可思議の出来事なのである。これはユダヤ神学的色彩が濃厚な議論である。

　同じ事態を浄土門の用語で言い換えてみよう。阿弥陀は固有名によって呼びかける。その声を聞くものは「我は……」と名のる(この名のりは、世俗名ではない、自己としての固有名である)。「名のり」は唯一性(我一人)とは同じことである。この名のりを浄土門では「ナム(南無)」として表現するであろう。名のりとしてのナムは、念‐仏である。自己の名のりと帰依の相手の無限名(阿弥陀という固有名)と重なる。念仏は「口を開くこと」自体である。念仏は名のりであり、無限と有限との応答関係である。無限は、沈黙のなかから、沈黙のなかで、呼びかけるのだが、それに応答して有限者は自己の名のりをして、無限の固有名を口にする。まさにここで「個別」(唯一者)と「普遍」(無限)が合一する。これが個人性(あるいは自己)の自覚の論理である。「口を開く」ときの瞬間は「無限の開示」(光明)の瞬間である。開示とは口を開き、有限者の固有名を名のり、沈黙のなかの無限の「名」を呼ぶことである。個別のなかで普遍(むしろ無限)が開示され、そうすることで個人性(自我でなくて自己)が現実化する(覚醒する)。これはかつてあったところの状態(Wesen、本質)へと還帰することである。覚醒は、自己がそれであるところのものになることである。ここに浄土門念仏の独創性がある。また念仏という、個別者の固有名の名のりと無限の名前を称えることが合一するなかで、無限による有限の救済が可能になると主張するのも、大いに独創的である。

この側面に限定すれば、念仏による救済は「唯一の自己」の救済であるから、これは(個人にとっての)往相の局面である。しかし往相は目覚めのひとつの局面であるが、すべてではない。親鸞によれば、目覚めの他の局面は還相であり、こうして目覚めた自己は現世のほうに向きを変えて、現世における他の自我存在に働きかけて、それらを自己へと覚醒させる。理論的には、還相における対他関係の論理は、無限が自己を迎えたように「我」が他者を「迎える」論理である。前に述べた阿弥陀の振る舞いの個人における反復である。そしてこの論理こそが浄土他力門の倫理なのである。

第三章　智慧の開示

一　無限と智慧

宗教の本質

『宗教哲学骸骨』に関する講義のなかで、清沢はこう述べている。
「「宗教は有限無限の調和也」と云うて可ならん哉。」(『全集一』五七)
宗教の定義は三つのテーマに分解される。
一　宗教は有限無限の調和也。
二　宗教は有限の無限に対する実際也。
三　宗教は無限の自覚還元也。(同上)

これらの定義は一読したかぎりでは、その意味内容が理解できない。『宗教哲学骸骨講義』(『全集一』)はすでに出版されている『骸骨』を下敷きにしているのだから、そのなかでいわれた内容をここでは敷衍して説明しているのだが、それにしても難解である。したがって種々に解釈して、彼の意図に迫るしかない。

「調和」(ハーモニー)は「対応・照応」(コレスポンデンス)に等しいと彼は言う。つまり、主観(有限)と客観(無限)、内と外がコレスポンドするという意味である。引用文中の「二」のなかでいわれる「実際」は、おそらく「実践(宗教的)」のことであろう。「無限の自覚還元」とはどういうことか。それはおそらくはこうであろう——有限な自己は無限の一部分であるかぎりで無限であるから、無限の側からいえば、有限による無限の自覚は同時に無限の自覚になる。清沢は、これをヘーゲル的定義とみなし、ヘーゲル的な定義が最も深いとも述べている(『全集一』五九)。ヘーゲルの『精神現象学』(第八章)の絶対知の立場から、これを言い直すなら、絶対精神(Geist)は、主観的精神または客観的精神において、自己を自身にたいして開示するのである。無限なる絶対精神は有限者の言説のなかでおのれ自身を開示するというほうがわかりやすい。したがって仏教的覚醒は、絶対知の立場において成り立つというべきである。ヘーゲル的絶対知の境地は、仏教的な覚醒の境地に等しい。仏教では覚醒は無限なる仏陀の智慧への到達である。

調和の感受

清沢満之は、宗教の本質を何よりもまず調和として定義する。調和は、引用文にあるように万物照応であるが、これはまだ概念的定義である。調和は人間によって感受されてはじめて宗教的経験になる。調和は情感的感受である。だから彼は、調和は宗教の「情味性」であるというのである。

「宗教は有限無限の調和にして、吾人を至楽の境に安住せしむるもの也」(『全集一』五九)

対無限関係を「至楽の境地」と特徴づけることは、この境地が情緒的であることを示唆する。この「情緒」は不可欠であり、これがなければ至楽はない。ユダヤ＝キリスト教では、これを「法悦」と呼ぶ。この点に関するかぎり、仏教とユダヤ＝キリスト教は同一の見解をとっているといえる。この法悦を強調するのはユダヤ教でもキリスト教でも神秘主義者であるが、ピューリタンでは「苦痛」が前面に出てくるだろう(カントの「崇高」感情は苦痛を伴う感嘆である(カント『判断力批判』参照)。これはカントにおけるプロテスタンティズムの屈折した現われともいえよう)。現実には苦痛と至楽はまじりあっているし、しばしば(とくに西方では)「性的」な表現ないし性的な雰囲気をもつ。ともあれ対無限関係では、至楽の情緒性は決定的に重要であるし、それはしばしば「歓喜」として言い表わされるだろう。しかし至楽、歓喜とはどういう気分であるのか。なぜ対無限のみが歓喜であり至楽なのであろうか。仏教における「信」はたんなる「信仰」ではない、あるいは超越者への信仰ではない。仏教的「信」は、我と宇宙の縁起論的全体を知的・概念的に把握し、同時にそれを体得することであるから、信はそのまま知である。信知は仏教的な智慧の別名であるともいえる。この信知が「楽」であり「歓喜」である理由は、この全体知・智慧が人間的精神のすべての相を含むからである。すなわち精神は、感情を伴う感性、真実を把握する知性、善を把握する綜合知すなわち「聴き取る」理性の三相をもつ。感情と結合した感性は感嘆・賛嘆を伴い、知性は真実の完全な把握において完全な満足を感じ、智慧としての理性は善の把握と同時に慈悲を発現せしめる。仏教における「信楽」はこれら三つの相をまとめたものであろう。信知に到達するからこそ、ひとは至高の楽をあじわう。感嘆、歓喜、慈悲は智慧の構成要素である。要するに、信と知の結合は絶対的で完全な智慧であるがゆえにひとを完全に満足させる。この満足が歓喜感嘆であり、信楽である。智慧の、智慧による、智慧のなかでの満足は、ほどほどな程度に「甘んじる」ことではない。それは絶対的満足であり、これ以上ないという意味で「至上の」満足であり、これを仏教は円満成就という。常識では考えられないし、とうていありえないことであるが、仏教はそれが可能な唯一の道があると教える。それが智慧への道であり、この道のなかにあるかぎりでの存在者を菩薩(求道者)とよび、菩薩がこの道をまようことなく歩き通して到達した極限が智慧であり、智慧に到達しえたひと、あるいは智慧をもつものを仏陀とよぶ。

仏陀において絶対満足が成就する。それまではすべて相対的甘受にすぎない。南無阿弥陀仏という念仏は、この道程の凝縮であり、到達点を示す。衆生説法においては、かりに知性的な概念把握をすることができないとしても、念仏のなかで絶対満足へ至りうることを信頼せよと勧める。この最初の信または発心がなければ、菩薩・求道の道が開始しないからである。知性の道を歩まなくても直感的に満足をうる可能性はたしかにありうる。しかしもし言説的に智慧への道とその極限を語り、説明するとしたら、そのときには哲学的言説のすべてを歩き通さなくてはなくてはならない——かつて釈尊が、そして卓越した仏弟子たちがしたように。いま清沢を論じるにあたって当面する課題は、この哲学的言説を清沢に即して解明することである。けっして知性主義を肯定しようとするものではない。

数的無限(無‐際限)と質的無限(絶対無限)

無限による包摂を感受するときの態度を信念の成立とするなら、この無限は、際限なくある(無数の)有限者との関係から生まれるのではなく、それらとの知的にして情趣的な関係を迂回した後で得られるものであろう。このとき、無限の想念の二つの類型を区別しなくてはならないだろう。われわれは、議論の便宜のために、有限者の無際限性(「有限無数」)を数的無限とよび、数的でない、したがって計量不可能な無限を質的無限とよんでおく。

人間には智愚等の差別あれども、無限に対すれば皆Aを以て平等に顕し得べし。人には種々の差別ありとも、之を無限に対すれば自身の能力は0を以て表さるゝ也。今Aを有限の勢力とし、∞を無限の勢力とする時は、此の義よく顕るゝ也。有限の勢力が無限の勢力と合する時に、無限霊妙のものとなる也。これ宗教の本義にてある也。(『宗教哲学骸骨講義』『全集一』七五)

この引用文は、その意図においては、われわれのいう質的無限と有限との関係、すなわち信念の成立を語ろうとするものであるが、言説の面では同時に数学的アルゴリスム(0、∞)を使用している。『宗教哲学骸骨』のなかでも、しばしば「数学的表現」を援用している。例えば、「数学的な表現でいえば――$A\times\infty=\infty$」(『語録』一九。『全集一』一三九)、「数学的に表現すれば、$\infty\div\infty=0\cdots\infty$」(『語録』六五。『全集一』一一一)などがそうである。数学的記号は、サンボルであって、意味をもつ言葉による言説ではない。サンボルとしての記号は、言説を越えたところで計算するのみである。それは数的に計算可能な関係を演算する。他方、言葉による言説は、有限な人間の世界内事物との関係を語るのはもとより、語りえないものとの関係をすら何らかの仕方で語ろうとする。人間が言説するかぎりでのみ、形式的な矛盾を引き受けることを余儀なくされる。サンボルによる演算では、こうした矛盾の経験はありえない。引用文は、無限と有限の関係という「矛盾」を語る場面に直面しているが、それを直接には語りえないがゆえに、サンボルに訴えるのである。ここでのサンボルの役割は、比喩以上のものではない。しかし数学的記号を使用するとき、数的無限を扱うのであるから、質的無限には妥当しないにもかかわらず、質的無限を語る役目を引き受けてしまうので、二つの無限の混同へと導きかねない。これは検討に値する問題ではないだろうか。

無限を数的に語るのは、前の章でも指摘したことだが、適切ではない。数学的記号をもって有限な数の「限りなさ」を表現したとしても、それは原理的にはあくまで「有限」である。あるいはより正確にいえば、清沢が語ろうとする事態は、けっして数学的記号をもって表現できないのである。もしもそれを他人に説得する方便だと思って、数学的記号を使うとすれば、それはかえって誤解をまねくであろう。しかしこの段階でも清沢は、あくまで数学的無限と宗教的無限を同一視している。

数学的記号表現は、論理的思考による論理的演算(アルゴリスム)つまり知性である。論理的演算が理解可能(思議可能)にするものは、定義によって、理性の限界内にあり、すなわち有限である。したがって「数(学)的無限」と「質的無限」を峻別しなくてはならない。「数的無限」は、実質的には、計算可能であり、それを哲学的にいえば「存在者の集計量としての全体性」である。それは知性によって計算できる「際限のない量」である。際限のなさはまだ有限である。要するに、数学的「無限」と形而上学的無限(ここで「質的無限」と呼んでいる)とを混同することはできない。人間の根源的存在が関わるのは、いうまでもなく、この質的無限であって、理性と知性の計算を越えている、あるいはそれにはなじまないし、むしろ計算的アルゴリスムとはまったく無縁である。それが感受される無限である。

真宗の教法は、其要、宇宙間に一大理法の存する事を信じて、精神の騒乱を鎮せしむるもの也。……

此理法を阿弥陀仏と名く。阿弥陀とは梵語、無量寿無量光と翻す。蓋し空間を尽して際涯なく、時間を窮めて限極なき理法を指示する也。

此理法の内性は、人類の得て思議し得べき所のものにあらず、故に不可思議光と云ふ。(「真宗の教法」『全集二』二〇五)

この定義は質的無限の定義として妥当である。ところで、次の文章はどうであろうか。

然れども、そは万物外に存するものにあらず、万物の内法を形成するもの也。換言せば、万物は理法より現出せる也。故に万物は理法を具する也。(一切衆生悉有仏性。)(同上)

この引用文は、有限世界のなかに際限のない因果連鎖が内在することをいっているのである。換言すると、有限世界に内在する「数的無限」をいうのであって、それは哲学的には「存在者の全体」を意味するのである。数的無限とは「全体性」の概念になる。してみると、質的無限と存在者の全体(数的に際限がない量)とが区別されないままに連続しているように思われる。清沢の意図を推測するなら、『骸骨』でもそうであったように、有限から無限に向かう修行のやり方と、無限から有限に向かう他力回向の感受とを、根本的には同一であることを論証しようとしているのであろう。思想の構えかたからみれば、これはまっとうな議論であるが、それとは一応別に、概念の区別を明快にしておく必要がある。

無限に比べれば有限者は零に等しい、あるいは無限の前にしては有限者は価値的に(「数的に」ではない)零に等しいという比喩は、質的無限に対する有限のありかたにむしろ妥当するだろう。清沢は事態を正しく把握しているのだが、その事態(質的無限との関係)を説明するに際して、不適切な説明法(と私には思われるのだが)、すなわち数的無限による説明を採用している。この計算主義的説明は清沢の思考様式の一種の癖であるかもしれないが、彼にとってではないにしても、彼の文章を読むものにとっては、存在者の全体(際限のない量であるが、基本的には有限な全体)と感受される無限との混同を誘いだす危険がある。

完全／不完全の用語

右に述べたことは、完全と不完全の用語にもあてはまるだろう、念のために簡単に言及しておこう。

有限とは吾人各自の心也。この心を観じ行けば、必然に無限に到達せざるべからず。これ即ち宗教の実際也。各自の心の不完全なるを知るによりて、完全の尊体に帰向する、これ宗教の相状也。而して、かく有限不完全なる心が、無限完全の尊体に調和一致して、無限に達する関係に就いて、自力他力の区別あり。(『全集一』七七。強調は引用者)

ここで有限が不完全であり、無限が完全である、と述べる言説はまったくの知(悟性)的言説である。完全、不完全は、数的観点から眺められている。つまり「計算」が前提になっている。原理的には、有限存在が不完全であるとはいえない。小なる宇宙とはいえるが、それが必ず不完全であるとは原理的には断言できない。完全／不完全の断言が唯一可能であるのは、数的計算を土台にする場合である。数的に計算して完全／不完全を「知る」ことは、たしかに科学的（学問的、理性的、道理的……）な認識の作業であるが、それ自体は「宗教的」自覚（信念の獲得）とは関係ないであろう。だから、この論理的知性主義の語りが過度に前面に出ると、彼の阿弥陀論は「哲学者の阿弥陀」であって、信念上の阿弥陀（質的無限）ではないという反論を招きかねない（あたかもデカルトの神が哲学者の神であって、信仰の神ではないと、パスカルに批判されたように）。たとえこの反論が誤解に基づくものであったとしても、そうした誤解含みの反論を誘いだす原因は、質的無限と数的無限の区別の曖昧さにあるといえる。私見では、清沢のテクスト全体においては、この区別は事実上なされているといえるが、それは十分に顕在的ではないので、ここでひとつの問題として提起しておきたい。

阿弥陀は「人格」なのか

本書で何度も議論しなくてはならない問題のひとつとして、擬人法の語りがある。すでに無限について若干の検討すべき論点を提起したので、それとの関連で擬人法の論点を概括的に触れておきたい。

「無限が悲智を具したる体なり……有意有心の体なり」（『全集一』七八―七九）

「絶対の心霊」は「悲智を具へたる一個人これ也。」（『全集一』七九）

「人格神とは、万有の主となりて有意有心に働く神のこと也。」（同上）

無限の存在を、人間になぞらえ、人間と同じように働く何かとして、人間中心的に捉え、その何かを意志と智慧をもつ存在（有意有心）とみなすとき、アントロポモルフィスム（擬人法）が生じる。浄土は「仏国土」とみなされ、それは「君主国」として実体化される。喩えが実体化されるとき、危険が大きくなる。君主に臣下が服従するように人格神に服従するという神話的表象が生まれてくる。これらの説明法は、民衆に教える比喩以上のものではなかっただろう。しかしそれが固定されるとき、擬人法は危険な言説(すなわち、真実を言うことができない妄‐言という意味で)になる。阿弥陀はキリスト教の人格神のごときものになる。キリスト教においても、比喩がいつのまにか実体化し、比喩が比喩でなくなり、あたかも真実を言うかのようになる。仏教において、無限はけっして人間の言葉で語りえないものであるが、あえて語るときには比喩的言語にたよるほかはないし、それが「語る人間」の宿命であるが、「語りえざるもの」を人間の言語で「語る」ことが「騙り」になる事態をしっかりと押さえないと、無限の理解に無用な混乱を引き起こすだろう。清沢はこの危険をよく承知していた。彼は「仏教研究」のノートのなかでアントロポモルフィスムが余儀ない表現法であるとはっきりと指摘している(「他力門哲学研究」『全集二』二〇七)。しかしなぜ「余儀ない」のかの理由を、彼は必ずしも明らかにしていない。前章ですでに述べたことだが、ここでもういちど蒸し返しておこう。

問題は、人間的言語では原理的には「語りえないこと」を「語る」ときには喩えを使うほかはないが、この比喩の言説は、つねに事態の本質からずれていくということである。なぜ人間は本来的に語りえないことを、無理にでも語ろうとするのであろうか。無限と接触する宗教的経験は、あくまで個人的経験であり、それは「不可思議な」、つまりミスティックな経験であり、それについてはただ沈黙することだけが妥当な態度である。にもかかわらず人間は沈黙を破り、語ることの不可能なことをあえて語るのはなぜなのだろうか。これは言語の問題であると同時に、宗教的経験すなわち「信念」の問題である。ここに、他者の存在が不可欠な条件として、つまり信念の主観的確信の限界を越える条件として立ち現われるが、それについてはすでに論議の問題に触れた折りに指摘した(そして第二部でさらに展開する予定である)。

無限に向かう態度

有限(現象)は無限に対してどう関係するのか、あるいは有限的自我がどのようにして無限に関係するのだろうか。

「一種特別の智見を開きて無限に対する関係を了する也。」(『全集一』一〇二)

ここでいう無限は、浄土門では阿弥陀であるが、哲学の用語では「(唯一の)実体」である。清沢は、無限即実体という表現では自分の見解がスピノザに近いと述べている。しかし他方では、無限は無数の点であると指摘しつつ、その限りでスピノザの「唯一の実体」とは違うともいう。彼はむしろヘーゲルとの近さをいう。なぜなら、ヘーゲルにおいては、無限が有限な言説を舞台にして自己を開示し顕現するからであり、その点で一種の無限一元論であり、これこそ清沢自身が言いたいことだという(同上)。別のノートによれば、ヘーゲルでは無限が実体に転化するのはまずいといって批判しているところをみると、どうやらヘーゲルからも距離をとろうとしているが、転化(すなわち生成)論をヘーゲルから受け継ぐ意図は明らかである。ヘーゲルの矛盾の弁証法(正反合)を、無限の有限への転化と解釈するのは問題的であるが、とりあえずそう理解することで、ヘーゲルを修正し、原因・条件(縁)・結果の弁証法に作りかえたのは、やはり清沢の独創的なところである。念のためにヘーゲルの理論的構図を簡単にでも確認しておきたい。

ヘーゲルでは、人間の精神が、「意識」の状態から「自己意識」の状態になり、それを経て理性の段階に至る。そして自己意識が個人の内面から客観的な(集団的な)「精神」に上昇する過程で、有限存在としての自己意識が全体へと到達する。これを全体の側からいえば、全体としての絶対精神が徐々に自己を発現する過程になる。最後には、有限な自己意識と絶対精神が同一化して絶対知になる。だからヘーゲルでは、人間と世界の関係は、無限/有限の関係ではなくて、全体/部分の関係である。カント的な無限/物自体はそっくり取り外されている。無限/物自体/超越存在はヘーゲルには存在しない——たとえ「精神」という宗教的な用語(ガイストは本来は神の霊を意味する)を使っていても、「精神」はあくまで人間の精神に引きずり下ろされているし、その意味でヘーゲルの理論は神学的ではなくて、人間学的である。ヘーゲルには実体としての無限自体ではなくて、人間と世界という有限者と有限者との間の関係が中心になっている。ヘーゲルのいう「絶対精神」は神学・宗教の「神」ではなくて、有限世界の全体性である。

だからこそ、絶対精神は世界精神として「歴史」をもつ、あるいは歴史のなかで展開する。時間と歴史をもつものは、定義によって有限である。始めと終わり(生誕と死)をもつものは有限である。またヘーゲルにおいては、宗教は「神学」として、すなわち信仰の宗教ではなくて、哲学の言語を借用した「神についての言説」として、哲学の一部であり、信仰の宗教は可能なかぎり削除されている。ヘーゲルにとって問題であるのは、理性的な「自己認識」であって、自己意識と絶対精神の合一の場面は一見したところ宗教的回心に近いおもむきがあるが、それも絶対知という言葉が示すように、あくまでも知すなわち概念的把握の結果である。

清沢における「無限への有限者の関係」は、哲学的には、ヘーゲルにおける絶対知の場面であり、ヘーゲルの『論理学』では概念論の最後すなわち理念が登場する場面であろう。清沢のテクスト(『宗教哲学骸骨』)では、ヘーゲル論は『論理学』冒頭の箇所に即してしか扱われていない。ヘーゲルと清沢との関係を検討するときには、これにとどまることは、現在では許されないだろう。実際、清沢の言う「無限との関係」すなわち目覚めの瞬間を哲学的に有意味に語りうるようにし、しかもヘーゲルとの関連を視野にいれるなら、ヘーゲル哲学の全体とはいわないまでも、少なくとも『精神現象学』の第八章(絶対知)と『論理学』の概念論の最後の局面との比較が決定になろう。またそうすることで、清沢の議論の射程もまた一層明らかになるだろう。これは今後の研究課題として、以上のことを指摘するにとどめる。

無限無数と無限自体

次に、「無限が無数なり(無数の無限)」(『全集一』一〇四)という言い方に注意しておこう。何度も出てくるのだから、これは清沢の重要な論点であるらしいことは予想しておくべきである。しかし前にも述べたように、数的な無限論には警戒しなくてはならない。例えば、清沢は、無限は無数であるから、スピノザのいう「無限は一つだ」という意見に反対すると言う。これはスピノザの誤解であろう。スピノザは無限を数的に語っているのではない。神即自然は存在論的に「一」であり、唯一の実体である。これが無限の定義である。清沢も無限について同じことを言っていたはずである。ところが清沢はスピノザの定義を数的に理解し反対している。しかしこの誤解を通して清沢の独自的な思想が述べられてもいるのである。彼の真実の意図を知ろうとすれば、多くの媒介を必要とするが、これは後回しにして、ひとまず次のことを指摘しておこう。

無限が無数といえるには、無限を体現する有限が無数にあり、無数の有限の集計が無数だというほかはない。そうすると、ここには個物の存在理由と存在性格が問われてくる。この論点は、阿弥陀の「体」「相」「用」の区分、あるいは法身《ほっしん》、報身《ほうじん》、応身《おうじん》の区分とも関係してくる。私見では、有限者が無限に包摂される瞬間の境地を目覚めとみなすが、この目覚めの境地の構成契機ないし構成要素が体・相・用、あるいは法身・報身・応身である、と考えたい。真如自体が「体」すなわち法身であり、その真如を覚知する相すなわち智慧の相としての報身であり、その智慧を現世に回向する働きが用すなわち応身である、と解釈しておきたい。これが無限との関係のなかにあるときの有限者の正覚の構造である。伝統的解釈とは異なるかもしれない。けれども応身の側面によって、現世内の他者との現世的関係(還相)も理論的に基礎づけられるだろう。とりあえずこのように押さえて先に進もう。

ところで、無限と有限が「ひとつになる」とはどういうことだろうか。比較の例としてヘーゲルやライプニッツを取り上げてみよう。ヘーゲルでは、部分のなかに無限の全体が「表出する」、あるいは「現象する」という形をとる。(もちろん、このような関係は結果だけをいっているのであって、この関係がいえるためにはヘーゲルでは時間的要素が不可欠であるが。)ともあれ、表出と現象の論理によって、全体と部分の関係は「即」の形でいえるだろう。これに対して、清沢には表出や現象の論理は原則的にはない。彼においては、無限と有限の「一致」は、全体と部分の「一致」ではない。清沢において無限と有限の「一致的関係」つまり無限即有限の論理は、厳密にいえば論理ではない。無限と有限の包摂関係は、情趣的関係すなわち「忽然として開悟する」ことである。これは理性の論理ではなく、時間を越えた、いわば永遠の相における回心である。「万物中に我が心あり。」(『全集一』一〇三)という言葉は、無限即有限の境地であるが、これが悟りである。

全体と部分の関係は理性の論理によって把握できる。どの立場であれ、ヘーゲルであろうと清沢であろうと、部分／全体の関係は、有限世界の関係であり、有限な主体の有限な理性によって原則として把握できる。（だから、前に指摘したように、全体と無限の峻別は決定的なのである。）しかし無限と有限の一致的関係は、理性では把握できない。それは理性を越える意味で「不可思議な、神秘としての」関係である。これが「信念」の場面である。

信念が何であるか（信念の本質または内容）を理性は「語る」ことはできない。すなわち信念の内容について理性は「首尾一貫してロゴス的に語ることはできない」。理性は信念に関しては「沈黙する」。理性は信念の内容についてポジティブなことを言説をもって語ることはできないが、しかし他方では、理性は、理性でないもの、つまり理性を越える領域についてネガティブに語ることはできる。こうすることによって、理性は信念の領域を厳密に区別し際立たせることができる。そうすることを通して、一方では、理性は信念をそれと違うものによる汚染から保護することができるし、他方では、理性自身を保護することができる。「われわれ」にとっては、阿弥陀について人が擬人法的に多くを語るとき、そうした普通の語りは原則的に「比喩」でしかないことを、理性によって自覚することができるのである。おそらく、清沢の仕事の貢献のひとつは、こうした理性と信念の峻別であったといえるだろう。

阿弥陀とは何か

阿弥陀仏の内容は、本来は、有限な人間の知性と言語とをもって言い表わすことはできないのだが、あえてそれを比喩的にでも語ることは、少なくとも仏教的言説にとって回避することはできない。そこで清沢は、阿弥陀仏に関する漢語の表現を西洋語でもって表現しようとする。そこに彼の阿弥陀理解の一端がよく出ている。

無量光（Infinite number of attributes-Spinoza）．

無辺光（Infinite Attribute）．

無碍光(The Unconditioned).
無対光(The Absolute).
光炎王(The Free).
清浄光(The Pure).
歓喜光(The Benevolent).
智恵光(The Omniscient).
不断光(The Omnipresent).
難思光(The Inconceivable).
無称光(The Unutterable).
超日月光(The Greatest).（『全集二』二一六）

「世の哲理学に達せる人」はこれらの十二の名前をながめて、阿弥陀が何であるかを理解できるだろうと、清沢は言っているが、そう簡単ではない。

前半の「無量光」から「清浄光」までは、英語に照らして見ると、それらはいわば存在論的な名前であり、後半は宗教的または倫理的な名前である。無限・阿弥陀は、形而上学的には、純粋、自由、絶対、無条件であり、無数の属性を含むものである。なぜそうなのかを哲学は説明しなくてはならないが、ここではその説明はない。他方、後半の宗教的倫理的な名称は、この無限の阿弥陀に対する有限な人間の「感じかた」である。これもまた哲学的には説明を必要とする。とはいえ、阿弥陀の概念がこの二つの側面を含めて伝統的には語られてきたという事実を、清沢は明解に指摘している。問題は、これらを首尾一貫して理論的に語りうることができるのかどうかである。いうまでもなく、清沢は、計画としては、それを実現しようと構想していたことは、残された「仏教研究」のノートのなかに歴然としている。

力としての阿弥陀

阿弥陀は「大能力」をもつ。それは「万有の理性(すなわち法身真如)」である。これは別名「不可思議力」と名づけられる。「炭が火を得て、また他炭に火を与うるがごとし」。人が仏性を自覚するとき、阿弥陀の不可思議の力はわれわれに与えられる。力の観点でいえば、阿弥陀とは生ける自然の無限の力であり、それに摂取される有限な万物もまた生ける自然の一部である。こうして見ると、清沢の解釈によれば、阿弥陀とは無限の生気であり、無限の霊性である。彼は無限と阿弥陀を普遍的霊性(生命)論の観点で把握しているといえるだろう。そしてここが重要である。

生ける無限または自然としての阿弥陀とそれに接する人間の自覚の論理は次のように述べられる。

阿弥陀ハ天地ノ大勢力ノ主ナリ　而シテ其主ト云フハ宇宙ノ或ル一体ナリト云フニアラス　如何ナル体ニテモ皆阿弥陀ナリ　蓋シ阿弥陀ト云フハ宗教的ノ見解ヨリ云フコトニシテ吾等ヲシテ各大覚ヲ得セシムル主体ガ則チ阿弥陀ナリ　故ニ或ハ飛花ガ阿弥陀ナル場合アリ　落葉ガ阿弥陀ナル場合アリ　行雲ガ阿弥陀ナル場合アリ　流水ガ阿弥陀ナル場合アルナリ　然テ此ノ如キモノガ天地ノ大勢力ノ主ナリトハ如何ト云フニ吾人カ此ノ如キモノニヨリテ開悟セシメラルヽ時ノ因縁ヲ検スルニ吾人ノ心ガ因ニシテ其他ノ一切万有ハ皆縁ナリ　而シテ彼ノ花葉雲水ハ其時ノ縁中ノ縁ニシテ縁中ノ主人公ナリ　故ニ吾人心外ノ勢力ハ尽ク其一体ニ中集《マヽ》セラレタルナリ

縁――飛花――――阿弥陀仏
十
因――吾人ノ心――南無

然ラハ此ノ如キ飛花落葉ノ報身仏タルハ何処ニアルヤ　曰ク　宇宙間ニ於ケル飛花落葉ハ無始已来其数勝計スベカラス　然レトモ天地ノ勢力ヲ其体ニ中集シテ吾人開悟ノ縁トナルハ只現在ノモノアルノミ　此モノ茲ニ至レルハ無量ノ転化ヲ経過シ来リテ今此地位ニ立テルナリ　乃チ彼等ノ此地位ニ立ツニ至レル由来因縁《果》ヲ以テ因位ノ大修行ト云フモノナリ　此由来因縁ニヨリテ此地位ニ立ツノ果報ヲ得タルモノナルカ故ニ報身仏タルコト勿論ナ

リ
此ノ如ク観シ了レハ対機ノ不同ニヨリテ相異ナリト雖トモ其所応ニ順スレハ一切万物ハ皆各阿弥陀タルナリ
故ニ阿弥陀ハ無量光仏ニシテ又無辺光仏也
夫レ此ノ如シ　故ニ吾人ヲ開悟セシムルモノハ皆阿弥陀ナリ　然レトモ真ノ阿弥陀ハ不可思議非因非縁ナルカ
故ニ吾人ハ直接ニ吾人ニ対スル阿弥陀ヲ称シテ阿弥陀ノ権化或化現ト云フ　権化ト云フ　故ニ真ノ阿弥陀ハ西方
過十万億土ニ於テ寂然不動ナリトスルナリ（『全集一』三六二―三六三）

この文章は決定的に重要である。とりあえずいくつかの論点を抽出しておきたい。

1　阿弥陀は宇宙の「大勢力」であるという命題

阿弥陀が擬人法による妄想とか、さんまの頭と同様のフェティシュなどとまったく違うとすれば、それが何であるかを語ることを仏教は義務づけられている。石ころその他の物体でもなく、人間の妄想が生んだ「化け物」とか鬼神とかではないとしたら、阿弥陀とは何ものであるのか。阿弥陀の本質を、擬人法的に、人間のように語るのを可能なかぎり回避するならば、取りうる道は、それを宇宙の大いなる力として定義するしかないだろう。西洋の近代思想も同じ課題に直面した（スピノザ、ライプニッツ、カント、ヘーゲルを参照）。清沢は、こうした西洋の思想家たちの努力を十分に念頭において議論していることに注意することが肝心である。彼が阿弥陀を「宇宙の大勢力」と定義したとき、彼は重要な提案をしているのである。

まず彼は阿弥陀から人間的人格をはぎ取る。そうすることで彼は阿弥陀を、まずは存在論的に「無限」として定義し、そしてこの「無限」を「宇宙の大勢力」として定義する。宇宙とは、別の言葉でいえば、西洋思想と同様に「自然」というほかはない。しかしこの「自然」は、ガリレオ／デカルト的な近代科学の機械論的自然ではまったくない。それは宇宙／自然に遍在する「生きている力」であり、産出する力である。無限の自然は「生ける自然」「生ける宇宙」である。有限としての人間は、この生ける無限＝自然の一部であり、その限りで有限な存在は、人間も含めて例外なく「生ける自然」であり、したがって万物は「生きている」。原理的には、石ですら生きている(石自体は無生命体であるが、それが縁起連関のなかにあるかぎりで「生きている」要素になる、という意味で)。飛花落葉は「生ける自然」なのである。別の言葉でいえば、宇宙のなかの、自然のなかの万物は「アニマ」をもっているのである。アニマとは、生気であり、生気とは「霊気」である。(これはまだ擬人的ではけっしてないが、まさにここから擬人法が生まれることも確かである。擬人法は人間中心主義であるから、このイデオロギーをどのように切り捨てるかは仏教のみならず、生ける自然の理論の帰趨を決定するだろう。)

２　権化論

権化とは何か。只今現在、私の眼前に現前する事物(飛花落葉)は、「世界」の必然性(『骸骨』のなかの「有機組織論」で解明される必然性)によって、現在の境地に立つ。これが「生成・転化論」であった。仏教用語でいえば、無限である法身仏は生成転化によって報身仏になる。私の眼前に存在する万物は、無限の生成転化した報身仏である。これがここでいう「権化」である。「権化」とは、無限の「様相(様態)」である。(清沢は別のところで様相を「模様」と呼んでいるが、その「模様」がここでいう権化にあたるだろう。例えば、無限の大海のうえに無明の風が吹いて波を起こす。その波が模様である。)

図式化すると次のようになる。

法身(無限)――生成と変容(モード化)――報身(有限世界)

法身と報身との関係は、触発変容という「様相化」をいれないと語れない。そして様相をもたらすには、法身／無限が「力」であると定義しなければならない。無限の力が、有限の事物に生成転化するときに、つまり様態化するときに、世界の事物(飛花落葉)が生まれる。要するに、清沢は様相論の構築に努力しているのである。

３　自覚の論理

まず前提として、阿弥陀は無限であるから、それについて有限な人間がすべてを知ることも理解することもできない。人間が知りかつ理解することができるのは、たかだか人間の精神と世界内の事物のみである。ところで人間の精神も世界の事物も、ともに阿弥陀のなかに「摂取」されている、すなわち阿弥陀の一部である。したがって阿弥陀は、二つの側面から、人間の精神によって把握される。

A　万物としての阿弥陀、飛花落葉としての阿弥陀。これは物体であるかぎりでの阿弥陀である。西洋の用語でいえば、これは無限の「広がり」に属するが、有限なもの自身は有限の広がりをもつにすぎない。

B　精神・思考としての阿弥陀。阿弥陀は、無限の思考であり、それは人間の力を越えるが、しかし人間の思考は、阿弥陀の思考の一部をなす。

無量光としての無限の思考も、無量寿としての無限の時間空間も、人間の「思議」を越えるものであるが、しかし有限の物体と有限の思考は、それぞれの仕方で阿弥陀の二つの側面の一部をなす。

AとBが因・縁・果の法則によって出会うとき、そこに「目覚め(正覚)」が生じる。これを論理的にいうためには、無限の概念、様相の概念、世界の存在論的構成の概念的組織、等々の回り道をしなくてはならない。そのことを清沢は哲学的に語ろうとしていたのである。

また阿弥陀の本質についてこうもいわれている。

> 阿弥陀トハ梵語ニシテ漢語ニテハ無量寿無量光ト訳ス　仏トハ仏陀ノ略ニシテ亦梵語ナリ　之ニ法身仏報身仏応身仏ノ区別アリ　今理論門ニ於テハ法身仏ヲ取レハ之ヲ意訳シテ理性ト云フ可シ　即チ万有ノ真理的本性ナリ　故ニ此真理的本性ノ宇宙ニ遍満スルヲ無量光ト云ヒ其古今ニ該通スルヲ無量寿ト云フナリ（『全集一』三五五）

前には阿弥陀は「宇宙の大勢力」と定義されていたが、ここでは宇宙に遍在する「真理的本性」または「理性」とよばれている。これらは同じものとされている。だからここでいう「理性」は有限な人間的理性または知性ではない。それは万物を産出する力(puissance productrice)である。それが「真理」であるかぎりは、必ず「現われ出てくる」

(西洋語を押さえて清沢は語っていると見たい。ギリシア語で真理にあたるアレーテイアは「覆われざること」「隠されていないこと」「ヴェールをかけられていないこと」、つまりdis-coverされてあることを意味する。それが本来の「現象」(ファイネスタイ、フォエノメナリテ)である。)例えば、自然の無限の力は有限なわれわれにはうかがい知れぬことだが、しかしそれが有限な世界の事物を生産するかぎりでは、それはわれわれ自身でもありうるし、その自然の所産である「われわれ人間」は世界の事物の「現出」を眼前に見ることができるし、それを認識することもできる。無限としての阿弥陀は、精神であるかぎりでは無限の思考であり(慈悲)、空間・時間であるかぎりでは無限の広がり(寿、光)である。無限としての阿弥陀は、思考することがそのまま事物を生産することである。清沢が「理性」と「力」を同時に述べていることを、文字通りに受けとめて解釈するなら、以上のごとき内容になるだろう。

ところで、「相対仏の三大は絶対仏の三大より起る。」(『全集二』二一九)という。三大とは、法身、報身、応身である。これは絶対仏の三つの顔である。あるいは絶対仏(無限の阿弥陀)は、相対的世界において三身を現出させる。具体的には次のようになる(ここでは三身は、目覚めの構成契機としてではなく、世界の運動過程の構成契機として語られる)。

法身――万有の「理性」あるいは「力」あるいは真理。
報身――「飛花落葉」、つまり万物の姿をとる世界自体。法身の「様態」。
応身――個々の現象。因果の法則によって変化する状態の事物。

この三大仏の関係をどう理解するか。次の文章は注目すべきである。

> 熟〻宇宙ノ万物ヲ観察シ、森羅ノ現象ヲ討究スルニ、物象ノ本体真理ハ真、善、美妙ノ体性ニシテ、其存スルヤ無始無終、其到レルヤ無際無涯、真理ヲ以テ行相トシ、万化ヲ以テ作用トスルモノナルヲ知ル。……仏陀ノ体相用三大ヲ分別スベシ(『全集一』三五二)

これで見ると、仏の体は法身で、相は報身で、用は応身であろう。

法身／体は、哲学的な意味での「質料（マテリー）」である。

報身／相は、有限世界の物象、森羅万象（存在者の全体）である。それは空間と時間のなかにある。

応身／用は、個々の現象であり、無常の変化のなかにある。

「仏陀ノ用トハ彼ノ体性カ其行相ニ従ヒ千差万別ノ現化《変》ヲ為スヲ云フナリ」（『全集一』三五三）というように、「用」とは個々の変化の状態である。人間のいっさいの感情（喜び、哀しみ等々）も、事物の万華鏡も用である。

以上のことからわかるように、清沢は、独自の「様相論」を導入することによって、無限の阿弥陀を「無限の存在」と見て、存在論を構想していたことがわかる。

二　西洋思想における無限と有限

西洋思想における無限と有限の関係の論じかたを概観することは、それとの対照において仏教の独自性を浮かび上がらせることに役立つであろう。対比は、彼我の相違である。あるいはこうもいえる、すなわち、西洋における無限論はおおむね有神論的であり、仏教の無限論は無神論的である。この差異はけっしてどうでもいいことではない。有神論と無神論の差異については第二部で詳論することにして、ここではそのための準備的知識を得るにとどめる。

キルケゴールにおける無限

キルケゴールは、旧約聖書のアブラハムとイサクの物語、すなわち、アブラハムによるイサクの犠牲の物語を素材にして、無限と有限の関係を論じている。無限としての神に直面するとき、人間は現世のすべてを断念しなくてはならない。断念は無限との接触のための絶対的条件である。断念は背理として現われる。

「信仰の運動はつねに背理なものの力によっておこなわれねばならないからである。しかもよく注意すべきことに、有限性を失うのではなくて、これを完全に獲得するというふうにおこなわれねばならないからである。」（キルケゴール『おそれとおののき』桝田啓三郎訳『キルケゴール著作集5』白水社、六三―六四ページ）

「無限の運動をなし終えてから、有限の運動をするのである。」（同上、六四ページ）

この文章はどういうことを意味するのだろうか。アブラハムは神との対面以前に、「無限の諦め」をもっているとキルケゴールは言う。まず諦念があり、その諦念によって有限世界を生きている。

「無限に諦めた者なら、自己自身に満足しているからである。」（同上、七五ページ）

「無限の諦《あきら》めは、信仰に先だつ最後の段階である。したがって、この運動をおこなわなかった者はすべて信仰ももってはいない。なぜなら、無限の諦めにおいてはじめて、わたしはわたし自身の永遠の価値を自覚するのだからである。そしてその時はじめて、信仰によって人世をとらえることが問題となりうるからである。」（同上、七八ページ）

不可能なことを断念することで、背理を信じる。

「彼は不可能を知り、そして同じ瞬間に、彼は背理を信ずるのである。」（同上、七九ページ）

断念（諦め）と信仰とは分裂しうる。断念することはできるが、必ずしも信仰をもたない。諦める、そして信じることですべてを得る（同上、八三―八四ページ参照）。

仏教用語でいえば、ここに自力と他力の問題が顔を出している。ストアの断念だけでは信仰にならないという。なぜなら「諦めるためにわたしの力を使う」からだ。ストア派的な現世の断念は、あるいは現世的欲望の断念は、「自力」である（同上、八三ページ）。信仰という背理的なもの（パラドクス）によってしかすべてを得ることはできない。してみると、キルケゴールにおいては、断念と信仰との間には、深い溝がある。この溝を渉る、あるいは飛び越すことが信仰に行くことである。どのようにして飛び越すのか。「奇跡」だという。これを不可思議と言ってもおかしくはない。信仰の可能性を問うときに、信仰の逆説を考える。これがキルケゴールが問題にしていることである。

信仰の逆説

「信仰というものがいかにとほうもない逆説であるかを知ろう……。つまり、殺人をさえ神の心にかなった神聖な行為とすることができるという逆説、イサクをアブラハムに返しあたえるという逆説、この逆説は思惟《しい》のとらえうるものではない。信仰とは、思惟の終わるところ、まさにそこからはじまるものだからである。」(同上、八九ページ)

普通の解釈では、アブラハムは神に試されてイサクを犠牲にする(殺害する)行為にでるが、神が彼の神への服従の志をほめて、イサクを殺す彼の手を押しとどめて、一人息子の最愛のイサクをアブラハムに返してくれる。キルケゴールもこの解釈にたって考えている。

ところでこの文章は「信仰」の成立の契機を問題にしている。二つのモメントがある。

1　イサクの犠牲

2　イサクの返却

どこが逆説か。人殺し、しかも何十年もまってようやく生まれた最愛の息子をすら殺してまで神の命令に服従するという行為が、かえって殺人行為ではなくて、深い信仰の行為であると承認され、おまけにイサクまで取り戻してしまう、つまり「すべてを得る」のである。殺人が、あるいは殺人の意図が、ある瞬間から反転して、神聖な行為になるというのがパラドクスなのである。このことをキルケゴールは「奇跡」とよび、思考のおよばない、神秘的な行為であるというのである。形式の面では、仏教の信念の出現にも同じことがあてはまる。浄土門でいえば、六字の念仏が口に出る瞬間は不可思議な、神秘的な、キリスト教的にいえば「奇跡的」な瞬間である。だからキルケゴールの論点はあらゆる宗教に妥当する普遍性をもっているといえよう。

しかし私はここで、キルケゴールと違う解釈をしてみたい。

アブラハムが諦念から信仰に入る瞬間はたしかに「逆説」であるといえる。しかしその前に、すでにアブラハムは神との対面関係に入っている。彼は神の命令を聞いているからだ——犠牲の薪と刀をもって山に登れという命令である(『創世記』第二十二章参照)。神との対面を命令としてアブラハムが「感じる」のはなぜなのか。神はYHWHという音ないし声でしかない。なぜ彼は空気の音でしかないものを「命令」だと受けとめたのか。これが問題であるが、キルケゴールは(そしてすべての解釈者は)それを問いとして提起しないのはいささかおかしい。(これは反転して、仏教浄土門における念仏の問題にも跳ね返ってくるだろう。)ヤハウエという子音ばかりの音がどうして命令という声に聞き取れるのだろうか。しかもその空気音が、息子を殺せという意味にどうしてとれるのだろうか。こういう素朴な疑問を提起することは、既成の観念を破壊するハンマーになるだろう。

さて、物語では神に犠牲を捧げるという形になっている。つまりアブラハムは神と呼ばれる空気音に対して、贈与をするのである。換言すれば、神とアブラハムの関係は、贈与関係である。旧約聖書では、アブラハムが一方的に贈与しているように書かれている。しかし私の解釈では、これは事柄の半面であり、しかも贈与関係の後半の半分でしかない。贈与関係の前半が書かれていない。そこで問う——なぜアブラハムは神への贈り物としてイサクを犠牲に提供すると覚悟(決断)したのだろうか。換言すれば、贈与関係の前半の内容とは何であろうか。

前に述べたことを、ここでも繰り返そう。

贈与の関係では、与えるものと受け取るものがいる。無限と有限の関係が贈与の関係であるとすれば、与えるものは無限であり、受け取るものは有限である。旧約聖書の物語でいえば、与えるものは「神」であり、受け取るものはアブラハムである。有限な存在であるアブラハムが神に犠牲を与える前に、彼は神から何かを与えられていなくてはならない。神は「何」を彼に「与えた」のか。神はアブラハムという有限者に対して、彼アブラハムが「生きている」こと、つまり「生命」を与えたのである。彼の生命とは、彼の「霊的生命」つまり「自己」(まだ自我ではない)である。まだ自我ではない自己とは無意識的な自己であり、彼が自覚していないとはいえ、「神」の存在を感じており、それと接触しているところの生命体の働きである。他の誰でもなく、ほかならぬアブラハム唯一人であるという自己の唯一性、あるいは彼だけの自己を彼は神から贈与されている。これは無意識のなかで生じていることだから、すべては沈黙のなかで進行している。だからアブラハムは、そして一般に人間は、無意識のなかで沈黙のなかで起きていることを言語でもって表現することはできない。しかし彼は、そして一般に人間は、「そのこと」を無意識のなかで「感じている」。

こうしたことは外部からは観察できない。なぜなら、それは現象しないからである。外部に現象しないからといって実在しないのではない。意識の内部のことなら現象するだろうし、本人も他人も何らかの仕方でそれを確認することができるだろう。しかし無限と有限の贈与関係はあくまで無意識のなかで沈黙のうちに(非言語的に)進行する。したがって本人も他人もそうしたことが存在しないと想定しがちである。しかし、無意識の非言語的贈与関係はひとつの力の作用であり、その働きは結果を生産する。結果は現象としてわれわれの目の前に実在する。人間は意識の立場では「結果」だけを知覚する。ここでの物語のなかの「結果」とは何か。それはアブラハムによるイサクの犠牲であり、それだけが旧約聖書の記者によって記載された。前に指摘したように、これは「後半部」でしかない、つまり結果でしかない。他方、われわれは結果から進んで、この結果を生産した「原因」を構成することができる。この原因をわれわれは、最初に神による贈与ありき、として命題化するのである。かくて、無限と有限の贈与関係の最初の動力は「神による贈与」である。

贈与の論理では、最初の贈与に対して対抗贈与(返礼)がある。これは「至上命令」であり、強制的であり、必然的である。贈与を受け取るものは返礼を義務づけられている。形式的には贈与を拒否できるが、神による贈与は生命の贈与であるから、拒否は事実において成立しない。この論理でいえば、現世で生きているものは、人間であれ、動物や植物であれ、その他何であれ、すべて例外なく、無限から生命を贈与されているとみなさなくてはならない。生きて実存することは、すでに無限による生命の贈与、したがって「霊(アニマ)的」自己(自我以前の)を受け取っていると言うことができる。

さて、贈与関係の後半は対抗贈与である。アブラハムは対抗贈与をしなくてはならない。彼は無意識のなかで神に返礼することを義務づけられていると「感じている」。したがって彼は返礼する。あるいは彼は空虚な空気音を返礼の義務として聞き取る（「汝、山に登れ」）。彼は返礼をどう実行するのか。彼は、「自分のもっとも大切なもの」を返礼として贈与する。何でもいいのではない。自分の生命と同じもの、あるいはそれ以上のもので返礼しなくてはならないことが肝心である。それが最愛の息子であるイサクであった。もしイサクが生まれていなかったなら、アブラハムは「もっとも大切なもの」としての自分の生命をもって返礼しなくてはならないだろう。では、なぜイサクか。それはイサクがアブラハムの生命よりも「大切」であると想定しなくてはならないからである。これはひとつの人身供犠であるが、一般には動物供犠が行われていた。その場合、野生の動物とか人間に無関係な動物は供犠に役立たない。だから供犠の動物はもっとも大切な「家畜」動物である。なぜ家畜かは重要である。

イサクはアブラハムの生命よりも大切だという想定を認めるとして、その場合、イサクはアブラハムよりも大切だから犠牲に提供されたという麗しい話ではなく、イサクは端的にアブラハムの「身代わりの犠牲」にされたのである。イサクはいわば「家畜動物」のごときものである。なぜなら、神とアブラハムの贈与関係では、贈与されたのはアブラハムの生命であり、対抗贈与する義務をもつアブラハムは自分の生命を返礼にしなくてはならないはずである。ところが彼は自分の身体的生命を対抗贈与する代わりに、イサクの身体を犠牲にする。なぜ自分から他人（イサクが息子であっても、個物としては他人である）に返礼義務を移転するのであろうか。私はここに自己保存原理を設定する。生命は自己保存によって生き続ける。この原理が発動するかぎり、自己の生命を自動的に破壊することはできない。可能なことはただひとつであり、それしかない。それは自分の自己破壊的義務を他者に転移することである。こうして他者犠牲のドライブがかかる。

贈与関係の構成要素は自己保存と自己犠牲である。二つは相互に対立し両立しない。生命は自己保存を優越的原理にする。ところが人間という生命体は、自己保存優位でありながら、自己犠牲原理を内包する。そこで贈与関係において、自己保存原理が自己犠牲を限定否定して身体破壊欲動を部分的に宙づりにするから、自己犠牲の欲動は他者に移転されていく。そして可能なかぎり移転の移転が生まれ、いわば無限に移転のシリーズが生じる可能性がある。ここに人類における「身代わり犠牲」の膨大なる事例が蓄積された理由がある。

人間はどこかで、理由ははっきりしないが、根源的な「負い目」を感じている。この負い目感情も、贈与関係に根付いている。生きていることそれ自体が、贈与の負い目なのである。そしてこの負い目のゆえに対抗贈与があり、それが原理的には自分の身体を否定し破壊することに通じている。だから生命を「もつ」ということは、世の中の人間主義者とか人道主義者が言うような「生命が一番大切だ」といったものではなく、恐ろしいことなのである。人間は、おそらくは他の動植物の生命体とは違って、生命を保存するだけではなく、生命を率先して破壊する動物なのである。そして前述のように自己保存原理に限定されて自分の生命破壊を中止して他人の生命を代理にするのである。これが人間の宿命であり、ギリシア的な意味での「悲劇」を生んだし、別の社会的政治的悲劇を山積してきた。まさにここが重要なことであり、これを直視することがおそらくは宗教の本来の仕事であったろう——仏教であれ他の宗教であれ。

　さて、アブラハムの物語に戻ると、旧約聖書の記述では、イサクは殺されずに生きて帰る。それは神がアブラハムの金剛信心を愛でてイサクを殺そうとするアブラハムの「殺人者の手」を押しとどめたとなっている。これはどういうことであろうか。

　私の解釈では、次のようになる——アブラハムが「自分の本当の」神に出会う前には、彼は犠牲を要求する神をまだ信じていた。だから彼は空虚な空気音を「聞いた」とき、その声を「犠牲を要求する声」だと解釈した。だから彼はイサクを神の祭壇に括り付けて、イサクを薪で燃やす（ホロコースト、燔祭）つもりであった。（ある研究者は、この場面のヘブライ語では、「神」を複数形で書いているという。つまり複数の神々は、供犠を要求する神々を意味するという。）しかしイサクがまさに殺されようとする瞬間に、「本当の」神は彼の手を押さえる。そのときアブラハムは「真実の神」に出会う。すなわち、供犠をしないことを要求する神である（この場面のヘブライ語は、神を単数で書いているという。つまり唯ひとつの神）。だからアブラハムの神は犠牲を否定する神であるといえる。もちろんこれは承認されている解釈ではないが、記憶すべきことである。なぜなら宗教に平和的役割があるとすれば、自己犠牲の必然性をどこかで停止し、だから他者犠牲の無限連鎖を停止することにあるからだ。周知の通り、釈迦は、いっさいの犠牲を否認し、生命の犠牲を禁止した。その理由を理論的に語りうるようにするためにも、無限と有限の贈与関係の論理は決定的である。

キルケゴールにおける自力と他力

「悲劇的英雄にはなら、人間は自力でなれる、しかし信仰の騎士には[自力では]なれないのである。」（前掲書『おそれとおののき』一一二ページ）

英雄と信仰人との差異は、この自力と他力の差異にある。（キルケゴールには「他力」という用語はないが、それは「神」、「無限」の用語で表現されている。）

「信仰には無限の運動が先だつ。そのあとにはじめて、思イガケモナク(nec opinate)、背理なものの力によって、信仰がやってくるのである。」（同上、一一六ページ）

「個別者が無限なるもののうちに自己をはき出してしまってはじめて、そこではじめて、信仰がほころび出ることのできる点に到達したことになるのである。」（同上、一一七ページ）

これに関連して、個と絶対との関係には媒介がないという事態に関しては、キルケゴールはこう述べている。

「信仰は一面では(そのおこなうところの恐ろしいことを、自分自身のためになすという)極度の利己主義の表現であり、他面では、それを神のためにおこなうというもっとも絶対的な献身の表現である。」（同上、一一九ページ）

利己主義は「我一人」という点にある。ちなみにフォイエルバッハは宗教は利己主義であると規定しているが、彼の意見では、この利己主義は、信仰との交換に救いを手に入れるという交換行為のゆえに、利己主義的といわれるのであって、キルケゴールの意味とは違う。この「我一人」はどの宗教にもあるが、例えば親鸞の言葉が有名である。しかし親鸞の「我一人」とキルケゴールのいう利己主義は相当に距離がある。しかしキルケゴールの「利己」主義は、経済主義のエゴイズムではなくて、どちらかといえば浄土門の自利に近い含みがあるかもしれない。

キルケゴールは神への絶対的献身の例として『ルカ』による福音書から引用している。

「だれでも、自分の母、妻、子、兄弟、姉妹、さらに自分自身の命までも憎んで、わたしのもとにくるのでなければ、わたしの弟子になることはできない。」(『ルカ』第十四章二十六節)

「命を憎んで」とは、現存の自分の生活の否定であるが、それは比喩ではなくて、やはり自己犠牲の命令であろう。神との関係では、自分を構成するすべての現世的要素のすべてという意味で自己のすべてを否定することを、つまり自己贈与を本質的条件としている。ここにも、前に述べた贈与論理が顔をだしている。

パスカルにおける無限と有限

「神のあわれみをたのんで善行をなさず、放逸に過ごす人々に対して。……〈神にあわれみがあるからこそ、あらゆる努力をしなければならない〉と言うべきである。」(パスカル『パンセ』断章四九七、第七章「道徳と教義」の一節)

これは普遍的問題を提起している。「神のあわれみを恃んで悪事をなす」という事実は、全人類のなかに、宗教の差異を越えて普遍的に見られる現象である。またそれは宗教に限ることでもないだろう。キリスト教のほうから提起された「あわれみ」と「悪事」の関係という問いは、そのまま仏教にも関わる。とくに浄土真宗では避けることができない深刻な問題であろう。

真宗では、阿弥陀は「あわれみ」(慈悲)によって「悪人」をこそ「救い取る」ことが基礎命題になっている。世の中に善人と悪人が実体的に存在しているのではない(そう考える解釈が一般的であるが、それは説教の方便であって、本来の教えではないだろう)。現世に存在する人間は、煩悩のゆえに必然的に「悪人」たらざるをえない。現世に存在する人間は例外なく「悪の存在」である。本人が善人を自称したり、あるいは善意によって善人になるべく努力をしても、また他人が彼の所行をよき行ないとして認めているとしても、それは目の錯覚であり、そうした自称他称の善人づらこそ罪深いことなのである。常識における善人は善意によって悪事をなす。自分を善人と確信しているだけにたちが悪い。かくて現世における人間は、精神においてだけでなく、物質的な行為においても、自覚するしないにかかわらず、必然的に、そして強制的に、歴然たる「悪人」である。

例外なく万人が悪人であることを、回避することなく直視し、自覚することが仏教的な意味での(おそらくはパスカル的意味でもそうだろうが)「知る」ということである。そして浄土門では、そうした「知る」の実現もまた阿弥陀の「はからい」であり、阿弥陀の、無限の、慈悲による。こうした思想は、アウグスチヌスにもパスカルにもある。いやそれどころか、ヨハネによる福音書(『ヨハネ伝』)のなかにもあった――われわれが神のなかにあり神がわれわれのなかにあることを知る精神を与えたのも神であると。無限と有限の関係を思索するなら、どこでも同じ論点にいきつくのである。そして現世的人間が「悪人」または「罪人」であるという認識もまた共通する。これらはいわば共有の知識としなくてはならない。どれかの宗教の独占的知ではまったくない。問題はそれより先にあり、そこで個々の宗教の独自性が出てくる。

現世における悪人存在を思い知った人間は、真実の生を生きるためには、浄土門では、阿弥陀の慈悲にたのみまいらせて生きることがすべてになる。そしてその具体的な表現を念仏に見る。別の宗教は別の表現をするだろう。ここまではそれほど違いはない。

さて、パスカルが指摘していることで重要なことがある。神にあわれみをたのみながら悪事をするという問題である。これに浄土門も直面した。悪人正機説は見事な議論であるが、同時に誤解と逸脱を生む可能性が大きい。キリスト教でもパスカルが証言しているように、逸脱が起きてしまったし、いまも起きているだろう。「慈悲をたのむ」とか「阿弥陀に乗託する」というだけでは、空虚になる。そこに「知る」つまり「自覚」の契機が決定的に介入しなくてはならない。悪人の自覚と知がなければ人は「悪人」に居直るだろう、安住するだろう。何をしても阿弥陀が全部引き受けてくれるだろうとうそぶくだろう。自分が悪人であると「知る」/「自覚する」こと、しかもそれを自覚することが自力では実現できないことをも「知る」/「自覚する」ことが、無限と有限の接触において決定的な契機にならなくてはならない。「私は悪人だから救われる」というのは極端な単純化命題である。それは「私は人間であるから救われるのが当然だ」というに等しい。これが直観的におかしいことは誰もがわかる。しかし事実において人々はそうしてしまっている。人間の倨傲がそこにある。おそらくは親鸞はそこに気づいていた。そこに「深信」を強調する理由があった。「深信」は「自覚」すなわち信知と同じである。

信と知

いったい「信じる」とはどういう行為であるのか。現世的存在の救いのなさの信知である。しかしこれが深く耕され、育てられるためには、回り道をして、現世とはどういう世界であるか、それのなかで存在する(生きる)とはどういうことかを、知的に(概念的に、あるいは学的に)理解することが必要である。こうした知的理解(これは求道としての哲学である)に支えられない「自覚」なるものは空疎になる。

パスカルが「神のあわれみがあるからこそ努力するべきだ」と言ったのは、自己の卑小と罪悪を徹底的に自覚することの知の契機を強調したと読むことができるだろう。この「知」は感覚的知から理性的知まで含む広い意味での知と見ておいていいだろう。彼の言う「努力」とは人間存在の悪人性を知る努力である。

とはいえ、一般的には、(悟性的に)「知る」ことと(悟性を越えて)「信じる」ことは混同できないところがあるし、「信」の世界は「知」を越えているともいえる。通常の理性的知から連続的に信が生まれるわけではない。両者は、たしかに、別次元の問題である。けれども、清沢が言うように、知と信は両立するし、またそうさせなくてはならない(知と信の極限的結合が仏教でいう信知すなわち智慧である)。両者が反発するとき、宗教は空虚になり、狂信に転化する。知の契機を消滅させるとき、宗教は呪術と同じ平面に転落し、呪いと儀式の制度になる。偶像を崇拝し、種々の儀式を複雑に作り出して甘んじるのが、まさに現世的人間の欲望であるし、それこそが悪人の証拠である。それに迎合するとき、キリスト教であれ仏教であれ、儀式宗教、すなわち呪術になる。加持祈禱で何かできるならこれほど簡単ななぐさめはない。もし呪文と呪術を否認するなら、知の契機を回復するしかない。

知なしにも信はありうる。しかし知に支えられないと、信はとめどなく呪術に短絡する。それを考察し、知と信の峻別を把握しながら、しかも極限において信が知と合一し、現世的生とは異質の境地を開くことを理解するのも、やはり知である。親鸞とパスカルの苦闘はまさにそこにあった。

第四章　目覚めの構造

一　万物一体と共同倫理

存在の理法

万物一体の考え方は、唯一の無限(法身)の力が様相論的に万化すること、つまり仏教的な権化論に理由をもつ(清沢の様相論については前章を参照)。宇宙・世界のなかに「法則」が貫徹している。万物は有機組織的に構成されている(『宗教哲学骸骨』参照)。これを仏教の「存在論」用語でいうと、万物は「縁起」によって生じる。清沢の用語法では、因・縁・果の存在の論理が縁起論である。周知のように、縁起論は空論の基礎づけになる。通説によれば、空＝涅槃は、存在者はそれ自身の自存性がないあるいは「実体」がないこと、すなわち「無自性」を意味するという。人間についていえば、無自性とは「自我がないこと」つまり無我であるといわれる。しかし、私見では、無我は自我がないことを意味するのではなく、世俗的自我が無限との接触において転変して無限内存在としての自己になった状態を意味する。またいわゆる「無自性としての空」も「何もないこと」としての「無」ではない。空＝涅槃は「無」と「有」を越える特異な状態である。それは言説できない「語りえないもの」であって、あえてそれに命名するなら、清沢にならって「無限」とよぶほかはない。涅槃が寂静といわれるように、無限空の状態では、いっさいの世俗的なありかた、とりわけ欲望的自我が生み出すすべてが消滅している状態であり、ひとはそこでこそ完全な満足に至る。

清沢の「精神主義」は、無限なる空＝涅槃の状態、つまりは目覚めに至り、信念を獲得するための求道精神の別名である。求道が智慧への道を歩み、ついには智慧に至る努力であるとすれば、それは定義によって、哲学的自己認識の努力であり、その意味での修行である。「精神主義」は自己の内部を見る立場(内観)であり、世俗内存在としての自己の真実の姿を把握し、それが転変する世俗外的自己に直面する一種の方法でもある。世俗的自我の無明性をしかと認識し、それを「越える」ところの「真実の(覆蔵されざる)」自己に出会うという意味では、「精神主義」は自己の存在を思慮することであり、その意味で自己への配慮である。自己配慮の中心は、清沢によれば、外物や他人の影響を受けないようにするアスケーシス(修練)である。

それでは、万物一体論と自己内観との関係はどうなるのか。

清沢はこう言う——精神主義は外部に対しては「受動」である。そして外物に対して無関心主義であるがゆえに、かえって共同作用に向けて容易に服従するし、外部世界の調和に役立つのであると。要するに、万物は一体であるから、共同作用に調和的に服従することができるというのだが、このつなぎかたには論理の飛躍があるのではないか、あるいは万物一体論(「世界」論)と倫理の間には空白がのこされていまいか。清沢はこの疑問にどう答えるのだろうか。

おそらくは『宗教哲学骸骨』に見られる「主伴互具」論をもって、清沢は、いま指摘した空白をうめる「つなぎ」の論理としているのかもしれない。例えば、「議会」のケースを例として挙げているが、それによれば一人の人物が発言しているとき、他のメンバーはその発言を傾聴して服しているという(「精神主義と共同作用」『語録』二六九—二七二参照。『全集六』九七—九九)。これは、明らかに、主伴互具の観点で語られている。

「世界」論は、客観的な存在論である。それは、清沢の用語でいえば、因・縁・果の弁証法と主伴互具の相互依存関係をもって、世界の有機的構成を知性的に記述することができる。そこから彼の言う万物一体論が帰結として引き出される。それは知的に構築された因果の理法であって、価値評価はまだない。世界存在論から一挙に「価値評価的」な万物調和論にまでもっていくとき、一種の予定調和論が生まれるし、清沢も共感的に言及するライプニッツの世界論に近づく。主伴互具論をもって世界構成をうちたて、それに調和世界論を重ねることは、存在論的言説をそのまま倫理の言説に重ねることである。もしそれが可能なら、目覚めをことさら言う必要はない。なぜなら縁起の理法がいわば自動的に目覚めを生み出すだろうからである。修行も不要になるだろう。

清沢が世界の有機的構成論と倫理の関係を問いとして提起したのは重要なことであるが、少なくとも上記の清沢の論説では、この問いに答えているとは思われない。私がこれをここで指摘するのは、清沢の語りのなかに、存在論と倫理の直接的な二重化があるので、それを安易に使用すると、倫理問題が解消してしまうという事実である。もちろん、清沢は、倫理の成立条件を別の論説では、一層鋭く提起し、答えようとしている。以上の「問い」と「答え」の関係を中心に、彼の思索を順々に追跡していこう。

自己配慮としての「死の憂慮」

清沢によれば、自己とは絶対他力の妙用に乗託して、あるがままの現在を楽しむ存在だという。無限・「自然」(「あるがまま」すなわち自然法爾《じねんほうに》の「じねん」の意味で)の力に従って生きることである。この境地に達するにはどうするのか。ここに修練の問題が出てくる。自己省察は修練(アスケーシス)であり、そのなかで「死を想起すること」もひとつの修練である。ここにストアの倫理学が顔をだす。

「独立者は、常に生死巌頭に立在すべきなり。殺戮餓死、固より覚悟の事たるべし。」(「絶対他力の大道」『全集六』一一二)

「死を覚悟する」とは、ストア派のメレーテ・タナトウ(melete thanatou 死を憂いつつ思う)であって、未来の死を先取り的に現前させ、あたかもいま死につつあるかのように日々を送るのである。それが自己配慮としての自己省察であり、不如意には関わらないで、如意(「自分の力の内にあるもの」、自分で支配できること)で満足するのである。

ところで、内省の対象は現世内の自我である。この自我は、すでに指摘したように、結局は他人とのつき合いのなかで他人に対して我の優越を誇示する虚栄心のかたまりであり、要するに対他欲望の自我である。現世内自我は欲望する自我である。これを清沢は自我的欲望と名づける。蓋し至言である。以下に引用する清沢の文章は、彼の人間論の精髄を示すきわめて重要な箇所であるので、やや長い目に引くことにしよう。

世の中の教えに「それ、人必ず自ら侮りて、而して後、人之を侮る」ということがある。これは、人間たるものは自ら重んじなければならない、自ら貴ばなければならない、自ら軽んずるものは他人から軽んじられざるをえない、自ら侮るものは他人から侮られざるをえない、ゆえに人に貴ばれ重んじられたいとおもえば、自ら重んじ自ら貴ばなければならないというのである。

この教訓はなかなか結構な教えであって、ある程度まではある種の青年などには、大いなる導きになる教えである。しかし、この教訓はまだ宗教的趣旨を伝えていないようである。なぜかといえば、この教訓は自分だけにかかずらい、何でも自分がえらくおもわれたい、自分が貴ばれたいという自我的欲望を満足させる方法を教えるにすぎないからである。宗教の教えはそういうことではない。宗教の教えでは、そんな自分の価値など、どうでもよい、ただ自分をまるっきり如来の大用にまかせて、平和に生活するのである。ゆえに宗教の門に入った人は、他人に侮られてはならぬから自ら侮らぬようにしなければならないとか、他人から貴ばれたいから自ら重んじなくてはならない、といったことには心を労しない。ある点からいうと、宗教の門に入ったものは、自分を非常に侮り、非常に軽んじるのである。進んでいえば、宗教の門に入ったものは、自分の価値をゼロ位におくのである。だから、軽んじるの、重んじるの、というどころではない。ほとんど自分の価値を認めないのである。一般に、われら人間が苦しんだり、悲しんだりするのは、つまりは自分というものを大事がっているからである。自分をないものにしたならば、苦しみも悲しみもないはずである。とうに自分をないものにしていたなら、人が侮ろうが、貴ぼうが、軽んじようが重んじようが、そんなことにはいっこうに無関係である。重んじるものをして重んじせしめよ、軽んじるものをして軽んじせしめよというように、いっこうに何ごとにも平気で通れるのである。

……

小なる自我を大事にすればこそ、客観界の事物によって動かされもするだろう。しかしこの小なる自我を如来の大心に帰投し終われば、すでに客観にたいする主観などはなく、主観にたいする客観もない、ただ一如来の妙用あるのみである。ここに至ってはじめて、なにごとも如来がなさしめるところであることがほんとうに味わわれるのである。岩があればこそ水は激する。岩がなくなれば、水は穏やかに流れていく。われらの小なる我欲がなくなれば、慈悲の水は平和に流れるのである。(『語録』三七〇—三七二。強調は引用者。『全集六』一二五—一二六)

これが清沢による人間(世俗内的、社会的人間)の定義である。自我的欲望または欲望的自我を今後はテクニカルタームとして使用しよう。

さて、問題のアスケーシスを自我的欲望に関わらせて述べてみよう。自我的欲望とは、前に定義したように、他人の欲望を欲望することであるから、修練とは、対他欲望を押さえ切断するための修練(アスケーシス)を意味するであろう。他人の評価を気にして、他人の視線と価値評価で自分の行動を決めることは他律的な振る舞いであり、「他者の支配の下にある」という意味で「隷属的である」から、ひとは自分の不自由に苦しむ。それは煩悩であり、あるいは煩悶を引き起こす。自我欲望は対他欲望であり、自分で行動しているかのごとき錯覚をしているが、実際には他人の評価を基準にしているのだが、この他人による承認はけっして充足されないから、いつも自我と自己との分裂に悩む。自己配慮はこの分裂をなくして、欲望的自我を除去し、仏教的無我すなわち「自己」へ、「かつてあったところのもの」へと戻ることである。この論理の行き着く先が、死を覚悟して生きるということである。毎日が臨終的生活になる。自己配慮は自己の可能的死への配慮になる。そしてそのときはじめて、無でありうる自分を思い慮りうることが直接に他者への配慮になりうる。浄土門のターミノロジーで言い換えれば、自利がそのまま利他になりうる。他者配慮すなわち利他について、清沢満之はこう述べている。

「我が有る所のものは、我を措いて先づ彼等に給与せよ。」(『全集六』一一三)

死を覚悟したものにとって所有(私的所有としての財産)への執着はないから、すべてを他者に分け与えることができる。所有か無一物かというのは、自利利他論のひとつの具体的でわかりやすい例証でしかないが、しかしこれは利他行為にとって決定的である。それは人間的存在の根源に内在する贈与論理の具体化である。仏教的にいえば、贈与は回向や布施に等しいのだから、所有への執着の解消は、布施的贈与の現実化の絶対的条件である。さらに自我的欲望から生まれる種々の想念への執着からの離脱も同じ論理にしたがう。それは妄念と妄想あるいは邪念からの解放である。物質的と観念的の両面における無一物化こそが、利他行為を可能にする。なぜなら、無我としての自己は、清沢が前引の文章のなかで言うように、ゼロ位の境地であるから、それはプラトンのコーラ(chora、受け入れる容器)のように、すべてを無制約に受容できる。ゼロ位の自己は、定義によって、無限の位であるからである。ゼロ位に立つときにはじめて、絶対他力の大道がゆくりなくも開かれる。したがって、絶対他力の大道とは、自己配慮と他者配慮の同時的実践であると言うことができる。

死の倫理的性格

自己配慮は、実質的には、ストア的な「死の配慮」であった。死とはいつか死ぬであろう死であるには違いないが、ストアの倫理では、可能的な死が現在にあり、現在の生が死に押し迫られた死であり、つまりは臨終の生である。死を想起するとは、死がまさに生のなかにあることを「慮る(cura)」のである。清沢がストアから学んだのは、まさにこの論点であった。死の現前、すなわち臨終とは、毎日の人生のなかに死を先取り的に引込み、自分で自分に対して表象的に死を与えることである、つまり自分の死のイメージを生き生きとした形で与えるのである。それはけっして簡単なことではないからこそ、修練(修行)とよぶことができる。これについて、清沢の次の文章は注目に値する。

> 果して生の滅と相具し、活の死と相離れざることを常念せんか、吾人は快く生きつゝあるのとき、快く滅するの事を忘るべからず。快く活きつゝあるのとき、快く死するの事を忘るべからざるなり。此心に住して而して人世に処す、吾人は国家問題、社会問題の深く難解なるを感ぜざるなり。(『全集六』一一四。圏点省略)

いうまでもなく、社会問題や国家問題は重要であり、その内容を解明するのは社会科学の課題である。しかし清沢がここで語るのは、社会科学ではなくて、他者配慮的倫理である。それは、相互に矛盾する現世道徳ではなくて、宗教的倫理である。本来の倫理は目覚めの倫理であり、目覚めた境地から現世と社会を眺めれば、たしかに社会問題などは難解ではないともいえる。

全責任主義

清沢は「精神主義(明治三十四年講話)」の第三回で次のように述べている。

宇宙万物が皆我物である以上は、如何なるものをも棄つべきではありませぬ、一切の動物が皆我子である以上は、虫一疋をも害すべきではありませぬ、慈悲忍辱恭敬尊重等の心は湧然として現起せねばなりませぬ、又宇宙万有が皆我物であり一切動物が皆我子である以上は、我は天地万物に関して全責任を有するものであります、天下に一の無辜を誅し一の無罪を罰することあれば、一として我は其に対する責任を免がるゝ訳はない筈であります、

(『全集六』三〇〇)

万有が「我子」であると「自覚する」という論理はどこから出てくるのであろうか。それは、清沢の哲学では、例えば『骸骨』のなかの「有機組織(構成)論」ならびに「万物一体」論から導きだされる。万物一体論は、現世的存在の相互依存の関係を一語に要約したものである。相互依存の関係のなかで、因・縁・果の弁証法によって現在において(今という時の「なかで」)事実存在する「もの」が成果として生まれる。ひとつの存在者を形成するあらゆる要素(万有)は、存在者の不可欠の構成因子である。これは「存在の理法」である。しかしこの存在論的判断は、そのままでは倫理判断にはならない。だがもし相互依存関係のなかにある万有を「倫理的に」判断できるとなれば、たしかに「万有は我子」あるいは「我父母」という喩えも可能であろう。

「私」を中心に考えてみよう。現在の「私」は過去のすべての人、物、自然のすべての要素を原因とした「結果」である。この因果の系列について、「感謝」の感情を入れた場合に、「万有」が「我子」「我父母」として受けとめられる。万物は喩えていえば「我自身」である。自分に責任をもつことと、万有に責任をもつことは「同一」になる。

人はこのように自覚したり判断したりしないかもしれない。これは一つの倫理的理想主義である。存在の理法がそのまま倫理的理法になるという考え方には、理想あるいは目覚めの目的が介入している。この理想を落としてしまうなら、万有は「我」にとって道具的な事物でしかない。「我」が生きて行くための有益な道具ないし物であると万有を見るのは、道具主義的判断であり、現実にはこうした考えは、古来つねにあったが、とくに近代の主体哲学では万有を対象化し、物として判断する傾向が強い。主体哲学、「我」の哲学の存在判断を倫理判断にするときに生まれる典型的な思想は、快楽主義倫理(功利主義)である。とくにベンサムの快楽計算の倫理学は、主体哲学の道具的存在判断を倫理へと移動したものである。仏教において、功徳を量的に積むに応じて、それだけ来世における救いもまた大きくなるという判断形式は、徳の計算をしているわけで、徳を物のように道具主義的に計算し、「――に応じて」の比例判断をしている。これが「現世利益」の基本構造である。これは宗教における「我」の利益計算の思想であり、一般に呪術の本質である。

清沢の有機組織論としての「世界」の理論は、相互依存関係と因・縁・果弁証法によって構築されているが、それは「有機的」な世界、つまり「生命的」世界である。相互関係の理解は、生命的理解になっている。有機的世界論では、世界のなかにある万有は、物ではなくて、生命をもっている。万有はアニマに満ちている。だから相互依存関係は、生命あるものたちの相互依存関係である。この有機的構成論では、万有と万物を「巨大な生命」(無限他力)が貫徹する。個々の物は、人であれ物であれ動物であれ、無限の生命の「化身」である。この考えでは、万有は対象でも物体でもない。万有は、我の身体自体ではないが、我の「身」(現存在)の構成因である。ここから出てくる倫理判断は、「子」とか「父母」の喩えが適当である。少なくとも清沢においてはそうである。

さて、本来、「我」は、万有に全責任を負っている。存在の理法によって我は世界全体に全責任主義的に生きているはずである。ところが、我は有限な(不完全な)存在であるから、この全責任を完全にまっとうすることができない。存在の理法からいえば、存在していること自体が我に対して全責任の命令を発しているに等しい。しかし有限な自我は全責任を実行することが不可能である。例えば、我が、苦しむ一人を助けるとき、他のすべての苦しむ人々を助けることを放棄しなくてはならない。有限な我に助けることができる人数は限られている。この範囲を越える他の存在者への責任は放棄することを余儀なくされる。

ここに、ひとつのパラドクスまたはアポリアが出現する。我は存在の理法からすれば、我の存在自体において全責任主義的でなくてはならない。しかるに有限な我はその全責任要求を実現し成就することは原理的に不可能である。倫理を問題にするとき、この「不可能性」(清沢の用語)、あるいは現代の用語でいえば「パラドクス」「アポリア」を際だたせなくてはならない。万物が我が子あるいは我が父母であるべきであるが、有限な我はその要請を負いかねるのである。全責任主義は倫理の理想的基準であり、倫理の超越論的条件である。この条件が有限的我に対して「実行不可能」の苦痛を押しつける。

この苦痛はどうして解消できるのか。ここにおそらくは目覚めの瞬間の問題がはじめて登場する。ところで、清沢はこの解消の方法を、万物一体論をもって、つまり全責任主義の要請の根源になる存在の理法をもって答えようとする。彼はこう発言している。

万物一体の上に立つ所の責任は、原責任者と被責任者と同一心なるが故に、此の如き苦痛は共に消散して、全責任が無責任と同様の心状を持つことになります、換言すれば、責任と云ふことが総て自己が自己に対することになりますゆゑ所謂自業自得と云ふことが明白に感ぜられ、随て自由に事の成り行きに服従することを得るが為に、決して圧制束縛等の苦痛を感ぜずして、常に自由行動の喜楽を感ずることゝなります、(『全集六』三〇二。圏点省略)

存在の理法として万物一体の相互依存関係を理性的に、つまり理論的な言語で語ることはできるし、また語らなくてはならない。それは「科学的」または「哲学的」な語りかたである。清沢の「有機組織(構成)」論は哲学的言説である。しかし、倫理的語りは、存在の理法から直接には出てこない。倫理的な言説が可能になるには、万物が一体であることを感じ取ることがなくてはならない。この感受作用がなければ、倫理としての全責任主義を「感じる」ことはできない。では実際に、「一体」を感じるとはどういうことか。いうまでもなく、感受作用は学問的な行為ではなく、学理とは無縁である。

清沢によれば、その感受への道は「内観反省」である。これは、自己を「認識する」ことであると同時に、自己を「配慮する」ことである。内観反省の目的は、自己の「闇愚無能」を知ることである。「全責任を負ひながら、之を弁せざるは闇愚であります、」(『全集六』三〇三) 闇愚とは「悪」である。悪とは全責任を負いながらそれが果たせないことを意味する。認識の観点からは、「我」が万物に依存し万物に責任をもつところの存在の理法に対して知的にも情感的にも「盲目」であることが、「悪」であり「闇愚」なのである。存在の理法を知的に認識し、それと同時に倫理的な全責任に目覚め、その目覚めを感受するための一種の修行が「内観反省」である。より正確にいえば、存在の理法において全責任に目覚め、全責任主義の要請を受けていながら、現世的存在として有限な我にはその責任を実行することが不可能であるというアポリアを内観によって自覚することである。自己自身を知るとは、万物一体の存在論的構成を(理性的、概念的に)知り、かつ全面的責任の要請がつねにあるのだと自覚するだけでなく、有限な我の現実、すなわち全責任主義の実行不可能性を抱える我であることにも感じつつ自覚することである。

ここから、現世的自我の欲望存在であることに直面し、そうした欲望的自我を放棄することから、無限への願望、ならびに無限との接触の可能性が出てくる。自我の放棄あるいは無我(としての「自己」)という契機なしには、清沢がいうような「一切万物に服従し囚われている自分である」ことを知ることが、そのまま同時に、「自由自在に」他者を助ける行為に出る、といったことはできない。一切万物と一体であるとは、万有への服従であり、人間的他者への服従であり、無数の他者の苦痛へ応答をすることができる境地である。他者への配慮は、苦難の他者、現世的欲望に引きずり回され、しかも自分の欲望の不充足で挫折し悩む他者への配慮であり、それは、欲望的自我を消した存在としての無我的で無所有の自己による他者の迎え入れである。

ここに還相の論理がある。清沢の還相論は、現世的人間的自我が抱えるパラドクスあるいはアポリアを理論的にはっきりさせるところにある。逆説を生きることのなかで他者への配慮としての倫理、全責任主義倫理が成立する。清沢は、古典の内容に新しい内容を付け加えたともいえる。過去の単なる解釈ではなくて、「新しい問題」と「新しい解答」を提出したのである。文献の解釈から出てくるのではない。全責任主義のパラドクスを生きることこそ、イデオロギー的道徳や倫理ではなくて、本来の対他関係としての倫理の根源なのだ。

全責任／無責任

全責任主義要請の実行不可能性は、我の無責任主義になる。アポリア(「不可能性」)を通じてパラドクスを生きることは、全責任主義の根源的絶対的要請が、同時に有限的自我の無責任に転換することである。したがって、目覚めの経験と宗教的「倫理」は全責任(対有限者)と無責任(対無限)を同時的に引き受けることである。目覚めの倫理はパラドクスとアポリアを「経験する」こと、すなわち「生きる」ことである。このことを清沢ははっきりと自覚していた。

誠の義務責任と云ふものは、無限なもので、なくてはならぬので、到底私共の為すことの出来ぬものである。私共の為し得る所の義務責任は、唯其一部分である、即ち義務責任に関して、私共の絶対の力無き故、之を全然尽すと云ふことは出来ないので、又強てなさずともよいのである。(『全集六』一六七)

いささか誤解をうける可能性のある文章であるが、最後の「なさずともよい」は軽率に読まないようにするべきである。表面的に読むと、世俗の常識がいうような「無力であるから責任などとれない」というように誤解される。前にもすでに出ていたように、「我」はたとえ有限で無力であっても、あくまで全責任を要請されているのであり、その要求を回避することはできないのである。この絶対命令があるからこそ、前述の絶対的アポリアが生じるのであって、もし全責任の命令を落とすならアポリアなどはありえなくなる。しかし目覚めと倫理を考えるときには、アポリアは絶対的条件である。

責任倫理は、全責任と無責任の絶対的矛盾を生きることである。二つは同じ事態の別の側面であり、二つは同時に結合して考えるのでなくてはならない。全責任の要請の実行不可能性は、内観反省では「有罪性」または「悪」の意識になる。罪深いと自覚することが「苦痛・煩悶」である。この苦痛を抜き取ることへの限りない願望は、無限への希求になる。

清沢の孤独な思索は、はからずも現代の西欧における倫理探求の努力と重なる。いやむしろこういったほうがいい。およそ百十数年以前にすでに、清沢は現代西欧の倫理と哲学が格闘している根本問題を高い水準で先取りし、それに対して独創的な解答を与えようとしていたのである。試みに、レヴィナスとデリダの倫理論を参照してみればいい。彼らの語りのなかで、いかにアポリアとパラドクスが重視されているかを見てみればよい。彼らは、倫理の成立のためのアポリアが無限の要請をよびだし、無限と有限の接触のなかに倫理の成立を見ている。まさにそれは百十数年遅れの清沢的理論の西欧における復活であるかのようにすら見える。いかに清沢が高い水準で思索していたかがこれでわかる (cf. Levinas, E., *Totalité et Infini*. Levinas, E., *Autrement qu'être*. Derrida, J., *L'éthique du Don*.)。

ところで、全責任主義を平たくいえばこうなる――「知る所、何事によらず、不都合を感じた時、他の者に不都合を認めずに、直に自分の心に反省して、自分の心の至らぬと考へるのである。」(『全集六』一六八)

つまり、他人のなす悪行、他人から我に向けられる悪い行為にすら、「我」は責任を感じ、それに応答しなくてはならない。他人への応答と責任は苦痛である。なぜなら、責任を負いながら実行できないがゆえに(「至らなさ」のゆえに)苦痛を感じるからである。有限な自我を無限のなかに乗せるとき、この苦痛は消える。そのとき苦痛は楽しみ(歓喜)に変化する。

常識的には、他人の悪い行為に対して我の責任はない。普通日常の考では、他人の不都合はすべて我にありといえば、単に自譴的な居直りでしかない。本当は責任など感じていないのに、責任という言葉をつかってカモフラージュして攻撃的言説を紡ぐのが普通の常識的なやり方である。他人の不都合に本当に責任を感じるには、存在の理法の感受が不可欠であり、全責任命令の感受が介在しなくてはならない。そうすることで有限な我の「至らなさ」(責任が負えないという不可能性)をはじめてありありと感じることができる。

責任のパラドクスがなければ「信心・信念」はありえない。全責任と無責任との絶対的対立がなければ無限への願望はなく、無限との接触がなければ、信心・信念もありえないというつながりになる。「なぜ無限(阿弥陀)との関係が必要か」への問いに対して、清沢は責任のパラドクスをもって答えたのだ。

清沢は信念の成立の逆説の例として面白い事実をあげている。

例へば自分を殺しに来た者があるにしても、其殺されん〔と〕した為めに悟を開いたとしたならは、其殺さんとして来た罪人は、自分にとりて善知識である、如来の大命を奉じた使であるのであります。(『全集六』一七〇)

ここでは暴力が平和に転化している。「殺人者」である他者のなかに、無限が通過した痕跡がある(と我は感じる)。殺人者は如来の使いであるというのがそれだ。他人に対面したとき、「我」はこれまでの自足した状態を打破されて、他人の行為(殺人)に対して「責任がある」と感じ、その責任を果たすために、「我」は他人に対して「総てを与える」という態度に変わる。無限に乗託した自我は、その乗託によって「無我」になる。無我とは世俗的自我の放棄、世俗的価値の全面的放棄、無所有、無一物の「自己」としての無我である。こうすることで他人の悪行も、我にとっては「善きこと」として受容可能になる。他者を受容する「自己」(無我のこと)を獲得する。

全責任の絶対命令を根源において受けていながら、その責任を負えないところに、有限的自我の有罪性があり、その悪であることの自覚は無限を通過することなしには不可能である。殺人者に対面して「ハッタと悟る」という場合、殺人者は縁であり、縁によって接触するのが無限である。殺人者の「顔」の向こうに無限の視線と表情がみえる瞬間がある。その瞬間を経験するときが、無限との接触の経験である。だが、その接触は、現世に生きる欲望的自我(他人の評価を求める虚栄心)を焼きつくす「火」のなかをくぐる経験であらねばならない。

信念の成立にとっての全責任／無責任の逆説がどれほど重要かがこうして明らかになる。清沢における責任実行の

「不可能性」という用語に深い注意を払わなくてはならない。けっして常識的に理解してはならない。

二　現世道徳の不可能性と「信」の逆説的成立――真俗二諦論

苦痛と煩悶

現世道徳が実行不可能であるときには、各人のなかに「苦痛」が生まれると清沢はいっている。この苦痛・煩悶の概念は清沢においては「信」の成立にとって決定的な媒介概念になる。逆にいえば、現世道徳の徳目を実行できないからといって煩悶も苦痛も感じない人には「信」などは問題にならないといえる。原理的には、現世道徳の内容を現実に完璧に実行することは人間のなかに「苦痛・煩悶」を引き起こすと前提してこそ、目覚めに関する議論が可能になる（伝記によれば、清沢自身は、実際に、極端なまでに苦痛と煩悶を感じる人であったといわれる。その意味では、清沢は自分の経験を反省しつつ、それを理論的に組み立てているといえるだろう）。図式的にいうとこうなる――道徳は完全には実行不可能であるが、にもかかわらずそれを成就するべく努力しなくてはならない、そこに大変な「苦しみ」が生まれる。この苦痛と煩悶を「解消する」ためには、絶対無限への信憑・乗託が要請されるのであった。

ところで、浄土真宗には普通道徳に類似した俗諦論があるが、なぜそれが必要なのか、と清沢は問う。彼はこう言っている。

> 自然必然に行はるゝことには、教の必要はない。教の必要のあるのは、其教によりて以て我等の有意作用〔意志〕を啓発せんが為である。（「宗教的道徳（俗諦）と普通道徳との交渉」『全集六』一五一。圏点省略。〔　〕は引用者）

では、何に向けて意志を啓発するのか。いうまでもなく真諦に向けて意志を啓発するのである。

> 然らば真宗の俗諦の目的は如何なる点にあるか。其実行の出来難いことを感知せしむるのが目的である。……其に如何なる妙趣があるかと云はゞ、先づ未だ信心を得さるものは道徳的実行の出来難きことを感知するよりし

> て宗教に入り、信心を得る道に進む様になる。……他力の信仰に入る根本的障礙は、自力の修行が出来得ることの様に思ふことである。其自力の修行と云ふ事は色々あれとも、其最普通の事は我等の倫理道徳の行為である。此道徳行為が立派に出来るものであると思ふて居る間は、到底他力の宗教には入ることが出来ぬ。然るに倫理道徳に就て真面目に実行を求むるときは、其結果は終に倫理道徳の思ふ通りに行ひ得らるゝものでないことを感知する様になるのが、実に宗教に入る為の必須条件である。(『全集六』一五三。強調は引用者。原文の圏点省略)

以上のことは信心獲得以前のひとの場合にあてはまる。信心獲得以後のひとの場合にはどうか。信心獲得し大安心を得たとしてもなお自力の迷心がたえず起きてくる。俗諦の教えを聞いて実行の不可能性を感知することで他力の信仰を喜ぶことになる。

> しかし本統の二諦相依の真味は第二の場合にあるのである。真諦の信心あるが為に、俗諦の実行の出来ざるに驚かず、俗諦の実行の出来ざるが為に弥真諦の信心の有難味を感ずる所、実に相依相資の妙趣があり〱と感知せらるゝことである。(『全集六』一五四。圏点省略)

以上の清沢の議論のどこが重要であるのか。普通道徳であれ俗諦であれ、実行しようとして実行できないという、その現世道徳の成就不可能性が、信心・信念としての宗教「倫理」の成立のための絶対条件になっている。これが肝心な事柄である。現世道徳が成就不可能であると「感知する」、つまりよく承知するとは、道徳の自力遂行の妄念を捨てよということに等しい。

さて、清沢が言うところの「道徳の出来難さ」「実行不可能性」とは何だろうか。なぜ実行できないのであろうか。私の解釈を加えて言えば、現世内で生きていることは、他人との関係のなかで対他欲望を発揮することである。そうした欲望をもつことと、現世で生きることは同じことである。だから現世の道徳を実行するとき、必ず、対他欲望の必然性によって、道徳理想と衝突するだろう。実行不可能とは、道徳理想があまりの高遠であるから、生きている間には達成できないということではない(清沢は、どうやらそのように解釈していたようだが)。そうではなくて、現世内で存在する人間は対他欲望に引きずり回されるほかはない現実があり、そうした現実の生活のなかでは、他人と対立し他人を排除するといった生活しかできない。その状況では、心のなかでどれほど道徳理想を高く掲げていても、その理想は空語に等しい。現世内の自我（これは対他欲望をもつ自我）も、現世道徳の理想的徳目もすべて放棄することなしには、無限との接触はありえない。無限との接触が真諦である。そのような無限との関係は、「自然的に」はけっしてできない。一種のショックが必要である。衝撃的なきっかけが必要である。

道徳を「理想的な他人との関係（理想的な社会性・つき合い）」と呼ぶならば、道徳がもつ理想を実現するためには、道徳を否定しなくてはならないというパラドクスが生じる。現世内自我でない「自己」を獲得し、その「自己」と他人との「正しい」関係に入るためには、世俗的な自我と世俗的道徳を放棄することが必須条件である。この「放棄」と「断念」が真諦（信念）に通じる。それは真諦を「開示する」すなわちそれへの「道」を「開く」。「大安心」は「自己」の新しいありかたであり、真諦のもうひとつの相は「正しい他人との関係」である。「我」をどうするかは、他人との関係をどうするかと不即不離である。世俗的自我から「自己」（無我）への道は「浄土往生」であり、正しい他者関係への道は「還相」である。

無限によって対他欲望を解消すること

すでに一度引用したように、清沢は、欲望と自我の関係について鋭い考察を与えている（「自ら侮る自ら重すると云ふ事」『全集六』一二五—一二七）。彼はこう述べている——「何でも自分がえらくおもわれたい、自分が貴ばれたいという自我的欲望」（『語録』三七〇）と。前に説明したことを少しばかり言い換えてみよう。現世内の自我は、他人に対する関係のなかで、自分を他人よりも高い・尊いとみなし、他人を自分よりも低い・卑しいあるいは劣等であるとみなしたい欲望をもっている。どういうわけか、人間は他人に向かうとそういう行動をとる。たとえ自分だけでいるときですら、頭のなかで他人の視線を感じている。この対他欲望は、他人から評価されたいと思い、その評価してくれる他人をおとしめたいと思う。この欲望の論理をつきつめると、他人が欲望する目的・対象の位置に自分を置きたい(自分が他人から欲望されたい)と欲望することである。したがって対他欲望とは(他人の)欲望を欲望することである。

清沢は、別のところで、彼の言う「自我的欲望」の種々の現われ(しっと、ねたみ、等々)を指摘している。してみると、清沢は私が述べた対他欲望を正確に把握していたのである。彼は自我と欲望の関係にするどい視線を投げていたのだ。この自我の欲望、すなわち他人の欲望を欲望することが、清沢の言う「苦悩と煩悶」の源泉なのである。それが「悪」の源になる。そして他力の信心を得るときに、こうした自我的欲望・対他欲望は消滅する。それが無我の状態である。

「宗教の門にはいつた者は、自分の価値を零位に置くのである。」(『全集六』一二五。『語録』三七一)

「然しこの小なる自我をは如来の大心に帰投し終はつたならば、既に客観に対すべき主観と云ふものなく、主観に対する客観と云ふものなく、只一如来の妙用あるのみである。」(『全集六』一二六。『語録』三七二)

自我を去るには、自我あるがゆえに発動する欲望(対他欲望)を消却することである。無我とは、単に主観的意識としての「我」(例えば、デカルト的コギト)を去るのではなく、現世内の対他欲望とそれにまつわるすべての現象を去ることである。自我は単なる意識ではなく、世界内存在としての対他欲望をもつ存在なのである。自我とは欲望である。したがって、自我を去るとは欲望を去ることである。この欲望論を欠くなら、無我論はきわめて観念論的な抽象論に堕落するだろう。自力論は、こうした抽象的意識を前提にした意識の内部での自我の克服論にとどまる。

ところで、清沢は「競争と精神主義」のなかで「社会的」欲望論を展開している。彼が「競争心」と呼ぶのは、他人に対する競争、他人に勝ちたいという欲望であるから、明らかに虚栄心である。他人を「敵」とみなし、それに勝とうとするのは、別の言葉でいえば、他人から、世間から高く評価してもらいたいと願う心である。他人の成功が眼前にあると「競争心を劇成する」(『全集六』五一。『語録』二五〇)。してみると清沢的「精神主義」は対他欲望・虚栄心の克服のためのアスケーシス論でもある。煩悶不安は、他人に対する評価欲望から生まれるからである。欲望的自我とは虚栄の自我である。

自我とその欲望を消去したとき、何もないのか。そうではない。自我を去ったとき、人が出会うのは無我としての「自己」である。それは無限に接触する自己である。自我は無限とは無縁である。自我ではなく無我としての自己のみが、つまり「世界内存在」としてある欲望的自我と切断したときに出会われる自己のみが、無限と接触する（接触できる）。西欧の用語でいうと、moi ではなく soi、Ich ではなくて Selbst。無限に包摂された「自己」は、現世内存在のほうからいえば、自我の零状態である。無化した自我、零状態の自我が「自己」であり、その無我としての自己はその無性のゆえに対他欲望もまた零化し、他人たちに対して、闘争的でも競争的でもなくなり、いわば平静に平和に対応する、つまり他者を「迎える」ことができる。現世内では「不可能」である「全責任主義」は、無限内自己にとっては可能になる。この意味での自己がはじめて他人に対して「責任を負う・応答する」ことができる。自我的な責任主義ではないという意味では、それは「無‐責任‐主義」である。これも応答なのである。

無限に包摂された非‐我、無‐我は、それ自体も無限であり、「世界」の観点からみれば零であるから、アミダが全存在者を摂取するように、他者たちを迎えることが（原理的には）できる。清沢的な「無責任」は、自我的な意味での責任のなさであるから、無限内存在としての「自己」の、いわば反転した「全責任」でもあり、万物包摂となる。このように解釈するなら、清沢の全責任／無責任の一見奇妙な議論も筋道がとおっていることがわかる。

人間は本来的には無我である（つまり上に私が定義した自己である）ことについて、清沢はこう述べている。

「私共の本来が無我の者であつて、諸法無我とは動かぬ法則である、変らぬ真理である。私共が無我になるには造作はいらぬ、其儘に安住するのが無我になるのである。」（『全集六』一二七。『語録』三七三）

ここでいう「其儘に」とはどういうことなのか。これを解釈していえば、こうなるだろうか――われわれはつねにすでに無限内存在であり、自我以前に、無限と通じた自己であったし、現在でもそうである。しかし「世界（世間）」のなかで生きるうちにわれわれは欲望的自我を肥大させていき、この自我がすべてを覆うようになる。自己は自我の蔽いによって隠される。この欲望的自我を打ち払うとき、「つねにすでにあった自己」が「あったとおりに、あるがままに」見出される。

職業、義務、他力信仰

責任論は、職業的義務との関わりから論じることもできる。

清沢は「天職及聖職」のなかで、こういっている——自分の義務とみなす職業が天職であるが、職業は個人が義務を果たすべくある。天職を全うするためには全力を尽くすが、しかし必ず現世ではつまずきが生じる。そこから苦痛と煩悶が生まれる。

「悶へ〳〵て悶へ死にせにやなるまい」(『全集六』一一八。『語録』三六一)

清沢は職業を「天職」として定義していることは重要である。天職は、西欧の用語では Beruf, calling である。キリスト教的に言うと「神から委ねられた仕事」「召命」である。だから「天職」には厳格な義務が伴う。清沢の考えにそって言うと、天職上の「義務」は一〇〇パーセント実行しなくてはならないが、にもかかわらずそれを実行できない。ここに現世的義務の実行不可能性が存在する。この不可能性に由来する苦悩を解消するのが他力信仰であるという。他力信仰では自分の義務がない、自我がない、「義務」＝「ねばならぬ」がない。

「我れなすのではなくして仏陀のなさしめ玉ふのである、」(『全集六』一一九。『語録』三六三)

この議論もまた、全責任主義／無責任主義のヴァリアントである。前の文脈では、我はこの世界のすべての他人(一切衆生)に全責任がありながら、それが実行不可能であるがゆえに、煩悶があり、その煩悶を解消するために無限への乗託が生じるといわれていた。今度は、職業と義務の文脈では、自分の天職の全責任主義が実行不可能になるから、無限他力の信仰のなかで、その信仰によって、責任(とそれから生じる煩悶)を取り去る「無責任主義」への転換が起きるといわれる。

以上のことを一般化して言い直してみよう。

一　現世内存在としての存在者(「他人」たち)に関わるときには、彼らへの「全責任主義」の命令が出ている(義務、責任、ねばならぬ、等々)。

二　無限に関わるかぎりでは、無責任主義。

二つは互いにオモテとウラとなって「張り合わせ」構造になっていると見たほうがいい。現世内存在に固執するかぎりでは、例の「実行不可能性とそれから由来する煩悶苦痛」から免れない。現世道徳はそれ自体の内部にアポリアを含んでいる。このアポリアの解消が対無限関係である。この解消が信念への道をひらく。アポリアの経験(不可能なものの経験)なしには信念または目覚めはない。全責任主義の命令を厳格に受けとめて、それを実行するべく努力するなかでアポリアを経験すること、それこそが決定的である。苦痛と煩悶の経験が決定的である。それがないと信念への原動力がない。

よくいわれるように、「他力が責任をすべて引き受けてくれる」から我の無責任主義になると考えるのは間違いであろう。他力に責任などないし、そもそも他力・無限に責任という人間中心的用語は使用できないし、原理的にいっても妥当しない。他力には、人間的世界の何もの・何ごとであれ、いっさい責任などない。責任のあるなしは人間に関わるのみである。無限・他力に関して、人間が「無‐責任‐になりうる」というのは、自力的な責任意識を消去することを意味する。自我は責任を負うが、無我は責任を負うことはできない。無限によって包摂されて無我となった自己は、自我的責任から解放される意味で無責任になる。ところが、無限内存在になった自己は、自我の零化であり、一切をあるがままに「受け入れる」こともできる——あたかも阿弥陀が一切衆生を摂取するのと同様に。無限との関係では、自我的な意味では、無責任であるが、自己的意味では全責任ともいえる。張り合わせ構造のなかで、どの観点で語るかに応じて、あるときは全責任が、あるときは無責任が語られる。

念仏の構造――発-言と証-言

念仏は、阿弥陀の固有名を称えることである。「称える」とは、「言う」ことであり、「発-言」である。南無阿弥陀仏／ナム・アミダブツという発-言または「称え」の言説的構造を形式的な側面から見てみると、次のようになるだろう。

(一)　ナム

ナム／南無は、「帰依」の意味であるが、その言葉の意味を越える振る舞いがある。無限に向かって、有限が無限に摂取されたことを、ナムと発-言することによって、証-言するのである。ナムは無限の呼びかけに応答するあかし(証し)である。無限・アミダと接触したこと、摂取を感受したことの証し、無限に向けての「証し」を「言う」ことである。無限がつねにすでに――ずっと昔から――「我」を摂取していたこと、あるいは、無限がはるかな以前から、記憶にすらない遠い過去のときから「呼びかけていた」ことへの応答であり、その無限に遠い昔から送られて(贈られて)きていた「呼びかけ」をたしかに受け取ったと確証する「応答」である。ナムは、無限の呼びかける「声」への応答である。無限の声を聞き届けた証しを声にして「言う」のである。声にするとは音声にするとは限らない。沈黙のなかで声にすることであるし、しばしばそうである。呼びかけの声がけっして音声ではないように、応答の声も音声である必然性はない。いっさいが沈黙の中で進行しても少しも構わない。アミダの声とは何かと吟味してみれば、沈黙の声であることが明らかになる。

(二)　呼びかけ

呼びかけは、無限が有限者のひとりひとりに呼びかけて、有限者の「自己」を、自我とは違う自己を、贈与する――と有限者が感じる――ことを意味する。この自己は、つねにすでに、当人が気づく以前から、無限によって摂取されていたが、そのことを呼びかけに応答するなかで我は気づく。呼びかけは「ひとりひとりに」呼びかける。無限の声を受け取る有限者は、その声が「我一人に向けられたもの」だと感受する。世界で唯一無比の、比類のない、我一人が選ばれたと、感じる。

㈢　称名

我はナムアミダブツと称える。アミダ仏の固有名を「言う・発言する」とき、我の「言う」のなかで、同時にアミダ仏が「言う・発言する」。ナムアミダブツと言うときの「声」は二重である。我がナムアミダブツと「言う」声と、我の声を通してアミダ仏が自分の名前をアミダと「言う」声とが、区別できない形で重なる。我がアミダ仏に呼びかけ、その固有名を称えるとき、アミダ仏のほうも比喩的にいえば「我はアミダ仏だ」と応答しているといえよう。

念仏において、固有名が発声されるとき、有限と無限が分かちがたく重なる。二つの円がひとつになるように、我とアミダはひとつの円になる。我がアミダを言うのか、アミダがアミダと言うのか、決定不可能である。

㈣　目覚め

無限による有限の摂取は「遠い昔から」成就されている。しかし有限はそれを知らない。それに気づく瞬間が目覚めである。しかし、その目覚めは証言されなくてはならない、すなわち目覚めたという証しを与えなくてはならない——自分に向かっても、無限に向かっても。この証しが念仏である。念仏は、無限と有限の接触の証言である。証しは、言葉に表現することのできない無限の固有名——言葉で言えない名前、固有名は普通名詞でもなく、単なる言葉でもない、そういう逆説的な固有名——を声で称えることである。念仏は目覚めの証しであり、目覚めの絶対条件である。

ナムの逆説（無限に服することのパラドクス）

ナム／帰命《きみょう》のパラドクスを解明するには、有限と有限、有限と無限との比較対照が役に立つ。

1　有限者が有限者に服従する場合

甲と乙があるとしよう。甲は命令する。乙は甲の命令を聞いてから、聞いた後で、甲の命令に従う。命令を聞く以前には乙は甲に服従しない。現世における命令と服従はこのような順序になっている。すなわち、命令―聞く―服従。ここには少しもパラドクスはない。

２　有限が無限に服従／帰命する場合

元来、無限と有限の「関係」というような関係はありえない。無限と有限の「関係」は、有限と有限の関係と同種のものではない。有限者の間ではじめて適切な意味での関係が成立するのであって、無限と有限の関係などは本来はない。したがってこうなる――無限と有限の間に関係は不可能な関係であるのだが、それが「関係」といわざるをえないようになるには、どのような条件が必要なのか。

ここに、ナムのパラドクスがある。

有限者は、命令を聞く前に服従する。服従のしるしに発‐言する。その発言がナムである。ナムと発言・発声するとき、その声が服従・帰依の証‐言であり、この証言の発声の「後ではじめて」、発言者は命令があったのだと気づく。命令を聞く「前に」服従し、服従した「後で」命令を聞く。聞かない命令に服従し、行為を起こしてしまった後から命令の存在に気づく。これがパラドクスである。

これについてもう少し説明を加えておこう。

無限は永遠に沈黙している。無限は、厳密には、命令しないし、声も発しない。無限に向かう有限者のほうが、発声し、服従するなかではじめて「命令」なるものを意識する。だから、外見的には、すべては有限者個人の一人芝居のようにみえる。ところが個人の自発的行為にみえる外観の下に、他律的行為がある。

称名念仏は、前に述べたように、一声にして二声である。我の声は我のものであって、しかもそうではない。我の声は無限の声でもある。二重の声によって、つまり疑似「言説」によって、有限は無限との不可能な関係を可能なものにする。通りえない通路を通り抜ける。無限と有限の「関係」はきわめて特異であり、独自である。

清沢はこの独自な関係のあり様に気づいている。

然ルニ有限者ノ無限者ニ対スル行為ニ至リテハ全ク其趣ヲ異ニシ有限者ノ行為ハ一応有限者ノ自能ヨリ発スルカ如シト雖トモ一歩ヲ進メテ討究スレハ其行為ハ全ク無限者所属ノモノニシテ有限者ノ活動ハ悉ク無限者活動ノ範囲内ニ包括セラレ居ラズバアラズ（『在床懺悔録』『全集二』一三）

清沢はここでパラドクス自体を語っているわけではないが、この文章は、われわれから見て事実上、パラドクスを視野に入れていると評価することができる。前に出てきた独特の成就不可能性といい、今度の有限と無限の関係の「奇妙な」関係といい、それらはすべてパラドクスであり、アポリアなのである。こういう条件なしには無限と有限のありえないはずの関係がありうるようにはならないだろう。

三信帰一と念仏

清沢は三信《さんしん》(至心《ししん》、信楽《しんぎょう》、欲生《よくしょう》)を、無限と有限の関係に即して分析的に解説している(『在床懺悔録』「(十八)三信帰一ノ義……」『全集二』一六以下)。

至心	有限――能求	無限――所求
信楽	無限――能持	有限――所持
欲生	有限――能作	無限――所作

清沢が指摘しているように、この三つはどれも「他力の回向」であるから、本質的な区別はない。もしあえてどれかを強調的に中心とするならば、それは「無限―能持　有限―所持」(信楽)であろう。すなわち、それは他力の大悲の信受、無限による有限の摂取である。三つの信心は、念仏のなかの三つの相である。浄土往生の願い(欲生)は、至信と信楽と一体である。称名念仏の発-言は、信の成立、無限による摂取、そして浄土往生であり、その事実の証しである。(回向が恵みであるならば、回向は西欧の言葉で「グラース(grace)」と言い換えることができる。「神の恩寵(グラース)」は「恵」であり、それを有限が受け取ったというしるし・証しを「言う」必要がある。アブラハムが

神の呼びかけに対して「御前に」と発‐言するのは、証しの言葉である。)

他者の受け入れ――他者を忍耐すること

無我としての自己を見出すこと、あるいは自己に目覚めることは、自分だけの内面にとどまることではない。無我としての自己のありかたは、他者との新しい関係を決める。

仏の智慧の光明に触れることは、不動心をもつことであり、「我は本来《ほんらい》なきものである」という確信でもある（「無畏の心」『全集七』二九三）。そのためにアスケーシス・修練がある。修練は、不動心を獲得するために、自我的欲望（功名心など）を捨てることを目指す。自我的欲望を捨てた状態とはどういうものかについて、清沢は過激なレトリックで述べている。

君上の聖勅《せいちょく》に服し国家の命令に従ひて、疑慮《ぎりょ》なく一心不乱に勇猛精進《ゆうもうせいしん》するが、忠臣義士の操行である、……君の事は君に聞き、親《をや》の事は親に聞き、友《とも》の事は友《とも》に聞き、自身の事は之を自家《じか》の良心《りやうしん》に聞き、勇往邁進《ゆうをうまいしん》して毫も停《てい》滞《たい》なからんことを期するもの、是れ仏陀《ぶつだ》の大悲《ひ》に接触《せつしょく》して、其霊光《れいこう》の感化を受けたる者の心状《しんぜう》である、（「精進の心」『全集七』二九五）

一見したところ、この文章は現世道徳に服従せよと勧めているかのように聞こえる（実際、そのように解釈されている。そして清沢の現実追随主義の証拠とされてもいる。過激なレトリックは誤解されやすい）。清沢がこうした例証をもって言いたいことは、いっさいの欲念を放棄し、「本来なきもの」として自分をみなすとき、現世の他者を受け入れ可能になるということである。普通の状態では、他者の受け入れは、けっして簡単でも容易でもない。むしろ苦痛であろう。苦痛であるから、他者の排撃が生まれもする。そこで忍耐の課題が出てくる。

苦痛に耐え、歓喜をもって他人を迎えることははたしてできるだろうか。この問いこそが、無我的自己を見出すことが当初から提起していることである。次の清沢の文章はこの問いを視野に入れている。

> 吾人《ごじん》の生存が根本的に公共的である以上は、吾人《ごじん》は社会公共《しやくわい》の利害《りかい》を以て自家《じか》の利害とし社会公共《しやくわいこうきやう》の責任《せきにん》を以て自家の責任《せきにん》とすべきである、然れば社会に罪悪《ざいあく》があり不徳《ふとく》がある場合には如何《いか》に之を処すべきや、彼《か》の罪悪《ざいあく》を犯《をか》し不徳《ふとく》を行ふ者が到底自ら其責《そのせめ》に任《にん》ずる能はざることは、恰も小児《しように》が法律上《はうりつじやう》の責任を負ふ能《あた》はざるが如くである、是《こゝ》に於てか親心《おやこゝろ》あるもの、即ち社会的《しやくわいてき》公共的精神ある者は、彼《か》の罪悪不徳《ざいあくふとく》に対《たい》して其責《そのせめ》に任《にん》ぜずには居られないことである、仏陀《ぶつだ》の精神《せいしん》は此処にあるのである、一切《さい》衆生を救済《きうざい》せんとの親心《おやこゝろ》は決して侮辱だの恥辱だのと云《い》ふことを思《おも》ふ余地《よち》がない、非義不道《ひぎふどう》の行動を為すものに対《たい》して愈慈愍の念に堪《た》へないことである此《これ》が無限的《むげんてき》の忍辱である（『全集七』二九八―二九九）

清沢における対他倫理の発言として注目に値する文章である。

ひとたび無限内存在の境地にたつもの、すなわち現世的欲望的自我を除去した無我的自己に目覚めるものは、他者に対して応答し、他者の悪（「罪不徳」）にさえ責任をもち、そうした他者を忍耐をもって受け入れる、そうすることで他者を「助ける」ともいえる（忍辱《にんにく》の意味をとっていえば、我を辱める他人の行為を耐え忍ぶことで他人の行為を引き受けて、そのなかで他人の目覚めを助けるといえようか）。これは現世的道徳でできることではない。現世道徳は自我を根拠とするし、自我を責任主体とする。そうした自我が他者を忍耐することはほとんど不可能である。無限と有限との関係のなかで無限的自己が見出されてはじめて、他者を受け入れること、他者を忍耐すること、他者の悪行をさえ受け入れること、が可能にある。

目覚めた者が、なお現世で生き続ける間、現世において取りうる行動は、他者を忍耐的に受容すること、要するに、他者との「正しい関係」を築くことである。自己配慮は同時に他者配慮である。

浄土往生のしるし・証しは、二重である。

一　念仏による証としての発‐言。

二　他者の受容。

二つは同じ行為の別の表現である。自己の救済だけを念仏は意味するのではない。自我から自己＝無我へ道は、新しい他人との関係の創造である。

ここで、私が他者受容と言った事柄は、実質的には、阿弥陀による利他心の「回向」・恵み・贈与に等しいと思われる。いわば阿弥陀が一切衆生のために自己贈与するともいえる。事実、清沢は、阿弥陀の弘誓《ぐぜい》を自己贈与のように捉えている。

此二心〔自利、利他〕ハ共ニ願望心ニシテ其至切ナルヤ終ニ誓願心トナル　而シテ諸仏中ノ王タル阿弥陀如来ノ利他心ハ自利ノ全体ヲ賭物トシテ一切善悪ノ凡夫惑染逆悪謗法闡提ノ徒ニ至ルマデ一モ漏サス度シ尽サントノ大誓願ナリ　故ニ名テ弘誓ト云フ（『全集二』六。〔　〕は引用者）

阿弥陀による摂取不捨は、法蔵／阿弥陀の自己放棄／自己贈与の利他心として定義されている。「万物が救われないかぎり、我は成仏しない」（「……正覚を取らじ」）という言い方は、自己贈与の宣言である。念仏によって目覚めたもの（等正覚／不退の位につくもの）は、阿弥陀の自己贈与と同じ行為をするのでなくてはならない。それが他人を忍耐して迎える／助けるということである。他者への責任であり応答である。

他者を受け入れることは、虚栄心を克服することなしにはありえない。虚栄心は他人にまさろうとする欲望であり、それは競争や戦争にまで拡大していく。だから「不諍」の心を養うのでなくてはならない。清沢によれば、それには二つの方法があるという。

——万物一体の境地

——寛容主義

「第一の方法《はうはふ》は吾人を無限大にして不諍の心に安住せしむるのであり、第二の方法は吾人《ごじん》を無限小にして不諍の心に安住せしむるのである」（「不諍の心」『全集七』三〇二）

二つの方法は実際にはひとつである。無限との接触によって無限内存在になることは、無我すなわち無限的自己になることである。無限に包摂された「自己」は「無限大」である。万物と自己とはひとつになる(「同体」)。他方、「寛容主義」は、他者を受容することであるが、それはこの「自己」が「無」に等しい(「無限小」)から可能になる。自己が無に等しいからこそ、いっさいの欲念なしに、しかも他者の善悪を越えて(それとは無関係に)、他者を迎え入れることができる。これがいわゆる還相としての対他倫理である。

有限と有限の間には闘争と敵対のみがある。なぜなら、自我的欲望と虚栄心がそうあらしめるからである。しかるに、有限と有限の敵対的関係を平和的関係に変換させ、言語による交通を可能にするのは、有限を「越える」もの、しかし超越存在ではなくてむしろ「超越論的な」ものすなわち無限との「特異でユニークな」関係である。目覚めとは、このような対他倫理と不可分である。

寛容は「従順な心」だと清沢は言う。これは世俗道徳でいう服従とは違う。ここで言う寛容は、優位にたつものが劣位にあるものへの憐愍的配慮ではない。それは他者を忍耐しつつ受け入れることであるから、自我的欲望を払いのけるという厳しさが必要である。

権利があるかないか、義務があるかないか、ソンナ事には一寸《ちよつと》も関係《くわんけい》なき従順の心である、吾人が従順せすして居ることの出来ぬ所より生する従順の心である、……仏陀の慈光《じこう》を認めて進んで之に従順せんことを欲《ほつ》するのである、……此従順の心が本源《ほんげん》となりて、而して社会交際の上に発動《はつどう》する所で、吾人は彼の堪忍の苦痛を脱却《たつきやく》して、進んで、世人に従順するの快楽《くわいらく》を得ることが出来る、此時吾人は世人《せじん》を唯世人としては見ぬのである、仏陀の慈光の顕現《けんげん》として見るのである、(『全集七』三〇三―三〇四)

これは万物一体論から生まれる寛容主義である。そのとき、他人は「朋友」になる。では、朋友とは誰なのか。有限な現世においては、厳密な意味では「友」は成り立たない。かつての友がいまでは敵になる。そのような変転の理由は、畢竟、現世内存在としての欲望的自我、他人の欲望を欲望する自我にあるし、われわれはたいていはそうした自我である運命から逃れることはできない。どこに真実の友人、朋友があるのだろうか。清沢は言う。

故に真の朋友、即ち、永久不変《えいきうふへん》の朋友は、必ずや、絶対無限《ぜつたいむげん》の他力を信憑する上に立つ所の朋友でなければならぬ、（『全集七』三一一）

敵対関係を消去するには、前にも述べたように、「自我的欲望」をなくす以外にはない。自我的欲望を去り無我的自己になるには、無限との接触を通して無限内存在になることである。この「回り道」が朋友を作りだす。それが他者の受容であった。

三　覚醒の不可思議

精神の修養（アスケーシス）

アスケーシスは心身の訓練である。清沢のなかでストア的修養は独自の展開を見る。外物に依存しない生き方が「真正の独立」である。

物質的の関係に支配せられて居て、充分其必要に従ひて行動し、段々精神を修養して、終には物質はありてもなくてもよいと云ふに至らねばならぬ、言を換へて適切に之を云へば、我々が通常最も必要とする衣食の如きはありてもなくても差支ない、あればあるで之を用て生きて居る。なくて飢塞に迫りて体力尽くれば死して行く。生死は固より是れ物化の自然法、我精神は快く此自然法に従ひて満足すと云ふ決着に至るのである。此が物質に随順して、物質の繋縛を解脱するのである。（『全集六』七二。圏点省略）

ここでいう自然法は、法哲学の法・権利のことではなく、もっと基礎的な「ありのままの」、「自分の力の下に入るかぎりでの」（『如意』）といったありかたであろう。自然の一部になりきって生きること。これが「宗教的」境地である。それは修養によってはじめて可能になる。この境地の信念はどうであるか。「宗教的信念の必須条件」について清沢は以下のように述べている。

私か実際上から思ふて見ると、宗教的信念に入らうと思ふたならは、先つ最初に総ての宗教以外の事々物々を頼みにする心を離れねばならぬ。自分の財産を頼みにし、自分の妻子朋友を頼みにし、自分の親兄弟を頼みにし、自分の位地を頼みにし、自分の才能を頼みにし、自分の学問知識を頼みにし、自分の国を頼みにするやうではいかぬ。総て世の中の事々物々、いかなる事物をも頼にしないと云ふやうにならねば、中々宗教的信念に入ることはできまいかと思ふ。家を出で、財を捨て、妻子を顧みぬと云ふ厭世の関門を一度経なければ、なか〳〵ほんとうの宗教的信念に到ることはできぬであらう。（『全集六』七六。圏点省略）故に真面目に宗教的天地に入らうと思ふ人ならば、釈尊がその伝記もて教へ給ひし如く、親も捨てねばなりませぬ、妻子も捨てねばなりませぬ、財産も捨てねばなりませぬ、国家も捨てねばなりませぬ、進んでは自分其者も捨てねばなりませぬ。語を換えて云へば、宗教的天地に入らうと思ふ人は、形而下の孝行心も、愛国心も捨てねばならぬ。其他仁義も、道徳も、科学も、哲学も一切眼にかけぬやうになり、茲に始めて、宗教的信念の広大なる天地が開かるゝのである。（『全集六』七七。圏点省略）

信念の境地に入るには、文字通りに「すべて」を捨てること、国家も自我もふくめてすべてを捨てることが絶対的条件である。現世内存在としての「自我」に関わるいっさいの事物や人間関係を捨て去ることが、つまりは自己贈与である。清沢の文章はイエスの言葉（『ルカ伝』）を思い起こさせる。あるいは『創世記』のアブラハムのイサク殺しの物語を想起させる。それらの物語の意味は、信仰の門に入るためには、現世道徳のすべてを放棄せよということであった（前章を参照）。同じことを清沢も言うが、それは目覚めに関するかぎり普遍的真理でもある。これを前に議論したパラドクスと一緒に理解するべきである。無限に接触することが信仰であるとすれば、その条件となるのが有限な現世的事柄の放棄なのである。しかもパラドクスを経験してはじめて現世的なものの放棄がありうることも合わせ指示されている。

行から信へ

抑行ノ行タル所以ハ由テ以テ果ヲ証スルカ為ナリ　而シテ他力門ノ信者カ浄土往生ノ大果ヲ得証スル其本行ハ行者自力ノ修行ニアラズ　弥陀大悲ガ曾テ永劫ニ修了シ玉ヒタル広大難思ノ妙行ニアリ　此行若シ成就シ玉ハザリセバ今日ノ我等衆生何ノ縁アリテカ此ノ如キ大果ヲ速証シ得ンヤ　乃至十念ノ称名ハ彼ノ妙行ノ功徳利益ヲ衆生ノ方ヘ回向シ玉ヒタル表発ニ過キサルナリ　是ヲ以テ衆生往生ノ大行ハ衆生獲信ノ前ニ在テ十劫ノ昔ニ既ニ修成シ了リ玉ヘルナリ　衆生ノ方ニ於テ切迫ノ場合ニアリテハ一声ノ称念モ発セサルモ尚可ナル所以全ク此ニ在リ　蓋シ乃至十念ノ願文ニ応スル信後ノ起行ハ往昔長劫ニ法蔵薩多ノ修成シ玉ハヒタル大行ノ反照射影ニ過キサルナリ（『在床懺悔録』二十、『全集二』一八―一九）

この文章は『無量寿経』の祖述であり、解釈である。阿弥陀と法蔵という人間化された人格をなんと理解するべきか。いくつかの重要な事実に注目しておきたい。

㈠　阿弥陀が永劫の昔に、法蔵菩薩の姿で本願をたて、そして成就し終えた。ここに見られる「人間主義的」言語表現を払って、哲学的・理論的な言語にもどして解釈すると、次のようになる――無限は永遠の昔から有限な存在者全体を包摂してしまっている。阿弥陀による摂取不捨とは、無限による有限の包み込みである。有限のほうからいえば、無限はすべての有限存在に「とうの昔から」浸透している。問題は、「その事」に気づくかどうかである。「それ」に気づくこと、それが目覚めることである。目覚めの証しが念仏である。称名は、有限者が無限のうちにあることに気づいたことの「証し」をたてることである。

㈡　念仏による信の獲得後の「行」は、法蔵の修行の「反照射影」である。信の獲得後の有限者は法蔵と原理上は同じ存在になる。かつて法蔵が本願をたて修行したように、有限者もまた同じ修行をする。信の獲得後の有限者の行為は法蔵の行為の反復である。すなわち、その修行は衆生の救済であり、他者の忍耐的受容である。

ところで、阿弥陀と法蔵の二重存在とは何を意味するのか。かつて阿弥陀が現世に下り、法蔵と名乗って四十八願をたて修行し、願を成就してもとの阿弥陀に戻るという物語は、無限―有限―無限の円環・循環である。これは何の教えなのであろうか。法蔵の行為――「もし……ならば、正覚を取らじ」――は、他者配慮が自己配慮と切り離しがたくある生き方を、教えるものであろう。それを清沢は法蔵の修行の「反照射影」と解釈した。

有限と無限の関係に内在する「不可思議」(ミステリウム)

有限／無限関係について二つの解釈が、仏教内部に存在する。

1　一切衆生悉有仏性。有限の「なかに」無限が「ある」とみなし、この無限を現前化する(自力門)。これはアリストテレス的な潜在から顕在への道である。デュナミスからエンテレケイアへ。この場合には因果法則があり(デュナミスが原因で、エンテレケイアが結果である)、ここには「不可思議な」ことは何もない。このケースでは時間の要素が働く。有限が無限に達するには、無限の時間を経なくてはならない。無限の未来を経巡るのでなくてはならない。しかるに有限者は有限者であるかぎり、有限の時間のなかで生まれ死んでいく。したがって有限者は無限に到達することはできない。

2　「夫然リ悉有仏性ノ妙談実ニ不可思議ヲ断シテ可思議タラシムル魔説ナリ」(『全集二』二〇)

信心の獲得は、因果を越える不可思議である。西欧の言葉ではミステリウム(神秘、秘儀)である。ミステリウムなき信心は信心ではない。因果は有限世界の理法である。無限と有限の接触は、因果を越え、有限界の因果法則に反する。

「夫レ然リ　故ニ吾人ハ到底不可思議ノ存スルコトヲ許容セサル可カラサルナリ」(『全集二』二一)

世俗倫理と宗教との根本的違い

信仰の成立または目覚めはパラドクスを含むし、またそれなしには信仰は成り立たない。これが世俗道徳と宗教の根源的な差異である。この基礎的事実を日本で清沢ほど執拗に理論的に追究した人は稀である。この差異の重要性をさらに確認するために、ここで再びキルケゴールの議論を参照してみたい。そして彼の議論と清沢の議論とを繋げてみたい。

キルケゴールは『おそれとおののき』のなかで、古代ギリシアのアガメムノン(あるいは古代ローマのブルータス、その他)と旧約聖書のアブラハムの違いを検討している。形式上は、アガメムノンとアブラハムの行動は似ている。アガメムノンは「娘」のイフゲーニアを神々に対して犠牲(ホロコースト)にする。アブラハムは「息子」イサクを神に対して犠牲にする。自分の子供を、娘であれ息子であれ、殺す(殺そうと意志する)点では、形式的に類似しているが、内容はまったく違う。アガメムノンは世俗倫理または運命(ギリシア的モイラ)のために子供を「殺害する」。アブラハムは世俗倫理を否定し、神のために「殺害する」。アガメムノンは倫理の人であり、アブラハムは信仰の人である。アガメムノンのケースは、歴史のなかでよくあるケース(ブルータスのシーザー殺害も、そうだ)であるが、アブラハムのケースは「例外的」である。

アブラハムの行動のなかに、倫理と宗教の根源的な違いが現われているとキルケゴールは見ている。これについてある研究者はこう述べている。

倫理的行為の本性は、倫理的領域を根本から問いただすひとつの模範例に訴えることだと規定される。掟＝法律は一般的(ジェネラル)であり、したがってアブラハムにも他の人々にも命令する。ところがアブラハムは、掟を停止させる人であり、にもかかわらず掟の意味を開示する人でもある。アブラハムは、完成された単独の人間であり、彼の単独性(サンギュラリテ)は、法律＝掟を疑問に付すことによってはじめて現実のものになる。彼の行為は、掟を停止する行為によって、掟の無条件で不可侵の性格を開示する。イサクを犠牲にするとき、アブラハムは一人の犯罪者である。(Claire, A., *Kierkegaard existence et éthique*, PUF, 1997, p. 67.)

掟または倫理に照らして見れば、アブラハムは一人の犯罪者にすぎない。家族の掟、そしてひいては人間の社会生活（人倫の世界）の掟を破ることで、アブラハムは犯罪者であることを自ら選ぶ。しかし倫理的な意味で、そして人倫的または「実定法」的意味での犯罪者／悪人になることではじめて、アブラハムは「信仰の人」になりうる。信仰の成立は、現世倫理の否定を絶対条件とする。

二つの無条件がある。

ひとつは、人倫世界の掟の一般性と無条件的妥当性である。

もうひとつは、信仰の無条件性である。

二つの無条件は両立しない。人倫（家族愛など）を取るなら信仰はない。信仰を取るなら、人倫の掟はない。アブラハムは、掟と信仰の境界線にたつ。一方では掟の言説と現象性（公開性）があり、他方には沈黙と非公開性（「秘密」「隠されていること」ミステリウム）がある。人倫的には言葉があり、「語ることができる」が（倫理の掟に沿うような語りはアブラハムもできるということ、事実、聖書では彼は信仰とは関わりのない話をしている）、信仰の面では言葉はなく、「語りえない」。

アガメムノンその他のケースでは、「犠牲」は神話的犠牲である。神話の神々に、つまりは運命に、犠牲を捧げるのだ。アブラハムのケースでは、信仰のために犠牲を捧げる。二つの犠牲は異質である。なぜなら、アガメムノンでは犠牲は習俗と神話を否定せず、むしろそれらに従って犠牲が捧げられるが、アブラハムでは習俗と神話は否定され、別の神のために、「唯一の」神への信仰のために犠牲を捧げるからである。

ここでアブラハムの「犯罪者性」のモメントは重要である。それは「悪」の問題に通じる。犯罪者／悪人のカテゴリーは「信仰」の成立の決定的契機になるからである。

現世の掟に服しているかぎり、現世倫理的には「善人」であるが、信仰の立場から見ると、犯罪者／悪人こそが信仰の人になりうる。あるいは、信仰の門に入るには「悪人／犯罪者になるべく要求されている」といえよう。信仰の獲得、目覚めの成立のためには、現世的倫理の「掟を破る」、掟を否定することが無条件的に命じられているからである。そして現世の掟を否定し破壊し破ったことの「証し」は、最も大切なものを破壊する(殺す)ことであった。アブラハムの「イサク殺し」は家族愛の否定の「証し」であった。

以上のことから次のことが引き出される――現世内で生きること、現世の倫理的掟に従って生きることは、単に「無意味」であるばかりでなく、それ自体が信仰から見て「悪」なのである、と。現世倫理と信仰では「悪」の価値がまるで反対になる。現世倫理的な意味での「悪」つまり犯罪者になることが、信仰的意味での「悪」からの解放なのである。

ひょっとすると親鸞の言う「悪人」は以上のことと通底しているのではないか。現世で生きることは「煩悩」のなかで生きることであり、そうした生活ではいっさいが「濁っている」。倫理的に善であろうとして本性上では悪人たらざるをえない。そして「悪人であること」は、それ自体で、世俗倫理の成就の不可能性を体現しているのだから、それはかえってすでに信仰の可能性の条件になっている。

要するに、根本は何を犠牲にするかだ。現世倫理の掟に従う欲望的自我を犠牲にすることである。それは具体的にはイエスが言うように「家を捨て、親兄弟姉妹を捨て、家族愛を捨て……」である。何かを提供すれば利益が返ってくるという「呪術的」な計算のすべてを捨てることである。事柄を分析的に順序立てるなら、なによりもまず現世倫理の否定、しかるのちに信心・信念の成立、となろう。

第五章　自己への配慮と他者への配慮

はじめに

清沢満之は『宗教哲学骸骨』の末尾で大変重要な指摘をしている。すなわち、仏教の自力門では倫理は可能ではなく、また不要でもあるが、他方、他力門では倫理は可能であるばかりか不可欠である。この指摘の裏側には、無限に関する二つの考え方が控えている。

自力門における「我」と「無限」との関係では、無限は潜在無限である。つまり「我」の奥底に無限が潜在していて、それを際限なき修行と訓練によって顕在させるのが、自力門の修練にほかならない。有限内に潜在する無限という考えかたをとるかぎりでは、有限者はひたすら修行にこれつとめて、自分のなかに内在する無限を開発して、不断にそこへと到達すべく努力しなくてはならない。終わりのないという意味での「無限の」(すなわち「無-際限の」)修行は、時間・空間のなかに存在する一人の有限者の一生では実現不可能である。したがって自力修行は無限への接近が不可能であるという困難(アポリア)を抱えることになる。

他方、他力門では無限は顕在無限である。無限または他力は、有限な我の「外部で」、その我の現在よりもはるかに遠くの過去において「つねにすでに」顕在化していた。有限な我は、つねにすでに実現している無限の力をただひたすら受容するだけである。他力の本願力(無限他力)はすでに成就し実現しているのだから、有限者は、けっして「いつ」と決定できないにしても、しかし特定の時点で、顕在無限への接近ないし移行を成就することができる。しかしこの成就は、有限者の意志でどうにかなるのでなく、他力の恩・恵(贈与)によってのみ可能である。「他力によって」という意味は、有限者にとっては「他力への帰依によって」という意味である。ひとたび無限に移行できたとした場合、つまり浄土往生を遂げることができたひとは、現世で生き続けるかぎりは、現世の他者たちとの間に立ち返り、他者との正しい関係を、つまりは他者たちが浄土往生を遂げるように他者を助けるという意味での「正しい」他人関係をとり結ぶのでなくてはならない。無限のなかに生まれたものが現世内で複数の他者とともに生きること、この世界内存在の時間のなかでこそ、「宗教的」意味での倫理が可能になる。いやむしろ、現世での他人との倫理的関係は、浄土往生にとって不可欠である。なぜなら、現世のなかでの正しい関係、すなわち正当な(juste)倫理は、浄土往生または無限との関係の証しであるからだ。無限との出会いが空文句ではなく(たんなる自分一個だけの「主観的」思い込みでなく)、その出会いが真実であると自分にも他者にも確証するには、「証し」が必要であり、その証しが目覚めたものだけがなしうる「倫理」なのである。

ところで、清沢の『骸骨』では倫理(世俗道徳ではない他者との関係)の必要がたしかに指摘されているが、その指摘のなかに含蓄された豊かな内容はそれ自体としてまだ十分に展開されていない。だから、以上に述べたことは彼の後期の諸著作を参照しつつ再構成してみた結論のごときものである。この結論に至る手続きや理論的思考の実質については、すでに前の諸章において与えられている。

さて、清沢による自力と他力の区別論は、両者の論理だけでなく、モラルの振る舞いに関して眺めてみると、けっして仏教の内部に限定されることではない。それは世界の倫理思想史のなかで論議されてきた諸問題と正確に重なる。その意味で、『骸骨』をはじめとする彼の仕事に含まれる主張は、世界的規模の思想的射程をもつのであって、逆にいえば清沢の議論は、人類の思想の歴史の文脈のなかに置いてはじめて、その深い意味を取り出すことができるだろう。

自力と他力という仏教用語を別の言葉に置き換えてみると、次のようになる。

自力門の修行は、自己への配慮(だけ)である。

他力門の修行は、自己への配慮と他者への配慮である。

自己配慮は、自分の心を心配し世話をすることを意味する。つまり自分の「安心」「心の平安」「不動心」を獲得することである。もっと正確にいえば、自己を配慮するときの「配慮」とは、自己自身を憂いを含んで心配し世話することだが、その自己自身とは心と身体である。魂を配慮し、魂の平安と不動心をうるためには身体を訓練しなくてはならない。心・身の意味での自己を配慮することが中心であるから、自己配慮は個人のモラルである。他人との関係が話題になるとしても、それはあくまで自己配慮のいわば手段にすぎない。他者への配慮がなくても自己配慮は可能である。

他者配慮は、自己配慮を基礎にした他者への配慮である。この場合、他者配慮は、自己配慮の道具ではなくて、自己配慮にとっての必須の条件になる。他者配慮なしには自己配慮はないという関係が、他者配慮の倫理の基本になる。だから他者配慮の概念のなかには不可欠の条件として自己配慮を含んでいる。仏教でいう自利・利他関係である。

ところで、自己と他者の配慮をめぐる問題は西洋の思想史のなかでも主要な問題であった。宗教では、ユダヤ教、キリスト教、イスラム教が、二つの問題を何らかの仕方で提起し答えようとしてきた。哲学では、古代ギリシア、ヘレニズム、中世をへて近代思想に至るまで、そしてさらには十九世紀と二十世紀の現代思想に至るまで、自己配慮と他者配慮の問題は連綿として論じられてきた。いうまでもなく、時代に応じた解答があり、それぞれの時代と文化状況に応じた独自の解答があったが、両者の調停は必ずしも十分にできているとはいいがたい。だからこそ何度も繰り返し蒸し返されるのである。だから清沢が自己配慮と他者配慮の連関を、倫理の問題として提起したとき、それは仏教を越えてひろく世界的な規模での普遍的問いに通じているのである。清沢がこのひとつにして二つの問題を提起したとき、仏教のなかにも自己配慮と他者配慮が未決問題として放置されていると感じていたと思われる。彼は仏教の内部から、仏教における未決問題に接近すると同時に、その成果を踏まえて東西を貫徹する普遍的な問題を解決しようとしたと、現在のわれわれは受けとめることができる。清沢の努力は、驚くほどの高い水準での解決の努力であった。清沢研究におけるこの論点についての検討は、現段階では皆無にみえる。したがって、今後の清沢研究のための準備作業として、ひとまず回り道をして西洋における自己・他者配慮の思想の流れを概括的に回顧しておきたい。

一　自己配慮の思想史

自己配慮と他者配慮

自己配慮と他者配慮は、日常道徳から哲学までを貫く二つの根本的な問題である。二つの問題の関連は歴史的にはどういう経緯にあったのであろうか。二つの問いのそれぞれに関わるいくつかの問題圏が相互にどう関係してきたのか。これがあらためて考察されていいだろう。

人間たちが社会のなかで生きていることは人間の認識にとって重要なことであるし、それは直接・間接に自己認識に大きく関与する。しかしそうしたことだけが人間の考察のすべてではない。各人が幸福や完成を目指して生きること、すなわち「より良く生きること」の理想のありかたもまた、欠かすことのできない思想の課題である。ここに自己配慮の問題がある。

人間たちは複数の他者たちとともに、またさらには自然や人工物に取り巻かれて生きているものだが、人間と人間、人間と自然ないし人工物との関係がどうなっているのかの考察は、経済や政治に関する「客観的知」つまり科学的研究の仕事に属する。他方、社会のなかで人間が充実して生きることを考えるのは哲学(倫理学を含む)である。自分の生きる世界の客観知と自己知の関係は、古くから、まずは自己認識から出発して、しかるのちに自己以外の社会的環境(経済や政治)を認識するという順番になっていた。より良き社会を作るためにも自己認識と自己配慮を先行するべきだとされた。近代においても事情は同様であろう。比較的最近になってから、ようやく自己認識と社会認識の順序が反転し、社会認識を徹底してはじめて自己認識があるという思想が出てきたにすぎない。ともあれ、自己配慮に関して西洋ではどうであったかを概観してみよう。

ソクラテス以前の古代ギリシアでは、自己とは何かという問題は、自己配慮と自己認識の側面がからみあって展開してきた。言い換えれば、自己配慮のなかに自己認識が埋もれていたといえよう。ソクラテスにおいてひとつの旋回が生まれた。自己を思慮しつつよりよく生きるためには、まずもって自己を真実において認識するのでなくてはならない。自己認識が自己配慮に対して優位を占めることになる。プラトンの哲学はこの傾向を推し進めて、自己認識(自己を学的に知ること)としての哲学なる学問を創造し、それが西洋思想の模範になり、またその伝統を作り出した。

ヘレニズム時代になると、自己認識よりも自己配慮のほうが一層重視されるようになる。ストア哲学は自己配慮の哲学ないし倫理学である。自己認識は配慮のための準備になるという点では、ソクラテスの教えを継承するが、力点が自己配慮にかかってくる。

キリスト教は、ストアの自己配慮と自己修練の形式を借用しつつ内容を変更して、自己配慮の修練が宗教的な自己放棄の修練になる。自己認識が無視されるわけではないが、自己放棄あるいは禁欲の訓練のためにのみ自己認識はある、という位置づけになる。

近代思想では、再び自己認識が優位にたつ。「自己自身を知る」が「自己を配慮する」を後景に押し戻し、そうすることで同時に他者配慮への関心が薄れていく。デカルトからフッサールまでの近代思想の本流は近代的自我論を主観性の哲学(意識哲学)として深めることで、自己認識の内容を豊かにしてきたが、自己配慮から出発した他者配慮の問題、つまり倫理の可能性の問題は放置されるか、さもなくば哲学の傍系の道徳論に委ねられた。要するに、近代の開始期にひとつの逆転が起きた。自己配慮的モラルに代わって、圧倒的に優位にたったのは自己認識である。当然にも、自己配慮を通してかすかにでも問題にされてきた他者配慮への関心はいわば消滅する、あるいは地下にもぐったのである。モラルにおける他者は、社会関係の他人に変換されて、我も他人も一緒に社会的に規定される人間的個人となり、こうして社会科学の対象になり、経済や政治を含む国家における管理の対象へと移される。こうして世俗倫理すなわち国家のための世俗道徳的徳目の上からの注入あるいは押しつけが、種々の社会思想の形式をまとって登場することになる。人間存在の根源からの倫理(「正しい対他関係」、正義を実現する他者との関係)の可能性の問題はついに姿を歿する。おそらく現在、このように歿してしまった倫理の可能性を探求を新たに開始することが要請されていると思われる。そしてこの課題は、すでに何度も言及したように、哲学的には、清沢満之がすでに洞察していたように、無限と有限の関係を原理的につきつめることなしには、けっして実現できないことも、いまでは厳格に承認しなくてはならない。

以下では、自己配慮の論点に関して、西洋思想からいくつかの素材を概括的に取り上げて、もう少し具体的に考察しておこう。「自己」の問題をめぐって二つの側面があることはすでに述べた——第一に、自己配慮によって自己の精神と身体を訓練すること、第二に、自己の人生を充実させるために自己認識を深めること。二つの側面は、どの時代でも何らかの形でからまっているが、時代や思想家によって、自己配慮と自己認識の力点の置きかたが変動する。

プラトン

『アルキビアディス(Ｉ)』のなかでプラトンは、「自己を配慮せよ」(epimeleia heautou)と言っている。エピメレイスタイという単語は、「配慮」を意味するが、これは単なる心構えとしての態度ではなく、実際の行動を意味する。農民は家畜を世話し、自分の農業全体を配慮する。王は都市国家と臣民を管理し、祖先や神々の祭祀を行なう。医者は病人を憂慮し、世話をする、等々。

この自己配慮は、死の憂慮と張り付いている。プラトンは『パイドン』のなかで、「死を憂う」(melete thanatou)という。死の憂慮は、死ぬことへ向けての自己を訓練することである。これについてモンテーニュは注釈を加えている。「死を学んだ者は奴隷であることを忘れた者である。死の習得はわれわれをあらゆる隷属と拘束から解放する。」(Montaigne, M. E., *Essais*, Livre I, chap. XX, Pléiade, p. 85. モンテーニュ『エセー』原二郎訳、岩波文庫第一冊、一五九—一六〇ページ)。モンテーニュは、「いかに死ぬべきか」というプラトンの言葉に刺激されて考察を加えているが、文章が示唆するように、すでに当然のごとくストア派の倫理から発言している。

興味深いことに、清沢満之もまた、モンテーニュと同じ関心から、つまりストアの立場を内面化しながら、プラトンの「いかに死ぬべきか」(死の憂慮)に反応し、次のように述べている。

プラトンの対話篇中の『クリトン』や『パイドン』の内容は、どこまで事実で、どこまで虚構なのかを判別しがたいけれども、このような理想の標的になるほどの理由は、ソクラテスのなかにたしかに存在したことを疑うことはできないとおもう。ソクラテスがはやくから死を覚悟し、従容自若の態度を示し、かえってクリトンのとりみだしを叱りさとして、進んで「哲学者はいかに死ぬべきかを生涯の課題にするのだ」という明証を後世に教え示した行為は、じつに大聖がのこした立派な教えとして、われわれがもっとも感服にたえないところである。

(『語録』四二五。『全集七』二六九)

清沢は、哲学と死の憂慮が切り離しがたく結合していると言っているのである。これはけっして彼の独断的解釈ではないことを、現代の哲学者の発言と照らし合わせてみれば一層はっきりしてくる。ジャック・デリダはハイデガーをふまえつつプラトンの『パイドン』について、大略、こう述べている——プラトンの『パイドン』には「死の憂慮」があり、それが哲学の訓練と同一視されている。なぜなら、死との関係においてのみ、プシケー(魂)は自己を結集し、自己に目覚めるからである。プシケーは自己をとりあつめ、自己に集中することによって、自己へ戻ることができるのは、死を憂い慮ることにおいてのみである。自己への集中は自己への内部に住することであり、それが自己の回復であり、つまりはフーコー的にいえば「個人化‐主体化」である。内部化した自己は、外部の他人からは不可視になる。自己内化は他人との分離であり、隠れていること(秘蔵すること)であり、他者の視線から身を隠すことである(cf. Derrida, J., Donner la mort, in *L'éthique du Don*, Métailié-Transition, 1992.)。

このようなプラトン的自己秘蔵化は、たしかに自己意識の確立であり、その意味での目覚め(se réveiller)ではある。けれども、それは他人との分離と切断であるから、他者との関係を目覚めの必須条件とはしない。プラトンにおいて、他者の問題は、国家論に移される。そしてこれが西洋の思想の軌道を設定した。(現代に至るまで他者との関係が自己の目覚めの不可欠条件であるという問いは、厳密には提起されなかった。このような問題が残されたままであることを確認しておこう。）この「配慮」が自己に向けられるときにどうなるのか、配慮すべき「自己」とは何ものかと問うならば、それは、プラトンの場合、自己配慮を政治的行動と密接な関係に置くことある。正しい政治的行動をする人間を教育することが自己配慮を人々に教えることの目的なのである。したがって、プラトンでは、自己配慮は自己を認識することに帰着する。よき政治的人格になるために、自己認識としての自己配慮をするのである。したがって自己配慮は教育でもある。まとめていえば、自己配慮は彼の場合、政治的行動、自己教育、自己認識の総体である。

ヘレニズム

この時代では、自己配慮はよりよい生活をする(良き政治的人間になる)ための準備操作ではない。それは生活の基本形式になる。古代ギリシアでは、自己を配慮する訓練を経て、その後で(成人として)ポリスのなかで政治行動をする。ヘレニズムでは(エピクロス派、ストア派)、自分自身のためにのみ自己を配慮する。自分自身が目的になる。これをミシェル・フーコーは「自己への転回」とよんでいる。自分自身をコントロールすること、自分の主人になること、どんな状況でも自分自身のもとにとどまること、十分に完全に自己のもとにあり、そうすることで自己を享受すること(cf. Foucault, M., *Le souci de soi*, Gallimard. 日本語訳『自己への配慮』新潮社、一九八七年。なお、以下の記述は、すべてではないがおおむね、ミシェル・フーコーの次の論文に依拠している。Foucault, M., Les techniques de soi, in *Dits et écrits*, IV, pp. 783–813.)。

これはひとつの教育であるが、ヘレニズムでは教育の対象と目的が古代ギリシアとは異なる。プラトンでは、若者の教育が肝心であるのだが、既成の教育に欠陥があるから、哲学の側から自己配慮の仕方が教えられた。若者の教育が終われば教育は終わる。ところが、ヘレニズムでは教育の対象は主として大人である。ヘレニズムの自己配慮とは大人の自己配慮であり、人生全体が自己教育である、あるいはむしろ修行である。悪い習慣、悪い意見、悪い先生、そして親類や取り巻きなどから解放されること。これがヘレニズムの自己陶冶である。現存社会の伝統や世俗的なことをすべて「忘れること」が自己陶冶の実際的な内容になる。ヘレニズムの自己配慮は、一種の闘争である。一生の間、闘い続けることである。充実した人生を送るためには、闘技者や戦士のようにたえず心身を鍛える。さらに、自己配慮は治療的実践である。哲学することも心の病気を治療することを意味する。

ヘレニズムの自己配慮は、基本的に自己を中心に行なわれるのだが、それでも補足的に他人の援助を必要としている。だから学校が重視されるし、私的な助言制度があったし、家族や友人の間で魂の指導が必要とされた。

ここから、ストアにおけるアスケーシス(修練、訓練、練習)が重視されることになる。ストア派が開拓したアスケーシスは、現実の生活のなかでの修行(忍耐と節制)と思想における修行の両面がある。

1　思考上のアスケーシス――「悪の先取り的瞑想」(praemeditatio malorum)すなわち「未来の悪の観想」

ストア派(セネカ、エピクテトス、プルタルコス)は未来の悪を先取りし瞑想する。単に起きるかもしれない未来を表象するのではなくて、たとえ起きなくても、起きるかも知れない最悪のことを、組織的に想像する。最悪の状態にそなえて、心の準備をする訓練と修行がアスケーシスとよばれる。この訓練は次のように行なわれる。

遠い将来のことを想像するのではなくて、災厄と悪がすでに現在に存在するかのように頭のなかに表象する。未来に起こるであろう苦しみや痛みを先取りすることではあるが、この先取りした悪は現実の悪ではなくて、真実の悪と現実の悪とを取り違えないようにする訓練である。あるいは、想像上の悪と現実の悪とを取り違えて錯覚する考え方を却下し、遠ざける訓練をするのである。ストア派の修練は、現実の悪がいつかやってくる未来を眺めてそれに慣れておくというのではなくて、未来と悪をともども無化するのである。未来はすでに現在のことだと表象するのだから、未来は存在しない。悪をもはや悪とみなさないのだから、悪はもう存在しない。

2　現実生活上の修練――節制(禁欲)

ストア派では外部世界に対して個人が独立していることを確立し、証言することが重要である。外部の事物を原因とする苦労に引きずり回されることなく、苦労や困難を克服する努力をする——貧しい食事に耐える訓練、厳しい労働に耐える訓練は、外部世界から自分が独立していることを実際に確認する修練である。欲望を極限にまで小さくすることで、この自立を獲得する。

3　表象のコントロール

頭に浮かぶ表象を、「自分に由来する」のか「他人や外部に由来する」のかを見分けて、道徳的原理に相応しい生き方ができるように訓練する。そうすることでたえず原理を思い起こすようにする。仏教的にいえば、如意と不如意の問題。

4　ストア派の最大の修練——死の配慮(melete thanatou)

これは死の先取り訓練であり、現在生きている人生の中に死を顕在化させることである。セネカは言う——毎日をあたかも最後の日のように生きること。長い人生をあたかも短い一日のように生きる。一日のなかに全人生が要約されているかのように生きる。朝は幼年時代、夕暮れは死の瞬間であるように一日を生きる。(ほぼ同じことを、マルクス・アウレリウスも言っている。)

「あたかも最後の日のように」——死の先取りによって自分の人生に回顧的なまなざしを投げることができる。自分自身をいままさに死のうとしているものとみなすことで、行動ひとつひとつを審判することができる。人の行動(職業生活、農民の仕事、水夫の仕事等々)のひとつひとつのなかに、あるいは仕事する当人のなかに、つねに死が到来している。臨終のなかにいる自分を先取りして、自分自身について道徳的価値評価を下す——本当に正しく生きたのかどうかと。

近代

近代になると(中世的キリスト教に対抗して)種々の近代的解釈を施されてストア的倫理が復活したといえるが、帝政ローマの奴隷身分のしばりはもはや問題ではなく、奴隷的ないし隷属的という同じ言葉が使用されても、そうした隷属性は抽象化される。すなわち、政治的境遇としての隷属ではなくて、激情(情念)への個人の隷属がいまでは決定的な問題として登場する。激情とそれに伴う世俗的欲望からの自由こそが倫理的な課題および目的として万人に提起される。そして激情とは何かという問いは、人間の本質への問いへと帰着し、人間への考察は、世界の考察とならんで、自己認識のための決定的な条件になる。この意味では、モラルとしての自己配慮よりも、むしろ哲学的自己認識が圧倒的に重要になる。

けれども、自己認識と自己配慮の結合の仕方は論者によって違う。デカルトは自己認識をもっぱらとし、倫理は暫定道徳、つまり真実の自己認識と世界認識が確立するまでは世俗道徳に順応して生きるほかはないという(これは西洋における「為本王法、為先仁義」といえようか)。「私は自分の行為をはっきりと理解し、この人生を確かな足取りで歩むために、真実と誤謬を区別することを学びたいという極度の欲望をつねに抱いていた。」(『方法序説』第一部) 真実と誤謬の峻別は認識の仕事である。知的認識こそが、自然の認識に関わる諸問題はもとより、人生を生きるための数々の課題をさえ解決するだろうと期待される。とはいえ、デカルトは「よく生きる」というモラルの問題を正面から扱わなかった。デルボスによれば、デカルトはこのモラルに関する問題をしぶしぶ、消極的に触れるだけであった(cf. Delbos, V., *Le problème moral dans la philosophie de Spinoza et dans l'histoire du spinozisme*, p. 6.)。デカルトにおいて、自己配慮としてのモラルは背景に退き、知的認識が前面に出てくる。十七世紀では、デカルトにおいて出現したモラルの消去は萌芽的であったが、十八世紀の啓蒙主義以後の西欧では主流的になる。自己配慮の歴史の観点からみれば、デカルトはひとつの切断線を引いたのである。これは、フーコーの言葉でいえば「モマン・カルテジアン」(デカルト的瞬間)である。モラル思想史におけるデカルト的切断とはどういうことか。「認識の自立的発展になった真理への接近と、主体とその存在の自己自身による変革、との絆が決定的に断ち切られたのである。」(Foucault, M., *L'herméneu-*

tique du sujet, p. 27.)

スピノザは、自己認識と世界認識を経て、自己の情念をコントロールするという自己配慮を通して「神への知的愛」(神を学的に把握することがそのまま神への愛である)という絶対的叡知に到達すること目指す。パスカルは宗教の立場から、世俗の自我的欲望を批判し、それをコントロールすることで神への信仰に生きることを目指す。しかし、全体としての西洋近代思想の傾向としては、「デカルト的切断」によって、知性による自己認識が近代の主流になり、我と他者の関係への配慮はますます遠ざかる。

近代は自我論の時代であり、その自我論は個人の主観性を根拠とし、原理とする意識の哲学である。自己の認識が世界の認識の根拠になるという意味での「主体」の哲学が支配的になる。認識問題が強調されるにつれて、近代的理性が一層深く基礎がためをされ、主観性の探求は理性の探求になる。しかしそのとき、これまで自己認識と自己配慮はともかくもひとつの統一をなしてきたのだが、いまや分裂が起きる。自己認識の近代的展開はありえても、他者配慮は一層遠ざかる。他者関係は、客観的な分析の対象になると同時に、わずかに宗教のなかに保存されてきた他者配慮すら影を薄くしていき、近代の自己認識中心のゆえに、そのような他者配慮すら思想の地平線から歿する。

現　代

十九世紀にキルケゴールが「実存」として自己の問題をいわば発見し、そこから自己配慮の問題への新しい取り組みを開始した(ヘーゲルとマルクスにおける「法哲学」的な他者問題はここでは脇に置いておこう)。その展開の頂点が二十世紀のハイデガーの哲学である。キルケゴールが我と神との関係を中心に、実存の不可思議なありかたを問題にしたのに対して、ハイデガーは神または無限を相手にせず、もっぱら現世内存在として現存在を中心にすえる。現存在の存在の意味は、死に向かう存在であり、現存在が世界のなかで実存することは、つねに死に押し迫られてあることを意味する。この不安があるがゆえに人間は、この不安を逃れて、日常生活のなかで、特性のない「ひと」(つまり大衆的我、あるいは平均人)としての振る舞いをし、職業やおしゃべりに頽落する。しかし不安から逃げないで、不安を手掛かりにして世界のなかで実存することに直面するとき、現存在は自分の本来のありかた、死に向かう存在であるありかた、たえず死に直面しているありかたに目覚め、自分の本来の人生を歩むことができる。死に向かう存在を自覚するためには、覚悟と決断が必要である。それは「いつか死ぬであろう自分だけの死を先回りして先取りし、自分の死を表象のなかで自分に与えて、その死が現在に臨在する状態を生きる」ことである(先駆的覚悟性)。

現存在の存在は死に向かう存在であるということは、現世のなかに実存する我が、そのつどの今において臨終に立ち会うようにして存在することである。普通、ひとはそうは感じない。だから現存在は覚悟と決断によって、極限としての臨終存在つまり私の将来の死の可能性を自覚的に現在へと引き寄せることが必要である。これが自分で自分に可能的な死を現在において与えることなのである。このように言い換えると、ハイデガーの「世界内存在」論としての現存在の先駆的覚悟性は、ストアの倫理の現代的展開であることがわかる。それは「いかに死ぬべきか」というソクラテス＝プラトン問題のストア派的展開を、いまいちど哲学的思索のなかに導入したともいえよう。ハイデガーのSorge(慮)はストア的なcura(sollicitude、憂慮)に深く根づいていることは明らかである(cf. Heidegger, M., *Sein und Zeit*, § 42.)

ハイデガーは、現世的自我の解体という点では、宗教的なキルケゴールの実存論を継承し、平均的な「ひと」としての自我から自己を切断し、未来の死を現在に到来させて、本来的な生を生きるという点ではストアを継承する。その意味でハイデガーの哲学は、ストアがそうであったように、典型的な自己配慮の哲学である。自己配慮のなかから、そこから出発して、事後的に自己認識が可能になるという点では、古代ギリシアの伝統を踏まえている。死を先取りするというハイデガーの決断は、メレーテ・タナトウそのものである。自己の配慮はかつては自己の死を瞑想することであった。ハイデガーの死の先取り的決断もまた、自己配慮＝死の配慮である。決断は自己訓練である。ハイデガー的な自己訓練すなわちアスケーシスは、無としか言いようのない「我の存在」(現－存在)に忍耐し、それと直面することである。

しかし、ハイデガーの自己配慮の哲学は、定義によって、他者への配慮はない。あくまで自己が世界のなかで本来的な自己を取り戻し、本来的な自己すなわち無としての自己を引き受けて生きることであるからだ。他者の存在が世界を語るときに言及されるとしても、それはあくまで書き割りと背景でしかない。他方、フッサールは『デカルト的省察』の中で他者の認識の可能性を問題として提起したが、アルフレート・シュッツが鋭く指摘したように、解決不能の難点を抱えることになった(cf. Schutz, A., The Problem of Transcendental intersubjectivity in Husserl, in *Collected Papers III*, pp. 51-91.)。

では、自己配慮にとって他者配慮はどうでもいいことなのか。これが決定的な問いになるだろう。これに取り組んだのは、レヴィナスである。彼の難解な理論を図式的に要約すると、以下のようになる(cf. Levinas, E., *Totalité et Infini*. Levinas, E., *Autrement qu'être*.)。

1　議論の出発点は、自己充足した自我である。自己のなかに閉じこもり、自己の意識によって世界を解釈し、それで充足しているところの世界から切り離された自我である。自我とは「エゴイスト的自我」(moi égoïste)にほかならない。

2　この自我が他人に出会うとき、自我は自己満足した状態を、根底からゆるがされて、閉じた意識の世界から外へと連れ出されて、自分を外部の他者に全面的にさらす。他人に身をさらすことは、無一物、無所有になることである。他者の視線は、我の自己満足を告発し、自我が他者に対して責任があることを自覚させる。他人は、「きわめて高いところから」我に教えを与える。他者の視線は、無限が通過した痕跡であり、その視線が他者に責任を負いつつ服従することを自我に対して命令する。

3　他者に出会い、他者に応答し、他者のどんな行為にも我に責任ありとみなし忍耐しつつ服従する事態、これがレヴィナスがいう「他者のために／代わりに」という置き換えの構造(substitution)、すなわち自己犠牲の構造である。

4　他者に向かって「声を発して」応答し、責任を負う、つまり他人の身代わりになるという我の振る舞いは、現世的自我の放棄であり、自我以前の「自己」への目覚めである。言い換えれば、他者への配慮は自己配慮の決定的条件である。こうしてはじめて他者配慮と自己配慮の不可欠の関係が明るみにだされることになった。レヴィナスは、ハイデガーの欠点、つまり他者配慮の不在を批判し、他者の存在が倫理の決定的条件である(彼の場合には宗教の条件でもある)ことを主張する。

浄土門の基本命題

これが現在の西欧思想、とくに倫理思想の到達点であるように思われる。ここまで来てわれわれは、西欧の到達点が、仏教の、とりわけ浄土門の基本論点と原理的には酷似していることが理解できる。西洋倫理学は、二十世紀後半になってようやく、法然と親鸞から数えても七百年前に(そして龍樹や世親から数えるなら千数百年前に)アジアで基本的に確立していた自己配慮と他者配慮の根源統一の理念に辿りついたところだとすらいえなくもない。しかし仏教の学問的精神は、逆に、この決定的な理念を学的に深め、言説的に展開する努力を怠ってきたのではないかと思われる。ここに東西の奇妙なすれちがいが見てとれる。清沢満之は、このすれちがいの事実にいちはやく気づいて、仏教の学的精神の復興を、西洋の哲学的努力の成果から刺激をうけて企てたといまでは評価することができる。

清沢の教えにそって概括するなら、浄土門の基本命題(Grundsatz)は、自利・利他であるといえる。自利を自己配慮(自己認識を含む)とするなら、利他は他者配慮であろう。自利が利他であるとはどういうことかは、自己配慮が同時に他者配慮であるとはどういうことか、と言い換えることができる。自己配慮すなわち自利は、それだけでは充足・完結しないで、他者配慮をその成就のための絶対条件として要求する。あるいは、他者配慮のなかでのみ、自利としての自己配慮が実現する。二つはひとつである。

しかしこれを理論的に精密に語ることはかなり困難な課題である。清沢満之は、日本では仏教における自利と利他の関係、しかもパラドクスを含む関係を厳密に思考しようと企てた最初の人であると私は考える。キルケゴールは、mysterium tremendum（神秘の震撼）を語った。それは実存が神と接触する瞬間の経験を形容するものである。現世的自我がはらりと取り払われて、あるがままの自己に出会う瞬間は、「忽然」「たちまち」としか言いようがない。それはまさに「浄土三部経」がいう「不可思議」である。仏教的な「震撼」とは、キルケゴール的な「おそれとおののき」とは根本的に異質であり、それは「歓喜のふるえ」というべきであろう。この不可思議な経験を哲学的に言説をもって語ることは原理的にできないが、しかしこの語りえざる経験を自己にも他人にも納得させるためには、たとえズレがあっても、哲学はあえて言語で表現しなくてはならない。その不可能であることを自覚しながら、しかしこの経験の可能性を厳密に哲学的に解明しようとしたのが、清沢の『宗教哲学骸骨』および「精神主義」関係の諸論文である。

二十世紀の西欧思想を参照するとき、十九世紀の清沢満之の仕事がどれほど画期的で先駆的であったかがわかることであろう。清沢の人生は何よりも宗教者のそれであったが、彼の仕事は何よりも哲学者としての仕事であった。哲学者清沢を十分に評価し学ぶことなしには、彼の真実の評価はありえないだろう。

このことを言うために「自己配慮と他者配慮」をめぐる西欧思想の歴史を簡単に回顧してみた。倫理と宗教はこの問題を中心に展開してきたからである。仏教でも同様であろうと考える。

補論と資料　清沢満之とエピクテトス

はじめに

清沢は「余が三部経」として、『阿含経』と親鸞の『歎異抄』とエピクテトスの『語録』の三つを挙げている。なぜここで唐突にエピクテトスが登場するのであろうか。清沢はエピクテトスのなかに何を見たのか、また何と共感したのだろうか。あるいはエピクテトスまたはストア派の思想の何が、仏教思想と触れあうのであろうか。少なくとも清沢にとって、仏教的精神修養とストア派の精神修養が、どういう点で接触し、相互刺激を与え合ったのであろうか。いずれにしても、明治時代の日本においてストア派と出会うことすら稀有のケースである。この事実を重視しなくてはならない。清沢がエピクテトスを、彼を通してソクラテスを、あるいはディオゲネス(犬儒派の)、あるいはさらにストア派一般を、どのように受けとめたのか。このことを清沢のエピクテトス読書を追跡しながら、そして直接にエピクテトスの言及がないところですら、エピクテトス読書の経験がどのように影響しているかを、資料的に再現しておきたい。

誤解がないように一言しておくと、清沢満之とエピクテトスの関係は、清沢がエピクテトスだけを西洋思想のなかで評価したのだということではない。修練の場面に関しては、エピクテトスの著作は清沢の日々の心の糧であったが、これは自己配慮と他者配慮の統一的把握のための前提であり、ひとつの出発点である。清沢は、エピクテトスを通してギリシア精神を、また古代ギリシアの巨匠を通してエピクテトスを眺めてもいる。このような精神の内面的な動きを通して、清沢は知らずして彼以後の西洋精神の現代的成果(キルケゴールからハイデガーまでの)へと通じていたことが、われわれにとっては明らかである。

エピクテトスとの出会い

卅一年九月東上、沢柳氏に寄宿し、同氏蔵書中より、エピクテタス氏教訓書を借来す。（「明治三十五年当用日記抄」『全集八』四四一―四四二・下段）

回想す。明治廿七八年の養痾に、人生に関する思想を一変し略ぼ自力の迷情を翻転し得たりと雖ども、人事の興廃は、尚ほ心頭を動かして止まず。乃ち廿八九年に於ける我宗門時事は終に廿九卅年に及べる教界運動を惹起せしめたり。

而して卅年末より、卅一年始に亘りて、四阿含等を読誦し卅一年四月、教界時言の廃刊と共に此運動を一結し、自坊に投じて休養の機会を得るに至りては大に反観自省の幸を得たりと雖ども、修養の不足は尚ほ人情の煩累に対して平然たる能はざるものあり。

卅一年秋冬の交、エピクテタス氏教訓書を披展するに及びて、頗る得る所あるを覚え卅二年、東上の勧誘に応じて已来は、更に断へざる機会に接して、修養の道途に進就するを得たるを感ず。

而して今や仏陀は、更に大なる難事を示して、益〻佳境に進入せしめたまふが如し。豈感謝せざるを得むや。

明治卅五年五月末日（「明治三十五年当用日記抄」『全集八』四四一―四四二・上段）

清沢の「当用日記」によるエピクテトスの読書記録は、基本的には『臘扇記』（『全集八』）のなかにある。大半は英訳書からの英文のままの書き抜きである。そのなかで自分の文章で論旨を要約したものも含まれている。また雑誌に発表したものもある。また『有限無限録』（『全集二』）や『転迷開悟録』（『全集二』）にもある。それらをすべて網羅的に収録して、清沢とエピクテトスの関係を考察する資料にしたい。

エピクテトス語録のラテン語からの日本語訳は、鹿野治助訳『人生談義』（上・下、岩波文庫）として出版されている。これは『語録』と『提要』から構成されている。『提要』は『語録』の要約である。清沢は英語訳を使用しているが、それを日本語にするに際しては、鹿野氏の翻訳を使用させていただく(記して感謝する)。なお、簡単に過ぎる引用の場合には、その前後を再現することにする。

1

「意ノ如クナルモノアリ　意ノ如クナラサルモノアリ、意ノ如クナルモノトハ意見、発動、欣厭、是ナリ、意ノ如クナラサルモノトハ身体(病気ハ之ニ属ス)、財産、名誉、官爵、是ナリ。(畢竟)自ニ属スルモノト然ラサルモノトナリ。如意ナルモノニ対シテハ吾人ハ自在ナリ制限及妨害ヲ受クルコトナキナリ、不如意ナルモノニ対シテハ吾人ハ脆弱ナリ奴隷的ナリ　他ノ掌中ニアルナリ、此区分ヲ誤想スルトキハ(即チ不如意ナルモノヲ如意ナリト思ヒ之ニ対シテ煩悩スルトキハ)吾人ハ妨害ニ遭ヒ悲歎号泣ニ陥リ神人ヲ怨謗スルニ至ルナリ、如意ノ区分ヲ守ルモノハ抑厭《マヽ》セラル、コトナク妨害ヲ受クルコトナク人ヲモ謗ラズ天ヲモ怨ミズ人ニ傷ケラレズ人ヲ傷ケズ天下ニ怨敵ナキナリ。
疾病死亡貧困ハ不如意ナルモノナリ　之ヲ避ケントスルトキハ苦悶ヲ免カル、能ハジ。
誹謗ヲ為シ打擲ヲ加フルモノ我ヲ凌辱スルニアラサルナリ　之等ニ対スル我意見(即チ怨嗟等)ガ我ヲ凌辱スルモノナリ。
(天我ニ賦与スルニ大心ヲ以テス、天我ニ賦与スルニ忍力ヲ以テス、天ノ賦与ヲ辱シメサルコトヲ証スルハ病ノ我ヲ侵ストキニアリ　死ノ我ヲ襲フトキニアリ、須ラク勇士ノ戦場ニ臨ムトキノ如クアルベシ　須ラク力士ノ角場ニ出ツルトキノ如クアルベシ)。(括弧内ハ愚注又愚解ヲ以テ布陳シタルモノナリ)」(『有限無限録』『全集二』一〇九―一一〇)

これは次に掲げるエピクテトスのテクストの、清沢による翻訳である。

エピクテトス『提要』の一。

「諸〻の存在のうち或る物はわれわれの権内にあるが、或る物はわれわれの権内にない。意見や意欲や欲望や忌避、一言でいえばおよそわれわれの活動であるものはわれわれの権内にあるが、肉体や財産や評判や官職、一言でいえばおよそわれわれの活動でないものはわれわれの権内にない。そしてわれわれの権内にあるものは本性上自由であり、妨げられず、邪魔されないものであるが、われわれの権内にないものは脆い、隷属的な、妨げられる、自分のものでないものである。そこで次のことを記憶して置くがいい、もし本性上隷属的なものを自由なものと思い、自分のものでないものを自分のものと思うならば、君は邪魔され、悲しみ、不安にされ、また神々や人々を非難するだろう、だがもし君のものだけを君のものであると思い、自分のものでないものを、事実そうであるように、自分のものでないものと思うならば、誰も君に決して強制はしないだろう、誰も君を妨げないだろう、君は誰をも非難せず、誰をもとがめ立てしないだろう、君は何一ついやいやながらすることはなく、誰も君に害を加えず、君は敵を持たないだろう、けだし君は何も害を受けないだろうから。

　それで君がそのように大事なことに努力しているのであるならば、君は普通の熱心さでそれらのものに従事すべきではなくして、或る物は全く放棄し、或る物は差し当り延期せねばならないということを記憶しておくがいい。だがもし君がそれらのものを得ようとし、同時に官職や富をも得ようとするならば、おそらく正にこれらのものは、前者にも努力しているために得られないだろうし、また少なくとも前者——それによってのみ自由や幸福が得られるのだが——は全く得そこなうだろう。」（エピクテトス『人生談義』下、二五二ページ。以下、「下、二五二」のように略記）

　エピクテトスの『提要』中の同じ箇所が『臘扇記』でも要約して引用される。以下を見よ。

2

「○如意ナルモノト不如意ナルモノアリ　如意ナルモノハ意見動作及欣厭ナリ　不如意ナルモノハ身体財産名誉及官爵ナリ　己ノ所作ニ属スルモノト否ラサルモノトナリ　如意ナルモノニ対シテハ吾人ハ自由ナリ制限及妨害ヲ受クルコトナキナリ　不如意ナルモノニ対シテハ吾人ハ微弱ナリ奴隷ナリ他ノ掌中ニアルナリ　此区分ヲ誤想スルトキハ吾人ハ妨害ニ遭ヒ悲歎号泣ニ陥リ神人ヲ怨謗スルニ至ルナリ　如意ノ区分ヲ守ルモノハ抑圧セラル、コ

トナク妨害ヲ受クルコトナク人ヲ謗ラス天ヲ怨ミス人ニ傷ケラレス人ヲ傷ケズ天下ニ怨敵ナキナリ
○疾病死亡貧困ハ不如意ナルモノナリ　之ヲ避ント欲スルトキハ苦悶ヲ免ル丶能ハジ
　土器ハ破損スルコトアルモノナリ妻子ハ別離スルコトアルモノナリ
○我職務ヲ怠慢《(糊口)》スレハ我口ヲ糊スル能ハサルベシト思フハ修養ヲ妨害スルノ大魔ナリ
○奴隷心ニシテ美食センヨリハ餓死シテ脱苦スルニ如カジ
○無智ト云ハレ無神経ト云ハル丶ヲ甘ズルニアラズハ修養ヲ遂グル能ハサルナリ
○自由ナラント欲セハ去ル物ヲ逐フベカラス来ルモノヲ拒ムベカラス(他ニ属スルモノヲ欣厭スベカラズ)
○天与ノ分ヲ守リテ我能ヲ尽スベシ
　分ヲ守ルモノハ徴兆《籤》ヲ恐レス(常ニ福利ヲ得ルノ道ヲ知レハナリ)
○必勝ノ分(如意ノ範囲)ヲ守ルモノハ争フコトナシ
○誹謗ヲ為シ打擲ヲ加フルモノノ我ヲ侮辱《凌》スルニアラサルナリ　之等ニ対スル我意見ガ我ヲ侮辱《凌》スルモノナリ
　哲学者タラント欲スルモノハ人ノ嘲罵凌辱ヲ覚悟セザル可カラズ
○人ヲ楽《迎合》マシメントシテ意ヲ動スモノハ修養ノ精神ヲ失却シタルモノナリ
　(哲学者タラントセバ先ツ自ラ其資格ヲ具ヘサル可カラズ漸ク人ニ対シテ斯ク見ユルヲ得ベシ)
已上エピクテータス氏
已下私想
絶対無限ノ相対有限ニ関スルヤ所謂流転還滅ノ二路ニヨラサル可カラス　否吾人ノ思想ガ此ノ如ク考ヘサル能ハサルナリ　故ニ固ヨリ必スシモ時間的ニ流転還滅ガ客観的実事ナリト云フニアラス　吾人カ絶対ヨリ相対ニ思向スルカ流転ナリ相対ヨリ絶対ニ思向スルカ還滅ナリト云フモ敢テ不可トセズ
之ヲ実際門ニ応用セハ真如海中ヨリ一切有情ノ出現セルハ流転門ナリ(此時未ダ仏アルコトナシ)有情界ヨリ出テ、

諸仏ノ各々ニ成道スルハ是レ還滅門ナリ　此ノ如クニ流転還滅茲ニ一番シテ有情アリ諸仏アリ　而モ皆是レ自利的ノ生仏ナリ　然レトモ既ニ仏アリ利他的ノ念慮ナカランヤ　絶対利他的ノ大悲ノ為ニ一段ノ流転還滅ヲ成就スルモノ是レ弥陀ノ因果也

真如ノ城ヲ後ニシテ無明ノ暗鬼ニ迷ハサレ昏々曚々トシテ曠劫以来ノ流転ノ結果茲ニ人界ノ生活ヲ得タルト共ニ霊妙ナル観想思索ノ智力ヲ獲得シ宇宙ノ壮観ニ其疑歎ヲ発シ沈思冥想反リテ万化ノ本源ヲ索メ漸ク以テ其旧里ニ還ラント欲スルノ念ヲ起スニ至レリ　嗚呼曠劫ノ流転モ茲ニ初メテ還滅ノ緒ニ就カントスルカ

果シテ然ラハ万有ノ進化ハ人間ニ至リテ一段ノ極ヲ結ヒ形体的ノ進化ハ此ヨリ転シテ精神的ノ進化ニ入ラントスルカ

曠劫ノ流転其歳月決シテ短少ニアラサリキ　還滅ノ進路豈亦容易ナルヲ得ンヤ　而モ路程ノ遠近歳月ノ多少ハハ〔ママ〕吾人ノ賛議スルヲ必トセサル所　要スル所ハ此還滅ノ大事ヲ成就セシムベキ素因ハ其レ何物ナルヤ　其進化ハ如何ニ成就スベキヤニアリ

嗚呼吾人ハ果シテ霊智ヲ具ヘ妙用ヲ備ウルモノナリヤ如何　果シテ還滅ノ素因ヲ懐有スルモノナリヤ如何

人世ノ目的ハ何物ナリヤ　吾人ノ心性ハ何物ナリヤ

吾人ハ流転ヲ弁識シ得タルヤ　吾人ハ還滅ヲ認識シ得タルヤ　吾人ハ茲ニ人世ニ在リ佇立シテ反観顧望スベキニアラズヤ

吾人カ圜囲ニ在ル万象ハ吾人ヲ駆リテ内省ノ事ニ従ハシムルニアラスヤ　艱難ヤ苦労ヤ悲哀ヤ涕哭ヤ皆以テ吾人ノ心裏ニ求ムル所アルモノナラスヤ

吾人ノ欲望ハ吾人ヲ駆リテ宇宙ノ源底ヲ探ラシメスヤ　吾人ヲ駆リテ□□吾

吾人ハ絶対無限ヲ追求セズシテ満足シ得ルモノナルヤ」(『全集八』三五六—三五九)

3

「わかるかね、この領域では、君は妨げられも、強いられも、邪魔されもしない自由意志を持っているのだ。[さあ、欲望や意欲の場合には違うかね。他の意欲以外の何が、意欲に打ち勝つことができるか。他の欲望や忌避以外の何が、欲望や忌避に打ち勝つことができるか。]

「もし人が私に死の恐怖を持って来るならば、彼は私に強いるのです」と或る者がいう。

「いや、持ち来らされたものが強いるのではなくて、死ぬよりもこうする方が善いと君に思われることが強いるのだ。かくてまた、君の考えが君に強制したのだ、すなわち意志が意志に強制したのだ。」(上、七五。[ ]内は省略された文章を補ったもの。以下同様。なお、『談義』の引用はすべて『臘扇記』中(英文)のもの)

4

「[盗賊とか泥棒とかいうのは何なのか。彼らは、善いことや悪いことについて迷っているのだ。そうするとそのような人々に対して、人は怒るべきだろうか、それとも彼らを憐れむべきだろうか。いや迷いを示してやるがいい、そうすればどのように彼らが過失から免れるかわかるだろう。……]

「しかし暴君は縛るでしょう。」

なに？　足をだろう。

いやちょん切るでしょう。

なに？　首をだろう。すると何を彼は縛りもしなければ、ちょん切りもしないだろうか。それは自由意志をだ。だから古人たちも、「汝自身を知れ」と勧告したのである。」(上、七八)

5

「[君のものと、そうでないものとを分けるその差別だけは、記憶して置くがいい。何か他人のものは要求しないがいい。」法官の席も、牢獄も、いずれも場所であって、一方は高く、他方は低いのだ。だが意志はもしいずれの場合でも、等しく保とうという気があれば、等しく保つことができるのである。」(上、一四七)

6

「家の中が煙っているって？　もしほどよくであるならば、私はとどまろう。余りひどかったら、出て行こう。というのは、戸が開いていることを記憶もしているはずだし、また自制もできてるはずだからである。

しかし「ニコポリスに住むな。」

私は住まない。

「アテーナイに住むな。」

私はアテーナイに住まない。

「ローマに住むな。」

私はローマに住まない。

「ギュアラに住め。」

私は住む。しかしギュアラに住むことは私には煙が多過ぎるように思われる。私は、住むのに誰も邪魔しない処へ去ろう。というのは、その住家(死)は、何人にも開かれているからだ。そうして最後の下着、すなわち肉体(を脱ごう)、これ以上は誰も私に対して何ら力を持っていない。だからデーメートリウスは、ネロに対して、「陛下は死を以って私を脅迫するが、自然は陛下を脅迫している」といったのだ。だがもし小さい肉体を私が驚嘆するならば、私自身を奴隷にしてしまったわけである。わずかの財産の場合でも、奴隷にしてしまったわけだ。なぜかというに、私は早速、私が何によってつかまえられるかを自身で明らかにしているからである。ちょうど蛇が頭を引っ込めるならば、私は「彼が守るその頭を打て」というように。そして君も、君の主人は君の守りたがっているもので、君をつかむだろうということを知って置くがいい。それらのことを記憶して置くならば、更に君は誰にへつらい、誰を恐れるだろうか。

……次のことを記憶して置くがいい、われわれは自分で自分たちを押しあわせ、自分たちを窮屈にしているのだ、つまりわれわれの考えがわれわれを押しあわせ、窮屈にしているのだ。そうすると、罵られるということは何なのか。石の傍に立って、それを罵るがいい。すると君は、何をすることになるだろうか。もし人が石のように聴き流すならば、罵る人にはどんな益があるか。」(上、九八―一〇〇)

清沢は、同一の箇所を別々に切り離して引用しているが、ここではひとつにまとめておく。なおこの箇所は日記のなかで二回別々に抜き書きされている。

7

「[しかし君はヘーラクレースではないし、] また他人の悪を清めることはできない、[アテイカの悪を清めるためのテーセウスですらないのだ。] 君自身の悪を清めるがいい。ここから、つまり君の心から、[プロクルウステースやスキローンの代りに、] 苦痛、恐怖、欲望、嫉妬、毀損心、貪欲、臆病、また不節制を投げ棄てるがいい。だがこれらのものはただ神のみを仰ぎ、それのみに従い、彼の命令によって清められるのでなければ、他の仕方では放棄できない。」(上、一九一)

8

「[これらのものを対抗させるならば、君はその心像に打ち克つことだろう、それらに引っぱられることはないだろう。」だがまずその激しさにさらわれるな、むしろ「心像よ、ちょっと待ってくれ給え。お前は何なのか、何についての心像なのか見させてくれ給え、君をしらべさせてくれ給え」というがいい。」(上、二〇一)

9

「死の恐怖を取り去るがいい、そして君の好きなだけの雷鳴と、電光とを持って来るがいい、そうすれば、指導能力の中に、どれほど大きな凪と晴天とがあるかがわかるだろうから。」(上、二〇二)

10

「[ゆとりを持つことへのただ一つの道がある、(これは朝も昼も夜も心得ておくがいい、)それは意志外のものは諦め、何物をも自分のものとは考えず、すべてを守護神や運命に委せ、……]もし意地悪や、悪口を君が棄ててしまったか、減じてしまったかしたならば、もし軽率や、みっともない言葉や、でたらめや、怠惰を棄ててしまったか、減じてしまったかしたならば、もし君が以前動じたものに動じないならば、少くも以前と同程度に動じないならば、君は毎日お祭することができる、つまり今日は君がこの行為において立派にふるまった理由で、明日は他のことで立派にふるまった理由で。これらのことは犠牲をして祭るのに、執政官や、総督の場合よりも、どれほど大きな原因であるだろうか。」(下、一七四)

11

以下の文章は、清沢がエピクテトス読書のなかで自分の考えを英文で書き記したものである。翻訳して挙げておく(『全集八』三六一―三六二)。

「エピクテトスはソクラテスの例を挙げている。ソクラテスは、もし神がどこかにわれわれを置いたなら、われわれはそこを去るべきではないと言った。

エピクテトスの教えを簡潔に言い表わせば、こうなる。すなわち、人間はあるゆる事柄について神に感謝すべきであり、何が起きても常にそれに満足すべきである。というのも、神が選ぶものは、人間が選ぶものよりも善いからである。これはバトラー司教が次のように言うことと同じである。すなわち、われわれの神の意志への忍従(resignation)、われわれの意志がなくなり、神の意志のなかに溶け込むとき、われわれが、われわれの目的として、それ自体で最も正しく、最も善いものとして神の意志のなかにやすらうとき、完全であると言える。

これは群衆と賢者との違いである。群衆は、事物が最初の衝撃で危険に見えると、事物がそうしたものだと考えてしまう。しかし賢者は、しばらくは心を動かされても、最初の状態と心の活力を取り戻し、そうした事物は恐怖の対象ではなくて、ただまちがった見かけでおどすだけだと知るのだ。

人間はさまざまな能力をもっている。その原因は何か。原因が何であれ、われわれは現在を過去(自己または他人の過去の行為)の産物だとみなすかもしれない。重要なことは未来である。われわれは(将来)何をするのだろうか。どのようにわれわれはふるまうであろうか。行為は二つの要因からできていることを銘記せよ――(1)原因と(2)条件(縁)である。原因はわれわれのなかにある。しかし条件(縁)は他者に属する。われわれの(権能の)なかにあるものについては、われわれは自由である。しかし他者(の権能)に属するものについては自由でない(弱いし、隷属的である)。」

12

「しかし人生には、何か不愉快なことや困難なことが起ります。

うん、しかしオリンピアでは起らないかね、諸君は暑さで弱りはしないか、雑踏はしないか、風呂の加減が悪くはないか、雨降る時にはずぶ濡れにならないか、喧騒、叫喚、他の困難に悩むことはないか。しかし私の思うに、諸君はそれらすべてをあの見る価値あるものと比較して、我慢し辛抱することだろう。さあ、諸君はすべての出来事に堪える能力を授かっていないか、大きな心を授かっていないか、勇気を授かっていないか、忍耐力を授かっていないか。もし私が大きい心を持っているならば、生起し得るものの何がなおも私の気になるだろうか。何が私を混乱させたり、懊悩《おうのう》させたりするだろうか、或いは何が私に苦痛に見えるだろうか。能力をその授かった目的のために使用しないで、生起した出来事に対して私は悲しんだり、嘆いたりするのだろうか。」(上、三五)

13

「「さあそれでは君もこれらのことに気づいたなら、君の持っている能力を見るがいい、そして見てから、」「おおゼウスよ、あなたの好きな困難を今与えて下さい。というのは私にはあなたから授かった素質もあるし、また出来事によって、私自身を飾るための能力もありますから」「というがいい。ところが実際はそうしないで、諸君は起りはせぬかと震えたり、起ったことを悲しんだり、嘆いたり、泣いたりして坐っている、次に諸君は神々を非難するのだ。一体このような卑しい心に対して、結果することは不敬神でなくて何だろうか。とはいえ、神はわれわれにすべての出来事を辛抱して、落胆したり、その出来事によって打ち砕かれたりしないようにする能力を与えただけでなく、善き王、真の父の持っていたものを、妨げられないもの、強制されないもの、邪魔されないものとして与えたのだ、つまりそれを全部われわれの権内のものとして、妨げたり、邪魔したりするためにどんな力も自分自身の処に残さなかったのだ。」」(上、三六―三七)

14

「「諸君、諸君は神を期待するがいい。神が合図をしてこの奉仕〔盗賊、泥棒、牢獄、暴君というこの世の束縛のこと〕から解いてくれる時、その時こそ神の処へ立ち去るがいい。だが現在は、諸君は辛抱して神が諸君を配置したその場所に住んでいるがいい。諸君のこの世に滞在する時間は短かいのであるし、またそのような気持でいる人々にとっては、それは容易なことである。というのは、かく肉体やその所有物を何物とも思わぬ人々にとっては、どのような暴君、どのような泥棒、或いはどのような牢獄がまだ恐ろしいものだろうか。とどまるがいい、無理に去らぬがいい」」(上、四六。〔 〕は引用者)

15

「諸君は今日満腹すると、どこから食を得ようかと、明日のことを思いわずらって坐っているのだ。ねえ君、得られるなら得るだろうし、得られなければ去るまでだろう。戸は開いているのだ。君は何を悲しんでいるのか。どこにまだ涙する余地があるのか。何かまだへつらうわけがあるか。なぜお互嫉妬し合うのだろうか。なぜ沢山所有してる人々や権力ある人々を驚嘆し、特に彼らが腕力があったり、怒ったりする時にそうなのか。一体彼らは、われわれに対して何をなすだろうか。彼らがなすことのできることは、われわれは意に介しないし、またわれわれが心にかけていることは、彼らは何もできないのだ。そうすると、誰がまだこのような心境の人を支配するだろうか。それらに対して、ソークラテースはどうであったか。神々と親類であるということを、確信している者がとるべき態度以外のどのような態度を取っただろうか。彼はいう「もし諸君が今わしに、『今までやったこれらの議論をもうやめ、われわれの青年をも老人をも悩まさぬという条件付きで、君を放免しよう』というならば、わしは答えよう、もし諸君の将軍がわしを或る部署に配置したら、わしはそれを守り、看視せねばならなかったし、またそれを棄てる以前に幾度も死を選ばねばならなかったのに、もし神が振り向けて或る場所に配置した場合に、われわれはそれを棄てねばならぬと諸君が主張するならば、諸君は滑稽であると」。これこそ本当に、神々と親類関係にある人間というものだ。しかるにわれわれは、自分たちを胃や腸や陰部であるかのように考えている、というのはわれわれは恐れたり、情欲を起したりしているからだ。つまり、それらに協力することのできる人々に、われわれはへつらったり、また同じそれら

の人々を恐れたりしているのだ。」（上、四六―四七）

16

「かえって君は神々に対して、神々が君をして、君の左右し得るようにつくらなかった事物の上には、超然たらしめ、ただ君の左右し得る事物にのみ、責任を明らかにしてくれたことを感謝しないのか。彼らは両親については、君をして責任のないようにした。兄弟についても責任のないようにした、肉体についても、また財産や死や生についても責任がないようにした。それでは彼らは何について君に責任を負わせたか。君の左右し得るものについてだけだ、すなわち心像を使用すべきように使用することについてだけだ。そうすると、君はなぜ君の責任のないものを君自身に引き寄せるのか。それは自分にとって厄介になるものなのである。」（上、六三―六四）

17

「［彼を憎むよりはむしろ憐れむがいい。この敵意や憎悪心は棄て給え。］多くの悪口屋どもが用いる、「この呪われた憎々しい馬鹿者ども」などというこれらの言葉は、使わぬがいい。これはこれとして置いて、一体君はどうして、にわかに他の馬鹿者どもに立腹するほど賢くなったのか。そうするとなぜわれわれは立腹するのか。それはわれわれから奪い去られる事物を、われわれが尊重するからである。だから君の着物は尊重せぬがいい、そうすれば君は泥棒に腹を立てないだろう。妻の美しさを尊重せぬがいい、そうすれば姦夫に腹を立てないだろう。知るがいい、泥棒や姦夫は君のものの中に場所を占めるものではなく、異他的な、君の権内にないものの中にあるのだ。もしそれらを君が断念して何でもないと思うならば、更に誰に対して君は腹が立つか。これらを君が尊重している限りは、彼らに対してよりはむしろ君自身に対して腹を立てるがいい。」（上、七七）

18

「するとあなた方哲学者たちは、王様たちを軽蔑するように教えるのですか。そんなことはない。われわれの中の誰が、王様たちの権力下にあるものを、自分たちのものだといって要求するように教えるだろうか。」(上、一一三)

19

「[彼がソークラテースに対してのように、退却の合図をするならば、将軍に従うように合図をする者に従わねばならない。

そうするとどういうことになりますか。これらのことを、多くの人々にいわねばなりませんか。何のためか。」というのは、自分が納得するだけで満足ではないのか。子供らがやって来て拍手をして「今日は農神祭おめでとうございます」という時、その子供らに対して、われわれは「そりゃめでたくない」というだろうか。決していわない。むしろ自分たちも一緒に拍手をするのだ。そこで君も、誰かに得心させて考えを変えさせることができぬ場合は、彼を子供だと思って彼と一緒に手をたたくがいい。だがもしそれを好まないならば、結局黙っていい給え。」(上、一一六―一一七)

20

「君のそのちょっとした言句を守るがいい。君は欲望や忌避に対してはどんな具合か、つまり君が欲しているものを得そこなうようなことがないかどうか、また君の欲しないものに出会うようなことがないかどうかを示してくれ給え。」(上、一三〇)「……しかし他のことは他の人々に委せるがいい、……或る者は正義を練習し、或る者は問題を、或る者は推論を練習する、君は死ぬことを、君は縛られることを、君は拷問にかけられることを、君は追放されるこ

とを練習する。」(上、一三一)

21

清沢の英文の文章。

「プラトンにならってキケロが言うように、哲学者の全人生は死についての省察である。哲学者は死に方を学ぶことを全生涯の仕事にするのだ、と『パイドロス』は言う。」(『全集八』三七八)

22

「もし君が足を足として取り、そして絶対的でないものとして取るならば、それは泥の中にはいることも、いばらを踏むことも、また時あっては全身のために切断されることもふさわしいからである。だがもしそうでなければ、それはもう足ではなくなる。何かこのようなことを、われわれの場合にも考うべきである。君は何か。人間である。もし絶対的なものとして考察するならば、老年まで生き、富み、丈夫であることは、自然本性にかなったことである。だがもし君が人間として考察し、何か全体の部分として考察するならば、その全体のために病気をしたり、航海をして危険を冒したり、窮乏したり、また時あっては寿命前に死んだりすることもふさわしい。……そうすると今他の者は熱病にかかり、他の者は航海し、他の者は死に、他の者は宣告されねばならないのか。というのはこのような肉体、このような環境、このような仲間の中にいて、違った人々に違ったこのようなことが起らぬということは、不可能だからである。」(上、一四二)

23

「哲学の始めを見るがいい、それは人間相互における矛盾の認識であり、矛盾の出て来る根源の探求であり、単に思われるということに対する非難と不信とであり、また思われるということについて、それが正しいかどうかの何か研究であり、また例えば重量の場合に、秤を発見し、曲直の場合に定規を発見するように何か基準を発見することだ。」(上、一六四―一六五)

24

「とはいえ、私は君に対してどんな悪いことをしたのか。もし鏡が醜い人に対して、その人のあるがままをその人に示すことが何も悪いことをしたのでないならば、また医者が病人に対して「君、君は何でもないと思っているが、君は熱がある、今日は断食して水を飲み給え」という時、彼が病人を侮辱したのでないならば。そして「おおひどい侮辱だ」などとは誰もいわない。」(上、一八〇)

25

「[そこで私には、以前わからなかったことであるが、馬鹿の一徹馬鹿力という人口に膾炙している言葉が、どういうことか、今始めてわかったように思うのである。」賢い馬鹿を、友人には持ちたくないものだ。これより扱い憎いものは何もない。」(上、一八三)

26

「それでわれわれを悩まし、どぎまぎさせるものは何なのか。一体それは考え[opinion]以外の何なのか。そこを去って、知人や、友人や、その場所や、交際から離れて行く人を悩ますものは、考え以外の何なのか。……」(上、一八八)

「[君が彼らを苦しませるのか。決してそうではないので、君をも悲しませるもの、つまり考えがなのだ。それならば君はどうすればいいのか。」君の考え〔opinion〕を棄てるがいい。彼らが賢明なら、彼らも自分たちの考えを棄てるだろう。もし棄てないならば、自業自得で悲しむことになるだろう。ねえ君、ゆとりのあることや、自由や、大度のために、いわゆる計いを棄てよ。奴隷から離脱した者のように、ひとつ、頭を挙げるがいい、そして敢然として神を仰ぎ見て、「これから、あなたの好きなように私を使って下さい。私はあなたと同じ考えで、私はあなたのものです。私はあなたにいいと思われるものは、何も避けるようなことは致しません。あなたの好きな処へ、連れて行って下さい。あなたの好きな着物を着せて下さい。あなたの欲するのは、私が官職につくことですか、私人たることですか、とどまることですか、追放されることですか、貧乏することですか、金持になることですか。私はこれらすべてのために、あなたを人々に対して弁護致しましょう。私はそれら各〻の本性が、どのようであるかを示しましょう」というがいい。」(上、一九〇―一九一)

27

「病気でも幸福であり、危険に瀕しても幸福であり、死んでも幸福であり、追放されても幸福であり、不名誉を受けてもなお幸福であるような、誰かをどうか示してくれ給え。示してくれ給え、神々に誓って、私は誰かストア学徒を見たいのだ。……諸君の中の誰でもいいから、神と同心になろうとし、そしてもはや神や人を非難したり、或るものを得そこなったり、或るものを避けそこなったり、また怒ったり、嫉妬したり、羨んだりしようとしない(どうしてこうまわりくどくいわねばならないのか)人間の魂、つまり人間からして神になろうとし、そしてこの死せる肉体の中にありながら、ゼウスとの交通を欲している者を、示してくれ給え。」(上、二〇七)

28

「ではどうだ、君は「これ以上仲のいいものはない」というほど、尾を振ったり、戯れ合っている仔犬を見たことがないか。しかし友情が何であるかを見るために、真中に肉を投げてみるがいい、そうすればわかるだろう。また君と君の子供の間に一片の地所を投げてみるがいい、そうすれば君は、子供が君をいかに早く葬りたがっているか、そして君は子供を死ねかしと祈るかがわかるだろう。」(上、二二二)

29

「他の人々がするように同じ両親から生れたかどうかとか、一緒に養育されたかどうかとか、同じ先生についたかどうかということを吟味すべきではなく、ただ彼ら自身の利益をどこに置くか、外界に置くか、意志に置くか、どっちかということだけを吟味するがいい。もし彼らが外界に置くならば、彼らを誠実であるとか、危なげがないとか、勇敢であるとか、自由であるとかいうべきでないと同様、友人ともいうべきではない。むしろ君に分別があるならば、彼らを人間とさえいうべきではない。……だがもし君が、これらの人々が本当に善を意志のある処、心像の正しい使用のある処、そこだけにあるのだと思ってるのを聴くならば、君はもはや彼が息子や父であるかとか、兄弟であるかどうかとか、長い間学校へ一緒に通った者で仲間であるかどうかということに、心を煩わすことはないだろう。むしろただそれさえわかれば、彼らを誠実で正しいと公言するように、彼らを友人であると堂々公言するがいい。」(上、二二五)

30

「ところで起っていることは何であろうか。それはちょうど人が自分の郷里へ帰ろうとして、綺麗な旅宿に泊った時、その旅宿が自分に気に入ったので、その旅宿にとどまるようなものである。ねえ君、君は君の目的を忘れたのだ、君はここに旅をしたのではなくて、ここを通過するのだ。……

「ねえ君、君の当面の目的は、君にやって来る心像を自然本性に従って使用するように準備し、欲望においては得そこなわず、回避においては避けそこなわず、決して不幸でも不運でもなく、自由無礙《むげ》にして、強制されず、神の秩序に合致し、それに従い、それを悦び、何人をも非難したり、軽蔑したりせず、全心よりして

私を導いて下さい、ゼウスよ、そして汝、運命の女神よ

というこれらの詩句を唱えることができるようになることであった。」」(上、二三二―二三三)

31

「「適当な草が羊に現われると、羊はそれに対して食欲をそそられるが、石やパンを君が側に置いたんでは、そそられないだろう、ちょうどそのように、われわれに誰か聴き手が現われて、その人が刺戟を与えると、話そうとする何か自然的な欲望が起るものだ。」だが石や乾草のように、側に坐っているんでは、どうして人の欲望をそそることができるだろうか。」(上、二三七)

32

「「われわれの見るところでは、本来、犬は或る目的のためにできており、馬は別の目的のために、また夜啼鳥も多分他の違った目的のためにできているからには、」一般に各〻のものは、自分の自然本性に従って最もすぐれている時こそ、それぞれ美しいのであると公言しても奇怪ではあるまい。各〻のものの自然本性が違っている限り、それらの美もそれぞれ違っているように思われる。」(下、八)

33

「君は徹夜をせねばならない、骨折らねばならない、欲望に打ち勝ち、一族の者から離れ、奴隷からは軽蔑され、逢う人からは笑われねばならない、公職においても、名誉においても、法廷においても、万事において人に劣らねば

ならない。これらのことを考えめぐらして、もし君に好かったら、つまりもし君がそれらのものと不動心や自由や平静やとを取り替えようとするならば、(哲学に)近づくがいい。」(下、五七)

34

「話すために、或いは饗宴のために、或いは総じて共同生活のために、たびたび誰か人々と同席する人は、必然自分が彼らに似るか、或いは彼らを自分の流儀に変えることとならざるを得ない。というのは消えた炭でも、もし燃えている炭の側に置けば、自分が彼らを消すことになるか、或いは彼らがこっちを燃やすことになるかであろうから。[かくて危険は非常に大きいのであるから、普通の人とそのような交際をすることは、用心してなされねばならない。]」(下、五八)

35

「神々に誓って諸君にいうが、物に驚歎するのはやめ給え、諸君自身をまず事物の奴隷とするのはやめ給え、次にそれら事物のために、それらを与えたり、奪ったりすることのできる人々の奴隷となるのもやめ給え。」(下、六六)

36

「病気をあなたはどうするでしょうか。

私はその病気の本性を示すだろう、病気して私は有名になるだろう、私はしっかりしていることだろう、私はゆとりを持っていることだろう、私は医者にへつらわないだろう、死ぬことを祈らないだろう。」(下、六七)

37

「それでは神が食を与えてくれない時はどうでしょうか。

それはいわば、良将が呼び戻しの合図をしたのでなくて何かね。私は指導者を褒め、その業《わざ》をたたえて、彼に服し、そして従うのだ。」(下、一二五)

38

「それでは〔ソクラテスの〕子供らはどうするでしょうか。

「もし私がテッサリヤに行くならば、諸君が彼らの世話をするだろう。だが私がかの世へ旅立つならば、世話する者は誰もいないのだろうか。」……〔死ぬべき時に死し、死すべきように死んだ方がずっと人々に有益であったことになるのではないか。〕そして今ソークラテースは死んではいるが、まだ彼が生きてる時に行ったり、いったりしたことの記憶は、以前に劣らず、いやそれ以上に人々に対して益をなしているのだ。

……この世間でいう自由のために、或る人たちは首を縊り、或る人たちは高い処から飛び下り自殺をし、或る時には全市が滅亡することもあるのだ。本ものの裏切らない安全な自由のために、神がその貸し与えたものを要求した時に、君はそれを神に返却しないだろうか。プラトーンのいってるように、君はただに死ぬということだけでなくして、拷問にかけられたり、追放されたり、鞭打たれたり、また一般的にいえば、自分のものでない一切のものを返却したりすることを勉強しないだろうか。」(下、一六〇―一六二)

39

社交について。

「それでどちらでも君の好きな方を選ぶがいい、君は旧態依然たる前の君として、以前の人々から同じように愛されたいか、それともよりすぐれた者となって、前と同じようなことは受けないか。［……というのは何人ももし二途にまたがるならば、進歩することはできないからだ。］」(下、一六三)

40

平静に生活することについて。

「人を卑しくし、他に隷属するようにするものは、ただ官職や富の欲望だけでなく、平静や閑暇や旅行や学識の欲望もそうであるということを記憶しておくがいい。」(下、一六六)

これに関連して次の文章も注意しておこう。

「君はただ「何が私のものであり、何が私のものでないか、私には何が与えられてるか、神は今私が何することを欲し、何を欲しないか」という一般原理を思い出すがいい。」(下、一七一)

「ゆとりを持つことへのただ一つの道がある、(これは朝も昼も夜も心得ておくがいい、)それは意志外のものは諦め、何物をも自分のものとは考えず、すべてを守護神や運命に委せ、ゼウスがわれわれの監督者としてつくってくれた者どもを、自分たちの監督者となし、自分をただ一つのもの、すなわち自分のもので何物にも妨げられないものへ捧げ、読書はこれを目的として読み、またそのように書き、そのように聴くということだ。」(下、一七三)

41

「不正をする者にとっては、不正自身が大きな害悪である……」(下、一七七)

42

「人は斧で切ることの下手な人を見る時、「大工の本領は何か、御覧、この大工どもは何と下手くそなんだろう」と

いわないで、全く反対に「この人は大工じゃない、斧で切るのが下手だから」というのだ。」(下、一九九)

43

『提要』の五三。

「[すべての場合においてわれわれは次の考えを掌中のものとしておかねばならない。]

　私を導いて下さい、おおゼウスよ、そして汝、運命の女神よ、
　私の場所とあなたが定めた処へ、
　私は従いましょう、ちゅうちょせず。たとい欲しなくとも、
　私は臆病者として、従わざるを得ないでしょう。〔クランテスのゼウス賛歌〕

「必然に善く従う者は
われら彼を賢者とし、神的なものを知れるとなさん。」〔ユーリピデス〕

「しかしおおクリトーンよ、もしそれが神々の御気に召すなら、そうなるがいい。」〔プラトン『クリトーン』〕

「アニュトスもメレートスもわたしを殺すことはできよう、だがわたしを傷つけることはできない。」」〔プラトン『ソクラテスの弁明』〕(下、二八三—二八四)

44

清沢の言葉。

「エピクテート氏曰ク　衣食ハ外物ナリ如意ナルモノニアラス　不如意ナルモノニ対シテハ吾人ハ苦悶スヘカラズト　蓋是レ苦悶スルモ其詮ナキコトナリ　若シ強テ之ヲ苦悶セハ或ハ天ヲ怨ムニ至リ或ハ富豪ヲ尤ムルニ至リ或ハ社会党虚無党ヲ生スルニ至ルナリ　是レ特ニ富豪家ノ留心スベキ所ナリ　彼等ハ寧ロ卒先シテ生活ハ衣食ノ為ニアラズ

シテ衣服ハ全ク生活ノ為ナルコトヲ領知シ生活ノ目的ニ関シテ大ヒニ考究セサル可カラサルナリ　而シテ彼等ハ生活ニ忙敷衣食ニ忙敷金銭ニ忙敷到底彼ノ問題ニ暇ナキナリ　是レ哲学者ノ世ニ必要ナル所以ナリ」(『臘扇記』『全集八』四〇〇―四〇一)

45

『臘扇記』の終わりの数箇所は、基本的にストア派的＝エピクテトス的修養論である。特に「二月廿五日　偶坐案定」の箇所から最後までを参照(『全集八』四一八―四二七)。以下に、エピクテトスへの直接的言及の箇所だけを抜きだしておこう。

「自ト云ヒ己ト云ヒ外物ト云ヒ他人ト云フ　其何タルヲ精究スベシ(外物他人ストア学者ハ之ヲ称シテ「エクステルナルス」ト云フ)　他人ハ知リ易シ外物ハ雑多ナリ　而モ妻子眷属モ亦他人タルヲ知ラサル可カラズ　禽獣虫魚艸木瓦礫ノミヲ云フニアラサルナリ　居家モ外物ナリ衣食モ外物ナリ乃至身体髪膚モ亦外物ナリ妄念妄想モ外物ナリ　然ラハ何物カ是レ自己ナルヤ　嗚呼何物カ是レ自己ナルヤ　曰ク　天道ヲ知ルノ心是レ自己ナリ　天道ヲ知ルノ心ヲ知ルノ心是レ自己ナリ　天道ト自己ノ関係ヲ知見シテ自家充足ヲ知ルノ心是レ自己ナリ　自家充足ヲ知リテ天命ニ順シ天恩ニ報スルノ心是レ自己ナリ」(『全集八』四二四)

「従件《主我ニ従属スベキモノ》(エピクテト氏ノ所謂エクステルナルス)ニ三種ノ別アリ

(一)忘念〔妄念の誤記か。以下同様。opinion、doxa、臆見のこと。『人生談義』の翻訳では「考え」「心像」となっている〕
(二)他人
(三)外物

是ナリ　就中忘念ハ外物他人ニ追従スルヲ其性質トス　故ニ之ヲ対除セサル可カラサルナリ

忘念ノ因 ｛外物
　　　　 ｛他人

而シテ外物他人ノ内ニ於テ他人ニ服従スルノ忘念ハ畢竟外物ヲ追求スルノ念慮アルカ為ナリ
故ニ忘念ノ根源ハ外物ヲ追求スルニアリト知ルベシ
今此根源ヲ外除セントセハ先ツ外物ノ何タルヤヲ考究スベシ　外物ハハ〔ママ〕畢竟吾人ニ無関係《インヂフエレント》ノモノタルベキナリ
吾人ハ之ヲ収用スルヲ妨ケズ　然レトモ之ヲ執着シ之ニ服従セラルベキモノニアラズ　吾人ハ却テ外物ヲ服従セザル可カラズ
他人ハ外物ヲ所有スルモノニアラズ(他人モ外物ニハ無関係タルベキナリ)　吾人ハ若シ外物ヲ服従シ(即チ外物ニ牽制セラル丶ノ念慮ヲ刈除シ)了セバ決シテ他人ニ服従《圧服ノ意》スベキ必要ナキナリ　他人モ亦吾人ヲ服従《圧服ノ意》(煩悩ヲ生スル従順ナリ)スベキ必要ナキナリ　故ニ他人ト我人トハ同等ノ位置ニ住スベキナリ(他人ノ命ニ順応スルハ自由ノ行為ナリ／順応ハ煩悩ナキ従順ナリ)
之ヲ要スルニ
｛忘念ハ――伏滅セラルベキモノナリ
｛外物ハ――無関係タルベキモノナリ
｛他人ハ――同等タルベキモノナリ　」(『全集八』四二六―四二七。〔　〕は引用者)

46
『全集』第七巻所収の「心霊の修養」は基本的にエピクテトス的修養であるかにみえる。その特色が最も明白に出ている箇所を以下に抜きだしておく。
「(卅一)　吾人は他人の為に苦めらるゝものにあらず

吾人多くは自ら他人の為に苦めらるゝものと思ふ、乃ち他人は罵詈讒謗以て吾人を凌辱し、圧抑干渉以て吾人を窮迫すと為す、然れども是れ全く未達者の見解なり、何んとなれば彼の罵詈讒謗圧抑干渉が吾人を凌辱窮迫すると否とは、全く吾人の之に対する覚悟如何によるものなればなり、吾人にして毫も自己本位の尊厳に顧る所なく、漫然他人の云為に依頼せんか、吾人は他人の罵詈讒謗に遭ふて凌辱の苦痛を感じ、他人の圧抑干渉に会ふて窮迫の苦痛に感ずべし、然れども之に反して、若し吾人にして常に自己本位の尊厳に反省し、他人の云為に対して深く慎む所あらんか、如何に他人が罵詈讒謗や圧抑干渉に力を加ふとも、決して此が為に悩乱せらるゝことなかるべし、故に他人が吾人に対して罵詈讒謗や圧抑干渉の云為あるに当りて、吾人が之が為に苦悩することあるは蓋し、吾人自己の覚悟が薄弱にして、他人の言語動作の為に動転せらるゝに因るものなり、更に少しく之を細言せば、彼の罵詈讒謗等の如き他人が我に対する言語動作に接するに当りて、若し我に於て此の如き云為を受けざるべからざる事実あらば、我は固より之を甘受せざるべからざるなり、而して此場合に於て若し苦痛を感ずるあらんか、是れ全く彼の事実のあるが為に存するの苦痛にして、決して他人の言語動作の為に存するの苦痛にあらざるなり、之に反して、若し吾人に於て此の如き事実なきときは、他人は罵詈讒謗等によりて、全く不当の行為を施設したるたり、豈迷乱にあらずや、而して迷乱の人は罪悪に陥れる人なり、寧ろ之に対して哀憐を加ふべきも、決して之に対して憤怨を生ずべからざるなり、然るに吾人にして若し之に反して、哀憐すべきを忘れて却て憤怨せんか、吾人は他人の罪悪に誘引せられて、自ら亦罪悪に陥落するものなり、吾人は常に勉めて此癡呆を避けざるべからず、而して此癡呆を避くると否とは、全く吾人の自由に属するものなるが故に、若し吾人にして此癡呆を避くることを為さずして、罪悪の苦痛に陥落せば、是れ吾人自ら苦むものにして、決して他人の為に苦めらるゝものにあらざるなり、」(『全集七』二三五—二三六)

「(卅二)吾人は外物の為に苦めらるゝものにあらず

人は活物なり、物は死質なり、活物既に吾人を苦むるに足らずとせば、死質の吾人を苦むる能はざるべきこと無論たるべきが如し、然れども吾人は死質の襲撃に苦められ、死質の欠乏に苦めらる、風雨雷霆は吾人をして恐怖せしめ、貧窮困乏は吾人をして悲泣せしむ、吾人は決して死質の為に苦められずと云ふ能はざるが如し、然り而して是れ全く未達の見解なり、何んとなれば、此の如き恐怖悲泣は決して彼の死質の作用に対する必然の結果にあらざればなり、故に見るべし、彼の真個達道の士は、時に臨んで、爵禄も之を辞し、白刃も之を蹈み、身と命とを惜まざることを、然れば則ち、彼の死質が吾人を苦むるに足ると否とは、決して死質の作用如何によるにあらずして、全く吾人に不惜身命の覚悟なきと否とによるなり、故に吾人にして確乎たる不惜身命の覚悟あらんか、物質は決して我を苦悩せしむるに足らざるなり、然り而して不惜身命は是れ寔に重大の事件、之を一般の人士に期するは或は不当と云ふを得ん、然れども、此覚悟を為すと否とは固より各個人の自由に属す、吾人は今吾人に其覚悟を為すの能力あり、而して其覚悟を為せるものは外物の為に苦めらるゝことなきことを指説するものなり、而して其覚悟を為すと否とは寔に吾人の自由に属すと雖ども、吾人は到底其覚悟を為すと同一の結果を脱する能はざるなり、乃ち吾人は如何に不惜身命の覚悟を擱き、愛惜身命の道に汲々するも、吾人は終に捨離身命の結果に帰着せざるべからざるなり、故に吾人が不惜身命の覚悟に躑躅して、愛惜身命の情念の為に、外物の為に苦めらるゝものは、其罪全く自己にありて決して外物にあらざるなり、其外物の為に苦めらると云ふも、其実外物の為に苦めらるゝにあらずして、彼の覚悟を確立せざる罪悪の為に苦めらるるものなり、故に吾人は、吾人の本位に離れざる不惜身命の覚悟に任せば、吾人は決して外物の為に苦めらるゝものにあらざるなり」（『全集七』二三六―二三七）

「（卅三）吾人は欲の為に苦めらるゝものにあらず

吾人は他人の為に苦めらるゝものにあらず、吾人は外物の為に苦めらるゝものにあらず、而して吾人は欲の為に苦めらる、罵詈讒謗圧抑干渉は是れ全く他人の云為にして我に関することにあらず、然れども吾人は之に対して其刺戟を脱せんとする欲あり、此欲則是れ吾人を苦むるものなり、衣服飲食風雨雷霆は是れ全く外物外用なり、我に関するものにあらず、然れども吾人は衣服飲食を得んと欲し、風雨雷霆の害を避けんと欲す、此欲則是れ吾人を苦むるものなりと、是理なきにあらず、然れども尚急所に達せざるなり、何んとなれば欲は活動の原因にして、最も吾人に必要のものなればなり、其欲の吾人を苦むると否とは、吾人に其欲を制御する能力の足ると足らざるとによるものなり、如何に多大の欲あるも、若し之れを満足するを得ば、吾人は決して苦悩せざるなり、欲の吾人の心内に現在するは毫も苦悩の原因にあらざるなり、欲の満足を得ざるとき、吾人は苦悩することあり、是れ不当の欲なればなり、不当の欲は之を克服せざるべからず、之を克服するを得ば、吾人は苦悩を感ぜざるに至る、然らば此の如き苦悩は欲の為に生ずるにあらずして、欲を克服すべき能力の欠乏せるが為に生ずるなり、或は欲は克服せられざるも、吾人に欲の目的を達せざるに耐忍する能力あれば、吾人は亦欲の満足せられざるが為に苦悩を感ずることなきなり、之を要するに欲の為に苦めらるゝと云へる場合は、或は其欲を克服し、或は其不満足に耐忍する能力の充実せざるによるものなり、故に此能力にして充実せんか、吾人は決して欲の為に苦めらるゝものにあらざるなり、」(『全集七』二二八)

付録1

なお参考のために『西洋哲学史講義』のなかの「ヱピクテート氏〔エピクテトス〕」を引用しておく。

「4　ヱピクテート氏

次に、やはりストア学者のヱピクテート氏と云ふ人あり。百三十五年頃の人なり。極く厳重なる行をなせり。やはり宗教と道徳を重んぜり。其の甚だしき処を見れば、犬儒派に近よりて居ると云ふ。且つ其の奴隷なりし時、極めて強き虚平の心を有せりと云ふ事は著しき咄なり。著書は別になし、併し弟子が師の言つた事を記せるものが伝はりて、人が珍重するなり。

此の人の考は自己の脆弱と云ふ事を論の起点とせり。霊魂の療治の工夫を以て、人世の目的とせり。人は皆な病者なり。哲学者は医師なりと云ふ。其を或る点より見れば、哲学者は神の遣はせし使にして、之を蔑如するものは、神に逆らふものなりとせり。そこで知識は大切なるものなり。唯だ知識として大切でなし。知識が意志の働を支配すると云ふ処が大切なり。何を避けて何を楽しむべきかを指示する為に大切なり。そこで人間に取つては、意志が吾人の行の道具で、甚だ大切なりと云ふ。先づ此が大体の考なり。これより推論して、人間のすべての働は、畢竟様々の刺戟に適合して行くが主にして、其の能く適合するは善なり。又世間に云ふ処の不幸又は病気と云ふ事は、賢者の心にかくべきものに非ずと云ふ風に論じて、此の人自身が奴隷にて虐待せられても、意に係はらざりし実例を示せり。」(『全集五』一〇四)

この引用からわかるように、この時期の清沢はエピクテトスにたいして関心をよせていないし、この紹介もおざなりである。英語で書かれた西洋哲学史を利用して簡単な紹介をしたにすぎない。まだ彼はエピクテトスの語録を直接に読んでいない。これから見れば、後年のエピクテトスとの出会いとそれへの熱中は、彼の人生において決定的であり、画期的でもあった(それは日本近代の精神史において、最初のストア派との出会いになるという意味で、個人の経験の枠を越えて画期的である)。

付録2

「エピクテートスを評価し、当時の青年に強い感動を与えたのは、真宗の僧侶清沢満之《きよざわまんし》(一八六三―一九〇三)であった。清沢は西谷啓治博士によって「仏教会の内村鑑三のような人」と評された精神家で非常な感化力を持っていた。一八九八年彼は東上して友人の家に泊り、その蔵書の中から『エピクテートスの教訓』(Teaching of Epictetus)を借りて来た。彼はそれを読んで非常に感激した。かくて彼の愛読書の一つとなり、彼自身「予は心の煩悶起る時、エピクテタスの語を誦せば、煩悶忽にして晴るるを覚ゆ」といっている。彼は「西洋第一書」と称して人々に推奨した。」(鹿野治助『エピクテートス』岩波新書、二〇一ページ)

第二部　基本構想の展開——他力門哲学素描

第一章　縁起の二重構造——法則性と因果性

一　有限であること

世界の内部にあること

人間は世界のなかで生きている。哲学的な用語では世界‐内‐存在という。これはハイデガーの用語であるが、別の用語でもいえる。仏教用語でいえば、万有内存在といえるだろうし、ヘーゲル風にいえば(社会＝)歴史内存在ともいえる。

「生きる」とは、ここでは人間が生きることを意味する。その「生きること」は世界のなかの無数の事物(無生物、生物、人工物)と相互‐行為(行為と対抗行為)しながら生きることを意味する。これを略していえば、人間が「生きる」とは、「世界(万有)」と相互行為しながら生きることを意味する。人間は世界のなかの存在として自分に与えられ、世界もまた人間と「存在論的には」等質のものとして(ホモジーニャスなものとして)人間に与えられている。存在性格において等質なものだけが相互行為できる。これを「内部にあること」という。反対に、異質なものとの間には、相互行為はありえない。もしも、ありえないことだが、超越的な「幽霊」なるものがこの世界の特定の空間に現実存在するとしても(妄想としての幽霊ではない――妄想は人間的な妄想だから人間は何らかの仕方で妄想的存在とも相互行為する、つまり妄想的幽霊は人間と等質的である)、そうした幽霊は人間にとって「存在性格において」異質であるから、この「幽霊」と人間は相互行為しない(この種の「幽霊」と相互行為する人は、狂気に陥っているか、魔術を弄しているか、のどちらかである)。

内部と外部

世界とその事物は「我」にとっては外部であるが、相互行為においては人間と世界は互いに「内部にある」。世界内人間が、世界と事物と相互行為するとき、際限のない相互行為のなかにあるのだから、人間も世界も「限界」がない。無‐際限(without limit)の相互行為のみがある。際限・限界がないことは、ただちに、無限ではない。際限のなさは、有限世界の特徴であって、それと無限とを混同することはできない。

自然的事物には「終わり」があることを人間は知っているが、事物の終わりは「死」ではない。近代科学(古典科学)は世界を無際限として把握するが、それは世界と事物を、「世界の内部」から眺め、しかも世界と事物を「対象」として、「主観」に対面し対抗するものとして、さらに主観と(実存的には)無関係なものとして、つまり人間的主体の生・死には関係ない物体として、眺めるからである。相互行為の内部から見るとき、世界は対‐象(向かい合ったもの)として見られ、ひと(現代人)は「科学者」として世界を眺めている(「科学者」の目をすでに注入されている。もちろん、現場の真実の科学者そのものではなくて、すでに教科書化された科学者のイメージであり、想像された「科学者」なるものと定型化された科学のイメージである)。世界を無際限なものとみるなら、今度は人間をも無際限のものとして、対‐象として眺めるようになる。人間は対象になる。この「対‐象」として理解される人間は、もはや現実の、実在する人間ではない。それは学者的に構築された「抽象体」である。これを物象化という。物象に変換された人間は、物体であるから、「終わり」はあるが、「死ぬ」のではない物体になる、あるいは「単に終わる物体として」処理される。終わることは死ぬことではない。

世界内存在として人間と世界が相互行為することを「内部から」見るときには、世界には死はなく、事物にも死はない。世界も人間も無際限に続くとみなされる(「開かれた世界」、「際限のない進歩」の思想はここから生まれる)。「不滅の魂」「不滅の人類」「不滅の宇宙・世界」という表象または観念がここから生まれる。「不滅の魂」なるものが「永遠なる、不滅の」創造神の一種の出店であるとするなら、いわゆる「唯一絶対の創造神」は、近代科学以前に、無際限の宇宙という表象の宗教的言い換えではなかったか。「不滅の人類」というヒューマニスト的妄想は、遠い昔の「無際限宇宙」論の近代におけるこだまではないだろうか。

ある種の「未開人」(オーストラリアのアボリジニなど)は、人間の死を認めない。人間が「死ぬ」(＝終わる)ことを彼らは知っているが、それは悪霊がついたから、あるいは魔術がかけられたからである。こうした未開人にとっては、人間と世界が、それらの相互行為の「内部から」与えられているから、無際限の相互行為の持続のみがある。したがって、人間と世界に有限性(終わりをもつこと)はない。死は「外部から」(悪霊などによって)到来する。ユダヤ＝キリスト教の聖書においても同じように、人間が世界の内部に存在するかぎりは無際限の相互行為をするだけだが、罪として外部から、神の罰として外部から、死は到来する。

死が外部からくるという直観は重要である。近代科学(古典的)のみが、世界と人間の死(有限性)を認めない。近代科学は世界を、しかも「人間のいない」自然世界を、「対象」とする。現代科学は、人間の主体(「観察主体」)を導入するとき、新しい方向を見出したが、それは「主観の視線」の導入であって、まだ具体的な「世界内人間」を捉えたものではない。主観の「観点」に応じて現象が変動したり、座標系が観点の違いに応じて変化し、それぞれの観点が同等の権利を主張できるとする「観点の相対性」をいうのみである。

無際限と無限はまったく違う。無際限は「世界の内部の観点」からいえるのであり、内部的存在の「限界のなさ」である。しかし無限は絶対的な外部である。ここに無限と有限の問題が登場する。清沢満之(『宗教哲学骸骨』)の先駆的意味もそこにある。

二　世界内人間と唯一無比の個人

死とは何か

人間の本来的な死すなわち有限性は「外部から」与えられる。死とは、単なる終わりではなくて、存在と非存在との境界、両者の差異、そしてこの境界と差異の「意識」的把握である。死という境界の「向こう側」、つまり外部には「何もない」。外部とは非存在(無)であり、非存在との境界線が「死」(の可能性)である。存在者・人間が存在するもの(一切衆生、万有)と交渉しているかぎりは、世界のなかの交渉相手は無際限(indefinite, illimitation)であるから、境界も限界もない。もし「死」が可能なら、この死は「外部から」与えられる。

言い換えれば、存在者は、それが内部にいる世界とともに、非存在との差異において、非存在との対立において、つまりは「外部から」与えられる。死の可能的経験がありうるのは、非存在との対面においてである。ひらたくいえば、人間が日常生活の業務に埋没しているときには、人間と世界とが相互行為しているのであり、無際限の、限界のない、交渉が続く。日常のなかでは死の経験(の意識)はない(消えるとか不在するのではなく、原理的にありえないのである)。死の可能的な経験をするのは、人間が危機に直面し、非存在に直面するときだけである。日常生活は、「内部から」の、世界との相互行為である。日常生活の連続性が切断するとき、そこに非存在との関係が生まれる。何らかの仕方で死ぬかもしれない、世界のなかの何かによって殺されるかもしれないという切迫した状況があるときが、そうした経験である。

「もうあい」

人間にとって(のみ)死がありうるのは(単なる終わりではなくて)、それ(死)が非存在という外部から「与え」られるからである。その意味では死は「降ってくる」のである。ドイツ語の fallen は、雨が降る、何かが落ちてくるの意味であるが、これを名詞にすると Fall であり、ファルは「事実」とか「ケース」の意味である。人間的「事実」は Fall である。天から降ってきたものである。天から降ってくるものは、天の賦与であり天の贈与(与えられたもの)である。つまり「偶然の出会い」であり、「もうあい」である——ちょうど親鸞が法然に出会ったことを「もうあい」というときの意味がこの Fall である。

世界内人間

「世界内人間」は、たんに「人間が世界のなかに存在する」ことを意味するのではなくて、「世界が人間の内部に存在すること」を意味する。この両方の側面をすでにハイデガーも指摘していた。「内存在」とは、現存在(「我」がそうであるところのもの)が世界の「内部にある」ことと同時に、世界のほうが現存在の「内部にある」。両者は互いに開かれていながら、互いに閉じている。これを踏まえながら、この事態の意味を「展開」してみよう。

世界内人間とは、世界と人間が相互行為しているばかりではない。世界のなかに人間が含まれているだけでなく、それ以上に重要なことは、人間のなかに世界全体(宇宙万有)が、人間の構成要素として「含まれて」いることである。「我」の存立と構成にとって、世界全体(事物のすべて)が不可欠である。たとえ人間のなかにある世界のすべての事物が「我」のなかにあること、つまり宇宙万有の我への「内存在」が知られていない、あるいは知ることができないとしても、一人の人間が構成されるときには、世界・宇宙とそのなかの事物全体が何らかの仕方で関与し、構成要素になっている。これが世界内人間の意味である。いくつかの要素は顕在的に存在し、それを人間は自覚できるが、他の諸要素は意識には捉えられずに潜在しているだろう。顕在的事実(人間、事物)はその背景・地《じ》として無数の潜在的事物とひそかに関連しており、それらをやはり含むのである。

してみると、世界内人間の概念は、万物相関に等しいことがわかるだろう。そうだとすれば世界内人間は「縁起の理法」に等しい。縁起の概念は、万物相関の概念であり、普遍相対(相関)性理論であるのだから、世界内人間の概念は、普遍的相対・相関性の原理を表現する。万物相関すなわち縁起すなわち相依《そうえ》相待《そうだい》は、たんに個別の物が関係しているということではない。無数の個物があるとしよう。例えばAは、他のすべての個物と相互行為しつつ、それらを自己の内部へ捉えてくる。そしてそれらすべてを自己の存在構成の不可欠の要素として包み捉える。

縁起の理法

私見では、縁起の概念は、二重の構造をもつ。

ひとつは、万有が、自然的存在(物体的存在)であるかぎりでの存在者であるときには、万有の相関関係は、「横・水平」の関係、つまり法則性である。法則の支配の下にあるかぎりでは、万物の相関は必然の相をおびる。「因」と「縁」の水平的・横的関係は、法則性と必然性の関係である。必然性と法則の下では、万物は、あるがままに存在しているのであり、少しも「存在の変化」をもたない。法則と必然の下では、事物はいわば「永遠に」同じものでありうる。時間と場所をどのように変更しても、いつでも、どこででも、事物は必然的に、事物の本質を変更しないままに存在し続ける。

もうひとつは、因果性である。これは竪《しゅ》の関係、垂直の関係である。原因とは、結果を「生産、産出する」ものである。動物が子供を生むように、原因は、結果を生産する。これが「作用原因」または「起生原因」であり、そしてそれを因果性とよぶのである。cause は causation/cause efficiente であり、必ず結果(effet, effect)を生産する。必然的関係の下では、すなわち「横関係」においては、相互の「関係」はあっても、「新しいもの」を「生む」ことはない。しかし因果性は「新しいもの」を結果として「生む」という事態の概念であるから、因果性の概念が使用できるのは、少なくとも、宇宙万有のなかに生命体(有機体)が出現していなくてはならない。有機体・生命体は、必ず、「子供を生む」からである。因果性は、有機生命体の行為に関してのみ、有効に使用できる。言い換えれば、縁起論におけるいわゆる「原因―結果」の竪のシリーズは、生命体の相関についていえるのである。しかし特殊人間的領域は、単に生命体の領域でない。人間の歴史的世界は、人間の「自由な」行為を含むから、生命的因果性に加えて、自由の観念を付加しなくてはならない。自由と因果性の結合が人間の行為によって産出される人間の歴史的世界の因果性となるだろう（ただし、無生命体を含むかぎりで人間もまた自然法則の作用を受けることは当然である）。

例えば、「諸行」とはもろもろの行為を意味する。そうだとすれば、「行」は生命体の行為であり、特に人間の行為である。諸行が無常であるのは、人間的行為はつぎつぎに新しいものを生産し、そうすることで環境を変化させ、環境の変化に応じて、人間自身も変動し、こうして際限なく続く。これが諸行無常の意味である。そうだとすれば、諸行無常は、自由と因果性の概念で語られているのである。諸行から人間的行為を除くならば、それは生命体の因果性になる。

では「飛花落葉」はどうか。これは、自明であるが、自然の営みであり、太古以来、「永遠に」変わりなく、同じことを反復しているにすぎない。法則性の下の存在は行為しない、したがって新しいものを結果として産出しないからである。「飛花落葉」は、縁起論の「横関係」つまり法則性と必然の相で語られるべき現象である。花が飛ぶ、葉っぱが枯れて地に落ちる、というのを、人間の観点から「変化」とみるのは、縁起論からいえば、間違いである。そこには真実の「変化」（新しいものの結果としての産出）はない。

枯れ葉が落ちるのを見て「はっと悟る」ひともあるかもしれない。それは原理的には世界・宇宙のいわば叡知的な、絶対知的な把握であり、すでに悟りの境地にたっている。悟達とは、感覚や感情の変化ではなくて、縁起の理法の学問的認識なのである、ブッダの智慧（仏智）とは、縁起の理法の存在論的理解にほかならず、それは仏教の学道的側面なのである。仏教の学的体系は、縁起の理法以外にない。それは理性的に認識する以外にはないのである。それはすでに釈迦の教えであっただろう。釈迦のいう縁起の理法が学的体系であると洞察したのが、ナーガールジュナ（龍樹）であり、彼は縁起論を一個の「論理学」（存在の理法、存在論）として展開した。

清沢的縁起論——主伴互具論

清沢は主伴互具というタームを使用する。彼は、縁起の二重構造を基礎にして話をしていることに注意すべきである。仏教縁起論の二重性を論じたものは、私見では清沢をもって嚆矢とする。ここでいう縁起の二重性という用語は、清沢の着想に由来するのであるが、私はその着想をいま少し概念化してみようとしているのである。因・縁の法則性を基礎として、その上に原因—結果の因果性を語るのは、有機生命体の観点から語ることである。

何かをAとしよう。「主」とはこのAであり、「伴」とは他のすべての個物である。「主」としての存在者は、宇宙のすべての他の存在者を自分を構成するモメント(エレメント)として「つかみ取り、包み取る」。これが万物相関の基本的原理であり、縁起の理法である。他方、個物はどれも何かによる生産物＝「結果」である。宇宙万物は、「何ものか」による「結果」である。すべては「果」である。縁起論・万物相関論はつねに「結果」から考えるのでなくてはならない。人間の場合、現在の「我」を「結果」であると意識できる。結果を語るかぎりは、人間の自己意識が行為として働いている。だから、たんに横の法則性だけではなく、竪の因果性の概念でなくてはならないのである。「結果」の意識は生命体が、潜在的に(なぜなら、動物は「目的」をもち、獲物という結果を何らかの仕方で感覚しているからである)、あるいは顕在的に(人間は自覚的に目的をたて、行為し、結果を獲得するから)目的行動をとり、結果を産出する。その意味で、諸行の結果として「諸法」がある。人間にとって「行」なき「諸法」(結果)はありえない。諸法のなかには、行為によって変化した結果としての人間が含まれている。諸法は、結果としての人間とその他の万有(リアルな物というより、人間の精神作用によって把握された表象、観念、「対境」)である。

では、「何ものか」の結果というときの「何ものか」とは何か。人間は行為によって結果を生産する。人間の行為には関係ない自然もある。それらすべてを、法則と必然性の相の下で、そして有機的な因果性の相の下で、生産する何ものかがあると想定するのである。要するに、宇宙万有を動かすものである。それが絶対的な生産力である。これを絶対他力とよぶ。結果が存在する以上は、結果としての生産物を生産する力がなければならない。それは潜在しているが実在する。それが実在しなければ、つまり絶対的生産力がなければ宇宙万有は実在しない。

世界内人間としてのダールマ、すなわち縁起

縁起の理法、万物相関の因縁・因果法を完全に「洞察する」ことを、「仏陀の智慧」とよぶ。仏陀とは縁起の理法とそれを動かす絶対的生産力を「自覚する存在」であり、その智慧の内容が万物相関であり普遍的相対＝相関論である。

そうだとすれば、世界内存在とは、事物一般のことではなくて、縁起的に存在する人間を意味する。万物相関が「真理」であり、人間によって言語をもって「開示された真実」(「教え」)であるのなら、それは「法」であり、法の当体は、「法身」である。法身は絶対的生産力である。それの個物的現われは、「世界」であり「人間」である。絶対的生産力・絶対的他者の力(他力)の現世内で変容したものが、万物であり、人間である。人間は自己を本当に深く洞察する(「知見」する、「信知する」)なら、万物相関の理法を洞察することができる。これが「悟達」であり、「証」(さとり、あかし、あからめ)である。

法とはダールマである。したがってダールマとは、万物相関の理法にして、かつこの理法の知(智慧)である。だから智慧の立場からいえば、「世界内人間」こそがダールマなのである。われわれひとりひとりが「世界内人間」であり、縁起的生産物であり、因と縁の「出会い」の結果である。宇宙万有が「我一人」のなかに「内在している」。したがって絶対的生産力が「我一人」のなかに内在しているばかりか、我一人が絶対的他力(必然的法則性と因果性の姿をとる力)のなかに包摂されている。これが世界内人間の真実の姿である。

人間であることの例外性

「仏性」とは、仏になる種ないし因をさす。仏陀になりうる「要因」としての仏性は、万物相関の理法によって「果」として生産されて存在することを意味する。

悟達の観点からみる限りでは、人間だけでなくあらゆる事物は、縁起的、万物相関的に生産された結果であるのだから、「一切衆生悉有仏性」ということができる。この命題は、万物相関・縁起理法なしには理解できない。山や川がどうして仏性に「目覚める」のかとひとは問うだろうし、「神秘的」だというだろう。しかしそうではない。

人間を除く万物は、縁起の理法をあるがままに生きているのである。人間以外の存在者は、縁起と普遍相対理論にぴったりと適合している。植物も動物もそのように生きているのである。すなわち、人間以外の存在者は、すべて、仏性のままに生きていて、いまさら目覚める必要はないのである。人間以外の存在者は、すでにして仏陀なのである。ところが、「自然」としての人間ではなく、特殊に人間的な存在としての人間だけが万物のなかで例外存在である。この人間なるものは必然の相での万物相関を生きることはできない。これを「無明」という。欲望と迷妄の雲霧に覆われているために(人間は行為するから、因果性と自由の相で生きるから、そして自由な行為のゆえに誤謬と迷妄を生むから)、他の物たちには光明が与えられているのに対して、暗黒のなかにいるというのが人間という存在である。まさにそのゆえに、人間だけが例外的に「精神」を使用して、因縁・因果の理法、縁起論と一般相関性を知的にも情的にも理解しなければならないのである。

ここから縁起論は、人間存在の悲しみ(他の存在者のようにあるがままに仏性を生きることができない例外性)を教える。慈悲の根拠はここにあるのだろう。なぜ慈悲を人間に与えなくてはならないのか。人間だけが、仏性すなわち縁起の理法に目覚めることがもっとも困難な存在であるからだ。伝統仏教のなかには、まだ人間中心主義があり、人間を高みにおいて、山川草木を下にみて、山川草木ですら仏性の見込みがあるというが、むしろ反対であろう。山川草木は「与えられてあるがままに」つねにすでに万物相関的に、縁起的に、仏性的に存在しているのだから。この逆転こそが釈尊の仏教の真髄ではなかろうか。

三 「我一人」または個人性

単にいま存在することによっては、個人と個人性は成立しない。あるものが「いまここに現前する(being present)」ことは、「あるものが現実存在(exist)する」ことではない。単に現前してあるものは、際限なく、他のものと関連して存在するが、そのものはまだ「現実存在する物」ではない。現実存在(existence)と単なる「存在(being)」は区別されなくてはならない。「プレゼントしてある」ことは「現実に事実として存在する」こととは違う。「現前存在」は無数の他者と際限なく、限界なく、繋がっている。「たんに(与えられて)あること」、物のようにあることは、「内‐世界」の観点からみた存在の理解である。

ところが現実存在(簡単に実存)は、「外部から」与えられる。外部とは、前にいったように、非存在である。非存在(無)との関係で、非存在との対立において、存在者は、その限界を与えられる。限界や境界は、「存在者が存在すること」と「存在しないこと」(存在と非存在)との「差異」である。あるもの(何か)が存在するものとして与えられるとき、同時に非存在との「差異」も与えられる。あるものの存在のなかに限界／境界が、非存在との差異が含まれている。

人間についていえば、人間が現実存在することは、自己のなかに、非存在との差異が与えられていることである。非存在とは死である。死によって限界が与えられ、死によって限りがあるように(有限であるように)させられていること、それが現実存在であり、実存であり、現実的な人間である。有限であることは、現実存在である。限りがあることが人間を実存するものにするし、それが個人となる。有限であることが個人性である。個物としての、個人としての人間は有限であり、それは世界のなかで「唯一無比の存在」である。これが「我一人」である。なぜなら、死は自分以外の誰かの死でもなく、「我の」死にほかならないからである。非存在との差異は、他の誰かのことではなく、我のなかで、我自身に固有の非存在との関係である。非存在との関係を「我一人」にする具体例は、自殺である。人間はいつか死ぬだろうだけでなく、いつでも(どの瞬間、どの時点でも)自分で自分に死を与えることができるし、そこに人間的自由がある。現実存在は個人であり、それは自由な存在である。世界内人間は、現実存在である。それは個人性として完全である。それは自由に決意し、自分から死を自分に与えることができる。

世界内人間の存在は縁起の理法によって成立するから、世界内人間は、世界内の万物に働きかけて変形し、そうすることを通じて世界内事物を自己の構成契機(モメント)として、変容させつつ「総合」する。それによって相依相待の関係の論理によって(横の法則的必然性としての相依と竪の因果的関係としての相待の統一的論理)、他者を受容し、また他者に服し、相互扶助をすることができる。しかし相依から相待に転換する(相互依存から相互扶助に転換する)には、現実存在する個人は、自己に死を与えなくてはならない(事実的にではなくて、象徴的に)。つまり現実の世界から離脱しなくてはならない。死は肉体の死ではなくて、「現前存在」としての世界内人間(たんにあること、物のありかたと同じありかたをしている状態)から、現実存在・個人としての世界内人間(自由に決断する人間、行為する人間)に変化することである。たんにあることからみれば、それはひとつの「死」(終わり)のありかたである。仏性を顕現することは、つまり目覚めることは一種の死である。出世間は死である。ここに人間的自由がある。

我一人の自覚はダールマの自覚である。縁起論的存在の自覚であり、縁起的に生きること、万物相関的に生きることの自覚であり、そのように実行することである。

我一人としての、宇宙のなかで唯一無比の存在としての、個人性は、ダールマとしての世界内人間である。数的に「一」人であることを「個別」という。数的に「一」個別者でありながら、万人(万物)によって、つまり「普遍的」に、その存在価値を肯定的に承認されている状態を「個人性」とよぶ。数的に一である個別がそのなかに「普遍性」を実現している状態が「個人性」である。これはある程度まで有限世界のなかでも、原理的には実現可能である(困難であるが、有限世界をよりよく生きるための努力目標である)。しかし例えば親鸞の場合は、これと少し違う。親鸞の場合、「我一人」は、有限世界の「万人」による承認ではなくて(それと矛盾しないが)、「無限」として「阿弥陀」による「我一人」(の価値)の承認である。この承認という行為は、浄土仏教では「阿弥陀による摂取不捨」を意味する。無限による承認は、原理的には、有限世界における万人＝普遍による承認とは異なる次元のものである。

かくて「我一人」は、二つのタイプがあることになる――有限世界における普遍的承認(正義と法の実現)と、無限のなかに住することとしての無限による承認である。私見では、「我一人」は、まずは有限世界での普遍的承認を通過して(歴史的に徐々に)成立するのであって、これを欠落させるわけにはいかない。『教行信証』における「化身土《けしんど》」の概念は、おそらくは有限世界における有限者間の承認に対応すると解釈できよう。はしょっていえば、有限世界において法と正義が理想的に実現したとしても、人間は十分に満足しないという思想が仏教にある。したがって、有限世界における普遍的承認がなくていいのではなくて、それがたとえ実現してもなお別の承認が必要である、というのが仏教の主張になりうる。だから二つの承認論の関係をつけなくてはならないのである。この観点からみれば、親鸞における「化身土」と「真仏土《しんぶつど》」の区別は、有限世界における有限な承認の問題と覚醒において成就する無限的承認の問題をつなげる「理論的な」企てであったとみなすこともできるだろう。

四　法則性と因果性の区別

縁起論の別名は、相依・相待である。元来、相依と相待は同義であるが、あえて二語を区別して、縁起概念の含蓄を解釈してみる。

1　相依関係

相依は、文字通りに、相互依存関係である。inter-dependence である。万物が相依関係にあるときには、万物は法則性と必然性の関係のなかにある。それは相互関係であるが、そして関係のなかでのみ「ある(存在する)もの」が成立する。「あるもの」は、それ自体として自存しない。しかし必然的法則連関のなかに「ある」かぎりでは、万物は、つねに、どこでも、「同じ姿」で出現する。それ自体からの、それ自体による変化は原理的にはない。だから相依は、法則性と必然のカテゴリーである。「これなくして、あれなし」としてまとめられる。

2　相待関係

相待は、行為する生命体、とくに人間が出現するときにのみ、意味をもつだろう。行為は、相手に働きかけて、それを変形・変換し、別のもの(新しい生産物)にする。そしてその変換行為のなかで、行為する主体もまた、自己の行為によって変形・変換されて、別の「新しいもの」(変化した我)へと変化し、変身する。主体と客体が相互に共同して変化する(co-action, co-naissance)。

客体が「いまある」のは主体の行為の結果である。主体が「いまある」のは、客体との相互行為の結果である。主体も客体も相互行為のなかで新たに生産された結果である。これが「因果性」である。因果関係は、リアルな、「以前にはなかったような」新しいもの(これが「結果」とよばれる)を必ず生み出すのでなくてはならない。これは「これの行為によってあれ生ず」とまとめられる。たんに「ある」のではなくて、「生じる」のでなくてはならない。

仏教において「生・滅」がいわれるのは、明らかに、行為・「行」の文脈においてである。行と行為なしには生・滅はない。法則的必然(相依)の下では、「ただある」のであり、つねに同一である(相互関係の仕方が同一であるのであって、物の内容が自体的に同一であるのではない)。有機生命体の「目的・意図」をもつ行為があるところに、真実の意味での「原因と結果」の関連、すなわち「因果性」(コーザリティ)が成り立つのである。特殊人間的世界では、因果性に対して自由(な行為)が加わる。特殊に人間的な世界でこそ、目的論的行為とそれに基づく独自の(したがって単に生物的な因果性ではない)因果性が成り立つことになる。

死せる宇宙と生ける宇宙

西洋でも日本でも、法則性と因果性は同一とみなされつづけてきたし、いまもそうであると思われる。例えば、ニュートンの宇宙を支配する法則性は、原因―結果としての因果関係だといわれる。しかし哲学的に見てみれば、ニュートンの宇宙には、有機生命体はまったく存在しないと「仮定」されている。つまり、ガリレオ・デカルト・ニュートン・カントの宇宙、一般に古典的近代(機械論的)科学の宇宙とは、「死せる物体の宇宙」なのである。そこでは、「何も新しいものは生じない、したがって何も滅することもない」宇宙なのである。万物は相互依存しあって「存在」しているが、その依存関係は、特定の法則の下で「永遠に」同一のままに「繰り返す」のみである。しかしもっと奇妙なのは、観察者(ガリレオ、ニュートン、デカルト、一般に科学者)は、この死せる宇宙「のなかの一定の空間を占拠して生きている」のである。ではこの「生き物」の存在はどうなるのか。定義によって、宇宙は「死せる物体」の集合であった。そうなると、この死の宇宙のなかにいるはずの「観察者」はどうなるのだろうか。彼は「どこに、どの場所にいるのか」。生きているのか、死んでいるのか。一方をとれば、他方と矛盾する。それとも観察者は、別の宇宙の生き物なのか。それではオカルトになる。かくて近代科学は、原理的には、オカルト的である運命を免れるすべはないのである。(ニュートンがしたように、観察者などは宇宙のなかの極小部分だから、無視できるという実用的な処理を知らないのではない。しかしそれはここでは問題ではない。)

　繰り返すが、何が問題であるのか。宇宙を死せる物体の世界とみなすかどうかは別として(そんなことは哲学的にはありえない、なぜなら宇宙は語る存在を含んでいるから)、ニュートン的な宇宙を支配する万物の相関関係は、法則性として把握するべきであって、行為をもつ存在が介入する宇宙の相関関係は因果性として把握すべきである。行為的存在、特殊には人間が介入するとき、宇宙は二重性を示すことになる。すなわち、永遠に反復する自然としての宇宙(法則性の世界)とそれに行為的に関与・介入する有機的世界(因果性の世界)の二重性である(特殊人間的世界を別立てにするなら、三重になる)。私の解釈では、仏教縁起論は、まさにこの二重性に気づいていた。それの概念的精密化は残された課題としているとしても）。だから、縁起論が二重の言い方で語られてきたのだ。因・縁関係（相依）と因・果（相待）関係というように。ところが、伝統仏教的解釈においては、因果性と法則性を一緒にして（同一視して）、二重の関係にしてしまったと思われる。そこに混乱が起きてしまったのではないだろうか（仏典がすでに曖昧であったから、余儀ない混同であったともいえるが、これは別の問題である）。仏教の縁起論の画期的な理論を救出するためには、一方では、永遠に同じ結合関係を繰り返す法則性（自然法則）と、他方では、有機的世界一般および「新しいもの」が生産される行為的世界の相関関係としての「歴史世界」（自由なき因果性と自由による因果性）、この二つ（ないし三つ）を峻別し、かつこれらを統合することである。

カントの例

カントは「人間」をどう見ていたのか。どのように彼は人間を宇宙のなかに位置づけたのか。カントの構想は、大変興味深いものがある。というのは、カントは、西洋形而上学の人間学を総括し、カント以後の思想、とくにヘーゲルの思想を用意したからである。問題は、人間についての個々的な内容の記述ではない。人間世界を説明し理解する「理法」が問題である。われわれの問題関心からいえば、「法則性」と「因果性」の関係はどうかというのが、カントにおいても問われるのである。

カントは『実用的観点から見た人間学』（一七九八年）のなかでこう言っている。

人間に自然の体系のなかの位置をわりあて、人間を特徴づけてみると、つぎのことだけがきわだつ。すなわち、人間は自分で自己を創造するという特徴をもつということだ。なぜなら人間は、自分自身で選択した目的にしたがって自己を完成させる力をもっているからである。まさにそのゆえに、理性をもつ可能性にある動物（animal *rationabile*）から出発して、人間は自己自身を理性的動物（animal *rationale*）にする［つくりあげる］ことができる。（ミシェル・フーコーによる仏訳を借用、Vrin, p. 161.）

人間はたんに「理性をつかうかもしれない、理性を使用できるかもしれない動物」(たんなる自然的動物)であるばかりでなく、さらに事実的にも「理性的動物」である、つまり自然を越える理性的動物でもある、というのがカントの言いたいことであるし、それはすでにユダヤ＝キリスト教(とくにキリスト教)とギリシア思想が久しい以前からいってきたことだ(ギリシア思想は人間の知性的能力を強調し、キリスト教は「現にあるのとは別の存在」になることを強調した)。カントは、この伝統の「人間」像を近代的にまとめあげたといえる。とくに「変更」の観点にアクセントを置くなら、カントはまさに「キリスト教的」哲学者である。

ところで、カントは人間のなかにある二つの傾向(自然的同一性と差異化)が分裂することを重視する。

1　人間の相互行為の体系の「機械的な」性格。「機械的」とは近代科学の世界像の特徴であり、自然的宇宙が機械論的にながめられるという科学的な規定である。換言すれば、宇宙は自然法則によって(近代科学の言い方では、数学的に定式化される法則によって)「永遠の」昔から決定されているということである。これが人間の社会のなかであらわれるときには、「自然状態」の人間として表現され、ホッブズ以来、自然状態の人間は、「万人は万人にとって狼である」という「自然の権利」を主張し合う闘争状態を意味する。人間は自然的欲望につき動かされて互いに敵対する。ここでは、「自然の掟」はあるが、正義と法は存在しない。こういう人間のアスペクトが「機械的」とよばれ、自然法則のままに動く人間として規定される。

2　他方、同時に、人間の相互作用の体系は「目的の体系」として規定される。「目的論的」人間論。人間が目的を作り、それに応じて行動するとき、人間はもはや自然的動物ではなくて、理性を使用する動物である。人間は、自然法則の下で動くのではなくて、自己自身が自分に向かって立てた「目的」にしたがって行動する。これが本来的な人間の姿である。

ここからカントの有名な「非社交的社交性」(ungesellige Geselligkeit)という定義が登場する。言い換えると、人間は、自然法則の下で運動するときには「自然状態の自然の掟」つまり相互闘争で生きるのだから、「非社交的」「なかよくできない」という性格をもつのだが、目的論的に行動する人間は、非社交的状態(「自然状態」)を乗り越えて、法の体系をつくり、社会のなかに「正義」を実現し、互いに平和に(闘争の停止という意味で)交渉できる「社交性」を実現する。

人類の歴史は、この二つの傾向の編み合わせによって展開してきた。歴史を動かす「動因」は、決定論的・機械論的法則(カントはこれを「因果法則」とよぶ)でもなく、またドグマティクな目的論でもなくて、両者を包括する規律であるとみなす。

個別的にとらえられた人間たちと諸民族全体は、まったく自覚しないままに、自分たちの個人的欲望にあわせてかれらの個々的な目的追求しているうちに、かれらはそれと知らずに自然の意図に協力しているのである。この意図をかれらは知らないが、あたかもかれらが導きの糸に服するように、その意図を実現するように活動するのである。(『世界市民の観点から見た人類の歴史についての構想』一七八四年。Kant, I., Idee zu einer allgemeinen Geschichte in weltbürgerlicher Absicht, in *Werkausgabe XI*, Suhrkamp, 1977.)

人間は個々的に「目的」をもって活動するが、人類の歴史もまた「自然の意図・目的」(これは神の摂理の言い換えで、神学的である)をもつ。人類の歴史の「目的」からみれば、個々の人間は、この目的のための「手段」である。人間相互の「敵対」は、「自然がすべての人間的傾向の発展をうまく導くために使用する手段」である。そしてその結果は、法と正義である。法と正義は、自然法則の下での「敵対関係」と「自然の意図」との「合力」である。機械的法則と人類のなかの「自然の目的」との合成的結果が、法と正義が実現するcivile society / bürgerliche Gesellschaft(「公民社会」――普通、市民社会と翻訳されている)である。

この「合成」「合力」という観念は重要である。人間の社会は、あるいは社会的人間(公民社会を作りそのなかで生きる人間)は、たんに機械的法則の下で生きるだけでなく、またたんに「目的」論的に生きるのでもなく、両方の総合であるという思想がそこにある。カントが使用する「諸力」、複数の人間的力を使用していえば、合力とは、後の時代の言葉でいえば「力の平行四辺形」である（フリードリヒ・エンゲルスが平行四辺形タームを特殊人間的な歴史的世界に応用したことは周知の通りである）。カントはこの用語を使用しないが、事実上そう言っている。

さて、右記のことをふまえて、われわれの本来の問題に戻ろう。

カントは『純粋理性批判』のなかのカテゴリー論において、「法則性」と「因果性」を区別しないで、同義としている。そして右に見たように、彼の歴史哲学と法哲学においても、法則性と因果性は同義である。「この概念〔原因の概念〕は、ある種の何かAが他の種類のBがそこから必然的に、まったく普遍的な規則に従って生じるごときものであることを全面的に要求する。」（Kant, *Kritik der reinen Vernunft*, B, S. 124. 強調は原文通り。〔　〕は引用者）法則に従うことは、必然的であることを意味する。法則的必然性は自然の法則であり、法則は因果性または因果関係として記述されるとカントは考えたし、エンゲルスも含めて、その後のすべての思想家はそう考えている。他方、人間の行為は目的に応じた行動であり、人間的世界は、個人的にも、人類的にも「目的論」であるとみなされている。カントの文章をみればわかるように、自然法則＝機械論的決定法則＝因果性の等式があり、他方で、人類の歴史にとっては、自然法則を越える「自由に基づく目的論」がある。両者は対立させられている。

ここには正しい思想があると同時に、混同もある。正しいというのは、自然法則と目的論は違うという思想である。混同というのは、法則性・決定性・必然性と因果性が混同されているからである。混同という指摘は常識に反するかもしれない。しかし前にも見たように、機械論的法則性の世界は、無生命の世界であり、そこには人間としての人間は存在しないで、たんに物体としての「人間の顔をした物体」があるにすぎない。他方、目的論的世界は、動物的生命だけなく、動物のなかの「異常なもの」つまり「人間的」な生き物を含む世界であり、基本的に『意図と目的』によって動く。目的を立てるというのは、対象についての知識がなければならない――人間以外の動物も微小なりと対象・環境の「知」をもっている。対象について知識をもつためにはすでに何らかの「精神」と「理性」がなければならない。

理性を使い、理性による世界の認識をしながら、世界に働きかけるとき、何が起きるのだろうか。自然としての自然的宇宙には全然なかった「新しいもの」「新しい出来事」が到来するのである。これが人間の社会とその歴史である。ここで働く事物の関連は、「原因と結果」の関係である、すなわち因果性である。因果性の世界は、有機的生命の世界であり、とくに(特殊的に「自由な行為」が加わる)人間的生命の世界なのである。いうまでもなく、有機的生命の世界は、その基礎に「自然的、無機的世界」をもつし、その限りで自然法則と機械論的決定をうける(法則的必然性)。したがって、カントが気づいているように、法則性と因果性(目的論)とは合成されるのである。

これを仏教に当て嵌めると、縁起論とは、因・縁としての法則性と因果としての目的論(目的論としての因果性)の二重構造になっているといえる。これを私は言いたかったので、カントを迂回したのである。この観点から振り返ると、仏教縁起論の二重性とほぼ同じ思想を実はヘーゲルが成就していたことがわかる。ここにヘーゲルと仏教縁起論の親近性がある。このことを洞察したのは、日本ではおそらく清沢満之唯一人であろう。清沢をこのように理解するかどうかが、まさに決定的である。清沢はまだ私のような言い方で縁起論を語っていないが、そして法則性と因果性の混同の傾向すらときにはあるが、にもかかわらず、彼は、例えば『他力門哲学骸骨』のなかで、縁起論の「横」と「竪」の二重関係をはっきりと指摘している。これはきわめて重要なことである。

さて、少々の異動を除去すると、カントはヘーゲルに一致するし、ヘーゲルは清沢とも一致する、つまりは仏教縁起論の理論的構造に収斂するのである。こうして西洋思想とアジア思想との相互対照が可能になる。その意味で、またその限りでのみ、カントとヘーゲルが仏教の縁起理論(存在の理論)を理解する重大な手引きになる所以である。

縁起論の二重性、すなわち「横」と「竪」の関係を重視するのは、これが清沢満之の学的組織の可能的展開を予想させるからである。「横」の法則性が妥当する領域は、無生命的領域であり、いわゆる自然としての自然(自然一般)であり、「竪」の因果性は、二つの領域をおおう、すなわち第一に生命有機体の領域であり、第二に、自由のカテゴリーが因果性と結合する特殊人間的な歴史的領域である。それぞれを、学的組織としてみれば、最初のものは、自然・宇宙論一般の学であり、第二のものは生命世界一般の学であり、この二つは合わせて、いわば自然哲学（またはコスモロジー）をなす。第三のものは、特殊人間論であり、現代の用語でいえば現象学的人間学である。そしてこれに加えて、これらの学的諸領域を貫く「存在について語ること」としての「論理学」があるべきだろうし、清沢はそれをも構想していた（「論理学試稿」『全集三』を参照）。これまで論じたところの縁起論再考は、ひとえに清沢の学問的体系的思考をつきうごかす動力を明るみにだすことにあったが、おそらくはそれを越えて仏教一般における縁起論を現代化することにも何らかの仕方で役立つのではないかとひそかに考える。

第二章　本願とは何か

一　沈　黙

沈黙と言説

沈黙はひとつの人間的現実である。三つの事態が考えられる。

第一に、人間の言語をもってしては「それ」について「矛盾なく語ることができない」という事態である。この場合、「それ」についての沈黙は、「それ」が「語りえないもの」であるからである。語りえないものは、言語を越えているのだから、ただ「指で差し示す」ことしか人間にはなしえない。これは、人間存在の根源にある原理的な沈黙である。

第二に、発言しないで黙っていることである(意地悪から、あるいは伝達ができないとあきらめて、何かを知っていても黙っている、さらにあるいは、うまくいえないなどの理由で沈黙する、等々)。これは、たんに、失策、故意などによる陳腐な沈黙である。

第三に、言語をもって矛盾なく語ろうとしている(した)のだが、自覚するしないにかかわらず矛盾したことを発言するときには、実際には「無意味なこと」を語ったのであるから、それは沈黙に等しい。矛盾とは沈黙の別の形なのである。話す動物である人間だけが、言語をもつことによって誤謬をおかすことができるし、またそのゆえに誤謬を克服し真実へと至ろうとすることができる。そのなかで矛盾をしばしばおかす。つまりおびただしく語りながら、じっさいには沈黙をしているのである。これは、いわば無意識的な沈黙である。

ここでは第二形態と第三形態(これは誤謬の存在可能性を理解するに重要であるが)は無視して、第一形態だけを考える。事実、それだけが仏教における「沈黙」の意味であるからだ。

本来の沈黙

語りえないものは、「ある」ともいえないし、「あらない」ともいえない。(無神論的傾向をもつ)実在論は、語りえない(思考することができない)ものは「あらない」(無有、存在しない)という。(有神論的傾向をもつ)観念論は、語りえないものは「ある」(有)という。しかし、実在論も観念論も、語りえないもの「について」、「それはある」とか「それはない」とか語ってしまっている。語りえないものを語るのは矛盾している。したがって、正しい態度は、語りえないものについては沈黙し、もっぱら指で差し示すことである。仏教ではこれを「無記」という。仏教でいう「無記」は原理的にまったく厳密に正しい振る舞いである。

例えば、観念論と実在論が論争する「問題」は、すべての「有るもの」に共通するが「有るもの」と区別されるところの純粋な有(存在としての存在)である。純粋有について、観念論は、それが語りえないから「存在しない」とい い、実在論は、それは語りえないけれども「存在する」という。仏教は、語りえないものについては沈黙するし、あるともないとも「言わない」。だから、仏教は、哲学的には、観念論でもないし実在論でもなく、しかしそれらのどちらをも「包摂する」真実の哲学的知であることを、「無記」というタームで宣言したのである。

釈尊に関する伝記のなかで、「六師外道《ろくしげどう》」の伝承は、釈迦以外の、彼以前の哲学的伝統は、要するに二つのタイプに還元できると語っているに等しい。西洋でいう「観念論」(永遠の魂があるとか、存在は永遠であるとか、意識がすべてであるとかいう言説)と「実在論」(経験論と唯物論が典型で、しばしば無神論に傾く)の二つの類型に、六師外道は還元できる。こうして釈尊の思想は、古代インドのすべての思想類型の難点を克服し、しかもそれらを真実のひとつのアスペクトとして承認し、組み込むことができた。インド思想は、釈尊においてひとまず「完成」したのである。釈尊以降の思想の歴史は、それの「解釈の歴史」にすぎないともいえよう。この論点も重要である。釈尊の弟子たちは、この歴史的事実に気づいたのではないかと思われる。なぜなら、彼らは、釈尊の説(仏典)と解釈を峻別するからである。ここから「論」(ウパデーシャ)の問題が出てくる。一方では、釈迦の言行録の編集があり、他方では、「仏説」形式をとる「大乗経典」がある。後者はすでにひとつの「解釈」であり、さらにそれについての「解釈」が生まれる。仏教の歴史は、こうした解釈の歴史であろう。それは「釈迦が言おうとしたこと」を解釈する「論」の歴史である。それは、すでに釈尊において「完成した」知と行為の組織的内容を、可能なかぎり理解する努力の歴史的展開であったといえよう。(本当に「完成した」といえるのかどうかは、当然にも問うことができるし、哲学的には問わねばならない。とはいえ、仏教の歴史的展開は、釈尊における完成・成就を仏弟子たちが自明の前提としたという事実からはじめて理解可能である。この想定の下で以下の議論は進められる。)

二　沈黙を破ること

梵天勧請の意味について

釈尊の言う沈黙は、前記の第一類型にあたる。これを踏まえて、より特殊な場面に進むことにしよう。いわゆる「梵天勧請」とは何を意味するだろうか。

一切の先行思想類型を乗り越えた釈尊は、ついに「絶対知」(仏教では「仏の智慧」)に到達した。語りえないものについては沈黙しつつ、語りえるものについては矛盾なく語ることができる「絶対知の体系」を把握した、と想定しよう。こうなると、さらに新しい局面がでてくる。絶対知の体系をどうしたら伝達することができようか。釈尊など知らない多くの人々が存在する。釈尊の絶対知は常識をはずれている「異常な内容」をもっている。他人に伝えることは、単純にはできない、ひょっとしたら不可能かもしれない。しかし、釈尊「一人」が絶対知に到達したとしても、それは釈尊だけの「思い込み」でしかないかもしれない。思い込みは「錯覚」でもありうる。絶対知に到達したと主張する主観的確信は錯覚かもしれないという可能性が、原則的にはありうるし、「一人だけ」の達成ではこの可能性を取り除くことはできない。この袋小路を乗り越えることができるだろうか。

釈尊は自分一人で正覚した。宇宙万有の存在の真理を首尾一貫して把握し、そしてその行為と事実を確信した。けれども正覚したのは釈尊「唯一人」であって、他の人たちは無明の境涯に依然として停滞している。それどころか、釈尊が正覚したことすら気づくことはできない。釈尊が沈黙しているかぎりこれは当然のことだ。かりに釈尊が人々に語りかけても、彼の説法は彼らには一切通じないだろうし、逆に、まったく新しい語りと教えを理解できないのであるから、彼らは釈尊を「狂人」扱いすることであろうし、場合によっては「石をもって」、あるいは他の手段をもって、彼を迫害し、追放する挙に出ることもあるやもしれない(これはインドに限ったことではなく、古代のユダヤの領域において預言者は故郷に入れられることはなかったように、また古代ギリシアにおいてソクラテスの「毒人参」による自死があったように、地球のどこでも、いつでも、起こりうることである)。だから、釈尊はあくまで沈黙をまもっていることもありえた。しかし釈尊は自ら沈黙を破った。

釈尊が絶対沈黙を破り、他者たちとの関係(言語をもってする交通関係)を不可欠だと考えたのはなぜだろうか。釈尊が沈黙を破ったという事実は、他者との言説的関係を決定的条件として評価したことを意味するのだが、その評価はどこから出てくるのだろうか。他者の必要は、どのような根拠からいわれるのであろうか。

釈尊の絶対知＝正覚が真実であるなら、その知は、この世界のなかに現実に存在するのでなくてはならない。つまり、理想として天空にある、あるいはたんなる想像であることではいけない。絶対知は世界のなかに現実に存在するときにのみ、絶対的である。ところで、釈尊「一人」だけが正覚したのだとしたら、それは釈尊だけの思念・思い込みにすぎないかもしれない。釈尊が唯一人だけ絶対知に達したと「言う」のであれば、その「知」は「唯一人」の知にすぎないのだから、釈尊が「自分で言う」正覚は、原理的には、妄想でありうるし、妄想は「頭のなかに」たんに「ある」だけであって現実存在しないのだから、他人にとっても釈尊自身にとっても、狂人の発言である可能性を原理的にははらいのけることはできない。もし釈尊の絶対知が現実に(本当に)真実でありうるのだとしたら——事実、釈尊は「個人的には」真実であると確信しているのだが——、彼の「言うこと」が真実であるという証明が決定的に必要である。真実の証明基準とは何であろうか。彼が到達した絶対知が、他者たちによって(少なくとも釈迦以外の一人によって)承認されること、これである。他者たちが釈尊の絶対知を承認することは、釈尊の説法を受け入れることである。「受け入れる」とは、しばしばたいていは、釈尊の発言を反論することからはじまる。反論は、釈尊の発言＝説法を「重要であると受けとめる」ことを意味する。もし重要でないと他者が思うなら、完全に無視するだろうし、無視されるなら釈尊の発言は誰にも聞かれず、したがって歴史の闇に埋もれるだろう。したがって、釈尊の発言にたいして他人が反論を加えるという討議と論議がわずかでも開始するなら、そのときにのみ釈尊は狂人の可能性から解放されて、まずは正気の人として、次に、理性的存在として、最後に、理想的極限としては、正覚者として、この世に現実に存在することができる。そのことを、釈尊自身も、他人も、確信することができる。これが梵天勧請の論理的な内容である。

ところで、梵天勧請の構図では、一方で、釈尊唯一人が正覚に達しているが、他方では万人は無明のなかに停滞している。ここには巨大な落差がある。いかにして無明の人たちが正覚者の教えを「受け入れる」ことができるのだろうか。この深淵を飛び越すにはどうしたらいいのか。すでに簡単に示唆したように、他者との論議しかない。

ディアレクティケー／ウパデーシャ(論議、討議的対話)

絶対知＝仏智＝正覚は、唯一人のなかにある限りでは、完全ではない。絶対知は万人のなかにあるときにはじめて完全になる。釈尊一人のなかでは、釈尊にとって完全であると確信されていても、それはまだ不完全である。一人のなかに宿る完全な知というのは自己矛盾ですらある。自分一人では完全であると(主観的に)自己確信しているのだが、それは一個の人間の精神の外には出ていない。この主観的自己確信の限界を破らなくてはならない。自己にとっての完全と原理的な不完全との間に淵(ギャップ)があるからこそ、自分が到達した絶対知を真実の意味で完全にしようと意欲しなくてはならないという義務が出てくる。この意欲と義務は存在の根源にある願望であり、それがまさに本願であり、誓願である。

本願の「本」は「もともとからあった」の意味であるとすれば、それは宿願の「宿」に等しい。「本」と「宿」は、時間的に、歴史的に「昔から」という意味ではない。それはいわば存在論的な意味での「もとから」である。なぜなら、唯一の人が正覚するときには、つねに必ず、不完全と完全のズレとギャップを抱えるからである。釈尊一人だけが正覚するとき、正覚された(到達された)絶対知は、他者に伝わることは不可能である。一人の正覚と多数者の無明をつなぐ通路(パサージュ)は、ここではまだ存在しない。しかし正覚=絶対知は、絶対的で真実である(と自己開示する)ためには、絶対的に必然的に、他者=無明の人々のなかに身を置いて、彼らと言説的に関係しなくてはならない。

釈尊は真実を言う意図を示す(これをすべてに先行する想定という意味でHypotheseと名づけておこう)。彼は発言し、それを真実として提言する(These)。他者は反論する(Anti-these)。釈尊の提言は反論されるとただちに、アンチテーゼに対するテーゼになり、それ自体が他者へのアンチテーゼに変化する。こうして際限のない討議が開始する。そして、いずれは第三者的立場から総合(Synthese)の試みが出てくるだろうし、それはたいていは妥協の提言(Parathese)になる。そしていつかは真実の総合(Synthese)になるだろう。そのとき最初に暗黙の内にあった想定(Hypothese)は完全に実現される。

このとき、釈尊は、反論にたいして反論するとき、自己を他者の精神のなかに「身を置きいれる」(imposer、インポーズする)。他者の立場に身を置くことは、他者の立場と思念に「近づけて言う」ことである。そうでなくては、とうてい釈尊の発言は理解されないだろう。しかし相手の立場に近づくことは、真実ではない意見に接近するのだから、真実は汚されることがある。これが妥協であり、「パラテーゼ」(妥協と折衷)になるのである。しかし、このパラテーゼは討議と論議(対話)においてはけっして回避することはできないし、この道を必ず通過しなくてはならない。

他者なき一人とは、無-世界論である。すなわち、唯一人の内部に隠遁することは、正覚の自己否定であり、原理的には、「狂人の妄想」である宿命を免れない。釈尊の絶対知が真実であるなら、あるいはそれが絶対的に普遍的であるのなら、無-世界(唯一人)から有-世界(無数の他者と一緒にある)へと移行しなくてはならない。この「ねばならない」という必然性が本願であった。すでに指摘したように、それは希望であり、義務であった。本願とは、釈尊の個人的な「根本の願い」などではない。本願は聖者釈尊の「人道的な願い」などといった「実存主義的」な願望ではない。それは求道の原理的な構造に関わる。いやそれどころか、釈尊が狂人であるのか、それとも真実の絶対知者であるのかの境界線を決定する原理的な場面を示すものであり、決定的な苦境であるがゆえに絶対的に通過しなくてはならない通路である。「必然=必要」とはNot-wendigkeit(苦境に陥っていること、ラテン語ではnecessitas)である。本願とは、この意味での存在論的必然である。それはある種の願望ではあるが、それ以上に苦境を突破したい意欲であり、突破しなくてはならない「義務」である。「必然」(やむにやまれない必要)のなかに飛び込み、深淵(真実と無明の境)をあえて飛び越す意欲=意志である。絶対知がおのれを完全にして真実であると証明しなければならない必然性であり、そこから倫理的な「ねばならない」(責務)も出てくる。絶対知の「ある」は絶対知で「あらねばならない」である。存在(「ある」)と当為(「ねばならない」)がひとつになっている。

一人のひとが正覚=絶対知に到達するたびに、そのつど、完全と不完全のギャップが生じるし、そのたびに「完全であろうとする意欲」(本当に真実になるように望む意志)が生じる。任意のひとが正覚に到達するそのつどに「本願」が生じる。無数の正覚者が存在するならば、そのたびに無数の本願が生じる。その意味で、絶対知としての正覚は、真実であろうとする意欲と希望としての本願を抱えている。

この「ねばならない」は、前に述べたように、存在論的な「ねばならない」(必然性)と倫理的「ねばならない」(当為)から構成されている。したがって、存在の真実の絶対的認識はそのまま同時に実行・実践として現われる。世間(世界)のなかに飛び込み、他者たちを説得し、他者によって受け入れられ、承認される、という行動が絶対的に必要になる。この必要は、個人的な選択によってたまたま行動するというのではまったくない。絶対知のなかに行動への必然と必要を抱えているのである。存在の真理を言説的に完全に知るとき、まさにその瞬間から行動に移る。実行は絶対知の帰結なのである。もし行動と実行(転法輪《てんぼうりん》、ディアレクティケー)が認識に直接に続くのでなければ、その知はまだ絶対知ではなく、したがって正覚でもない。正覚と絶対知の「証拠」(あかし)は、実行であり、したがって世間の人々の「なかに入ること」つまり説法である。絶対知は、個々の知ではなくて、真理に通じるすべての「道」を、それぞれの袋小路(絶対限界、障壁)を指摘しつつ、それらの相対的真実を肯定的に認めて、それらをひとつの大道の構成契機として組み込むことであり、そして「唯一の大道」を見出すとき、そのときに絶対知が成就し、それが智慧になる。このとき、フィロ－ソフィアすなわち求道は、ソフィアまたは智慧に変貌する。そのとき、絶対知者または正覚者は、智慧者つまり賢者、要するに仏陀である。

賢者(覚者)は、世間のなかで行動する。だが求道者または哲学者は、まだ「道＝真実をもとめる途上のなかにある」、つまり「真実に到達していない探求者」である。彼はまだ本当には賢者ではない。賢者のみが世間のなかでもっともよく行動できる。行動とは、言説をもって真実を人々に説得することを意味する。つまりディアレクティケー／ウパデーシャこそが実践であり、「行」そのものである。この法輪をまわすことが、世間の人々をして、彼らが暗闇(無明)のなかにあるのだと自覚させ、かつ彼らを無明から脱出する決意をさせるのだとするなら、それこそが世間からひとを解放することであり、いわゆる慈悲とはこのことであろう。慈悲とは、「人道主義的な哀れみを施す」ことでは断じてない。仏教の慈悲は、キリスト教の「博愛、慈善」(カリタス、チャリティ)とはまったく違うし、近代ヒューマニズムの弱者救済の哀れみ行動でもない。ここは、仏教の独自性を示すところであって、ここを誤解すると仏教は甘えの思想に転落するだろう。

慈悲とは、おそらく比喩の言葉であり、世間的想念との妥協の産物であろう。仏教的慈悲は、絶対知者＝正覚者＝賢者が到達する完全知が必然的に発動する他者とのディアレクティケー／ウパデーシャの構造から出てくるところの、説法による世間的人間の解放（救済）行動である。いっさいは言説によって行なわれる。なぜなら、真実は、何よりもまず、哲学的な思考つまり言説的思考をもって行なわれるからである。賢者（覚者）は世間のなかで語るのである。より正確にいえば、賢者は出世間者であることで絶対知に到達するのだが、彼は絶対知＝智慧に至った後で、再び世間に回帰し、世間の「なかで」言説する、つまり説法（ディアレクティケー／ウパデーシャ）するのである。

絶対知に到達する方向を「往相」という。他者／世間のなかに回帰し語ることを「還相」とよぶ。絶対知＝正覚はその構成からして（その存在構造の必然からして）、往相と還相を二つの構成契機とする。往相は必ず還相を必然にする。還相のない正覚は、原理的にありえない。かりに還相がないなら、求道者は一人だけの主観的自己確信にとどまり、世間をもたない無世界者になり、隠遁者とよぼうと「狂人」とよぼうと、どちらでもかまわないが、ともかくたんなる「妄念の虜になった人間」でしかない（少なくとも、その可能性を払拭することはできない）。

仏教すなわち釈尊の「教え」は、究極のところは絶対知＝正覚（仏智）であり、それは本性において（事柄の真実において）往相と還相の統一である。仏智は絶対知であり智慧であり、それは絶対の真如に向かう往相と、その智慧を世間のなかにインポーズする（法輪）こととしての還相、という二つの中心軸から構成されている。往相と還相は別々のことではなくて、一方がなければ他方もないという「相待」関係にある。往相も還相も、それぞれ単独で孤立しているなら、何の意味もない。しかし長い仏教の歴史のなかでは、往相「だけ」に偏向する傾向があったし、これを「自力主義」という。他方、還相「だけ」に偏向する傾向もあっただろう。これは俗流「他力主義」（感傷的人道主義）とよぶことができる。これは理論的に予測できることであり、アジアに限った話ではない（西洋でも同じ現象が無数にある）。

ここで縁起論が再び関係してくるだろう。万物相関原理（普遍相関性）が真実（真如）であるなら、釈尊の仏智の成立もまた縁起の理法の支配下にある。正覚者もまた、世間のなかにあり、世間のなかで出世間する。覚者が世界内人間であるかぎりは、世界を支配する法則（縁起の法則）から免れることはできない。覚者は、おのれが世界内人間であることの真実(無明内存在の真実)をたしかに把握し、そうすることで出世間の真実を把握する。目覚めの過程もまた縁起の理法によって可能になる。それだけでなく、覚者が、還相の側面において世間のなかに入り、世間の他者たちと論議し説法する関係を結ぶことによって、覚者の絶対知＝智慧ははじめて完成し成就される(円満成就)。

三　本願の概念

法蔵の願文

『無量寿経』には法蔵菩薩の四十八願が挙示されている。願文のひとつは次のようになっている。

「設い我仏を得たらんに、光明よく限量ありて、下百千億那由他の諸仏の国を照らさざるに至らば、正覚を取らじ。」

四十八の願文の内容はそれぞれ異なるが、表現形式だけをとりだすなら、次のようになる。

一般形式——「かりに我が……しようとするとき、……がないならば、我は正覚を取らない。」

この願の文章は何をいおうとしたのであろうか。

ここでの文脈でいえば、この願文の意味は、我一人が正覚したとしても、他者がまだ暗闇のなかにいるならば、不完全であり、その意味で本来の絶対知ではない、ということであろう。万人が、覚者の絶対知と智慧を受け入れ、共有し、そうすることで彼もまた覚者になることが、我の正覚の絶対的条件である。万人が法輪によって説得され、求道の道に入り、求道の無数の経験を経巡り、ついには絶対知に至るに応じて、つまり覚者の数が多くなるにつれて、我の正覚もまた、それに応じて完成に近づく。ここでは量が重要である。そしてこれの極限をとると、我一人の正覚と万人の正覚の成就が一致する。我の正覚は、万人の正覚でもある。我と他者たちは、相待の縁起論的円環を有機的に構成する。

本願とは、唯一の覚者だけでは不完全であり、あるいは未成就であり、だからこそ正覚・目覚めが完全になるには、万人の目覚めを必要とする、あるいは万人の目覚めによって我の目覚めは援助される。ここに「完全になるべし」という願望が必然性と義務の意味を帯びる。法輪をまわす(転法輪)の意味はこれのことであろう。

法輪が無数の人々のなかを回転していくにつれて、覚者共同体が増大する。極限をとれば、この世間と世界が覚者共同体になったとき、つまり世間内人間が出世間し終えるとき、世間内人間としての人類も終わる。無明としての世界内人間が消滅し、覚者ばかりの共同体に世界が変貌するとき、その「国土」は「清浄な土」に変貌する。仏教は、転法輪によって、全人類を、世間内人類から覚者共同体としての浄土に変貌させる「教え」であろう。それが仏教の「行」であり実行である。直接には(具体の事実としての現われの面でいえば)、覚者共同体は「サンガ」である。サンガのメンバーの増大は、そのまま浄土の拡大である。浄土とは、死後の世界ではなく、まさに現世のなかで、出世間的に成就され建設されるし、またそうでなければならない。

阿弥陀と法蔵の関係はどうであろうか。

これは二人の人格に分割して正覚のメカニズムを教える比喩的物語である。法蔵の願文は、その数がどうであれ(原理的には四十八どころか無際限でもいい)、正覚する人々の人数が増加するにつれて法蔵が阿弥陀に近づいていくという論理を示すのである。法蔵が阿弥陀に近づく、あるいは阿弥陀に生成する過程は、彼以外の他者たちもまた覚者になる過程と同一である、あるいは二つの過程は同じ過程の表裏である。これもまた万物相関の法則の下にある。いうまでもなく「ナムアミダブツ」は呪文ではなく、絶対知の表現である。なぜなら、この言葉は「無限内存在」を成就したことの宣言であるからだ。正覚の内容とは、絶対知と智慧の内容と同じである。絶対の智慧は、無限内存在、つまり、言説を越える「不可思議」の沈黙の経験である。それは長い言説の過程を通して至る極限である。

本願の意味は、浄土往生と還相回向の統一、現世における浄土の実現の可能性であり、それはひとつながりであり、知と信、知と歓喜がひとつになることを希望することである。信心は信知である。信知とは、万物相関の理法(縁起的円環)を完全に認識すること(絶対知)が、そのまま感情面で喜びと満足を得ることに等しいことを意味する。知見・明知が歓喜になる。普通は知と情は対立する。しかし正覚としての絶対知では、宇宙の相関関係の絶対的認識をもって、「我の存在の意味」と「世界の存在の意味」を、無明の真実を知ることも含めて、完全に知り、そうして出世間の真実を知る。そのときに完全満足、円満成就が自己と他者において実現する。満足は、無限内存在であることにおいて成就する。これがナムアミダブツの称号に凝縮される。

慈悲について

慈悲とはどういうことであろうか。通常の解釈では、釈尊が人々の苦痛に満ちた現実を眺めて、それを「あわれ」(憐愍)と感じ救済しようと決意すること、それを慈悲とよんできたように思われる。釈尊が、われわれ普通の日常生活者と同じような境遇にあり、普通のひととして生きていると想定するなら、普通の道徳感情を彼はもっているだろうし、普通の道徳徳目に依拠して行動するだろう。乞食、貧乏人、寡婦、孤児を眺めるなら、誰でも彼らを「あわれ」と思うだろうし、その感情に基づいて、そこから発して、彼らに何らかの援助や施しを与えることがあるだろうし、しばしばそうするだろう。しかし釈尊はそんなことを主張したのであろうか。それくらいなら太古以来、人類は実践してきたし、苦労な修行をしてまで獲得すべき努力目標ではなかった。誰でも「人道的感情」をそなえている(たとえ原初において粗野であった感情を社会的生活のなかで洗練してきた歴史をもっているとしても、いまではおおざっぱながら「アプリオリ」に与えられているといってもいいくらいである)。儒教のほうでも「憐愍」を道徳原理にしているし、世界中のどの民族の慣習的・習俗的倫理規範も「憐愍」としての「あわれみ」を主要な徳目としてそなえている。そんなことを釈尊は原理的な教えとして説いたのであろうか。もしそうなら釈尊の教えは通俗道徳になりさがるであろうし、そもそも行動の教えとして仏教は無用になり、別の教えでも間に合うだろう。そもそも釈尊は他者を「あわれむ」必要・必然がどこにあったのだろうか。もしそれがあったとすれば、彼の言う「慈悲」は通俗道徳の「あわれみ」とは本質的に違うはずである。

ふつうの人々は「慈悲」を「同情」「共感」と同じものと考えているし、たいていはそのほうが俗耳に入りやすい。ルソーが言うように、人間は「生まれつき」ピチエ(憐愍)の情をもっている、あるいは孟子が言うように人間は「生まれつき」惻隠の情をもっているといわれるが、そうした理解から釈尊の教え(仏教)も「あわれみをもって弱者を助ける」のだと解釈しているかにみえる。これが太古以来の根源的な人間主義であり、特殊には近代的なヒューマニズムである。はたして釈尊の仏教はこうした性善説的な、あるいは同情論的な人間主義と同じなのか。仏教の慈悲はそれらと根本的に違うのではないのか。

仏教では慈悲を「抜苦与楽」と言い換える。おそらくこの表現のほうが慈悲と訳されたインドの原典の思想に近いと思われる。慈悲の力は、たんに同情的な憐愍ではなく、人々の苦しみを抜き取り、安楽と静寂を与えることである。そうすると、慈悲とは一つの行為(アクション)である、つまり多数の他者に向けて関わる実践的な行動である。それは、脇から他人を眺め距離をとって同情したり憐愍したりするのではなくて、まさに民衆のなかに突きいり、説きいり、目覚めさせる行為であるに違いない。要するに、慈悲とは、感情ではなくて、他者との実践的関係である。他者との関係とは、言説的行為である。

慈悲は、他人を憐愍するのではないといったが、その理由は、この慈悲的行為は、まずもって自己への慈悲であり、同時に他者への慈悲であるからである。慈悲は、自己の苦痛を抜き取ることを成就することを通して、他者の苦痛を抜き取る。自己への慈悲、すなわち自己を苦痛から解放し、自己において安楽寂静を成就することがあってはじめて、あるいは自己成就を迂回してはじめて、他者において苦痛をとりさり安楽を成就せしめる、という二重構造をもっている。そしてこの慈悲行動と成就は、もっぱら言説(転法輪)を舞台にして展開するのである。

仏教は、とくに浄土門は、慈悲を、自利・利他とよんできた。自利が同時に利他である。自利の成就は、利他を絶対的条件とする。自利も利他も、それぞれ独立であるなら、それは通俗道徳に転落する。自分の優位で幸福な境地から見下ろし他人をあわれむのは、利己主義的な憐愍である。自己の優位から他人を助ける俗流化したキリスト教の「カリタス(チャイリティ)」は、自己満足と他人の格下げをやっているに等しい。自利と利他は、仏教では、同じことの二つの側面でしかない。自利と利他は、慈悲行動の二つの構成契機である。

行為としての慈悲は、自己と他人を苦しみから解放し(世俗内存在とは苦しみの存在であるから、出世間的行為へと導くことである)、同時に安楽寂静の境地(無限内存在)への道を教え、そして実際にもそこへと導入することである。いっさいは、「語ること」、討議すること、論議すること、つまりはディアレクティケー/ウパデーシャだけをたよりにするのである。言葉をもって語ることというが、それは何のためか。存在の真実を絶対的に知るために、世俗内存在の無明的本質を絶対的に知り、かつそれを越え出ていくことの可能性を絶対的に知るためにである。「知る」ことが肝心であり、知ることがそのまま「信念」になることである。知る、なす、信じる、はひとつである。これは言説(可能なかぎり矛盾なく語り言う行為)でしか実現しない。

自利と利他

では、自利・利他の構造はどうなっているだろうか。構成契機を分析的に見ていこう。

1　自利とは何か

自利とは、縁起の理法(有限世界の存在論的構造)を絶対的に知った状態である。自己自身の「何であるか」(本質)を絶対的に(「うなずくほかはない」形で)知ることは、自己がそのなかで生きる・そして死ぬであろう世界(宇宙、万有)の本質(「何であるか」の問いにたいする答え)を絶対的に知ることに等しい。諸行無常、諸法無我、諸法実相の三つのアスペクトのすべてを言説的に(理性をもって、ロゴス・言葉を使って)説明し、理解し、首尾一貫して言うことを通して(「通して」とは「回り道をして」ということ、この回り道は不可欠である)、宇宙とそのなかに住む自己の「本性」または「真実」を開示するのである。「真実・真如」は妄念によって隠されているのだから、妄念を払って

「隠されていない状態」へと事柄をもたらすことを、開示するという。妄念もまた言説で構成されているのだから、妄念を払うこともまた言説をもってするのでなくてはならない。ここに言説が決定的になるゆえんがある。すべては言葉によって、言葉のなかで、進行するのである。

自己の真実は、仏教では無明のなかに‐あること(無明内居住)であり、暗闇のなかに‐あることが現世内存在の「真実」である。しかし妄念の側からいえば、現世内存在こそが「明るみにある」と信じられている。仏教の側からいえば、明るみと間違えられている暗闇こそが現世の「真実」なのである。これも言説をもって開示されるひとつの真実である。これを自己(世界内人間)の真実という。だから自己の無明的ありかたと自己がそのなかにある世界(宇宙)の真実はひとつである。これを世界内人間としてまとめる。自己の真実と世界の真実がひとつであることを絶対的に知ること、これが正覚、目覚め、悟り、仏智である。哲学的にいえば、この正覚としての絶対知は、言説(ロゴス)によって語られることで開示される「存在」と、言説の語りすなわち「概念」とが一致することを意味する。いうまでもなく、この一致に至るには、長い論議の時間を要するし、長い過程が必要であろうが、しかし人間にとってそれが可能であるというのが仏教の教えである(多くの思想類型は、例えば西洋では、スピノザとヘーゲルを除いて、絶対知・正覚の、有限な人間にとっての可能性を否定した)。

正覚は、まずは一人において実現するだろう。そして説得的討議の過程を経て、一人から二人へ、二人から三人へ、ついにはすべてのひとへと至るであろう。すべてのひととは全人類を意味する。自利・利他の構造からするならば、一人の正覚は複数の他者、そして全人類の正覚を条件とするのだから、正覚は過程としてのみありうる。この極限をとると、一人の正覚＝万人の正覚になる。このとき、すべてのひとが自己と世界の真実を絶対的に認識し、かつ出世間の意味を理解する。それは人間にとってすべての真実が絶対的に開示された状態である。この状態は、すべてが語り尽くされたのであるから、もはや言うべきこと、言うに値することが何もない状態、すなわち絶対的沈黙の状態である。言語‐道断、無‐言説である。すべてを完全に知り、そして現にあるがままの自己の存在において完全に満足する状態である。これは涅槃寂静であり、龍樹の言う「空」である。

要するに、「我」は、理念上、縁起存在(万物相関)を絶対的に知り、完全満足する。これが正覚である。しかし、前にも指摘したように、「我一人」だけの悟達は、我だけの自己確信にすぎない(妄念の可能性を否定できない)。自分だけの確信であるかぎり、つまり他人の確認がないかぎり、妄想の域をでないおそれが原理上はつねにある。だからこの妄念と自己確信を突破することが肝心になる。

2　いかにして妄念を破るか

一人だけの正覚すなわち自利は、それだけでは、一人の内部だけでは、原理的には、妄念と異なることはできないし、絶対知であると自己主張しても、誰にも理解できないのなら、沈黙(自己矛盾的という意味で——前出の第三類型の沈黙)に等しい。自己確信が妄念ではなく、客観性をもつのだと証明できるのは、「原初の」主観的に確信的な沈黙を破り、他人と言説的に関係することによってのみである。前に見たように、対話と説得が不可欠の手段であり、いやむしろ手段的意味を越えた言説的実践の真髄である。他人は、私の提案(プロポジシオン、テーゼ)にたいして必ず疑問をだすだろうし、反駁するだろう(反対提案、アンチテーゼ)。他人の反駁があることは、私の提案が重視され、有意味であることが評価されたことを意味する。他人は私の「意見」(ドクサ)——妄念の恐れのある意見——を妄念ではなくて、討議するに値する客観性をもつと承認したことが、反駁という形で現われる。討議は反駁から開始する。客観性の成立過程も論駁なしには始まらない。

反駁や反対提案があるとき、問いと答えの応酬がある、対‐論、問‐答である。私は他人の理解を得るように他人の考えに近づける努力をする。こうすることで、他人の「意見」(ドクサ)のなかに入り込み、それを私の意見のなかに組み入れる。これは妥協であり折衷である。しかし妥協と折衷は、やはり不完全な真実にしか至らない。再び論議が開始するだろう。こうして論議はいつまでも続く。いつかは真実に至ると期待して。

妄念からの解放

ところで、ここで重要なことは、妄念からの解放である。

イ　たんなる主観的自己確信、自己満足と変わりない確信は、討議によって解放され、客観性を獲得すること。

ロ　他人もまた自己確信としての妄念から、討議によって解放され、真理に近づくこと。

この二重解放が自利と利他である。討議としてのウパデーシャのなかで自利がそのままで利他になる。私の悟り(とりあえずの)の現実性は、他人の悟りを引き出す、または誘導する。他人を正覚へと到来せしめる約束を与える。このように、他人の存在は、私の絶対知の条件となることがわかる。抜苦与楽としての慈悲とは、我と他人(複数)の同時正覚の実現のための実践である。慈悲行とは、だから、ウパデーシャまたは法輪をまわすことである。討議こそが「行」である。慈悲行は、苦行難行ではない。肉体を訓練しても、それはたんなるスポーツである。肉体の健康が得られるが、正覚は得られない。なぜなら、正覚＝絶対知は、討議のなかでしか、討議という道のなかでしか、求道と哲学のなかでしか、実現しないからである。こうして慈悲行は、絶対知に至る道の探求であり、そしてこの道を通り抜けた後で絶対の知、そして真如のなかに常住しうる本来の沈黙にいたる。

四　論　議

ウパデーシャ(優婆提舎)の意味

世親の『釈軌論』(解釈の方軌論)のなかの優婆提舎の概念を山口益は次のように解釈的に翻訳している。

ウパデーシャとは、(1)真実を見る者(tattva-darśin)及び、その余の者(凡夫)が、経の義を、法と相応(dharma-anuloma)して説示するからである。(2)このウパデーシャは経の義を解釈するというので、マートリカ(mātṛkā, condensed statement of contents)といわれる。それは、このウパデーシャが他の経の義を解釈する所依であるからである。(3)またこのウパデーシャがアビダルマ(abhidharma)とも称せられる。それは、このウパデーシャが法の相(lakṣaṇa)を不顛倒に説くことによって、人を法の相に対向せしめるからである。(山口益『世親の浄土論』法蔵館、一五—一六ページ)

『荘厳経論』ではこう言われる。

しかるに五濁時に至って、人間の資糧力がなくなって、経の義を了解し難くなり、ために効果がなくなったのでないかとみられたので、弥勒世尊は、その経の義を了解し易からしめようとして、一切有情を摂取するために、経の義をウパデーシャする、「経の荘厳」というこの論をウパデーシャした。それが聖無著を介して論師世親にまで交付された。(山口、前掲書、一七ページ)

ここのウパデーシャは、有情に「近づけて説く」の意味である(英語でいえば、instruct)。

月称の『中論釈』のなかではこう言われている。

如来の教法(dharma)は、人がその法と相応して実践することによって縁起法を覚証することになり、それによって仏陀となる、という道理が成り立つ。また如来の教法を伝持する教団(saṃgha)のあるときは、その教団によって、教法は、その時代その時代の人々に接近して示され(upadeśa)、それらの人々の上に、福智の資糧が用意されることになって、人々のための成仏の道がきわめられていく。(前掲書、一九ページ)

『解深密経《げじんみつきょう》』は、次のように構成されている。すなわち、如理請問菩薩の質問があり(正しく訊問する意志)、これにたいして解甚深義密意菩薩が解答する(解甚深義とは、密意趣であり、つまりは仏陀の特別の思し召し、本意を意味する)。これは、問いを提起するものと、これに答えを提起するものとの応答関係である。まさにディアレクティケーである。そしてこのなかでのみ、大乗の真意が開顕される(前掲書、二〇ページ)。

小乗とは「声通りに思〔資〕量して深密の義の真実を了解してゆこうとしない」態度をさすといわれる。大乗においては「深密意の開顕」がウパデーシャによる開顕を意味するという(前掲書、二〇—二一ページ)。これを敷衍していえば、小乗は、他者なしに思考する。大乗は、無数の他者の存在を絶対条件とするから、対話なしには思考がありえないと考える。要するに、他者の問題が決定的であり、他者の存在がウパデーシャを要求する。複数の人間がともにあることとしての社会存在の構造が他者との論議的対話を必然的に要求するのである。

以上の引用文を念頭において、いくばくかの解釈をしてみよう。

1　月称が言うように、釈尊の入滅後には、スートラの義(意味)が理解されなくなった。逆にいえば、釈尊が生きていたときには、釈尊の意図と法輪の意味は、人々に伝わっていたし、釈尊の生きている言葉＝声、パロール)を直接に聞くだけで十分であった。ところが、釈尊入滅後になると、生きている言葉がなくなり、かつての言葉はスートラになった。スートラは「文字」である。文字としてのスートラは、そのままでは、その「深い意味」(深密)を伝えることができなくなった。

小乗派は、経の文字(エクリチュール)を、生きた言葉(パロール)と取り違え、あるいは文字を生きている言葉とみなし、文字通りを声通りとして、思念する(ドイツ語の meinen は、私だけにしか通用しない考えに固執すること、すなわち思念は私念である)。しかし文字(エクリチュール)は、釈尊の「生きている言葉(パロール)」を原理的に伝えることはできない。なぜなら、文字とは死んでいる言葉であるからである(これはギリシア＝西欧では、プラトンからルソーまで連綿と続いてきた文字と言葉の対立に等しい (cf. Derrida, J., *De la grammatologie*, Min.uit, 1967.))。文字で書かれたスートラと釈尊の生きている言葉との断絶の意識があり、そこから「解釈」の問題が登場する。大乗派は、おしなべて仏教における解釈学派であるといえる。論師も釈師も、みな解釈学者である。

2　釈尊生存中は、釈尊のみが覚者＝仏陀であり、彼だけが智慧(絶対知)をもっていた。他の人々は、彼の言葉を聞くことで、そのつど覚者の境地に到達するとみなされた。この場合には、学としての哲学(求道)は、ある意味では、弟子たちにとって無用であった。学はあったのだが、それは潜在していた。

潜在しているものは、原理的には、いつかは、遅かれ早かれ、顕在化する。なぜならそれは潜在しつつ「現実的に存在する」からである。しかし潜在から顕在に移行するには、きっかけが必要である。潜在的な学的要素が、顕在化して学的な問いになり、学的な問いが学的な思考の方軌になる(学問として組織化される)のは、どのようにしてなのか。

釈尊入滅後、言葉(パロール)が文字(エクリチュール)になったとき(経典の編集)にはじめて、いかにして智慧に至るのかという学的問いが提起されたといえよう。なぜこの問いが提起されるのかといえば、文字と言葉の間にはずれがあるからである。文字による表現は、必ずしも生きている言葉の意味をすべてそっくり表現するとは限らないし、原理的にもそれは不可能である。しかし釈尊の生きている言葉は、いまや死んでいる文字のなかにしかない。たしかに文字は生きている言葉の意味をまるごと伝えない、にもかかわらず、文字なしには釈尊の言葉に近づくこともできない。このずれが学的問いをひき起こすのである。文字表現の奥にある意味への問いは、いまでは仏教にとって死活に関わる。なぜなら、文字は智慧への道を閉ざすおそれがあるが、しかし同時にこの危険な文字にたよるほかに「真実の言葉」に至ることができないからである。言語の問題は、いまでは決定的である。

このように、経典(文字)の出現によって、智慧に接近する通路とは何かという問いが提起され、この問いと共に、「智慧に至る道」を探求する学問、つまり「求道」としての学が生まれる。求道としての学は、ギリシア＝西欧では、フィロソフィアと呼ばれる。求道と哲学はここでは同一の学問とみなすことにする。そしてフィロソフィアは、その名前が示すように、「ソフィア」(智慧)をまだもっていないがゆえに、まさにその智慧を尋ね求めることを意味する。言い換えれば、求道＝フィロソフィアは、智慧そのものではなくて、「智慧に通じる道」を探求する学なのである。「私はまだ智慧をもっていないし、いやそれどころか智慧に至る道すら知らないからこそ、私は智慧への道を探し求めているのである」と求道者は自分に向かってたえず言うのでなくてはならない。智慧に通じる真実の道を見つけだすとき、その道を発見したとき、そのときはじめて智慧はその道の前方に見えてくるはずである。このような「道の探求」を省略することは原理的にできないのだが、その探求としての求道(学道)を無視して智慧に至ると自称するひとがいるとすれば、それは贋物である。もし釈尊のように「私は真実の智慧に到達した」(悟った)と宣言したとしたら、釈尊または仏陀は、いかにして自分が真実の智慧に到達したのかを、自分と他者に向かって学的言語をもって組織的に(矛盾なく)語らなくてはならない義務がある。もし語らない、あるいは語れないなら、その宣言は無効であろう。事実においては、釈尊は自分の歩き抜いた道を語ろうとしたし、学的語りの精神が仏弟子たち(勝れた論師たち)に継承されたことは幸運というべきである。

３　さてそうなると、学の方法が問題になろう。

経典(文字)を解釈する方法(方軌)が問われることになる。そしてこの方法＝方軌は、すでに明らかなように、ウパデーシャである。経典の深い意味は、論議と問答を舞台にし、この舞台に登ることを通して(回り道をして)、少しずつ明らかになっていく。してみれば、ウパデーシャこそが仏教の学問(求道＝哲学)の方法であり、しかもたんに道具としての方法ではなくて、思考の内部にある内容でもある。方法としてのウパデーシャ(問答、論議)はそのまま求道(哲学)の内容でもある。経典の出現とともに、そして経典の意味を問うウパデーシャの方法の提案とともに、仏教は学問として組織されるようになる。多くの論師たちの解釈する努力はそのまま仏教の歴史になる。

問答と論議のなかで人々は日常語を使って討論するのだから、日常語が意味するものと学の言葉が意味するものとのズレを鋭く意識しなくてはならない。日常語によって組織される世界像に「接近して」語ることが求道者に要求される。教えを受けるものは、学の言葉を日常語をもって受け入れる、あるいは歪曲して受けとめる。この歪曲を求道者は訂正しなくてはならない。ウパデーシャのその都度に「論議決択」が行なわれる。論議→決択→論議のプロセス。この極限は、ソフィア＝智慧＝仏智であり、学としての智慧の体系になる(仏道体系)。

仏道体系を、もう少し正確に言い直そう。

求道＝哲学は、定義によって、智慧に至っていないのだから、智慧ではない。求道としての学は、智慧に到達する可能性のある道を探求する。この探求は、学としては「求道＝哲学の体系」をなす。しかし求道の体系＝哲学の体系は、例えば龍樹の体系、世親の体系、等々のように、個人の仕事でもありうる。しかし求道の体系は智慧の体系ではない。求道の体系は、智慧に至る通路が何であるのかを語るにとどまる。複数の「道」の探求がありうるし、そして「この道こそ唯一」と主張する提案がありうる。歴史的には、複数の「道」の提案があったが、それぞれはかなりの真実をもつとしても、なお絶対的限界をもってもいた。智慧の体系(仏智の体系)は、過去の複数の求道体系がもっていた絶対限界を取り払うことができると「真実において(覆蔵なく)」言える体系であり、それが言えたときにはじめて、真実の智慧への道が完全に発見されたと言える。そしてそのときにこそ、求道＝哲学は道の終わりに至り(成就終焉し)、求道＝哲学とは違う智慧が始まる。仏智とはこの段階のことである。

仏教は釈尊が仏智に到達したひとだと断言し続けてきた。ではどのようにして釈尊は真実の智慧に至る道を見つけたのか、本当に智慧に到達したと、言説をもって証明できるのか。まさにこれが問題になる。ここに、仏教における学的言説の組織化の問題が提起される。そしておそらくはその最初の試みが龍樹の『中論』であったであろう。西欧の「積極」存在論理学とは違って、龍樹のそれは「消極(否定的)」論理学であった。ありうべき絶対知への道としての学的言説の可能性の数々を批判し、それぞれの「袋小路」(アポリア)を指摘し、それを克服する唯一の道つまり学としての仏道がある。その極限は、存在についての語り(矛盾なき学的言説)と存在そのものとの一致である、と彼は論証する。この一致は主客未分であるから、語りえない境地すなわち空であり、絶対沈黙である。真如とは空であり、涅槃寂静としての本来の沈黙である。ただし、この沈黙は、語りうるすべてを語り尽くした後で到来する沈黙であって、最初にあった沈黙ではないことが重要な論点である。このとき求道としての哲学は終わり、智慧が開始する。智慧は、これまで求道が明らかにしたすべての道(諸々の「哲学体系」)をいまいちど語る(再-言する)ことで、アポリアをも再び経験しつつ、人々にも経験させて、「真実において」道を自ら発見させる。この意味で、求道と智慧は違う。求道＝哲学の道は、智慧の体系の構成要素として(部分として)組み込まれ、過去の遺産は智慧の体系のなかで新しい生命を獲得することになる。

4　ところで「語りつつ考える」人間とは何であろうか。

求道し、哲学し、智慧へと至る道を探求する人間とはどういう生き物であろうか。他の動物と違うホモ・サピエンス動物としての人間は、何処に特徴があるのだろうか。そもそも「考える」精神はどこから到来したのか。なぜその精神は真如のごときものを求めなくては満足しないのか。

これらの問いは、有限世界の内部で生きる人間、世界内人間そのものを解明することなしには解答できない。有限世界のなかで、生まれ、老化し、病気になり、そして死ぬ、という人間の世界内生存のすべてを語り尽くすことによって、人間とは何かという問いに答えることができる。かくて、智慧に至る前に、有限世界内人間の全体を語る必要がある。これは智慧の体系に至る前の学であり、それがフィロソフィアである。フィロソフィアは智慧への導入である。これは、ヘーゲルにならっていえば、「現象学」または現象学的人間学である。これは世界内の我の意味を解明する学であるが、仏教においてこれに当たる学問は、歴史的には、唯識であろう。他方、智慧の体系の前提になる「語ること」・「思考すること」を語る学は論理学であるが、これに当たる仏教の学問は、龍樹の論理学であろう。こうして仏教は、久しい以前から、いわばヘーゲル的な智慧の体系をもっていたともいえるのである。

では実践としての行道はどうか。行道についての学はあるのだろうか。ヘーゲルでは「法の哲学」にあたるものが(等価であるというのみであって、内容は違うのだが)仏教にあるのか。行道を学として開拓したのは、おそらくは浄土門仏教であろう。浄土門では、行はまさにウパデーシャとして実践される。「法を説く」「法を聞く」は、ディアレクティケー／ウパデーシャである。苦行などではなくて、言説的実践である。浄土門における実践は、論議過程を意味する。論議過程は、それ自体として、学的な歩みであり、すでに学的な自己認識(自己と世界の概念的な把握)である。

行としての論議(優婆提舎)

辞典によれば優婆提舎は「論議」である。論議は、内容からいえば、教説であり、問答であり、論説である。経典の教えについて共に論議し、問答によって「理」を明らかにする。

論議することが、ギリシア語では、ディアレクティケーであることはすでに述べた。対決があり、問いと答えがあり、そして遅かれ早かれ、何らかの合意なり一致を当事者たちは見つけだすが、そこで得られる結論は、再び問いにふされて、論議を呼び起こしていく。たとえ一人の頭のなかで論議がなされようとも、それはすでに他者の論議を想定し、反論するのであるから、相互討議であり、複数の当事者が参加する論議であり、ディアレクティケーである。「何か」について語り、それについて有意味なことを言うこと、すなわち言説は、本質において、複数の当事者(生きているものも死んでいるものも含む)が参加するひとつの「社会的」過程である。個人の内部での思考はすべて論議(ウパデーシャ)である。

論議とは、「理」を明らかにすることだといわれる。「理」とは、事実ではなくて、事実の真理についての知である。要するに、「理」は、真如の知であり、それに至る道の知をも含む。簡単にいえば、「理」とは、智慧であろう。真実の知を明らかにするためには、真実の知(真知)に至る「通路」を明らかにしつつ、そして可能な通路、特に過去の体験された通路の袋小路を明らかに知ることも合わせ実行しなければならない。論議とは、たしかに「理」(真如、智慧)を明らかにすることではあるが、一挙にはできない。論議するときには、定義によって、ひとは智慧のなかにはおらず、智慧を「求めている」状態のなかにいる。言い換えれば、「智慧をもたない状態」にいるからこそ、人は知を求めるのである。そして智慧(理)を求めることは、智慧に至る道を発見したいと渇望することである。どのようにして、この通路を見つけるのか。それは論議以外にはない。論議することは、したがって、「道を求める」(求道)である。道を求める人を求道者とよび、西欧ではフィロゾーフ(哲学者)とよぶ。彼は、智慧を渇望するひとであっても、まだ真の智慧をもっていない。仏教ではこの段階の人を菩薩とよぶ。論議を通して、菩薩は智慧をもつもの(仏陀)に「成る」。論議なしに菩薩は仏陀に成ることは、原理的に、ありえない。

論議は、真実の知、絶対知、仏智、要するに智慧、に至る道であり方法である。それは智慧へと自分自身と他人を

「導く」ことである。その意味で、論議(優婆提舎)は、智慧へのイントロダクションである。Introduction は、智慧の門のなかへと導入することである。本来の意味での「入‐門」である。しかし「門」とは何であろうか。ひとは智慧の門をはたして知っているのだろうか。導くものは、たいていは菩薩＝求道者＝哲学者であるが、彼は智慧の門を知っているのだろうか。もし知っているとするなら、彼はどうしてその「門」を知ることができたのか。

導入者(菩薩、等々)は、他人を導く前に、自分を導くのでなくてはならない、どのように自分は智慧の門を知ることができたのかを、他人と自分に語ることができなくてはならない。かつての勝れた求道者たちは、自分が門であると信じたものを語ってきた。しかしそれははたして真実の門であったのか。それは智慧の門ではなくて、智慧の門を閉ざす門ではなかったか。開いた門ではなく、閉じた門、すなわち袋小路であるのではないのか。いま自分が見つけたと思っている「門」も、ひょっとすると閉じた門、絶対限界、袋小路、でないとは、原理上、いえないはずである。では、どうしてこの智慧の門を、まさに真実の門であると、確証できるのであろうか。

自分の思い込みを打破するのが、本来は優婆提舎・論議であった。したがって、智慧の門を知るだけではなく、その門を通過する可能性をも、論議は発見しなくてはならない。導入(イントロ‐ダクション)は、門のくぐりかたまでを教えるのでなくてはならない。いわゆる入門は、やさしい勉強であるが、ここでいう「導入」はいわゆる入門のごときなまやさしいことではない。論議は、既成の諸妄念を打破し、心と身を一変させる訓練道場である。そしてそのような「行」は学道つまり求道と不可分であった。

論議の円環性

ところで仏教では、釈尊だけが唯一の真実の正覚者＝仏陀であるとされている。それを疑うことはできないとしよう。なぜなら、もし疑えば仏教は成立しないから。しかし釈尊が本当に正覚者であったのかどうかは、釈尊の思考を、現在のわれわれが首尾一貫して再構成してはじめて真実に答えることができる。釈尊の正覚者性は、「われわれ」(仏弟子であるかぎりで)が証明しなければならない義務があるのである。釈尊が唯一の最初の正覚者であったという命題は、とりあえずは仮説であってもよい。その仮説的前提は、われわれの学的体系によって後から証明されるのでいいし、それ以外に証明方法はない。たんに釈尊＝正覚者のテーゼを信じることもできるが、それはいまではたんなる妄念になる。ここに、学的体系の円環的方法なるものが要求されるし、それこそが仏教の学問性の保証になる。論議とはこの学問の道なのである。

ところで、釈尊は正覚に達したと宣言したとき、何を考えていたのだろうか。これは最大級の難問であるが、ここでは今後の研究のための指針だけを指摘しておくにとどめよう。

釈尊は、ある日突然に、何かを思い付いたのではない。そんなことはありえない。少なくとも釈尊の智慧が学的な体系であるなら、その智慧の体系は、たんなる思い付きであるはずがないと想定しなくてはならない。こう考えよう。釈尊は、彼以前の無数の先行者たち、数々の真理探求者たちの思想を、徹底的に自分でも一度は経験し直して、それらの先行者たちの真理提案がすべて袋小路であることを見つけだしたのである。過去の思想、過去の真理提案は、おそらくは数えきれないほど沢山あっただろう。しかし釈尊は、それをいくつかの少数の類型にまとめることができると確信した。それを「六師外道」という。

「六師外道」とは、釈尊と同時代人の六人の先生という意味で普通は考えられている。事実そうであろう。しかし釈尊が彼らの名前を挙げたのは、それだけの理由なのだろうか。そうではないとみなしたい。六師のそれぞれの思想は、ずっと昔にもあった思想類型の反復であり、たまたま釈尊と同時代に、六つの思想類型(真理提案)が行なわれていたにすぎない。要するに、六師外道とは、過去の思想のさまざまな出現を、本質のところで把握するなら、六個のタイプに要約できることを言うために語られたとみなそう。そして釈尊は、それらのすべての類型を、そのヴァリエーションをも含めて、自分で実際に経験し直したのである。そうすることで、釈尊は、六個の型にまとめられる思想は、いずれも袋小路に陥り、真実の門を見つけることができなかったことに気づいたのである。複数の道の複数の袋小路を見出すことは、同時に真実の門と真実の入‐門と、真実の智慧を見出したことになる。過去の真理提案をすべて批判しつつ、しかしそれらを全否定しないで変形しつつ、自己の智慧の体系のなかに、構成要素として組み入れること、これが論議の本質であり、これが智慧に入る方法である。だから学問は歴史的に展開する。釈尊の段階で、インド的求道＝哲学はひとつの頂点に到達したのである。つまり釈尊は、インド思想の総合者である。

しかし釈尊は、そのようにはあからさまに語っていない。だから釈尊の思考の過程は隠されたままになる。しかしもし釈尊が、真理への道の総合者であったし、その意味で求道と智慧を同時に実現したひとであったとすれば、このことを、いまいちど釈尊の精神に即して歩き直し、学問の組織へと上昇させるひとたちが出てきても不思議ではない。それをしたのが龍樹や無著や世親たちであったであろう。

そして現在、われわれは、龍樹と無著と世親の遺産を踏まえつつ、また日本の法然と親鸞の遺産を継承しながら、釈尊の正覚の内的構造を再構成しなくてはならない。龍樹と有部《うぶ》との論戦もまた、論議であった。それは釈尊の思考を再構成する壮大な論議であった。そしてこの論議は不可欠であったし、当事者の仕事のいずれにとっても重要な意味をもっていた。同じことは現代において反復することができるし、反復のなかで仏教の根源的な問いをラディカルにしていくことができるし、またそうする義務が後世の弟子たちにつきつけられている。清沢満之が目指したことも、これ以外にはない。

五　言説

言説の問題

冒頭で言及した梵天勧請の説話のなかには、釈尊の沈黙と、しかるのちの彼の発言、という二つに局面をもつ言説の問題がある。言説の不在も言説の現前も、「語ること」一般の問題である。これをどう考えるべきであろうか。

釈尊が、絶対知または仏智に到達したと確信したとき、彼の内部で何が起きたのであろうか。これは、一方では現在からの推測的解釈であるというほかはないが、他方では、現実にわれわれの問題でもある。この問題は、歴史的事実の実証の問題ではなくて、釈尊もわれわれも、絶対知または真如への到達を矛盾なく語ろうとするとき、必ずぶつかることであって、実証的な事実を越える普遍的な哲学的問題である。資料をどれほど調査しても、資料のなかに解答があるはずがない。したがって、理論的に、各人が自分で考えるほかに手はない。それはいわば形而上学的問いであり、ひろく真理とは何かに関する原理的な問題である。

釈尊が絶対知・仏智に到達したとき、彼はなぜ最初は沈黙すると決断したのであろうか。彼をして沈黙せしめた理由は何なのか。

釈尊は、彼が把握した真実・真如を、人間の言語にのせて、あるいは人間的言語に翻訳して表現することの不可能性に直面した(その意味で絶望した)のではないだろうか。なぜなら、人間の言語は不完全であるからである。なぜ不完全であるのか。人間の言語は、元来は、比喩的言語であるから、そしてそのゆえに詩的・文学的表現には無尽蔵の宝庫になるのだが、論理的な表現や学的な理論的言説には本性において適していないのである。もし釈尊の真実智を人間の比喩的言語に翻訳するなら、釈尊の真実智は必然的に歪曲せざるをえない。まさにそのゆえに釈尊は、厳密たろうとするなら、むしろ沈黙をまもるほうがよいと判断したのである。もし人間の言語で語るなら、自分に向かって語るときにも他人に向かって語るときにも、必ず誤解されるだろうし、真実からずれていくだろう。この推定が正当なら、釈尊は容易ならぬ問題に、少なくともインド思想史上はじめて直面し、かつ自覚したといえよう。釈尊の沈黙の態度は、自分で真実を悟ったことに自己満足して、自分だけで楽しむことに快楽を感じた、といった個人心理的な問題では断じてない。梵天勧請を伝統仏教はそうした心理学的問題として解釈してきたようだが、おそらくはそうでないだろう。梵天勧請説話を子細に読むと、いま述べた言語・言説の問題が登場するからである。これは、真に思考するものなら必ず出会う普遍的な問題である。

ここでいう沈黙とは前出の第一類型の沈黙であるが、この本来的沈黙は、抽象的に結論先取り的にいえば、概念(言葉で表現される多数の観念の組織体系、つまりは学的組織)と存在一般(われわれに与えられているところの存在、ひとが語りうるところの存在)との完全な一致の状態である。この沈黙は、概念の道を経て到達した沈黙であって、すでに学の道によって媒介された結果である。この学が出発する「最初の」沈黙があった。最初の、原初の沈黙は、まだ概念がなく、言葉による判断がなく、したがって、存在一般を分割する作用もない。最初の沈黙では、いわば概念と存在が分裂しないで、未分化の状態である。これは特殊人間的な言語がまだ出現していない段階であるから、原初の沈黙は人間以前の、その意味で「動物的な」状態である(叫びやさえずりに似る動物的な声はあるが、それは動物的合図でしかない。そしてさらにその前に「植物的な」状態、さらに無生命的な状態がある)。

概念の道を経て到達した沈黙は、形の上では原初の沈黙に等しい。学の道を通って絶対知に至るとき、そこで起きる沈黙は原初の沈黙への回帰ともいえる。しかしいまここで問題にするのは、原初の沈黙ではなくて、概念的認識(哲学すなわち求道)の回り道をしてついに到達する絶対知であり、絶対知がもたらす沈黙である。絶対知=仏智に至る過程では、ひとは厳密に首尾一貫して語らなくてはならない、したがって沈黙どころではない。しかし概念と存在が一致するとき、もはや語るべきものは語り尽くされたのだから、存在に関する真理の解明はすべて成就したのである。したがって、有意味な言葉をこれ以上言う必要はない。それを沈黙という。もし沈黙をやぶって語るとすれば、この語りは、これまで歩いてきた絶対知=仏智への通路(複数の)をもういちど「繰り返す」にすぎない。この反復は、こんどは自分のためにではなく、他者のために行なわれる。なぜなら、自分自身はすでに絶対知に到達しているのだから、自分に向かって反復するのは無意味であるからだ。かくて絶対知に到達したもの、仏智に到達したもの、すなわち賢者または覚者(仏陀としての釈尊)は、他人に教えるために「口を開く」のである。これが沈黙を破ることの意味である。

釈尊の態度の意味は、おそらくはこうしたものであったろう。釈尊が最初に口を開く瞬間までの自分の内面を考察したとき、そのように考えていたのではないだろうか。事実、釈尊は沈黙を破り、言語でもって法(真理)を説くことを決意する。釈尊の決断の内容は何であったろうか。いくつかの意味層があるように思われる。

イ　前に指摘したことだが、繰り返そう。人間の言語は、真実の開示にとっては不適切である。つまり、人間の言語表現は必ず真実を歪曲し、虚偽を言うことになる。しかし人間の言語をもって表現しないかぎりは、真実があるともないとも言えないし、真実がかりにありえたとしても、永遠に沈黙したままであろう。そして誰かが真実を獲得したとしても、彼が人間の言語表現を拒否するなら、その真実は誰にも伝達されないだろうし、外部のひとはそのひとを無視するか、狂人として扱うだろう。要するに、ここにパラドクスがあるのだ。すなわち、人間の言語は真実を正しく表現しないし伝えることもできない、しかし言語なしには人間は真実を、自分にも他人にも開示すること(ヴェールなきあらわな状態にもたらすこと)もできない。したがって、このパラドクスのなかに飛び込む以外に、この袋小路を突破することはできないのである。釈尊の決断はそこにあったとみるべきであろう。

ロ　釈尊が沈黙にとどまるなら、釈尊が把握した真実は釈尊自身だけの真実であって、たんなる主観的確信でしかない。主観的確信は、自分だけの思いであり、したがって自分だけの妄念ではないかという根源的懐疑を免れることが原理上できない。かりに釈尊が沈黙のままにとどまるなら、自己確信の妄想性を原理的には排除する手段をもたない以上は、自分自身への深い懐疑に襲われて、とうてい心の安心と静寂を獲得することはできないだろう。

では、釈尊が主観的確信の妄念性のままにとどまる可能性と危険を逃れるために、どのような行為をするのだろうか。困難からの脱出をどこに彼は見出したのか。

自己確信から脱出するには、自分だけの真実であるのをやめて、真実を他人との共有の状態にするほかはない。釈尊がしたのはそれである。釈尊は、他人に向かって発言する。まず口を他人に向かって開く。単純にそれだけのことである。しかしこの単純にみえる行為のなかに、実に驚くべき豊かな思想の可能性がはらまれていた。

事態を簡単にするために、簡単な場面を想定する。釈尊は、沈黙を破って、他人に向かって(自分に向かってではない)発言する。発‐言とは、ひとが語るところの存在について何かを言うこと、より具体的にいえば、何かについて意味のある命題を提案することである(釈尊が退屈から他人とおしゃべりしたいと思ったのではないからだ)。釈尊は、自己とは何か、自己が生きる、そして死ぬであろう世界(世間)とは何か、を問い、それについてのひとつの結論的命題を提案するのである。

人間は、他人の発言にたいして、たいていは、賛成ではなくて、反対を言うし、言いたがるものである。リアリスティックにいえば、そうであるし、そう想定しなくてはならない。なぜなら、人間は、他人に直面すると、対他欲望、つまり見栄をはり、虚栄心のとりこになる。この現実は人間学的構造から必然である。人間はすべて「いいひとばかり」「根はいいのだ」という近代ヒューマニズム的想定は人間学的に間違っている。したがって、釈尊の提案にたいして、他人は必ず反‐駁する。

他人が反駁することは、きわめて重要である。なぜなら、前にも言ったように、ひとつの提案にたいして反駁することは、その提案を重大にみていることを意味するからである。重大でないことに人間は反駁しない。むしろ黙殺する。他人が釈尊を反駁するのは、他人が釈尊の提案のなかに、賛成できないが重要な事柄があると評価するからである。反駁は決定的であるし、反駁こそが釈尊と他人との唯一のきずなである。

反駁をうけた釈尊は、当然にも、さらに他人の反駁を論駁するだろう。こうして、問いと答えの際限のない展開が開始する。問答は、少なくとも二人が必要である。言語状態では、二分化が起きる。これをディアイレーシスという。問答は、二人の両極に分割された人間的言説状況であり、無数の問いと答えの応酬である。これをディアレクティケーと古代ギリシア人は言ったが、古代インド人はこれをウパデーシャと言ったことについてはすでに述べた。

いまここで語るべき事柄は、「弁証法」一般、優婆提舎一般ではなくて、釈尊がいかにして主観的自己確信から脱出したのか、である。釈尊は、問答と論議の発端をつくり(イニシアティブをとり)、自ら論駁と反駁の討議場面を創造し、そのなかに飛び込み、他人を説得しようとする。釈尊はこれをありうべき主観的思念の妄念性を払いのける唯一の道であると理解したのである。自己の発言が妄念でも自己一人の思い込みではなくて、真実であること(客観的妥当性をもちうること)を確信する最初の証拠は、このような論議状況なのである。論議のみが妄念から真実への道を用意する。かくて論議を通して、客観性が成立する。客観的妥当性(いつでもどこでも万人が理解できる可能性)とは、何らかの発‐言が真実であることの別名である。

前に、人間の言語は真実を語り表現するには不完全ではあり、真実を歪曲する宿命にあるが、にもかかわらずこの言語表現による歪曲を通ることなしには真実すなわち客観性に到達することができないと、指摘した。この歪曲を少しずつ除去するのが、他者との言語的交通であり、つまりは討議と論議であった。このなかで自分だけでなく、他人たちも、各人の妄念から解放されて、客観性すなわち真実へと近づいていく。

言語表現のなかにみられる真実を歪ませる傾向を、言説の虚構性または仮説性というなら、これをなくすことはできないとしても、それの作用を可能なかぎり縮小することはできる。他者との相互交通がそれを可能にする。そうだとすれば、問いと答えの往復によってはじめて、ひとは真実に近づくことができる(必ずとはいえないにしても、原理的にそれができる見込みがある)。真理を表現する媒体としての言語の歪みにもかかわらず真実が言語によって開示されるのは、言語的交通によるのである。真実の開示の仕方は、人間的言語の歪み(虚構をつくる傾向、仮説的になる傾向)を前提するがゆえに、人間の言語のこの作用が生み出す妄念性との格闘・批判を必ず通り抜けなくてはならず、そうした妄念批判の回り道を経巡ることなしには真実は開示されない。妄念は、人間の感情や欲望のなかに根をはるだけでなく、(真理に関しての)言語表現の歪みにも根をはるからである。ともあれ妄念・邪念を打破すること、それによって自分がどこまでも妄念内存在であるかを人々に自覚させ、かつそれからの解放を期待・希望させることもまた、優婆提舎の独自の機能である。

論議といえばいかにも学者だけの作業にきこえるが、そうではない。いっさいの言語的相互交通は論議である。問いがあり答えがあれば、それは定義によって論議であり討議である。相手に耳を傾けるのも、論議のひとつのアスペクトである。したがって、「聞法」は論議のなかにある。聞法は、法を聞くだけではなく、法を聞きつつ問いをだし、相手から答えを引き出し、逆にこちらが問われ、こちらから答えをだすことを義務づけられる。論議が相互交通であり、それのみが真実の開示であるなら、つまり真如内存在への唯一の可能な道であるなら、これ以外に「実践・行」はない。問答自身が行道であり、しかも同時に求道すなわち哲学でもある。まだ真如には到達していないし、したがって智慧に到達していないが、智慧「に至る」道を探求し、ようやく袋小路に迷い込まない道を見出した、というのが「真理への途上にある」こと、つまり求道であった。この討議・問答法・論議の道の前方に、真理への門がある。

戯論と言説

人間の言説は、本質的に戯論である。人間の言説が内在させている虚構制作の傾向、仮説的になる傾向（これをまとめてコンディショナリティ、条件性）を戯論と定義できる。言語使用の語り（言説）が本質的に、必然的に、戯論的になるのだとしたら、人間は言語をもってのみ真実を開示するのだから、真実への通路は戯論であるといわざるをえない。戯論を否定することは論外である。なぜなら、戯論は人間固有の言説であり、それを否定することは人間を否定することに等しい。このアポリアを通り抜けることが、すなわち問答法であった。絶対知としての仏智は、戯論を通り、戯論の歪みを経験して、しかも戯論の作用を克服することによって、真実に至る。言説・ロゴス（理性的思考）は、仏教にとっては目覚めのための行道であり、かつ概念による真実の把握（哲学）である。

ところで、ここで戯論としての言説の具体的姿をさらに議論しておかなくてはならない。人間の言説が事柄の真実を表現するにあたり限界がある、あるいは真実を歪曲する傾向があるのはなぜか、という問いは回避できない。言説が戯論にならざるをえないのは、人間的言説が現実の事物をトロープ（trope）としてしか語りえないからである。トロープとは比喩的表現(喩えの語り)を意味する。言語表現は tropo-logique である。つまりはレトリック(修辞法)である。

比喩の語りが成り立つのは、基本的には、類似性(アナロジー)に基づく。そして類似性は、三つの形式をとる。

1　メタファー(隠喩)

2　メトニミー(換喩)

3　シネクドキー(提喩)

これら三つは、それぞれが類似性のひとつのアスペクトであるが、しかしそれぞれが三つの側面を含む、あるいは他の側面と連動しているのであり、相互に完全に分離しているのではない。

メタファーは、AをBをもって代理する。それは性質の類似性を中心にAをBに代置して表現する。「恋」を「真っ赤な太陽」で表現する、等々。

メトニミーは、隣接性すなわち空間的に・心理的に距離が近いという意味での類似性を中心に代理表現する。労働を「人間の手」(人手)で代理表現するのは、身体と手の隣接性(近さ)に基づく。一般的には、部分と全体の関係を近さに着目して、それに力点をおいて代理表現する。

シネクドキーは、典型的な「部分と全体の関係」である。つまり、部分が全体を代理的に表現するのである。この場合、類似性は、近さにあるのではなく、部分が全体と照応する、全体が部分に内在する、部分が全体を表出する、という形になる。ミクロコスモスがマクロコスモスを「写しだす」というときには、まさにシネクドキーである。この映現は、照応(コレスポンデンス)とも言い換えられる。対立に満ちた人間の社会では、一人の犠牲者と社会全体の関係がシネクドキーである。一人のメンバーが犠牲になることで社会全体の秩序を陰画的に表現する。あるいは人間としてのイエスが人類の犠牲者となり、全人類の原罪を背負うというのも、典型的なシネクドキーである。反対に、神がイエスの身体に「受肉する」のは、まったく異質のものが、別の異質のものにトランスポート(移動)し、他方が一方を代理するのだから——性質の近さによって——これはメタファーである。

人間の言語・言説は、このように、人間存在すなわち社会内存在の三つのありかたを表現する。すべてはアナロジーである。アナロジーは、事柄の真実のありのままの表現ではない。それは真実の近似値である。真実に近いものとは、真実ではまったくなくて、真実もどき、真実らしきもの、真実のみかけをもつものでしかない。アナロジーは、その意味では、非真実、非真理である。

人間の言語的語りは、本質的に、アナロジー、シンボリズム、レトリックであるから、言語をもってする言説的表現(ディスクール)は、真実からずれる。このようなずれまたはへだたりのゆえに、人間的言語による言説は、戯論になる。しかし真実は、人間が明らかにするのだから、人間の言語をもってしか明らかになりえない。つまり戯論なしには真実が明らかにならない、というパラドクスは必然である。真実と戯論は、単純に対立するのではなく、逆説的な関係のなかにある。したがって「われわれ」がもし「人間」であるなら(神的でも天使的でもないのなら、ましてや動物・植物的でもないのなら)、戯論のなかに飛び込むことなしには真実への道を見出すことはできない。こういってよければ、非真実のなかにこそ真実への道がある。真実の開示は戯論に依存する。

さて、このパラドクスをどのようにして通り抜けることができるのだろうか。

ひとことで言えば、概念的に把握すること、哲学的に思考すること、である。戯論的に、つまり言説によって、表現される「想念」——存在、無、人間、世界、等々——はすべて、最初は種々の妄念と入りまじった想念(ノーション)である。想念のなかにある妄念・邪念を取り除くことが絶対に不可欠である。どのようにして取り除くのか。論議と討議である、すなわちウパデーシャ/ディアレクティケーである。この問答法は、複数の妄念的想念を衝突させながら、つまりは討議しながら、一歩一歩と、想念の「意味」を開示していく。だから、問答法つまり優婆提舎なしには、パラドクスを通過し乗り越えることはできない。問答こそ、真実への道である。これを概念的把握という。概念的に把握することは、まずは妄念を想念からたたきだし、想念を洗い清め、こうして得られた想念の意味を事柄の本質と対応させ、「主観的」な想念の意味と「客観的」な事柄の本質を構成契機としつつ、概念組織を作りだしていくことである。「事柄」とは、たんに主観的ではなく、たんに客観的ではなくて、両者の関係の全体である。

「事柄とは何か」という最初の問いがまずあり、これにたいして、あるものは「こうである」と答えをだし（第一のテーゼ）、それに反対して「それはあれである」と別の答えをだす（第二のテーゼ）、これを脇で見ているものは、一方と他方の「いいところを」抜きだして「折衷する」答えをだす（第三の折衷テーゼ）、そしてこれが際限なく続く（しかしいつかは終わりがくる）。これが問答法であり、これが戯論的難点を克服する旅路である。極限では、言語的戯論と事柄の真実との「隔たり」が極小化し、ついにはまったく距離がなくなる、あるいは対立が解消するとき、そのときこそ絶対知が出現する、すなわち般若パラミータ（無上の智慧）である。これが絶対の真実であり、それを越えるものはなく、この真実の「向こう」はない。その状態を絶対沈黙という（本来の「最後の」沈黙）。

反省と戯論

人間の言語が修辞的、比喩的であるのは、どのような理由によるのか。たんにただそうなっているということではないはずである。それではどんな理由が考えられるのだろうか。

人間が何かについて語ること自体は、すでにその行為からして、事柄を二つに分けている。私が語るところの何ものかと、それについて「語る私」が、語る瞬間に生まれている。言語というよりも、語る行為というべきだが、それを言説とよぶなら、言説的行為は与えられた事実を二つに分ける。言語（ラング）自体は語る行為（パロール）を消しているが、言説的行為は「語る振る舞い」を内部に取り込む。それは、言葉の意味ではなくて、言葉の使い方のなかに語る行為の構造を反映させる。

言語は所与の事実を分割する。これを原始分割と名づけよう。何かについて語ることは、それ自体が原始分割（根源分割）なのである。そして分-別は判断であるから、原始分割は根源的な（基礎的な）判断である。（ドイツ語の Urteilen, Urteilung は、文字通りには原始＝分割であるが、普通は「判断」を意味する。）このように、言説につねに伴う原始分割＝分別こそが、比喩的表現を生み出す源泉であると思われる。

ひとつのものを、AとBに分解＝分析＝分割する、そしてAはBに代置されたり、一方が他方に関係づけられたりする。この代置（置き換え）または関係づけは類似化の働きである。したがって、人間の言語（表現）は、まずは、「二つに分ける」ことを土台にする。これを精神の働きについていえば、二つに分けることは、悟性（分析的知性）という。「分ける」からこそ、「あれ」と「これ」が生まれるし、主語と客語、主体と客体が生まれる。そして分けられたものの間の関係づけも可能になる。人間の言語（表現）は、何よりもまず、分割的で悟性的である。さらに、この類似や類比を、無関係なものあるいは異質なものの間に打ち立てる働きは想像力（ここでいう想像力は、カントの生産的構想力でなく、むしろスピノザの言う想像力）である。だから比喩はつねに想像的である。類似を中心にする想像的精神は、かつては、おそらくはいまも、神話を作りだす。原始分割から出発しながら、悟性的な精神が優位を占めるようになると、問答法（これも分割を原理とする、なぜなら質問をだすものと答えるものに分割するからである――dialectikè の dias は二分を意味する）が登場し、もうひとつの片割れである類似的想像を批判するようになり、批判の最初の形式はイロニー（皮肉）の形をとる。

また原始分割の判断的側面は反省である。反省は反射であるから、照り返しであり、これは反照関係である（他者に反照し、自分の内部に反照する――reflexion）。

人間の言語をもって思考するとき、反省は不可欠である。哲学すなわち「智慧を求める思考」は、まずは反省的思考である。しかし反省は、定義によって（本性からして）分割的で分別的である。だから反省は真実を求めながら、真実に到達することができない。なぜなら、真実は全体的でひとつであるのだが、反省は分割的であるから、二つにわけることはできても、分けられたものを統一することが、本性からしてできないからである。その意味で、反省的思考は、真実に向かう第一歩でありながら、真実から遠ざかる。もしも哲学的思考が反省にとどまるなら、哲学は、智慧を求めながら、智慧から遠ざかる。したがって、哲学は、真実すなわち智慧に近づこうとするなら、分析的悟性と反省を乗り越えなくてはならない。ここで「乗り越える」というのは、反省が作りだす両極の対立を消去することを意味する。真実は対立(最初はたんに「反対の位置にあるもの」、最後は対立と敵対すなわち矛盾になる)を含むのであってはならない(区別はあっても対立ではない状態が真実である)。まだ智慧が到来していない状態は、道の途上にあることであり、求道＝哲学はそうした状態であるが、反省的で対立的な状態が消去されたとき、それが智慧の状態、つまりは絶対知の状態である。反省は終わり、哲学＝求道は終わり、智慧すなわち絶対知が出現する。「ある」と「思考」が一致し、対立したり分裂しない。

ところで、絶対知＝智慧への道は、時間的に、したがって歴史的に展開する。真実に至る可能な道がことごとく試される、あるいは経験されることを通して(回り道をして)、ようやく唯一の道が見出される。これは時間の経過なしにはありえないことだ。歴史的な諸哲学は、いくつかの可能な道を見つけだしたが、あとからみればすべて袋小路に陥っていたとわかる。しかしひとは複数の袋小路的道を一度は経験してみなくてはならない。そうでなくてどうして真実の道を語りうるだろうか。だから過去の経験はけっして死んでいないし、それどころか現在において生きている。過去の研究が重要な意味をもつ所以である。

総じて、絶対知＝智慧から回顧するならば、過去の経験は、想像的類似と反省的分割であったといえる。比喩ばかりで構成される神話がまず登場し、その後でそれを批判するところの、分割と対立の反省的知性の探求が登場する。それらは、多くの「部分的」真実を語ったが、総じて多くの袋小路をも生み出した。この意味で、哲学(求道)は、一般的には、戯論的であった。戯論はしかし決定的に重要である。戯論の道を経験することなしには、真実の開示はなく、智慧への道は開示されないからだ。問題は、何が戯論であるか、なぜそうであるのかを、見分ける基準を知ることである。これもまた問答法のなかでしかできないことである。こうしていまも共同の探求が続くのである。

第三章　有機組織の概念

一　縁起への問い

清沢満之はその『宗教哲学骸骨』のなかで、縁起の概念を構築しようとしている。彼における縁起の概念は、有機組織の概念として定義される(英語版では「有機的構成」organic constitution となっている)。理論的関心からみて、次の問いが提起される。なぜ清沢は縁起の概念を、有機的構成または有機組織の用語に置き換えて語ろうとしたのであろうか。このタームは、「有機(的)」と「組織(構成)」から成り立っている。どちらも重要な思想を含むものだが、この用語によって縁起の概念をくまなく掬い取れると清沢が考えたのはなぜだろうか、と一度は問うべきである。「有機的構成(有機組織)」という合成語のなかで、決定的に重要な言葉は「有機的」である。縁起が「有機的」であるとはどういうことであろうか。

この論点は、仏教縁起論を、現代の思想の用語として復権するだけでなく、また縁起タームを有機組織タームに翻訳するだけのことでもなくて、縁起の概念を仏教の哲学体系の基礎的概念へと仕立て直すことを通じて、仏教の思想のもつ展開可能性を可能なかぎり引き出し、ひいては人類の共有財産にするという壮大な構想に通じている。縁起論を有機組織論として提起したまさにその瞬間に、清沢満之は、たんに仏教用語を西洋哲学用語で語るにとどまらず、仏教を哲学として再建し、さらに西洋思想がもつかもしれない袋小路という難問(清沢が知りえた西洋思想がもっている難点)を仏教のなかに潜在する「知の体系」が解決できることを宣言したといえる。

いうまでもなく、若くして逝去した清沢は、この構想を十分に実現することができなかった。構想は、基本論点が提示されたまま未完にとどまった。しかしわれわれ後から行くものは、清沢の構想の画期的な意義をまずは確認してかからなくてはならない。有機組織ばかりでなく、これを中心に展開する種々の理論的諸問題もまた、清沢においてまったく斬新な仕方で提起されていることを承認すること、それがわれわれの出発点にならなくてはならない。清沢の問いが理解されないままで黙殺されるなら、彼の哲学的仕事は無駄になってしまう。とはいえ、清沢の用語体系はもとより、彼の構想していた哲学体系がはたして本当に画期的なものなのかどうか、とひとは疑うであろう。この疑問を退けることから清沢の研究は開始しなくてはならない。いまだにこのような問いを提起しなくてはならないほど、清沢満之は日本の学問と思想の歴史から忘却され、消去されてしまっているのだ。なげかわしいとはいえ、それが現実である以上は、この事実をひとまず認めて、前に進むほかはない。

以下において、清沢が構想した有機的構成の哲学(とりあえず有機的存在論とよんでおく)の骨子となるべきいくつかの論点を洗いだしてみたい。

二　有機的存在

すべての「もの」(現世のなかにある存在者)は有機的存在である。あるいは、世界(宇宙)のなかに万有は、ひとつひとつが有機的に構成されている。

この命題は、さしあたっては、論証なしの独断命題である。しかしこの独断命題は「我とは何か」への問いに答えるための直観的洞察の上にたつ。「我とは何か」と問い、その問いに答えようとするとき、ひとは内観し外観しつつ、「我は(……として)ある」に関するすべての問いを立て、そのすべてに答えていこうとする。この問いと答えの往復運動のなかで、そして答えがしばしば迷い込む袋小路すべてを経験しながら、しかもそれら多数の袋小路を解消する思索の道を切り開きつつ、そしてついには万有の存在の真実の概念的把握に至るだろう。その過程は、存在は有機的に構成されてあるということに帰着するだろう。したがって、有機的存在としての「もの」あるいは「こと」は有機的に組織されて「いま・ここに」あるという命題は、最初は直観的な洞察であり、論証なき独断であるが、そこから出発して、いま述べた問いと答えの長い往復運動つまりは知的探求の結果としてあらためて提言される。

これを別の言葉でいってみよう。

最初に、ひとつの直観がなくてはならない。我とは何かを問うとき、その問いを促す何かがすでになくてはならない。「我とは何か」という問いは日常的には無意味な問いである。なぜなら、日常的で繁忙な職業生活のなかでこの問いは何ら「実用的」でなく、何らのインタレストをもつこともないからである。「我とは何か」の問いは、何らかの亀裂があるときにのみ発せられる。日常的には我は我なり、すべては我から出発するということで世俗の業務を遂行できるし、権利と義務の連鎖を生き抜き、責任をも負うことができる。日常生活の流れに対する根本的疑問が生まれるときにはじめて、「我とは何か」が自分の内部に向かって発せられる。この問いを発したとき、すでにひとつの洞察がある。「我はひとつの結果である」という洞察である。「我」はすべての出発点でなく、根拠でもなく、原理でもない、という洞察がそれである。

たんなる言葉ないし想念としての「我」ではなくて、現実に事実的に存在する「我」はひとつの結果である、という洞察がなくてはならない。「我」は独立自存してそこからすべてのものごと(観念的であれ実在的であれすべてのものごと)がたちあがるアルケー(根拠)ではなく、際限なく無数の先行する生産過程の歴史の結果である、という一種の「証悟」がなくてはならないだろう。「我」をそのように感受することを通して(我を媒介にして)、我を越える宇宙万有、すべての事・物・人もまた際限のない無数の過程の産物または結果であると「直観する」。これはまだ言語的に語る(言説する)ことができないから、さしあたりはたんなる主観的直観であるから、けっして客観的妥当性をもたず、組織的な言説でいうことができない。その意味では、この主観的直観は沈黙に等しい。この直観はさしあたり「我一人」に限られるのだから、それは独断を出ない。しかしこの独断命題は、結果としての事実存在を分析し終えてから、つまりは宇宙万有の存在を分析するという理性的な回り道をした後ではじめて、「真実である」と証明されることが、語る存在としての人間には原則的に期待されている。

原理的には以上のごとくであるが(そして自分で仏智に到達しようとするなら、原理的にはすべての事柄を分析しなくてはならないが)、実際には、「我」の現実存在の前に、いま「我」が思索するための出発点とも手掛かりともなりうる成果が、すでに歴史的に存在している。「我」が仏教者であるなら、その「我」にとって、仏教思想の歴史的展開によってすでに、誰もが行なう「最初の」直観の独断性はとっくに乗り越えられており、共同の努力のおかげで「最初の」洞察は客観的妥当性をもつ命題として、つまりひとつの知的結果・成果として与えられている。現実の「我」は、知的精神的な面ではすでにこうした仏教思想の歴史過程の産物である。

仏教思想の二千四百年は、内部での解釈論争をふくめて、一種の集団的な現象学的展開といえる(「現象学」の用語はここではヘーゲル的意味で使用する)。無数の人々が、「我とは何か」「我がそのなかで生きる、そして死ぬところの世界とは何か」の二つの問い(じっさいにはひとつの問い)をなんども提起し答え直しながら、そのつどの学的組織を構築してきた。この流れは、集団的な精神が時間の流れのなかで「意識の経験」を実行してきたことを意味する。いま私が過去を振り返るとき、この集団的経験を短期間に圧縮して経験し直すことができる。これを無視するなら、過去の仏者の経験は永遠に忘却されるだろう。過去の先行過程を忘却することは、それが現在の「我」を構成している事実を忘却していることを意味する。過去の経験を現在において想起する手立ては、学問的に想起しつつ経験する以外に方法はまったくない。だから学問を無視するとき、仏教の伝統は忘却される。あらためて思い起こそう――清沢満之の『宗教哲学骸骨』冒頭が「宗教と科学」からはじまっていることを、そして両者が衝突したときには断固として学問と道理をとれと言っていることを。彼の言いたいことを現代風にいえば、以上のようになるだろう。

万物相関

際限のない無数の過程の結果であるという命題は、万物が相互に連関し、その連関もまた相互に連関し、それらは全体として、特定の角度(例えば「我」の観点)から変形されて現在の「我」(あるいは事物)のなかに保存され継承されていることを意味する。これが万有は有機的に組織されているということである。有機組織とは万有の歴史的過程の仕組みを要約して表現する術語(専門用語)である。もう少しこまめにいえば、宇宙の塵のような存在については、相互作用があっても意志や意図はないから、厳密には因果関係に服さないで、自然的な法則性に服する。このときには、法則の必然性によってたしかに何かが生まれるとか滅するとかいわれるが、実際には、法則的必然によって同じことが反復するだけである。宇宙塵の法則性の下では、何も生じないし何も滅しないのである。動物的生命の場合には、法則性に加えて動物的意志が関与するから、未熟であれ因果関係の下にある。意志と意図があって、それが原因となりその原因から、結果が生じる。有機的生命に特有なのはこの因果性の概念である。そしてこの因果性が一層明白に成り立つのが「人間」とよばれる有機生命体のみである。ここでは自然的法則性と動物的因果性が微弱になり、特殊人間的な意志的・目的定立的行為(「自由」)から生まれる因果性が支配的である。ここで「もっぱら」因果論的な人間の世界は、それ以前の無生命的法則性と動物的因果性の二重の過程を前提し、それの結果である。人間なるものは、無生命と動物の無数の過程の結果である。

もし厳密に自然法則の下に支配されているなら、世界は無生命的であり、それは永続的に自己同一であるから、ここには時間はない。この状態を永遠という。動物的因果性は、自然法則性との結合がまだ強いので、永遠的同一性と意志的運動との混合であり、それが典型的に見られるのは種の保存としての生殖的再生産である。これは運動論的にいえば「永遠回帰」である。人間の場合は、意志と目的をもって環境と世界を実践的に(労働と抗争として現われる努力一般によって)変形し、環境世界を人間の構想に適合させる。この変形的努力は環境世界を特定の形に作り直し、同時に保存する。実践的変形は、「まだなかったもの」すなわち「新しいもの」を生み出すから、それを出来事という。この運動には時間が関係する。時間とは特殊人間的な現象である。人間の行為のみが時間的である、あるいは「行為は時間である」。人間が登場してはじめて歴史が成立する。人間のみが真実に歴史的である。人間が万有について「語る」からこそ、宇宙は有機的に組織されていると「言う」ことができる。なぜなら、人間のみが「現在の我」

を歴史的過程の結果であるとして直観し、ついで後から言説でもってそう「言う」からである。

　したがって、万有の存在は、無生命体、動物一般、人間の三層構造になっている。われわれ人間は、この世に到来する瞬間からすでに、三層構造として組織されている。だから万有が「有機的に組織されている」というためには、この三層をすべて語らなくてはならない。無生命を単独に取り出すとき、それについてはたんに法則的相互作用しかいえないだろう。それは新しい結果を生まない自己同一だろう。無生命は有機的に組織されていない。しかしひとたび無生命(例えば物質としての原子)が動物や人間のなかに繰り込まれるとき、無生命は動物や人間のなかで有機組織の構成要素として組織される。このときにはじめて無生命体は、塵であれ石であれ、有機組織的に存在すると「言う」ことができる。それは万物相関のなかで位置づけられてはじめてそう言えるのである。万物を相関関係のなかに位置づけるのは、ひとり人間的生命体だけである。

　ここで時間と歴史に言及するのは、清沢満之の有機組織論にはまだ時間論が十分に組み込まれていないからである。時間を組み入れるには、さらに自然法則性(無生命体にのみ厳密に妥当する)と因果性(有機的生命にのみ妥当する――ただしこれは二つに細分される)を峻別しなくてはならない。これは独自の別個の課題であるが、一応ここで指摘しておかなくてはならない。

　万物が有機的に組織されているという命題は、それに先行する思考の結論である。それは、我への問いと世界への問いにたいして十分に矛盾なく答えられたときに結果として提言される。歴史的には、この結論的提言は無数の菩薩(求道者)が優婆提舎を繰り返して、複数の真理への道を経験し、そして複数の袋小路を発見し克服することを通して、ようやく到達する結論であり、つまりは存在の概念の総括的把握である。それは絶対知といってもよい。最初の独断テーゼは、展開される(無数の論者によって言説的に展開される)なかで、ついにはひとつのまとまりある全体的存在把握へと至る。このとき最初の独断は、独断であることをやめて、概念的に論証された完全な知へと変貌する。

　しかしそれは本当に完全な知識・認識であろうか。それを確認するためには、歴史的に展開してきた無数の歩みを、事実そのままではなくて、概念的に把握されうる精髄に即して、現在のわれわれがいまいちど辿り直してみなくてはならない。すでに開示された真実を与件としつつ、その真実を現代において概念的にパラフレーズしてみなくてはならない。そのとき、有機組織論は、現代的言い換えのための基本的な鍵概念として役立つ。有機組織論を哲学的言説として再構築するとき、この再構築過程は歴史的に先行する論議過程を再現することであり、そのなかで思考するわれわれは「自分の」思想的過去を再び生きるのである。こうすることでようやく最初の「我とは何か」の問いに自分で答えることができるのである。もしこの過去の菩薩たちの思索の経験を再現する過程が、かつての思索の精髄から、何も差し引かず、何も付加することもなく、増益もなく損減もなく、過去の知を継承することができるなら、理想的にはそれはまさに絶対の知であり、仏智であることが証明されうる。

仏智の再構成としての論議

かくて語り直しは、釈尊からの二千四百年で開示された言説的真実を、首尾一貫して組織することが現代の課題になるだろう。それは仏教内部での複数の哲学構想を吟味しつつ、それらを調停して、ひとつの学的体系に組織することであり、それが仏教を哲学として再建することである。この学の体系は、有機組織の着想を中心に行なわれる。これが清沢の構想であった。

思考の歴史の結果がある。われわれは零から出発することはできないし、またそうしてはならない。われわれの現在の「精神的内容」もまた歴史の産物なのである。では歴史のなかで共同の思索の成果として、どのような命題があるのだろうか。おそらくは重要な命題が沢山あるだろうし、個別的に見ていけば、さらに多くの論点があるだろう。哲学の議論を展開するにふさわしい命題(または概念)を、試みにいくつか抜きだしてみれば、例えば次のものがある。

悉有仏性、色即是空・空即是色(一切皆空)、諸行無常、諸法無我、諸法実相。

仏教の基本的な思想は、これらの簡単な命題に尽きているだろう。しかしこれらはすべて同等に並存しているのではなく、論理の組織化のなかで、それぞれの段階と順序があるに違いない。原点があるだろうし、到達点がある。では原点すなわち出発点は何であろうか。悉有仏性が原点であろう。それは仏教の思想を展開させる大前提であり、議論の展開の後で得られる到達点でもある。仏教思想はこの命題を、それなしには議論がありえないところの前提とみなす。仏教は悉有仏性からはじまり悉有仏性に終わる。これを前提にして、他の命題との関連について、哲学的な「思弁」を試みてみよう。

人間といわれる生命体は、言語をもって語る。他の動物と違って「種別的な」(そのエスペス[種属]に特有な)特徴があるとすれば、それは「言語をもって語る」あるいは「言説する」ことである。可能なかぎり矛盾なく語ろうとしつつも、しばしば誤謬をおかしながら、あるいはたいていは「不正確な仕方で」語るのが、動物のなかでも人間とよばれる生命体の「種別的な特徴」(*différence spécifique*)をなす。

語る前には沈黙があり、語りのなかで、沢山のことを語りながら事実上は沈黙に等しい無意味なことをも語りながら、にもかかわらず真実の知に至ろうと努力するし、事実いつかは真実に至るであろう。真実に至るとき、そのときには、言いうるすべてが言われるだろうだから、それ以上(それ以外は)何も言えないという極限に至るが、その極限はまたもや沈黙である。この沈黙は、言えるにもかかわらず言わないでおくとか、言い間違いで沈黙するとかいったことではなくて、すべてが言い尽くされた後での沈黙であり、この沈黙は絶対沈黙であり、絶対真実に等しい。これに至るまでに人間は、個々的な仕事はもとより、それ以上にさらに集団的共同事業として、数々の彷徨を経験する。

ところで、釈尊を含むすべての人間、すなわち「語る動物としての人間」は、最初の沈黙から立ち上がりつつ何かを言説する人間であり、任意の何ごとか・何ものかについて語りつつ、可能なかぎり(主観的には)有意味なこと(あるいは矛盾しないこと)を言おうとする人間である。このように定義される人間、つまり語る人間、あるいは簡単にいって「語ること」は、知による真実の探求の大前提である。このような人間は、語りつつ真実を求める。そして彼は、言説する存在者としてあるかぎりで、「我とは何か」そして「我が生きかつ死ぬところの世界とは何か」という問いを自分に向かって提起する。この問いを提起するのは、彼が自分自身を、したがって自分の世界を、まだ真実には知らないからである。知らないからこそ、知ろうとする。この知ることを意欲すること、これが思考によって認識することであり、より正確には言説的に語りながら真実を知る行為である。人間は、自己とは何かを問うとき、すでに思考する人間であり、求道する人間であり、要するに哲学する人間である。西洋でいう哲学はギリシア的意味をもっており、それはソフィア(叡知＝智慧)を求めること、叡知に達しようと願望する・意欲することであり、これに対応する言葉をアジアにおいてさがすならば、それは道(真実)を求めることすなわち求道であろう。言い換えれば、フィロソフィアと求道は同義である。哲学または求道「のなかにいること」は、定義によって、ソフィア(叡知)＝「道(真実)」をもっていない、あるいは叡知ないし真実に到達していないことを意味する。哲学的探求の途上にいること、道を求める途上にいることは、真実ないし叡知に到達しておらずそれらを所有していないのだから、必然的に、叡知と真実を所有したい、それらに到達したいと願望する、意欲する。そして思考する存在者は、この途上において数々の過ちと誤謬ないし袋小路に陥ることがあっても、それらを共同の努力で歴史的に(時間の流れのなかで)克服していくならば、いずれは、少なくとも可能性からみて、叡知と真実に到達することができるはずである。仏教的にいえば、求道する菩薩(思考し討議する思考者)は、論議(優婆提舎)の時間的過程のなかで少しずつ袋小路や誤謬を除去して、ついには仏智(絶対知)に到達することができる。

仏智への到達は悟達とよばれる。悟達へ至る可能性は、仏教では仏性といわれるだろう。それは絶対知の可能性であり、誤謬をおかし彷徨する有限な存在であっても、いやむしろ誤謬をおかし袋小路に陥るからこそ、人間という有限存在は、それらのマイナス経験を通して、絶対知に到達することができる。誤謬があり袋小路があるからこそ、時間的に、そして歴史的に、共同事業として、またそのような事業としてのみ、絶対知は実現される。絶対知すなわち仏智は、必ず他者との論議過程を必要とするし、論議は言説することだから、必ず時間のなかで生じる。なぜなら、誤謬の克服には時間が必要であるから、論議は歴史的にしか展開しないからである。「仏性がある」という命題の出現に関しては、このように理解することができる。

個人のなかに仏性があるというだけでは、何も言ったことにはならない。言語をもって語る人間であるというだけでも足りない。仏性の展開可能性は、個人的なことではなく、むしろ他者との関係を意味する。論議は仏性の開発の絶対条件である。思考する人間は、言説すること、そして言説をもって他者と論議することのなかに仏性の実現の可能性をもっているのだが、重要なことは、この実現は誤謬をおかす可能性と裏腹であり、したがって誤謬と過ちあるいは袋小路を突破する必要性があることである。例えば、「私」個人が真実だと確信したところで、それは客観的真実ではない。そして「私」は自分の「視点」のなかにいるかぎり自己の視点(偏見)を抜け出すことはできない。なぜなら、「私」は自分の「背後」を見ることができない、あるいは「私」は自分の全体を自分の「視点」から観察することができないからである。私の視点の限界を観察するのは、あるいは私の全体を背後から観察できるのは、他人の視点であり、そしてこの他人もまたその狭い「視点」から私を観察することはできても、自分自身を全体的に観察できないから、別の他人の視点を必要とする、そして同様に続く。だからこそ、「私」が自分の(主観的)自己確信による、自己にとってしかない真実なるものの限界を突破して、それを客観的に証明するのは、他者の視点との対決と討議のなかに入る以外の方法はないのである。これが論議の必然性の要点である。仏性を語るときには、この条件を語らなくてはならない。

因縁果

清沢満之は『宗教哲学骸骨』のなかで「有機組織」の概念を提起した。そして『他力門哲学骸骨』のなかでは、縁起の概念を、因縁と因果の二重構造として定義しようとしていた。この二つの努力を結合して考えるとき、清沢の有機組織論と縁起論は同じことを意味していることがわかる。有機組織論が成り立つためには因縁と因果の用語を必要とする。あるいは簡単にいって、有機組織論とは因・縁・果の構造である。

縁起の構成は、㈠因と縁、㈡因と果、の合成である。これを一語で因縁果という。この概念を分析的に語ってみよう。

まず縁起論の前提は、すべての事象が結果であるという一種の直観がなくてはならない。それは絶対知の立場ではじめて正確に語りうるのである。「すべては結果である」という命題は、長い論議過程の成果にほかならないし、それは思考の過程のなかでそのつど確かめられていく。「すべては結果である」は、最初は一種の直観であるが(証明なしの独断命題)、それは思考の過程のなかでそのつど確かめられていく。ともあれ縁起論における因縁果を語るときには、すべては結果であると前提しなくてはならない。あらゆる事象が結果であると言いうるには、この私が結果であるという「感じ」から出発してはじめて言いうる。まずは私の存在がひとつの結果であることを語らなくてはならない。そのとき、「私」は結果であるのだから、この結果をもたらす先行過程を探求するだろうし、この探求のなかで結果としての「私」を生み出す原因をみつけだすだろう。そしてさらにその原因もまた結果であるから、その先行過程を探求するだろう、こうして際限なく続く。縁起論は、結果の分析である。原因は結果の分析の後から見出される。その逆ではない。これが自業自得または自因自果の論理である(「因果の必然と意志の自由」参照。『語録』一六四―一七八。『全集二』三六一―三七二)。

三　無限と有限の相即

清沢の有機組織論は、有限世界の存在論(「存在の理法」といわれる)である。万物の有機的関係とは、万物の相依相資関係(interrelatedness)、または相依相待関係である。有機的関係は、たんに相互依存の関係であるばかりではない。これに加えて相互に扶助しあう関係である。前に触れたように、相互依存を相依といい、相互扶助を相待という。二つの相互関係または相互行為を同時に言うのは、この語りがすでに対象記述的(実証的、科学的、等々)にとどまらず、一種の絶対知の語りであるからである。たんに相互依存をいうのであるなら、それは対象的世界の「客観的」描写にすぎない。それは一般に個別科学的な記述のなかにみられる。しかし有機組織的関係は、自覚の論理であり、宇宙万有を対象として把握するだけでなく、万象を「自己」として把握することでもある。厳密には、有機組織は、有限世界の対象的側面と主観的側面の二重記述である。対象を認識することが同時に主観の「自己認識」でもある。常識的には、宇宙が主観の「自己」であることはない。例えば石のような無機的・無生命的なものが「我」と同じであるはずはない。動物や植物も我の自己ではありえない。しかしそれらのすべてが、つまり万象万有が「我の自己」を構成すると「言う」ことができるのは、すでにこの「我」が、有限世界の人間でありながら、同時に「無限のなかに住している」境地にあるからである。このとき、万有万象は我にとって有機的に関係しているといえる。無生命も含めてすべてが生命的に感じられるのは、有限的自己がたんに有限である状態を脱して無限的になっているからである。そのとき有限世界は有機的に組織されている、あるいは生命的身体と同じ組織をもつと言うことができる。この言説は絶対知の言説なのである。

「有機的に関係して存在すること」を別に言葉に直してみよう。

　他者の許にあって自己の許にある。

あるいは同じことだが、

　自分の許にありつつ、他者の許にある。

ヘーゲルの言葉を借用していえば、

Tun Aller und Jeder(万人の行動は各人の行動であり、その逆も真実である)。我は他者の「内」にあり、他者は我の「内」にある。

我を「主」とすれば、他のすべてのもの(万有と万物)は我の「伴」であり、すなわち我を構成する諸要素である。我を「伴」とするなら(「伴」の位置に置くなら)、他のすべてのものは我の「主」であり、我は他のすべてのものを構成する一要素になる。

このような事態を清沢は「万物一体」あるいは「主伴互具」として表現する。これは万物が同一であることを意味しないし、万物が同じ物質からできていることを意味しない。反対に、これは万物の差異ないし区別を前提しての同等性を意味している。区別と差異があってはじめて、相依相待、相依相資の関係が成り立つ。これが有機的(オルガニック)な構成の理論である。これは一個の物が成り立つ仕組みを語る仕方であり、したがって存在するものの構成法である。縁起の理法は、有機組織の理法であり、縁起は存在の成り立ちを意味するから、縁起論すなわち有機組織論は、仏教的存在論(オントロジー)である。他方で、万物の存在の相関関係を「人間」が語るのだから、縁起的有機組織論は、「存在について語る」理性的言説つまりはロゴス(＝言説)の学(「論理学」)になる。

ところで、万物が一体であると「言う」とき、それを「言う」ひとは、認識するものと認識されるものとの「対立」を越えていると宣言するに等しい。対立のなかにあるひとは求道の途上にあり、対立を越えるひとは、求道者ではなくて、智慧に到達したひとである、したがって、有機組織論としての縁起存在論を「真実において」(非覆蔵的に)語る人は、すでに仏智に到達している。それの語りは絶対知の語りである。智慧に至る道程については、後であらためて語ることにして前に進もう。

四　求道と智慧

ここでいう求道は、智慧(真理としての道)を求めることを意味する。智慧を求めるかぎりでは、求道はまだ智慧をもっていない。智慧を「欠如している」から、求道は智慧への欲望をもつことができる。智慧に通じる途上のなかで求道するものは、限りなく変動することがあるし、事実、変動する。他方、智慧とは、仏陀の智であり、人間存在と世界についてのあらゆる問いに「答える能力をもつ境地」である。問われ答える以上は理性的言説(ロゴス)をもって知を組織することができなくてはならない。智慧とは仏智であり、それは実際には、絶対知としての学の体系である。

求道は、西洋の言葉に当て嵌めれば、哲学である。仏智は、西洋の言葉でいえば智慧(ソフィア)である。求道するものは哲学者であり、求道者としての哲学者は、まだ智慧に到達していないもの、したがって智慧を欲望するものである。他方、智慧をもつものは仏教では仏陀であり、大聖であるが、西洋の言葉では、賢者(例えば、ストアの賢者)である。この対応を念頭において、以下の議論を進めたい。

求道(哲学)は、智慧(仏智)へと通じる道であるし、またその限りで、智慧の理想(つまりは「本願」)によってその歩みを導かれる。求道は智慧に至るためには絶対的に不可欠な条件である。(求道が西洋的意味での哲学なら、哲学は智慧自体ではなくて、智慧の探求であり、智慧に到達するための不可欠の条件である。)

逆に、仏陀(西洋的意味では賢者)という理想を受け入れることは、必ず、この理想に到達する手段としての求道(哲学)を要求する。求道者は、この理想に向かって自分を方向づける。理想とは根源的基本的願望であり、その理想の実現において(求道の極限で)求道者は、自分の存在のままに満足する、自分の存在の真実を知る＝認識することによって完全に満足する。しかし理想とそれへの途上(「道のなかにあること」)は次元が違う。求道はまだ理想ではないし、理想は求道ではなく、求道の向こうにある。探求、それが求道(または哲学)を特徴づける。

求道を開始するには、智慧の理想がまず存在していなければならないし、何よりもその理想を自分のなかに受け入れなくてはならない。「自己とは何か」という問いを発したとき、この問いの提起そのもののなかに智慧の理想に向かう願望と希望がある。悩みのないときには、人間は誰もこんな実益のない質問を自分に向かって発しはしない。苦境のなかにあるときにのみ、前進も後退もままならぬときにのみ、ひとはこの問いを自分に向けて提起する。まったく自己がわからなくなったからこそ、あるいはこれまで自分自身をわかったつもりになっていたことの間違いに気づくからこそ、この問いを自分に発するのである。それは自己の本質への問いであり、ひいては自己がそこで生まれ死ぬであろう「この」世界の本質への問いである。これは仏教でいう「発菩提心」ともいえるだろう。

この問い(とその提起)は、意識するしないにかかわらず、つねにすでに各人のなかに与えられている。その意味で、自己とは何かという問い(ひいては智慧に至りたいという願望)は宿願であり本願である。いまこの問いを人間的個人の側から語っているが、仏教浄土門はこの問いへの答えの側から語っている。自己に関するすべての質問にたいしてすべての答えを与えることができた境地から、あるいはすべての問いに答え尽くした完全な存在の側から、無明のなかに沈んでいる衆生を智慧のなかに入らせるという願望を、阿弥陀仏の宿願と本願と名づけている。方向は違うが、同一のことを別の仕方で述べているのである。

仏教者は「まず信がなくてはならない」という。この「信」とは何だろうか。この「信」は、いわゆる西洋的(唯一神的宗教的)信仰ではない。唯一神的宗教においては、絶対的に接近不可能な神は人間から隔絶しているから、人間としてはただひたすら待機するしかできず、もっぱら神の恩寵を期待して待つしかない。しかし仏教的「信」はそうではない。この「信」は、智慧の理想が自分のなかにあること(可能性)への信であり、信頼である。智慧の理想が、いつかと決定できないが、しかしともかく到達できるのだという理想への信であり頼である。浄土門における阿弥陀仏への「信」は、智慧の理想への信である。ビリーフとしての信仰と、信頼としての、確信としての信とは違うし、仏教的な信・頼と知こそが、有限な人間にとって現実的であり、人間に現実的な希望を与えることができる。仏教には、現世における理想の成就への絶望はない。(これに対して、カントはその道徳哲学においては、現世における完全満足＝「自己軽蔑のなさ」の実現の可能性に絶望するから、彼は「神・不滅の魂・死後の世界」を「あたかも真実在であるかのように」設定する。これがカントの唯一神へのビリーフ/グラウベである。)

ところで、本当に、現実的に、智慧の理想(仏陀の本願)に到達することができるのだろうか。この問いに対して二つの解答が原理上ありうる。

1　現実の人間(現世内人間)は、理想を「信じる」ことができても、この理想にリアルには到達することができない。

かつてプラトンはそのように答えた(類似の発言があるが、とくにプラトンの『第七書簡』を見よ)。これに類似した答えが仏教にもある。智慧の理想に有限な個人は到達することはできないが、いやむしろ不可能であるからこそ、個人に困難な課題を押しつけて心身を訓練するという行き方である。難行道がそれである。理想に到達することを目指して苦行を実行するのだが、とうてい到達することができない。智慧を求めつつ、しかし「知る」ことへの絶望からひたすら身体の苦行に徹する。肉体の訓練が解脱を可能にするだろうと確信するのが難行道であろう。そこには智慧に至る「知」の要素がかぎりなく脱落してしまう。

いわゆる小乗仏教は、智慧への到達をあきらめて、手本を釈尊に求め、釈尊の行道をひたすら模倣することをもって仏道であるとする。智慧の理想を放棄するから、その代理としてアラカンの境地を人間ができる最大限とする。いうまでもなくここには、自己の救済のみが問題にされていて、自己以外の他者との関係づけは、理論的には(実際面では他者との関わりがあるにせよ)完全に脱落している。

唯一神的宗教のあらゆるタイプもまた(キリスト教では、理論的には、新プラトン派的キリスト教分派に見られるように)、智慧への到達可能性に関しての理論の構造はプラトン的である。理想の成就は、死後に希望される。現世においては有限的人間には理想の実現は拒絶されている。仏教における「死後の救済」もまた、理論的には、理想の到達の不可能を言うに等しい。もしそうなら現世に生きる人間にとって理想はなんの役に立つのだろうか。

2　現世の人間のままで智慧の理想に到達することができるケース。

西洋では、この解答を言ったのは、スピノザをひとまず脇に置くとすれば、ヘーゲルである(ただし、反対の解釈もあるが)。ヘーゲルの後では、マルクスとニーチェがいるが、哲学としての哲学の平面では原理的には「無神論者」ヘーゲルの枠内にある。カントは、物自体(結局は神)を到達しがたい理想にするから、現世内人間は智慧の理想に到達することができないと考える。これを世俗化していえば、個人はもとより人類全体は、「無限の課題」に向かって努力し、理想に徐々に「接近する」しかできない。真実の成就は「死後としての未来」に期待されるだけである。

仏教浄土門は、原理的には、人間は人間のままで(現実の世界内人間のままで)、要するに「この世のなかで」存在するまで、智慧の理想に到達することができる、と言う。智慧の理想(本願)を信じ、信じるという条件で、智慧への道を求める認識(求道、菩薩道)のなかに入り、自己と世界についてのすべての問いに答え、存在に関するすべての意味を理解するべく努力する。我の理解は主観的見解であり、それを他人との論議のなかで客観化しつつ(優婆提舎)、自己と他人がともに、智慧の理想に向かって共同事業のごとく努力する。優婆提舎は、西洋風にいえば弁証法であり、弁証法がそうであるように、本質的に、他人と自己との教育である。仏教はこれを教化という。教育と教化は、現実世界のなかで時間のなかで進行するのだから、歴史的である。教化＝論議の歴史を通して、人々は智慧の理想へと到達する。個人だけでは理想は成就できない。他人(多数、そして無数)、つまり過去と現在の無数の他人との論議と教化こそが、現実において理想を実現させる。個人には境遇の差異があるから、理想への到達には早・晩がありうる。しかしともかく誰もが智慧の理想に至ることができるのである。論議と教化としての他人との共同事業(同朋の存在)は決定的である。浄土門は、他人との関係、言説における社会関係を導入したところに、仏教史における画期的な意義がある。

　ところで、開示され実現された智慧の理想は、仏教のなかでも種々の呼び名があるだろうが、ひとつは南無阿弥陀仏であり、もうひとつは只管打座(正法現成)である。成就された智慧とは、有限な人間個人が、個人のままで(「一人」のままで)普遍のなかにある、あるいは個別の存在のなかに普遍が宿ることである。これを無限内存在とよんでもいい。それはヘーゲル風にいえば絶対知である。絶対知は仏智である。重要なことは、求道＝哲学的認識なしには智慧の理想の成就はない、という一点である。絶対知のなかに住することは、たしかに言葉を絶することであるが、それへの道と到達する瞬間の直前までは、知的な営みを要求する。求道と哲学は、理想の門前まで衆生を導き連れていくのである。その意味で求道は、すべて導入である。導入とは案内である(intro-duce)。智慧への導入は「学」によって可能である。この論点に関するかぎりでは、次のカントの言葉は味わい深い。

Diese [Philisophie] bezieht alles auf *Weisheit*, aber *durch den Weg der Wissenschaft*, den einzigen, der, wenn er einmal gebahnt ist, niemals verwächst, und keine Verirrungen verstattet. (Kant, I. *Kritik der reinen Vernunft*, B, S. 878.)［「哲学は、一切のものを知慧に関係せしめるが、しかしそれは学という道を通じてのことである。学問の道は、いったん開かれると決して雑草に埋もれることのない、また行人を迷わすことのない唯一の道である。」］(カント『純粋理性批判』篠田英雄訳、岩波文庫(下)、一三八ページ。強調は引用者)

五　智慧と覚者

覚者は、西洋の用語(ストア的用語)では賢者にあたる。賢者は、たんに常識的な「賢いひと」ではなくて、すべての存在を認識し、自分の存在に完全に満足し、かつ自分と他人にとって生きる手本であり、つまりはモラルの面で完全であるひとである。その意味ではストア的賢者は仏教の覚者に等しい。仏教の覚者は、完全に自己を知り、現に自分がそうであることに十全に満足している、すなわち自分自身の現実存在のなかで人格的完成を成し遂げ、その人格の完成が他人を励まし、他人がそれを理想として帰依する存在である。「すべての人々にとって手本として役立つ」道徳的人格の完成ということは、覚者がすべての他人のために現実に存在しているだけでなく、すべての他人たちが覚者を覚者として理解しているからである。彼らは、覚者がたしかに存在していると知っているし、彼が何ものであるかを知っている。他人が覚者をいま存在していると知り、彼を理解することは、覚者が存在することの重要な条件である。もし他人がいなければ、またもし覚者を確かに知り理解する他人がいなければ、覚者は存在することができない。他の誰かがある人を覚者であると言ってくれなければ、彼は覚者だとも言えないし、彼がいることすら確認することができないからである、したがってそのときには、当然にも、彼は他人の手本にはなれないし、人格的完成もありえない。

したがって覚者の存在は普遍的に、つまり万人によって、認知されているのでなければならない。すなわち、万人が承認する覚者のありかたは、ただひとつしかない、つまり覚者は唯一の仕方でのみ存在する。唯一の仕方とはどういうことか。

まずはじめに、覚者は完全に自己-を-知っている。完全な自己知は全知に等しい。言い換えれば、覚者の知は全体的であり、覚者は自分の思考の総体によって存在の全体性を開示する。ところで、存在は自己との同一性の原理に従うのだから（「ある」とはいつでもどこでも自己に同一であることである）、唯一無比の存在の全体性しかない。したがって、その存在の全体性を全面的に開示する知も、唯一無比であり（唯ひとつしかない）、したがって唯ひとつの同じ知（自己を自覚した知）しかありえない。

さて、もし自己自身を知る智慧の理想が唯一で他にない（ユニック）のであるなら、それを実現する賢者＝覚者もまた人格的（モラル的）完成を実現しなくてはならない（完成とは唯一の完成しかない）。覚者が唯一の智慧のなかで、自己知、主観的満足、客観的完成（自分にとっても他人にとっても）が一致するようにするためには、覚者は十全に自己を認識していなくてはならない。これの前提は次のようである——人間はその本質と現実存在において、自己の知（ヘーゲル的にいえば「自己意識」）であると想定すること、また自己意識（自己知）によってのみ人間は動物とも物体とも違うと想定することである。この前提から、三つの成就（完全な自己意識、完全な主観的満足、客観的＝人格的完成）を導きだすことができなくてはならないし、できるはずである。

人間は自己意識である、すなわち、自己を知ることができる生き物である。この文章がもつ含蓄はなにか。自己知＝自己意識は、自然的に、自発的に、自分を拡大し、自分をおし拡げ、人間のなかに与えられている現実のすべての領域を通して、伝播していく（ここではヘーゲルの「現象学」の前提を念頭においているし、ヘーゲルの人間の定義を正しいとみなす）。いましばらくヘーゲルのやり方に従ってみよう。

一つの状況Xが（人間によって）作られて-与えられるとする。われわれがそれを記述するとする。そして記述の後でこう言う——ひとたびこの状況が与えられたなら、それを現実化する人間は必ずその状況を自覚するのでなくてはならないと。最後に、いかにして状況Xがこの自覚の後で（結果として）変化し、新しい状況Yに転化するかを指し示す。この三つの側面は人間のすべての行動に生じる。

いうまでもなく可能性からいえば、この移行や変化は必然的でもないし自然的でもない。通常の場合では、たとえ自覚的であっても、人間はこの意識の拡大に反対し、この意識のなかに閉じこもり、すでに自覚されている領域を越えるすべてのものを無意識のなかに投げ込む、あるいは（フロイト的にいえば）「抑圧する」（ルーティン行為、自動運動または慣習）。もしそうしたことが生じるなら――そしてこれはきわめてしばしば起きることだが――、智慧の理想とそれの実現に至る弁証法的＝論議的運動は必然的に停止する。当然にも、智慧の理想は消滅し、それを獲得しようとする意志も消え去る。これは仏教的用語でいえば、無明の闇が再び人間の生活を覆い尽くすことに等しい。

論議的＝弁証法的運動が理想の極限（目的）に到達するためには、この論議的＝弁証法的過程のなかでひとつの旋回（転化）が生じるそのつどに、新しい現実へ向けて拡大する自己意識が現実に存在しなくてはならない、あるいは拡大する自己意識の事実存在を理論的に予想しなくてはならない。この理論的予想では、論議的過程のなかで旋回の必要なときに必ず自己意識（所与の領域を乗り越えて拡大するという独特の自己意識）が存在するといえても、そのような必然性を保証するものは何もない。しかし求道が可能なためには、その必然性を前提する必要がある。要するに、正覚への道を現象学的に語るためには、たんに自己意識を前提する（予想する）だけでは足りないのであって、拡大する自己意識を前提するのでなくてはならない。拡大する自己意識とは、仏教的な意味では求道であり、西洋的意味では哲学である。仏教的求道も西洋的哲学も、所与の領域を越え出ていく自己意識という点で、完全に同一である（本書はそのような前提の下で語っている）。

求道者も哲学者も、どこにいま自分はいるのかを完全に知ろうとするひとである。まだ求道の道に入っていない人々は、たとえ自己を意識することはできたとしても、前進しないで自分のなかにとじこもろうとする。彼らは新しい現実と状況に耳と目をふさごうとする。このような人々を無明の暗闇におちている人々とよぶ。求道者は自己を知ろうと意欲するだけでなく、これらの無明の他者たちの目と耳を開き、論議のなかに引き込み、言説を通して説得する。論議の過程を通して、無明の人間たちを目覚めに向かう道へと導き、彼らを同朋ないし朋友として遇し、求道者共同体を建設する。他者が我の説得に応じるときにこそ、我の理想獲得の希望は、徒労でも狂気でもなくて、現実性と客観性を獲得するのである。このとき、たんなる希望としての自己確信は、客観的確信になる。智慧の希望は真実になる。仏教的にいえば、自利は利他になる、あるいは自利は同時に利他である。したがって他人の必要と必然が論議を呼び起こし、他人の存在が言説の真実性の保証になる。他者の絶対的必要性(利他と自利の同時性と同一性)を発見したのが仏教浄土門の偉大な功績である。浄土門は仏教の教えの内的必然性から生まれたものである。たんに「民衆のための安易で簡便な教え」といったものではない。

智慧の理想という言葉を使用してきたが、この理想という言葉について一定のイメージをここで簡単に与えておこう。例えば、特定の歴史的時点で登場した具体的で有限な個人であるゴータマあるいは釈尊は、所与の現実に甘んじることをしないで、一層深い知を求めて努力しようとした。これはゴータマが求道者になることである。そしてさらに求道者ゴータマは、自己とは何かという問いを自分に提起し、また自己が生きて死ぬであろうこの世界の存在についての問いをも提起して、これらに関するすべての答えを首尾一貫した言語的語り(言説)をもって生みだそうとした、彼の意見では自己と世界(宇宙万有)に関するすべての問いにたいしてすべての答えを出したという。もしそれが事実であるなら、そして彼の言説による解答が真実であるなら、求道者ゴータマは正覚者すなわち絶対知の保有者になったのである。

絶対知＝智慧をもつひとを仏陀という。仏陀とは賢者であり絶対知の絶対的所有者である。この過程を逆にいえば、求道者は、智慧の理想を提起し、その理想を実現すべく、たえず所与の現実を乗り越えて、最後には絶対の智慧つまり智慧の理想にまで到達したのである。ゴータマ・ブッダに起きえたことはすべての人間に起きうる。これを仏性という。一人の人間が仏性すなわち智慧の理想を獲得したいと念じたとき、そのとき智慧の実現の可能性への希望と期待をもつだろうし、それが論議的過程の目的になるだろう。したがって、理論的には、ひとが求道者になるときにも、さらに求道者が覚者になろうとするときにも、智慧の理想の実現を信じることなしには、過程が開始しない。この希望の灯火が人間の内部にともることを、「信」という。浄土門では、これは六字の念仏にあたる。阿弥陀仏への帰依とは、理論的には、智慧の理想に到達する希望の宣言であり、それがあってはじめて、すなわち希望の宣言が生じた後で、論議過程が開始するのである。この信が理想に到達したときには、信は同時に知になる。これを信知という。信知という言葉は、実現した智慧の理想であり、絶対の知である。

いまいちど、智慧と覚者の関係をまとめておこう。

六　智慧または仏智

問いと答えのなかで

智慧は人間存在(現実存在、エグジステンツ)に関して提起されるすべての問いに答える技法である。求道＝哲学は、それらの問いを提起する技法である。求道者＝哲学者は自分が答えることができない問いを自分に向かって提起することに終始する。もし彼が、本来自分が答えられないこれらの問いにたいして是非にも答えようとすれば、求道者であることをやめなくてはならないが、求道者をやめるからといって覚者になるわけではない。つまり彼は、自分の言説と矛盾する何かをもって答えるか、理解できず語ることもできない何かに訴えるか、このどちらかをするだろう。求道者「である」とはそうした限界をもっているのである。だから求道とは別の境地がなくてはならないのである。

求道者

覚者(賢者)は、自分が現にあることによって満足するひとである。すなわち、自分のなかで、自分において、知る

(自覚する)ことがらによって満足する。これに対して求道者は自分に満足していない(不満足)ことを自覚するひとである。求道者は自分の状態に不満足であるからといっても、けっして不幸ではない。彼は、不満足(欠乏)を感じることによって、自分を変更することを目指す行為のきっかけを得るのである。彼は求道者であるかぎりは、自分が満足することを知ることができないので、不満足なのである。求道者は意欲することはできるが、何を意欲するのかを厳密には知るすべをもたない。求道者は、自分の欲望(願望)を理解しないかぎり、自分の欲望を満足させることができない。

では、理解とはどういうことなのか。理解するとは、自分の実存を開示する言説(ロゴス)の首尾一貫した全体性のなかに自分の欲望を組み入れて、それらの欲望を正当化することである。だから自覚(自己意識)なき覚者なるものはありえない。求道者は、自分の不満足を自覚する。覚者は自分の現実存在の満足を自覚する。自覚した満足(自己を完全に知って満足すること)は、自分自身との同一性に満足することである。不満足の意識は、変化を刺激し、変化を言葉によって開示する。求道者は、本質的に、変化する。自覚して変化する、つまり現にあるのとは別のものに成ろうとする。なぜなら、求道者は、現に自分があることに満足していると完全には知る(認識する)ことができないからである。自己－の－意識は、言説(ロゴス)であり、変化を開示する言説は、論議的言説(弁証法)である。だから、求道者は本質的に論議家または弁証法家である。

覚　者

覚者は、自分にとって、そして他人にとって、積極的な手本＝模範として役立つ。反対に、求道者は消極的な手本として役立つ。消極的な手本というときの「消極的」という意味はこうである――彼(求道者または哲学者)のようであってはならないと彼自身が明示し、また彼は他人が求道者にとどまらないで覚者になることを希望することを明示する。求道者は、自分がそうあってはならないことを知りつつ、また自分がそれへとならねばならぬことを知りつつ、自分を変化させる。この変化のなかで求道者は目的(智慧の理想)に向かって前進し、進化と開発をなし遂げる。変化の過程の目的は、覚者になることである。

求道者の論議的＝弁証法的言説は、求道者自身の変化を開示し(自己の内に閉じこもることを打破し)、前進を開示する。前進、それは智慧への前進、絶対知への前進であり、求道＝哲学から智慧へ、求道者から覚者への前進＝進化である。

開示される(言説のなかで開示される)前進、または前進の開示は、教育的な価値をもっている。すべての求道＝哲学は必ず教育的弁証法＝論議であり、論議による教育である。ひとは自分に向かって自分の実存に関する最初の問い(「我とは何か」)を提起することから出発し、最後には、智慧＝覚醒へと到達する。智慧＝目覚めとは、可能なあらゆる問いに答えることができること、である。

智　慧

一般に、主体と客体を対立させる知、あるいは両者の対立を前提する知は、反省的な知であり、対象化する知であり、要するに知的客観化である。特定の対象と領域を相手とする「学科的」科学はもとより、哲学も反省的であるかぎりでは、主体と客体の対立を前提する、あるいはその対立を条件とする。したがって、哲学または求道は、対立を前提とする存在への反省である。それは存在の外部から存在を反省＝考察する。求道または哲学は、外部へ向かう意識、外的な知である。例えば、感覚作用、知覚、悟性は、すべて外的な知であり、外部に向かう意識である。求道ないし哲学は、これらの意識形象を土台とするのだから、原理的に、対象としての存在の外部から存在を反省するといわねばならない。

これにたいして、智慧またはソフィアは、存在への外的反省ではない。智慧は絶対的である。絶対的であるとは、外部と内部の区別、主体と客体の対立が解消していることを意味する。したがって智慧とは、絶対的な知である。それはもはや反省的ではない。存在と思考の対立はなく、存在と思考する主体は絶対的に同一である。西洋の思想の歴史では、直接的な同一性を主張したのはパルメニデスであり、思想の歴史に媒介された同一性を主張したのはヘーゲルである。いうまでもなく、ここではヘーゲル的な「媒介された」同一性が重要である。絶対的な知は、論議の歴史過程の結果である。論議する求道＝哲学の歴史によって媒介されて、結果として生産された知である。この状態では、論議が前提する対立が「止揚されて」いる。

絶対知としての智慧のなかで、存在そのものが智慧として、自分自身を開示する。智慧とは、存在自身の自己開示である。存在の自己開示を首尾一貫して語るのが、学の体系である。この学の体系は、存在を存在として開示し、かつ個別的な現実としてのひとつの存在者のなかで自己を開示する。存在が自己開示する場所としての個別的存在者、すなわち身体としての客観的事実をこの現実世界のなかにもつ存在者、それが覚者または賢者(絶対的に知るもの、das absolute Wissen)である。

存在それ自身が覚者のなかで自己を開示する。覚者＝仏陀は、存在そのものである。覚者において存在は輝き現われ出る(覆いなき状態で自分を示す)。存在の自己開示は真実としてのアレーテイアであり、仏教的にいえば「真如＝非覆蔵」である。したがって、覚者の身体は、もはや自然身体ではなくて、存在の真実が自己開示する場所としての身体である。仏教の法身とはこれであろう。法身とは、智慧＝学的体系のなかで、智慧として開示されたものである。簡単にいえば、法身は真実である。開示された真実としての智慧、それが真実に照応する報身であろう。そして法性真実が宿る具体的人間の身体(覚者の存在そのもの)、それが応身であろう。仏教の三身は、覚者の智慧の三つのアスペクトを語ったものである。三者は、区別されながらも、同じひとつの事態に属する。とくに応身としての覚者は、報身としての覚者の共同体(浄土)から出て、無明の他人たちに向けて論議的に説得し、彼らの機根に応じて方便的論議を駆使して、まずは求道へ、ひいては目覚めへと教育的に導入する。覚者は機に応じて変身する。

覚者(仏陀、賢者)は、絶対知＝智慧を体現する。覚者の身体は真実の開示としての智慧がいわば宿る(受肉する)場所である。覚者の身体は、自然身体を基礎としつつも、それを越えて、法身＝真実であり、報身＝智慧の体系(とその場所である浄土)であり、論議する応身である。覚者そのものが三身である。

有限な人間と覚者

西洋的神学では、有限な人間は、定義によって、神すなわち無限な存在になることはできない。なぜなら、神は有限な人間はもとより、人間を含む有限世界全体を絶対的に超越しているからであり、有限なるものはこの超越存在に近づくことはできないからである。神と世界の間には、飛び越すことのできない深淵が横たわっている。

ところが、仏教における覚者は、無限を自覚する存在である。しかも有限な人間は、仏教では無限なる存在、あるいは無限を「さとる」(覚、証、悟)ことができたという意味で無限内存在になりうる。仏教の覚者(仏陀)は、有限な人間が無限の境地に住することができたと自覚する「元」人間である。ここに西洋的神学(ユダヤ＝キリスト教＝イスラム的神学)と仏教との根本的差異がある。ある意味では、西洋的神学がいうところの「神」を規定するすべての内容を仏教的覚者はもつことができる。しかし、覚者はあくまで人間であり、有限な人間のままで、その有限身体を場所として、無限内存在を自己自身に向けて証明する。おそらく西洋的神学はこれを認めないが、仏教ではこれを可能であると主張する。ここが肝心なところである。

仏陀としての覚者は、自分をそれへと統合していく(外的で超越的な)存在者なるものではない。なぜなら、覚者自身が全体的存在であるからである。彼の智慧の全体は、真理の全体であり、西洋的にいえば「ありてあるもの」(sum qui sum)の発展にほかならないという意味でのみ、覚者(賢者、仏陀)は一種の「神」である(「ありてあるもの」は本来は唯一神の定義である)。覚者は、現実に、あるところのすべてである。覚者は、「すべてである」と言う。そして彼は自分が言うところのすべてである。覚者の存在は、彼の存在についての彼の知である。覚者は、彼が言説をもって(真理として)開示された存在であるがゆえに、彼自身が存在の開示(すなわち、ギリシア的な意味でも、仏教的な意味でも、真理)である。あるいはこうもいえる――覚者が自分の存在についてもつ知は、彼の存在そのものである。覚者は知(智慧)である、そして知であることで、覚者は彼がそれであるところのもの(つまり覚者)なのである。

人間＝求道者＝菩薩は、自分の存在の知が自分の存在と同一であると(矛盾なく首尾一貫して)言うとき、まさにそのときに求道者は仏陀になる、あるいは仏陀である。覚者＝仏陀において、存在の全体と知の全体が合一する。仏陀＝覚者の存在は、開示された(つまり覆われないという意味で真実の)存在である。したがって仏陀には、真実(開示された存在)、存在するもの、存在の真実の場所という三つのアスペクトがある。すなわち、開示された真実(法身―真如)、存在の知(報身―智慧―浄土)、真実の個体性(応身―摂取する力)。「一人の」人間において「人類」が現出するともいえるが、さらに一般的には、有限な個物のなかに無限が現出するともいえる。覚者は、智慧を学として生産する。現実の覚者は、一個の人間であり(例えば釈尊)、彼は智慧を学的に組織して語る。その学は釈尊の場合には、弟子によって経典として、つまり書物として編集されている。こうして釈尊にそくしていえば、こうなる――釈尊は語った。弟子がその語りをスートラとして文字＝書物にする。この書物＝スートラは覚者としての釈尊自体である。

この筋道を学的体系的に展開するときには、複雑な回り道を必要とするし、それが仏教が可能性としてもつ智慧の体系であるし、それを論理的に展開するには西洋の哲学的用語を使用することができるし、そうしなくてはならない。それは今後の課題であるが、しかしその着手の手本は、すでに清沢によって与えられている。例えば、仏教縁起論は、彼によって縁起的存在論すなわち有機組織論として展開されようとしていた。これは着手であって、これを智慧の学として構成するためには、さらに論理の学や世界論(形而上学)、そして有限者としての人間が目覚める現象学などが開拓されなくてはならない。しかし仏教の歴史は、そのための基本要素をすでに蓄積している。その蓄積をいまでは理論化する作業に取り掛かるべきときであろう。この主題はまたあらためて議論することにする。

七　智慧への道

智慧が存在すると言えるためには、「私」が智慧を愛する(求める)というだけでは足りない。万人もまた知慧を求める(愛する)ようにならなくてはならない。「私」の智慧＝への＝愛(求道、哲学)と万人の智慧＝への＝愛とが一致しなくてはならない。

智慧の探究(愛)

「私」が智慧に到達すると希望する(願望する)かぎりでは、それは自己確信にとどまる。「私」が存在の真実について矛盾なく(自己に対立することなく)語る意図を現実のものにする(実現する)ためには、その意図を自分だけにではなく、他者(複数、原理的には無際限の数の他者たち)に向かっても語りかけなくてはならない。そのとき、自己確信は、主観的確信を越え出て、客観的な確信に転化する。他者たちもまた、「私」と同じ智慧への愛をもち、語る意図をもつ。したがって、論議(ディアレクティケー、ウパデーシャ)を行なうことによって、共に智慧に至るのだと希望すること、それが仏教でいわれている「慈悲」であろう、少なくとも慈悲の知的側面であろう。

人々は、いまは無明のなかにいる(煩悩と妄念に包まれている)けれども、矛盾なく語る意図をもつかぎりは、たとえしばしば自己矛盾をおかすことがあろうとも、いつかは智慧に至りうるし、他方では、彼らが智慧に到達しないかぎりは、「私」もまた真実の意味では(in Wahrheit)智慧に至ることができないのである。『無量寿経』のなかでいう「もし……ならば、私は正覚を取らない」という表現は、智慧の体系の成り立ち、つまり他者との関係なしには智慧はありえないという構図を示している。

語ること、すなわちディスクール(ロゴス)への信念は、ディスクールの目的への信念である。それは全体としての言説的展開過程が唯ひとつの目的に向かうのだという希望(「主観的」)の確信である。この唯一の目的は、ひとたび達成されると、あらゆる言説の終極点であるという意味での極限(リミット)になる。ところで、言説としての言説のこの目的(テロス)は、言説(ディスクール)の「形相的」(フォルム上の、形相因としての)極限であり、したがってその目的(または目的因)にしてその起源(または作用因)である。作用因としての起源とは、言説を実現する意図ないし決断であり、意図は言説行為のなかにいわば受肉する(あるいは物質化する)。この極限に達した言説(ディスクール)は、存在の覆われざる開示であり、つまり真実そのものであり、要するに、絶対知または理想の智慧である。すなわち、それは唯一の言説、完全に首尾一貫して展開された絶対知であり、ソフィア＝智慧の体系である。語る智慧への金剛の希望または信念が、生き生きしており、活発に作用するかぎりでは、この希望または信念は「愛」(フィリアまたはエロス)と呼ばれうるし、ギリシア人的に「智慧への愛」(フィロ＝ソフィア)と呼ぶことができる。

普通には、仏教的慈悲の概念は、あわれみとか同情とか、感傷的「人道主義」の意味で受け取られているが、おそらくそれは誤解であろう。仏教の慈悲は、原理的にはきわめて高度なまでに知的な行為である。人間はたんなる物体とも動物一般とも違うのは、語る存在であるからである。人間が語る(原理的には自己矛盾することなしに)意図と意志をもっていること、たとえ現在は無明のなかに沈んでいるにせよ、そしてこれまで無数の流転を経てきたし、いまもそうしているにせよ、いつかは必ず無明を脱して智慧を求めるようになるだろうし、智慧を求めはじめた瞬間には求道＝哲学の場のなかに、つまりは論議の過程のなかに参加し、ともどもに智慧の探求の道にのぼると希望し、そのように信頼し、そのように確信(信念)すること、それが慈悲の内容である。人々が智慧の探求(求＝道)の旅路にのぼることが、あるいは彼らをして求道のなかに入らしめることが、すでに「抜苦与楽」である。正覚つまり智慧への到達において、抜苦与楽は完成し成就する。したがって、慈悲とは智慧に至ることができるという希望と信念のことである。まずは釈尊が、そして多くの菩薩がそのような希望と願望をもつこと、それが慈悲である。たとえ実現が困難であり、実現までいくひとが稀であろうと、万人にその可能性を期待し願望すること、それが慈悲である。無明のなかに沈んでいる衆生をあわれみ悲しむ気持もまた漢語「慈悲」のなかにあるかもしれない。しかし学的には、慈悲は智慧の成就への願望と期待と希望、要するに「本願」である。

学道

以上の観点からみれば、仏教はひとつの学的体系(学道)であるといっても言い過ぎではない。智慧と普通の知識とを区別するのは正当であるが、しかし智慧(仏智)を何か得体の知れないもの、あるいは例外的な存在者だけが到達できるような境地とみなすのはやはり間違いであろう。智慧に至るのはたしかに困難であり、だからこそ修行も必要になるのだが、困難であることは不可能を意味しない。智慧は高貴であり、高貴のゆえに稀であるかもしれないが、しかし現世内の有限な人間にとって可能なことである。そしてこの高貴で稀な智慧に通じる道をみつけだすのは、普通の知識(認識)であり、普通の求道的知識なしには、絶対知としての智慧(仏智)もない。

学道は、求道的＝哲学的知を基礎にし、それを媒体として、それを通して、学の体系として展開される。学の体系は概念的な組織である。求道(哲学)は、定義によって智慧を「もっていない」、智慧に「まだ至っていない」からこそ、智慧(ソフィア)＝を＝求める(愛する)、あるいは智慧を手に入れようと思索し探求する。この探求の道のなかにあるものは、すでに智慧へ通じる可能性のある道を歩んでいるのだから、文字通りに「真理に通じる、そして真理としての、道を求めるもの」(簡単にいえば求道者)である。真理を求める行為は、言説をもって探求するのだから、学的でなくてはならない。知としての真理は、言説(ロゴス)によって覆いのない状態で開示された存在であり、この真理への道をも求道者は同時に見つけだす必要がある。智慧への道と智慧そのものを言説を通して見つけるという二重の課題があるのである。ところで、真理への接近ルートは種々あるし、それらはしばしば(後のものから見て)ある種の袋小路に入り込んでいる。これらの袋小路(真理への道が結局は閉ざされる絶対限界)をも、求道的＝哲学的思索は見つけだしていくし、そうしたいくつかの課題を引きうけていく精神の営みは、そのまま概念的＝言説的な組織化である。

袋小路に陥った過去の求道＝哲学または思想は、限界があるからといって排除されるのではない。とくにその名に値する過去の求道＝哲学の体系は、それぞれが智慧への通路を高い水準で見つけだしたのであり、それがもっている袋小路も簡単には見破れないほどに高度である。「誤謬」としての袋小路もまた求道的には価値がある。智慧の体系は、つまり学道は、これらのレベルの高い袋小路ないし行き止りの柵を取り払うことによって、過去の数々の道を智慧への道として復活させて、体系のなかに取り込むのでなくてはならない。過去の偉大な思想は、すべて絶対知の体系を結果として生みだす要素であり、結果のなかに吸収されなくてはならない。その意味で過去の思索は、それが求道的な思索であるかぎりはすべて貴重であり、すべてが保存される。過去との「理論的」対話がここにある。それもまた論議の過程（優婆提舎＝弁証法）である。そして過去の思索が陥った限界や行き止りを見つけだすことは、求道者にとっても、求道者に教えられるものにとっても、ひとつの教育（ペダゴジー）である。智慧に至る道は、こうした行き止りの限界をどれほど高い水準で取り払い、乗り越えるかに左右される。

ヘーゲルは論議＝弁証法についてこう述べている。

> 弁証法は古い諸学のなかで、近代人の形而上学において・またさらに一般に古代人ならびに近代人の通俗哲学によってもっとも多く誤解されたもののひとつである。プラトンについてディオゲネス・ラエルティオスは、タレスが自然哲学の創始者であり、ソクラテスが道徳哲学の創始者であったように、プラトンは哲学に属する第三の学［すなわち］弁証法の創始者であった、と述べている。——［弁証法を創始したことは］こうして古代によってプラトンの最高の功績とされてきたもの［であるが］、しかしこの功績がプラトンをもっとも多く口にする人びとによってしばしばまったくかえりみられないままになっている。（Hegel, G. W. F., *Wissenschaft der Logik*, (II), Suhrkamp, 1969, S. 557. ヘーゲル『大論理学』第二部第三編「絶対的理念」初版、寺沢恒信訳、以文社、第二巻、三六〇—三六一ページ。強調は原文通り）

論議＝弁証法は、直接的には、すなわち人間の関係においては、討論する対話であるが、それは同時に、個人の哲学的思考の内部では「方法」――デカルト的意味ではなくてヘーゲル的な意味で――になる。方法とは、文字通りには、正しい道に沿って思考を進めることを意味するが、真実を探求し、真実に至る道をみつけるやり方である。思考と方法は、単なる道具とは違って、分離できない。方法とは概念的把握のことである。そして真実の概念的把握は、たとえ個人の思考の内部でも、他者との論議の過程である。複数の他人との論議の場合には、提案―反対提案―(折衷提案)―総合提案という筋道をとるのだが、思考の論議のなかでは、命題―反対命題―(折衷命題)―総合命題の形式をとる。思考の内部でも外部でも他者の存在なしには論議(ウパデーシャ)はありえない。

「観察」についても同じことがいえる。前に述べたように、「私」は自分の観点でのみ対象を観察するが、「私」は自分に関する立場を観察することができない(「私は自分の背中を見ることはできない」)、その限りで私は認識的な「無明」＝無知のなかにいる)。私の観察の立場を観察することができるのは、私の外部の他者である。そしてその他者もまた自分の観察する立場を自分で見ることができない。こうして際限なく続く。だからこそ、私が自分の観点からする観察の絶対限界に気づくことができるのは、私を外部から眺める他者の指摘によってであるし、またそれ以外には気づきえない。

論議とは、まさにこの論点に関わる。論議なしには、「私」は自分の袋小路を絶対に乗り越えることができないのである。そして「私」の背後を見ることができる他者もまた同様である。したがって論議過程(ウパデーシャ＝ディアレクティケー)は、語る人間たちが互いに、それぞれの限界を指摘し、明示し、抉りだす過程であり、だからこそ討論になるし、そうした論議的討論によって、またそれによってのみ真実への道が発見できるのである。論議を経ない「意見」は私的な確信(ドクサ、独断的思い込み)でしかない。「私は悟った」というひとがあるなら、彼が論議なしに「悟った」というのなら、それはたんなる妄想であり、邪見にすぎない。論議だけが、こうした主観的妄念と妄想と邪見つまりは無明を取り払い、真実を少しずつ開示することができるのである。しかしヘーゲルがプラトンについて指摘したことが、おそらくは仏教にも妥当するのではないか。仏教の思索の生命であるところの論議過程論を仏教はどれほど大切にしてきただろうか。仏教は論議＝弁証法をどれほど展開してきただろうか。まさにこの問題は、学的に引き受けるべき重要な課題ではないのか。論議の理論(智慧の開示の絶対的方法)は事実的には仏教において創始され、そして高いレベルでかつては実践されていたのだが、いまではしばしば無視されているのを憂えて、とりあえず以上の点を指摘しておきたい。

ところで、例えば釈尊の語録(阿含)は、ほとんどが行道の教えである。それは学道を背後に踏まえながら、しかしそれをあからさまには表に出さずに、行道の指針(のみ)を結論として提示している。だから釈尊の語録は、釈尊がもったであろうと推定される学的体系(智慧)の「言い換え」(多くは喩えの話)をまじえた行道の仕方を述べたものである。言い換えれば、釈尊の語録は、いわば答えだけがあって、それが答えになったもともとの問いが不在である。答えは、不在の問いへの答えである。したがって、釈尊の智慧を知るためには、答え(喩え話的な言い換え)から出発して、不在の問いを再構成しなくてはならない。経典の思想史的あるいは言語学的＝文献学的研究は、こうした再構成にとって決定的に重要であるが、しかしそれがすべてではない。経典の求道的＝哲学的研究もまた決定的に重要である。「仏説」を掲げる大乗経典は、多くの喩え話を含んでいるにせよ、こうした不在の問いの再構成という理論的探求を開始したとみなすことができるし、さらに「如是我聞」的経典の解釈者(論と釈の師たち)はすでに明らかな意図をもって、不在の問いを再構成し、あるものは論理の学としての存在論の構築へ(龍樹)、あるいは現代的用語を使っていえば現象学的人間学へ(無著や世親など)と向かっていた。これらはすべて求道であり、哲学であるのだが、智慧の体系に向かう道であるからこそ概念的に組織化されている。

釈尊は比喩の大家である。比喩は、たんにわかりやすさを目指す方便ではない。比喩は、「沈黙の」智慧を他人に説得的に伝えるために工夫された潜在的な概念である。釈尊の智慧の体系(学道)は、実際には沈黙している。比喩は、沈黙の智慧の指標であり、比喩のゆえにそれが出てきたところの智慧を予告する。求道的な操作としての不在の問いの再構成は、これらの比喩が何の言い換えであるかを明示しなくてはならない。経典を「読み解く」とは、こうした不在の問いを再構成的に読みだすことであり、潜在的智慧を顕在的にすることである。この操作は、あくまで問いを提起するのであるから、求道的＝哲学的である。しかしこの問いの提起の技法を駆使すること(つまり求道的思索)なしには、答えの技法としての智慧に至ることはできない。

比喩は、釈尊の説法を「聞くもの」の知性に「近づけて」、真実そのものではなく、真実に類似したものを、釈尊が教えるときの表現法である。それが優婆提舎であるとすれば、すでに釈尊自身が論議とは何かを自覚して教えているといえよう。釈尊は最初のウパデーシャ＝ディアレクティケーの実践者であった。釈尊の論議をあらためて論議する「われわれ」は、潜在的な学的智慧を、比喩的論議から出発して再構成するのである。これのシリーズが論議の歴史的展開としてあり、現在に至る。そしてこの論議の歴史的展開は、それ自体が、智慧への導入であり、教育(教化)である。

八　存在の満足

覚者の満足

人間が自己を意識すること、それは、原理的にいきつくところ、人間が自分を「有限である」と自覚することである。すなわち、「有限である」とは、人間は必ず死ぬことを自覚して「ある」ことを意味する。「自己」の完全なる知とは、自分が死ぬ存在であること、自分が限りある存在であることについての完全な知である。完全な知(自己の存在を完全にあますところなく知ること)は、人間を満足させる。完全な知の所有者である覚者が「満足する」ということは、自己が決定的に死滅することを完全に知ることである。一人の人間が「死ぬ」必然のなかにあるというだけでなく、この一人の人間を含む人類全体もまた必ず死滅することをも、完全に知ること、それこそが智慧(仏智)である。人間が本質的に有限であるのなら、人間が十分に自己を認識して存在しうるのは、自分の死を自覚することによるのであり、それ以外にはない。自分が絶対的に死ぬべき存在であると認識することによってのみ、覚者は満足の充実に達することができる。

普通の常識は、永遠の生を求め、永遠の(死後の)生を想像的に表象することで満足しようとする。しかし人間の現実はそのように想像することを不可能にしている。人間は、個人であれ集団(人類)であれ、取り返しがつかないほどに、絶対的に、決定的に、死すべき宿命にあるがゆえに、その死の必然を自覚することによって、その自覚のゆえに、人間は満足する。仏教は、人間が必ず(いつでもどこでも)例外なく死滅するし、それを自覚することによって満足するのだと言う。仏教でいう「入滅」とか「滅度」というテクニカルタームは、覚者の満足と連動させて把握されるべきであろう。入滅や滅度は存在論的に人類の絶対的死滅を意味する(あるいは人間は生きているそのつど死んでいく事態を極限化すると、個人と集団の人類の死滅が導きだされる)。なぜ死滅すなわち入滅が滅度として理想化されるのか。その理由は自覚による満足という覚者のありかたからのみ理解できる。

普通の常識は、死滅を恐怖し、可能なかぎりそれから免れることを望む。しかし仏教はこの常識をさかなでする。仏教はその常識を無知とよび、無明という比喩で説明する。もし人間が永遠に生きることができるなら、煩悩もないし苦悩もないし、したがって仏陀の教えも無用であろう。しかし人間は必ず死ぬ、個人だけでなく類としての人間もいつかは滅亡する。しかしそれを自覚することはけっして恐ろしいことではなく、むしろ反対に人間がこの有限な現実存在においてまさしく満足できるし、満足することで喜びを感じることすら可能である。この反常識的な教えこそ仏教の限りない豊かさをはらむ認識であり、つまりは智慧なのである。かくしてこそ入滅は理想的日的になる。滅することが救済であると完全に真実に認識すること、それが涅槃寂静である。涅槃寂静が「空」を意味するなら、「空のなかに入る」ことは滅に入ることであり、空内存在は滅度すなわち滅の自覚による救済である。それは歓喜であり満足である。これが覚者の現実の存在において実現する。

原理的には、覚者は出＝世間的存在であるから、勝義諦＝真諦の境地にある。この境地は、無一物、無所有の境地であり、それが僧の位置である。僧は、正覚に等しい位置にある、いつかは必ず智慧に至ることができる存在である(求道し、智慧を求めつつある存在である)。智慧に至るとき、僧は僧であることをやめて、真実の覚者になる。それはちょうど哲学者が、叡知を求めている存在であり、叡知(ソフィア)に到達する瞬間から智慧あるもの(賢者)になるのとまったく同じ構造である。この覚者の境地から、世間と世界を眺めると、仏教的にいえば、諸法即実相、生死即涅槃となる。これは仏教におけるいわば「和解」の概念である。和解の概念を強調したのは西洋ではとくにヘーゲルの思想が有名である。ヘーゲルにおいて和解が語りうるのは、哲学が智慧に至り、哲学者が智慧者になったときである。哲学としての哲学においては、まだ和解を願望できるが和解を実現することはできない。ヘーゲル的な智慧者(ギリシア以来の賢者の理念)は、世界＝世間すなわち人間の歴史的世界と和解する。

和解とはどういうことであろうか。和解とは、ヘーゲル的理解によれば、世界即概念、概念即世界、あるいは概念即存在である。世界とは、概念によって(意味をもつ言葉つまりロゴスによって)開示された「存在の全体」である。人間に即していえば、人間の存在の全体とは、人間の歴史的過程の全体である。ロゴス的に、つまり概念的に開示された存在の全体は、概念自身と一致する。存在は、概念のなかで、意味をもつ語りのなかで、自分から自分にたいして自己を開示するとも言い換えることができる。概念は存在を開示する。存在は概念のなかで自己を開示する。両者は同じことの別の表現である。かくて概念と存在(の全体＝世界)が一致することを、和解とよぶ。これは智慧に到達した瞬間の境地を理論的言語で語ることである。この和解つまり概念と存在の一致に至る過程は、人間が時間のなかで、したがって歴史のなかで行為したことのすべてを、概念的把握のなかであますところなく開示すること、つまりは歴史的自覚である。歴史的自覚なしには智慧に至ることはできない。

歴史的自覚とは、個人的人間が、自己の存在が人類の歴史の結果であると自覚することである。「私」の存在を構成するものは、過去の人類の全行為であり、あるいは過去の人類のすべての行為は、特定の変換をこうむって「私」の構成要素として包摂され、そのようなものとして「私」のなかで保存されているのである。この境地においては過去と現在の全人類は「私」であると言うことができる(逆に言っても同じ)。これが賢者としての智慧者の境地である。この境地ではすべては語りうるものはすべて語り尽くされた。これ以上(以外)に言いうるものは何もない。世界と人間の対立は存在しない。もし対立が存在するなら、人間は変形の実践をし、世界を変更しなくてはならないし、自然と他人と対立を続けなくてはならず、和解は到来しないからである。和解の境地とは、極限である。存在と概念(思考)が一致するときには、あたかもパルメニデスの命題についてプラトンが正しく指摘したように、沈黙である。しかしヘーゲルの沈黙は、最初の沈黙ではなく(したがってパルメニデス的沈黙ではなく)、語りうるすべてを語り終えた後での沈黙、媒介された沈黙である。これが和解の境地であり、智慧の境地である。

覚者は基本的には語りうることを開示した後で沈黙しなければならないが、もしまだ目覚めていない他人を教育しようとするときには、再び沈黙を破り、自分が辿ってきた歴史を語ることになるし、何度も反復することができるだろう。智慧者つまり覚者が沈黙を破るのは、他人を導くためである。覚者はそのとき導入者であり、導入される(智慧の道に導入され、ひいては智慧へと導入される)人々にとって覚者は手本または模範である。覚者は、彼らにとって完全なるひと、その存在に完全に満足し、その満足を自覚することで精神的に完全なひとであり、あるいはその限りで世俗的人間であることを完全に抜け出した存在者である。

だから、その意味での覚者は、鏡である。鏡とは、覚者の現実存在のなかに存在全体が映現されるという意味だけでなく、導入される人々にとって学ぶべき鑑でもある。覚者は、存在と概念との一致すなわち真如を実現するのだから、その身体としてのミクロコスモスのなかにマクロコスモスとしての世界＝宇宙を「曇りなく」映しだしている。世間は曇り濁っている。覚者としての鏡＝鑑が「曇りないこと」、曇りのない鏡であること、それはこの鏡が世界の「外部」に出ていること、あるいはそれ自身が世界の極限＝終わりであることを証明する。それが「空」の境地である。

鏡としての空の境地にたつためには、まずは有限な人間的世界を経巡るのでなくてはならない。実際に、覚者あるいは智慧者は他人を導くとき、かつて自分がたどった有限な世界経験を改めて(あるいは何度も)経巡り直すのである。有限な経験のなかで人々が繰り返す誤謬を一緒に繰り返し、また人々の行為と一緒に歩んで一緒に袋小路を乗り越える。覚者が現実に降り立ち、そこで無明の人間たちと一緒に歩むときのありかたを、ヘーゲルは「フュア・エス」(当人にとって)と名づけ、人間たちが自分の行為を反省し、そつどの限界を自覚的に乗り越える努力の側面を「フュア・ウンス」(われわれにとって)と名づける。同じことを仏教は言う――世俗諦と勝義＝真諦。世俗諦は「フュア・エス」であり、勝義諦(真諦)は「フュア・ウンス」である。これはヘーゲル的現象学のありかたに即して語っているのだが、仏教はその意味ではヘーゲル以前にヘーゲルが考えたことを自覚的に実践していたともいえるのである。

何のために覚者は法を説くのか

覚者は、完全におのれの存在を、ひいては自己が存在する世界の存在を、意味をもつ言葉すなわち概念的言説をもって完全に開示し尽くしたときには、完全に沈黙する(語ることをやめる)。しかし覚者は再び沈黙を破るのはなぜか。それは無知の人々を導くためであると述べたが、沈黙と再度の語りの関係は何であろうか。仏教はこれについて覚者の慈悲という言葉で説明してきたが、おそらく慈悲概念にはいくつかの含蓄がある。沈黙と沈黙破りの間には距離があるという事実にまず注目しなくてはならない。すでに別の箇所で論じたことでもあるが、ここでは前段で述べたことが我田引水でないことを間接的にでも根拠づけるために、先行研究に依拠しながら、沈黙と沈黙破りについて、つまりは他人の教化に関して語ることにしよう。

法を説くとはどういう事態だろうか。何のために覚者は他人に法を説くのか。

この問いは、すでに論じたことでもあるが、古典的には、梵天勧請の説話の問題である。釈尊は『相応部経典』六、一「勧請《かんじょう》」のなかで、この問題を自ら語っている(以下は、増谷文雄『知恵と慈悲〈ブッダ〉』角川書店、『仏教の思想』1、に基づく。経典からの引用も増谷訳を借用する)。

(1)　沈黙に徹すればいいのではないか（悪魔のささやき）。

なんじもし不死安穏にいたる道を
悟りえたりとするならば
去れよ、なんじひとり行けよ
なんのために他人に教えんとするや

これは覚者の心理的な個人的満足への誘いである。自分一個の真理認識でひとは満足できるし、一般的にはそうであろう。しかし心理的な解釈は、覚者もまたそうもありえるということにとどまる。増谷が指摘するように、ここには伝統的に伝承された釈尊の「慈悲」の影は少しもない。「後代の仏教者たちはしばしば、ブッダ・ゴータマの出家は「衆生済度のため」であったという。だが、初期の経典に関するかぎり、そのような証拠はどこにもない。」（増谷、前掲書、九〇ページ）このテクストを単独に取り出すなら、釈尊は自分一人の悟りで充足するという一種の利己主義を語っているかのようである。しかしそれはいかにも近代主義的な見方であろう。したがって、ここでは心理的解釈を見捨てて、人間存在のありかたに即して解釈してみよう。「唯一人」智慧に到達したときに、覚者はどういう難問に突き当たるだろうか。

もし覚者が彼自身においてだけ智慧を獲得できたとした場合に、この智慧は原理的には存在について語る彼の思考と、対象としての存在とが完全に合一しているのだから、つまり「主体」と「客体」との分裂はないのだから、もはや語ることができない（語りうるのは二者があるとき、ひいては多数があるときに限るから）。このとき覚者は絶対的沈黙に入る。語りうるすべてを、少なくとも自分一人にたいして、語り尽くした後では、もはや何も言うことはできないし、何も言う必要もない。そのとき以降、覚者は沈黙し続けるのだとしたら、他人は彼が本当に智慧に到達した覚者であるのかどうか知りようがない。外部の他人から見れば、覚者を自称するかにみえるこの人物は、たんに沈黙の「狂気のひと」であるとしかみえない。覚者にとっても、自分が智慧に到達したと確信しているが、それは主観的な自己確信以上をでないという不安または疑惑がある。自己確信は、主観的妄念かもしれない。自分の「悟り」はひょっとすると夢のなかの話あるいは幻想である可能性を、原理的には取り除くことができない。この幻想の除去の原理的不可能性こそが、上記のテクストで問題になっていると思われる。他人との関係がない以上は、したがって覚者が唯一人で独語しているかぎりは、テクストが言うように自分だけで進む以外に方法はないが、しかしそのときには妄念と智慧を峻別する手段はないという代価を払わなくてはならない。単独存在が回避できない客観性の不在の難問がここにある。説話は、釈尊が当面した理論的問題を、心理的な問題として説話的に説明しているとはいえる。しかし心理的な説明を、「認識」上の問題へといちどは還元してみなくてはならない。

(2)　普通のひとには覚者の悟りは理解できない

苦労してやっと悟りえたものを
なぜまた他人《ひと》に説かねばならぬか
貪《むさぼ》りと瞋《いか》りに焼かるる人々に
この法を悟ることは容易であるまい
これは世のつねの流れにさからい
微妙にして難解なれば
欲貪に汚され、闇におおわれし者には
見ることを得ないであろう

これは前のテクストの別の側面である。これも一種の心理的な説明ではある。他人は多くの妄念に汚れているから、とうてい覚者の智慧を理解することはできないだろうというのは、一種の口実でしかない。覚者自身が自分の妄念的汚れを克服してきたのだから、つまり求道的(哲学的)努力を通して(回り道をして)智慧に到達したのだから、原理的には人間であるかぎりは智慧に至る可能性があるはずである。しかし第二のテクストは、この可能性を排除している。

これもまた他人とのロゴス的関係を拒否して、自分自身に閉じこもる態度である。単独者が陥る罠のひとつである。第二のテクストはこうした陥穽への警告して語られたにちがいない。その限りでは、二つのテクストは、絶対知としての智慧つまりは正覚について語るときの困難(アポリア)を適切に教示しているといえる。

(3)　梵天勧請

「世尊よ、法を説きたまえ。善逝《ぜんぜい》よ、法を説きたまえ。この世間にはなお眼を塵におおわれることのすくない人々もある。だが、彼らもまた法を説くことを得なければ堕《お》ちてゆくであろう。もし法を聞くことを得れば悟りうるであろう」(増谷、前掲書、九二ページ)

そして世尊の決意の言葉が来る。

彼らのために甘露《かんろ》の門は開かれた
耳ある者は聞け、ふるき信を去れ
梵天よ、われは繞惑《じょうわく》の懸念あって
人々に微妙《みみょう》の法を説かなかった

こうして「初転法輪」があり、「四聖諦《ししょうたい》」がサールナートで五人の比丘に説かれた。

ここで、単独の覚者が陥る陥穽が回避される。たとえ他人が無明のなかに沈んでいようとも、その彼らが覚者の言葉に耳を傾けるとき、そしてたとえ拒絶と批判を向けるときでさえ、その他人の態度は、覚者の悟りと彼自身の存在に敬意を払い、それらを重視したことを証明するのである。かりに彼らが賛同しないで疑問をさし向けようとも、それはすでにして論議のなかに入っている証拠であり、論議過程に入る条件は、両極の当事者が相互に相手の言説を承認し、基本的に真実を語ろうとする意志と意図をもっていると信頼することである。そしてひとたび覚者の言葉が他人に受けとめられるなら――たとえ否定的、消極的にであろうとも――、覚者の「悟り」すなわち智慧の自己確信は、もはや彼自身のたんなる主観的思い込み(妄念)ではなくて、他人にも通用する妥当性をもっていると、自分にも他人にも確証できるようになる。ここで覚者の「主観的」自己確信は「客観的」確実性に転換するのである。

してみると、覚者の智慧への到達が、すなわち覚者の正覚がまさにそのようなものとして証示されるためには、「聞く耳をもつ」他人の存在を絶対的に必要条件とする。事実的には、他人との関係は、言説だけでもって行なわれる関係（つまり強制でなく、腕力的押しつけでない、一切の暴力を排除した関係）であり、要するに論議の関係である。そして前にすでに指摘したように、覚者と他人たちとの論議＝弁証法的関係は、覚者が智慧の沈黙から抜け出して、迷いの現世に立ち戻り（還相）、他人を教化する過程に等しい。覚者の「教え」とはこの論議過程を舞台とする智慧への導入である。

こうして梵天勧請の説話のなかには、真実を把握することをめぐるすべての主要な側面が包みこまれている。求道的な真実への道の探求、過去の求道的探求が陥った袋小路の突破の数々、そうした努力の回り道を通ってはじめて、言説的把握による真実の開示（ロゴスによる存在の開示としての真理）の「門」に入ることができる。それが正覚であり、絶対知であり、智慧である。事実的には、これは単独の一人の人間にまずは起きる。しかるのちに、この単独の覚者は、主観的自己確信を乗り越えるべく他人との論議的過程に入り、自己確信を客観的真実へと変換し、同時に他人たちを教化して、智慧への導きを実行する。ここに往相と還相の円環的構造が如実に示されている。これは梵天勧請の説話に限った話ではない。それは『無量寿経』における法蔵菩薩と阿弥陀仏の関係にもいえることである。覚者の境地である無限内存在は、浄土門では阿弥陀仏として語られる。智慧としての無限内存在は、原理的には沈黙であるが、智慧をもつものは「如来」として無限内存在から現世内存在へと還帰して、一切衆生を済度するべく論議的過程を実践する。法蔵菩薩の位置は、釈尊が他人との論議的関係に入る境地に等しい。そして究極的には、すべての人々を――事実的にはいわば論議的説得による「一本釣り」によって――無限内存在（「南無阿弥陀仏」）へと摂取するとき、現世内存在であるかぎりでの覚者は再び無限内存在へと還帰する。

これら二つの説話は、要約していえば、求道を通して智慧に至る道と、智慧をもつ覚者の教化の道を同時に説明するものである。そしてそれは絶対知へ至る論理的構造でもある。

九　正　覚

正覚の内容

正覚は、伝統的用語でいえば「アノクタラサンミャクサンボダイ」、簡単にして「三藐三菩提」といわれ、要するに「正遍知」であり、普遍的に妥当する知である。「普遍的に」というのは、いつでもどこでも、誰にでも、承認され受け入れられる知であり、あらゆる事物について、あらゆる人間について、時と場所を選ばず、その意味で「必然的に」妥当する知である。それは文字通りに絶対的な知である。正遍知とは絶対知であり、哲学的求道が獲得しようと願望していた知であり、つまりは智慧である。この智慧は、存在者全体を首尾一貫した言説(ロゴス、道理、理性)をもって開示する。そして開示された存在の全体を真理という。してみれば智慧とは、存在の全体を概念的に開示する行為であり、かつ開示された知の組織的編成であり、要するに真実の学的体系である。智慧とは概念の体系である。概念のなかに現出するのは、存在が概念の場のなかで自分で自分を開示するところのものであり、そしてそれが真実(真如)である。仏教は伝統的にこの概念によって開示された真実を「法」と呼んできた。真実としての法、それが正覚の内容である。

法(ダールマ)についての釈尊の言葉のなかには、三つの側面があると、増谷は指摘している(前掲書、一〇二ページ参照)。

(1)　存在そのもの(万法、諸法)あるいは存在者の全体
(2)　法則性
(3)　法則に基づく生き方

増谷が指摘する三つの側面のなかで、第一と第二はセットとして把握できる。すなわち、「法」とは存在者全体の法則性である。存在者全体は、宇宙万有であり、その法則性は、宇宙(世界)の法則性である。この場合の法則は、近代科学のいう法則というよりも、むしろ存在論的な相関関係の論理である。

第三の「生き方」は、「行」道つまり実践と実行の規範である。

してみれば、仏教の「法」という言葉には、次元の違う二つの内容が含まれている。ひとつの同じ言葉で、理論的な(宇宙論的な)法則性という理論的真実と、それに依拠する生き方という実践的真実が同時に語られている。

法則性といわれることで指し示されていることは、釈尊の言葉ではこうなる。

「これあるによりてこれあり。これ生ずればこれ生ず」

「これなきによりてこれなし。これ滅すればこれ滅す」

実践についてはこうである。

「なにがなければ老死がないか。なにを滅すれば老死を滅することができるか」

釈尊の言葉からわかるように、理論的な(宇宙論的な)「法(法則性)」と実践的「法(規範)」とは内面的に連関している。言い換えれば、真実の生き方は、宇宙論的な「法(真実)」を知ることを踏まえて、それに基づいてこそ、可能である。真実の生き方は、道理による宇宙の真実(法)の認識に絶対的に依存するのである。仏教が釈尊の教えであるとするなら、仏教はまことに知的な教えである。そしてこの事実は決定的に重要である。つまり仏教は、西洋的な religion や唯一絶対神への信仰とはまったく性質を異にし、宇宙の真実の概念的把握とそれに相応する知的な行道である。その意味で仏教は、厳密な理論体系であり、求道的哲学を前提とする智慧の体系である。知(道理)なしに仏教はありえない。

宇宙論的「法則性」は、仏教の伝統的な表現では「縁起」である。縁起の理法は、個々の物・人の存在構成も、存在者全体(宇宙)の存在構成も、基本的に同一の「法則性」(縁起)に貫徹される、あるいは「原因と条件の複合的結合」

によって組織されるというにある。そして仏教の中心は目覚め(証り、悟り)であり、目覚めを目指す行道もまた宇宙論的真実によって指導される、したがって目覚めもまた縁起の理法に導かれている。もし縁起の「真実における」(in Wahrheit)把握がなければ目覚めもありえないというほどに、認識と智慧が目覚めの絶対条件になっている。たしかに求道的哲学の駆使する精神は理性であり、目覚めの瞬間は「不可思議」といわれる「叡知的直観」であるが、とはいえ理性も叡知的直観も、智慧を構成する要素であり、不可分である。釈尊もまた、生き方における縁起の理法の理論的認識がいかに重要であり必要であるかを強調している。しかも釈尊は、縁起の理法の知的認識を教化の基本であるとすら主張しているが、これもまた注目に値することである。

比丘たちよ、縁起とはどのようなことであろうか。比丘たちよ、たとえば、《生があるから老死がある》という。このことは、如来がこの世に出ようと出まいと、定まっていることである。法として定まり、法として確立している。すなわち、相依性である。如来はそれを証《さと》り知った。証り知って、教え示し、宣布し、詳説し、開顕し、分別し、解明して、そして《汝らも見よ》というのである（増谷、前掲書、一〇八ページ）

相互依存関係の二つの相

仏教の縁起は「相互依存性」といわれている。あるいは清沢の言葉でいえば「万物相関」ともいわれている。そして相互依存性は、清沢の用語によれば、因縁因果ということができる。ここで問題にすることは、相互依存性には、二つの相があり、近代的(科学的)意味での「法則性」と「原因と結果の関係」(因果性)とを区別すべきだという点にある。これは清沢満之の問題関心とも重なる重要な論点であるので、簡単ながら触れておきたい。これは別のところでも論じたことだが(第二部第一章を参照)、ここでは少し角度をかえて繰り返し確認したい。

宇宙(存在者の全体)の相互依存性は、自然一般の相関性であるから、科学的意味での法則性(legalité)と呼んでさしつかえない。この法則を認識することは、悟性的に(分析知的に)、要するに分別的に認識することである。悟性すなわち分別知は、ことがらを分割する作業であり、対立を前提にする認識である（最も大きい対立は、「主体」と「客体」の対立である）。科学的な客観的認識がいわゆる opposition binaire を中心に知識を組織するのは、この悟性の仕事であるからである。このような法則性においては、生命体は基本的には対象とされていない。たとえ人間や生命体を相手にするときにも、法則性の観点ではそれらは無生命としての自然として処理される。法則性が支配する領域では、法則的な相互依存性はあっても、行為（生命体、とくに人間に特有の行為）的な相互依存は含まれない。これが（自然的）宇宙論的な法則性である。

他方、生命的な行為が介入するかぎりでの宇宙（世界）の相互依存関係は、もはや単純に無生命的自然の相互依存ではなくなる。行為は、たとえ微小であれ、必ず目的に応じた行為である。ただし人間以外の動物一般は、即自的な目的があっても、行為が終われば目的は解消し、無生命的自然に解消する。動物は感情的に世界に反応し行為するかぎりで世界に一定の変化を生むが、一時的にすぎない。しかるに人間は自覚的に目的を提起し、それに応じて行動し、世界と対立し、対立した世界を変形しつつ自己を変形し、こうして世界に変貌を与える。行為が原因になり、結果がその結果として、前にはなかった新しい事件として生じる。この連鎖が無数に持続するのが行為的世界、つまり人間的世界であり、ここでこそ厳密な意味で「原因と条件と結果」が語りうる。つまり行為があるときにはじめて本来の因果性を論じることができるのである。これも相互依存関係である。仏教のいう「諸行無常」とは、この「行」（行為）による安定なき、静穏なき変化と変動のシリーズを意味する。諸行無常において因果性（より正確には、清沢の「因縁果」）が登場するのである。

以上をまとめてみると、

(1)　自然的相互依存関係としての法則性（無生命の物体の世界、自然一般）

「これによってあれ有り」

(2)　行為的相互関係としての因果性（とくに人間的生命世界）

「これによってあれ生ず」ということである。

「有る」は物体的に「存在する」ことである。「生じる」は、行為を媒介にして結果が生じることである。

因・縁は、前者の法則性であり、水平的な、「横の」法則的相関性を意味する。

因・果は、「竪の」関係としての結果産出的相関性を意味する。

こうして、伝統的にひとつの用語として語られてきた「因縁因果」は、実際には、二つの事実を語ろうとしたと解釈できる。このことに注意を喚起したのは、私の知るかぎりでは清沢満之しかいない（『他力門哲学骸骨』参照）。相互依存関係は、「横」と「竪」の異なる関係を含むし、その意味で両者は峻別すべきだと清沢満之は鋭く指摘している。これと関連して、同じように一語のようにいわれてきた「相依相待」も峻別しなくてはならない。「相依」は「横の」相互関係すなわち自然的法則性であり、「相待」は「竪の」相互関係すなわち因果である。

人間は、一方ではたしかに自然存在であり、宇宙的相互依存のなかにあるのであるが、他方では人間は、意識をもつ生命体であり、さらには自分の行為を自覚しているおそらく「唯一の」生命体である。人間にとって宇宙論的法則性を認識することは重要であるが、しかしそれを認識するだけでは智慧に至る（悟る）ことはできない。科学的・悟性的な対象認識は、世界を物体の相において把握するのであって、このような悟性的・科学的認識をなしうる「我」自身が「何であるか」を知ることは原理的に不可能である。行為的世界のなかで、目的論的世界、すなわち時間的歴史的世界（時間は行為そのものであるから）のなかで、たんなる自然ではない「精神」として、「自己意識」としての「人間なるもの」が自然世界を基礎として、そのなかから出現することを認識し、その意味を理解することができる。そして横的因縁と竪的因果としての二重の相互関係の十全な認識を通してはじめて、存在全体のロゴス的開示が可能になり、またそれが目覚めへと、つまり智慧の獲得へと通じるのである。

この智慧に到達した境地からいえば、人間を含む宇宙は「因縁・因果」としてあり、「相依・相待」としてあると、はじめて言いうるのである。この智慧の境地、絶対知の境地でのみ、因縁と因果、相依と相待の区別はなくなる。なぜなら、智慧の境地とは、絶対空であり、無限内存在であるからである。これが正覚の内容である。以上のことが導き出されるのは、ひとえに清沢満之の縁起論における「横と竪の区別」論のおかげである。

第四章　有限と無限

一　清沢的有限無限論の骨格

清沢満之の学的課題

清沢満之の哲学は、理論的な内容に即していえば、主題として有限と無限の関係に尽きる。彼の哲学的言説は、種々の変奏をみせるが、それらはすべて有限と無限の関係の変奏であるといっても言い過ぎではない。有限は無限ではなく、無限はけっして有限ではありえないのだが、にもかかわらず究極的なところでは有限と無限は一致すること、これを理論的な言説で首尾一貫して語ろうとするのが、清沢哲学の中心的課題であろう。

有限と無限とは絶対的に矛盾する、あるいは清沢の言葉でいえば「根本の撞着」である。この矛盾＝撞着的関係を、学的に解明することは、ひとり哲学＝求道的な課題にとどまらず、絶対的な智慧への通路をみつけだすことでもある。したがって、有限と無限の関係の問題は、学道と行道の接点になる。浄土門仏教の立場でいえば、阿弥陀仏は理論的には無限として翻訳されるだろう。現世内存在としての人間は、どこかでいつか生まれどこかでいつかは死ぬ存在であるから、限りある存在であり、したがって理論的用語では有限として翻訳される。仏教的にいえば、世俗の生活のなかで煩悩にまみれて生きる個々の人間は無明の存在であり、そのような人間のありかたこそ、有限というにふさわしい。

無限としての阿弥陀仏（理論的には無限的「空間＝時間性」）と有限な人間との間には絶対の深淵が横たわっている。にもかかわらずこの深淵を飛び越えることで、有限な人間は現世の苦悩を乗り越えなくてはならない。行道からいえば、煩悩に満ちた存在からの解放こそが、仏陀の智慧を獲得することであり、そのためには、有限と無限の絶対的撞着を実行の面で通り抜けなくてはならない。この行道面での難関を理論面で引き受けるのが、理論の課題としての有限無限論である。

したがって清沢の有限無限論は、たんに理論的な関心から論じられているのではなく、つねに行道の理想の実現を目指して、それの成就を念頭において論じられている。有限と無限の関係をどのように解明するかは、行道面における無限と有限の関係(浄土門の念仏「南無阿弥陀仏」)を生き抜く仕方に影響するであろう。清沢が哲学的努力のすべてを有限無限論に集中した理由がそこにある。それは、いまから遡及していえば、念仏行道の深い理論的意味を汲み出す作業であったし、ひいては浄土門に限らず仏教一般の思想的射程を拡大し、仏教の哲学的内容が近代と現代の世界的思想として何ら遜色ない資格をもつことを証明することでもあった。

以下では、有限と無限の関係に関する清沢の理論的な言説をいまいちど整理し確認しつつ前進しよう。清沢の『宗教哲学骸骨』と『他力門哲学骸骨』は、はじめからしまいまで、望むなら有限無限論であるのだから、それらすべてを再現することは両テクストをすべて引用するに等しい。だからここでは、趣旨と意図を示す箇所だけを取り上げることにする。そしてそこから引きだせるいくつかの論点を、清沢のテクストから独立して展開していきたい。

正覚の論理としての有限無限論

有限と無限の関係を論じる角度は二つある。ひとつは存在論的な角度からの議論である。これは形式的で抽象的であるとはいえ、宗教哲学における有限無限論の前提にならなくてはならない。この方面についてはまた後で論じよう。もうひとつの角度は、宗教哲学的な角度であって、それの課題はいうまでもなく目覚め(正覚)の仕組みである。体験としての目覚めについてはひとは何も語ることはできない。なぜなら、体験としての目覚めは沈黙のなかで瞬間的に生じることであるからである。しかし哲学の観点からは、その構造を語らなくてはならない。これが宗教的目覚めを念頭におく有限無限論である。

清沢満之は『宗教哲学骸骨』のなかで、次のように述べている。「宗教とは相対存在と絶対者との統一である。」つまり宗教は有限者と無限者との統一である。ではこの統一とはどういうことか。

(イ)　根本撞着的自己同一性

統一とは、区別と同一性という二つの論点を含む。第一に、有限は無限ではなく、無限は有限ではない。両者は互いにまったく異なる。これが宗教の出発点である。……第二の論点は、有限と無限の同一性である。これは前の論点よりも重要である。厳密に考えれば、二つの異なった事物はけっして同一ではない。一本の木の二枚の葉、二つの雨滴、二つの火花は、どれも完全には似ていない。完全な同一性とは自己＝同一性でなければならない。ひとつの事物はそれ自身とだけ同一である。けれども有限と無限の関係はきわめて完全な同一性であると断言できる。有限は無限であるし、無限は有限である、と主張したい。これが宗教の第二の、そして究極の論点である。この事態がどのようにして可能であるのかは、宗教理論の本質的な問題である。本書の狙いはこの可能性の根拠を指し示すことにある。有機的構成の原理および君主〔主人〕と臣下〔下僕〕の原理をとくと考察し熟考しようとする人なら、それ〔可能性の根拠〕をもっとはっきりと理解できるようになるだろう。（英語版『宗教哲学骸骨』『語録』一三―一四。傍点は原文通り。『全集二』一四一）

ここには正覚経験という「ひとつの同じ事態」を二つの側面に分析して語っている。二つの「論点」がけっして並列されているわけではない。二つの「論点」は、一見したところでは相反的・矛盾的であるが、しかし両者は同じ事態の両面なのである。有限と無限は絶対的に異質である、にもかかわらず有限と無限は絶対的に同一である。形式論理的には存在しえない事態がここにある。宗教経験あるいは目覚めの瞬間の経験を、理論的に分析の俎上にのせるなら、話の順序としては、まずは有限と無限が互いに異質であるという認識から開始するのでなくてはならない。そして――認識の深まりを前提とするし、実際にもかなりの時間を要するのだが――結局は、有限と無限とは絶対的に同一であるという自覚に達する。このように「根本の撞着」（『他力門哲学骸骨』の用語）を生き抜くことこそ、いわゆる宗教的経験である。

しかし注意しよう。仏教における「宗教的目覚め」の経験は、けっして感覚的心情的なものではなく、最後の瞬間を除けば(あるいはこの瞬間の直前までは)、じつに厳格なまでに理性的で論理的である。そもそも有限世界に生きる人間は、無限などなしで済ますことができる。そうした有限なる人間が、自己とおのれが生きかつ死ぬであろう世界への問いを自己に提起する瞬間がある。きっかけがどうあれ、その問いが提起された瞬間から個々の人間は、自分と世界が有限であることを真実に自覚するには、まずは世界内人間の有限性を、有限でないもの(無限)との対比でのみ理解する。有限と無限の関係を問うとき、ひとはすでに通常の意識を越えて、理論的な、したがって哲学的な思索の道(求道と求法)のなかに前進してしまっている。そのときの自覚は、有限と無限との峻別である。ここからまずは目覚めへの第一歩が開始する。しかし目覚めの終極点は、この理性的哲学的(求道的)探求の回り道を通り抜けた後で、ようやく——おそらくは困難であるが——有限と無限との同一性の絶対的自覚が生まれる。この回り道こそが重要である。この迂回路こそが、まさに求道であり哲学である。それなしには最後の有限と無限の同一性の「絶対知」すなわち目覚めた知としての智慧はありえない。

(ロ)　迂回としての求道

ところで、この回り道について清沢はどう考えていただろうか。彼はその道を両極の「中間点」とよぶ。現実には、歴史的にも現在的にも、哲学的＝求道的探求の道は論議的＝弁証法的過程であるが、それをきわめて圧縮していえば、これは出発点と到達点の間のまさに「中間点」である。彼はこう説明している。

必要なら両極の中間点があることも理解されるだろう。ただし、単にひとつの中間点だけでなく、多くの中間点があるだろうし、いうまでもなく上記の二つの論点は、それら中間点の二つの極点なのである。したがって、宗教活動はつぎのように描くことができるだろう。最初は、われわれは有限と無限について何も知らない。両者の区別を知るにつれて、われわれは宗教の門に入る。けれども最初は、二つの用語は互いに区別されるだけである。二つの要素は分離している。ついで、二つの要素の結合または連合(*union*)が登場するが、まだ両者は統一

(*unity*)ではない。二つの要素は不可分のものとして一緒に結ばれるにすぎない。結合ないし連合はますます内密になっていく。いわば混合(アマルガム化)が生まれるのである。無限が有限のなかに見出され、有限が無限のなかに見出される。そして最後には二つの要素は区別できなくなる。有限は無限に生成し、無限は有限に生成する(become)。いやそれどころか、有限は無限であり、無限は有限である。統一が生じたのである。われわれがいうことができるのは、そこまでである。(英語版『宗教哲学骸骨』『語録』一四―一五。傍点は原文通り。『全集一』一四二)

引用文は、有限と無限とがだんだんと接近し、ついには同一化する過程を論理的順序として述べている。この記述は、一般的で抽象的な描写であって、現実の過程は時間的で歴史的であるはずである。では具体的な時間的現象とは何であろうか。一見したところでは、引用文の描きかたは、個人の内面の過程にみえる。事実そうであるが、しかし個人の内面における有限と無限の接近過程は、けっして孤独で閉鎖した過程ではない。個人の内面における過程は、同時に「社会的」過程である。有限として個人が最初は無限と分離し対立しながら、徐々にその分離対立を乗り越えて、合一していくためには、必ず他者(複数)との論議ないし討議を迂回しなくてはならない。別の箇所でも述べたように(第二部第二章を参照)、個人的な実感はたんなる妄念にとどまるからであり、その妄念をはらしてくれるのはけっして自分ではなく、他人の観点からの照明である。「我」以外の他人だけが「我」が見えない「背後」(＝妄念)を明るみにだし、「我」をそれに直面させて、「我」がその妄念から抜け出すことを可能にするのである(おそらくここに、仏教がいう「善知識」の存在理由が見出せるだろう)。

論議の過程は時間のなかで展開し、したがって前にはなかった新しい対立と分離と矛盾を生み出すという「出来事」を含むがゆえに「歴史」として展開する。この時間と歴史を、人工的に消去するときにのみ、引用文のような抽象的な記述も可能になる。だから清沢満之が記述する「有限と無限の分離・結合・統一」という三段階は、個人にも起きるが、それ以上に集団としての人間たち(とくに求道者たち)に起きることである。過去の無数の求道者の歴史的努力は、そのまま次の世代に受け継がれている。

以上の指摘を踏まえて清沢の文章を読むとき、それはまだ抽象的であるとはいえ、しかし同時に個人と集団の正覚＝自覚すなわち智慧への接近を見事に把握したものといえるだろう。清沢の抽象的議論は、いわば具体的自覚過程のX線写真であるといえるだろう。

㈧　普遍的相互性または主伴互具

清沢の言う有機組織または有機的構成の概念は、万物相関または普遍的相互性を意味する。それを相互依存と言い換えても同じことである。これは仏教縁起論を存在論的に展開するための理論的工夫である。これを土台にして、諸行無常と諸法無我が哲学的に根拠づけられる。なぜなら、無常すなわち変化の厳密な定義がこれによって得られるからである。無常ないし変化とは実際には生成(清沢用語では「転化」)を意味する。有限世界のなかにあるすべての人・物は、いつでもどこでも、生成のなかにあり、ひとつとして「一定の時」に、「一定の場所」に停滞永続することはありえないからである。永続することができないものは、「存続(Bestand, Bestehen)」をもつことは原理上ありえない。それを諸法無我という。前の議論をここで援用するなら、有限と無限がついに統一するとき(自覚の第三段階)、そのとき有限と無限は同一となるが、そのとき諸法実相のテーゼが可能になる。仏教が伝統的に命題化してきた三つの基本用語は、有機組織論としての縁起存在論をもってはじめて統一的に根拠づけられるのである。とりあえず、これらのことを簡単に指摘しながら、万物相関＝普遍相互性＝普遍的相互依存の議論がいかにして目覚めの議論に繋がるのかを見ておきたい。

まず前提として『宗教哲学骸骨』の第九節「有機的構成」(英語版の用語)の定義をみておこう。

無数の有限者が無限者のひとつの身体を形成する様式または構造は有機的構成(*organic constitution*)〔日本語版では「有機組織」〕である。無数の単位はどれも互いから独立しており、互いに無関心であるが、相互に依存し、相互に不可分に連関しあっている。それだけでなく、ほかならぬこの依存と連関によって、どの単位もそれの現実

的な実在と意義を獲得する。（英語版『宗教哲学骸骨』『語録』一九。傍点は原文通り。『全集一』一三八―一三九）
縁起存在論と正覚論を結合するためには、さらに別の概念用語を工夫する必要がある。清沢の工夫は、「主と伴の相互性」（主伴互具）論である（英語版の用語では、「君主ないし主人と臣下ないし下僕の相互性」）。彼は次のように描いている。

有機的構成の本性が右のようであれば、ひとつの有限者がそれの生命あるいは性格を維持しようとするときには、それは他の有限者を自分を支える器官とみなさなくてはならない。例えば、もし有限者Aが自分の生命を維持しようとするならば、それは自分の器官としてB、C、D等々をもたなくてはならないし、またもしBが自分の生命を維持しようとするならば、それは自分の器官としてA、C、D等々をもたなくてはならない。これは他のどんな有限者にもあてはまる。いいかえれば、任意の有限者を（いわば）君主とするならば、他のすべての有限者は彼の臣下になるし、君主に奉仕する。だから、われわれが一人の君主と彼の臣下たちの集合を取り上げるときにはいつでも、それによって宇宙または無限を得る。どの有限者も君主であり、他のすべての有限者がその臣下になるようなこの関係を、われわれは君主と臣下の相互依存または相互性（*interdependence* or *mutuality*）と規定する。（英語版『宗教哲学骸骨』『語録』二〇。傍点は原文通り。『全集一』一三八）

㈡「無限無数」と正覚への道

「無限無数」とは「無限者が際限ない数をもって存在すること」である（英語版では infinite number of the infinite と表現されている）。この概念は有機的構成論にとって、あるいは有限無限の関係にとってきわめて重要であり、いずれあらためて論じなくてはならないが、ここでは簡単に説明するにとどめよう。無限無数の概念は、無限一般が無数にあることではない（それは定義に反する、なぜなら無限自体は唯一であるから）。そうではなく、ここでいう無限無数とは、無限に同一化したかぎりでの有限者が無数にあることを意味する。このとき「有限」は、たんなる有限ではなく、無限を宿した有限であり、『他力門哲学骸骨』の用語を使っていえば、「展現有限」（無限が有限に転化したもの)である。いうまでもなく、無限を宿す有限という用語は、普通の考えでは矛盾そのものであるが、しかし正覚を論じるときには不可欠の概念である。ここに清沢満之の驚くべき理論的独創がみられる。おそらく清沢はヘーゲルの『(大)論理学』を読んでいたに違いないから、ヘーゲルの書物における「有論」や「本質論」のなかで、そしてとくに「概念論」のなかで、有限が無限へと生成したり、無限が有限へと「外化」したりする論理を学んだと思われる。しかし清沢は、ヘーゲル論理学の用語をそのまま繰り返すのではなくて、その有限と無限の関係を「無限無数」の概念として改作し、あるいは古来の有限無限関係を「数的関係」として捉えなおして、有限と無限とが接触する独自の「本体」を構想したのである。これはさしあたりは論理学(存在論)的用語であるが、この用語を構築するのは、論理の遊戯のためではなく、正覚の概念を作るためであった。ともあれ、存在論上の「無限無数」と形而上学的「展現有限」(有限にして無限である本体)とは、実際には同一であることを銘記しておくことにしよう。

さて、有限(なる人間)から無限に生成するとはどういうことであろうか。ここで無限を「無限仏」すなわち「阿弥陀仏」だとすれば、有限なる人間的個人がいかにして無限なる阿弥陀仏になることができるのか、という問いになる。それは『無量寿経』の問いであり、また求道者の行道上の問いでもある。この問いに答えるためにこそ、有機組織論としての「主伴互具」(主と奴の相互性)論があるともいえる。万物相関あるいは普遍相関論は、正覚の論理になる。これを論理学的に語るなら、次の清沢の文章になる。

なぜわれわれは有限であるのか。なぜなら、われわれは自分自身を、宇宙の他の事物から分離しているものとして、他の事物と無関係なものとして考えるからである。どのようにして無限の境地は想像されるのだろうか。無限の境地にある人は事物の真実の連関を認知し、宇宙の事物はどれも自分自身と分離しておらず、自分自身と無関係ではなく、万物は自分の臣下または所有物であり、万物のなかにあって自分だけが君主または所有者であると知るだろう。「すべての生き物は自分の子供であり、生命あるものは自分の宝である。」想像上の思考実験はこれだけにしておく。

ところで無限の完成状態はすべての身体にとって〔誰にでもどんなものにでも〕可能である。**誰**であろうと**至福**の国土に入るのを妨げられはしない。**光明**の門はすべての有限者に開かれている。だからこそ無限の無限性があるのだ。しかも無限は有機的連関の相互関係のなかに存在する。Ａが君主であるなら、Ｂ、Ｃ、Ｄ等々はＡの臣下である。以下同様。これは原因がそれぞれ異なるに応じて結果も異なるというように表現される。この事情は、光明を受けるものたちにあてはまるだけでなく、彼らの世界または**報土**にもあてはまるし、またあてはまらなくてはならない。（英語版『宗教哲学骸骨』『語録』六三。ゴチックは原文通り。〔　〕は引用者。『全集一』一一二―一一三）

以上が清沢満之の存在論と形而上学における有限無限論の骨子である。この理論が含蓄するものは豊穣である。われわれは、必ずしも清沢が明示的に記述していない内容を、彼の論理と構想の方向に即して、それが内部に抱える豊かなもの（含蓄）を、ひとつひとつ引き出し、展開していかなくてはならない。それは展開するひとが解釈を加える作業であるから、ときには若干のずれが生じるかもしれないが、それは解釈と注釈につねにつきまとう余儀ない宿命である。以下では、清沢の議論から相対的に独立して、彼の構想の含蓄を引き伸ばすことに努力を集中していきたい。多くの回り道をすることになるが、回り道こそが展開の本道であると考えたい。

二　仏教的存在論の探求

存在論としての縁起論

清沢の理論的な仕事は、縁起の理論の再構築であるといえるだろう。伝統仏教のなかでも多大な努力があったが、それも長い歴史のなかで曖昧にされ、用語の意味も、用語組織を支える「問いの構造」（プロブレマティーク）もぼやけてしまった。おそらく清沢は近代仏教の実情をそのように診断したに違いない。縁起論は、因果論といわれる。仏教因果論は、因縁論とも称される。この因果・因縁についてもすでに大略のところは論じておいたが、ここではやや違う角度から迫ってみたい。

仏教的因果は近代西洋の科学的概念としての因果と同じであろうか。例えば、空間的または時間的に「先なるもの」があり、それの効果によって「後なるもの」があると考える「科学的」因果論と因縁因果論は同じなのか。清沢はもちろん違うと確信しているのだが、普通の伝統仏教は、先なるものから後なるものが必然的に出てくるという説明法を採用している。例えば、因果応報論は、前世の悪業(善業)が現世の悪(善)の報い(結果)を必然的に生み出すと説明する。もしそうなら因縁論はたんなるオカルト的運命論でしかない。この種の考え方は、地球上どこにでもある。そしてこの種の思考法は、必ず有神論の構図をとる。有神論の構図を、意識的にであろうと無意識的にであろうと採用するなら、理論的には必ず超越的な神の実在を想定せざるをえない。もし伝統仏教の因縁論つまり縁起論が、先なるものが後なるものを必然的に産出するという運命論を採用するなら、結局は、有神論になるだろうし、超越神を許容しなければならない。

ところが仏教の基本は、いっさいの超越的実体を認めないし、「永久的に自立自存する本体」なるものを拒否するはずである。すなわち、前述の「推移的」因果性を承認するなら、諸行無常の定理に反する。分析すると、こうした矛盾が出てくるが、普通はそれを言葉のあやでごまかしてしまう。しかし清沢の精神は矛盾や撞着に敏感であり、それを曖昧に放置することに耐えがたい苦痛を感じるといった特異体質をもっている。ここから伝統仏教における、そして世間一般における、俗流的仏教理解に対する清沢の敢然たる批判が開始するのである。ここでは彼の議論の観点についてだけ検討しておきたい。

有機組織論としての縁起論

清沢は縁起論を有機組織論とも呼びかえる。あるいは万物相関論とも名づける。言い換えれば、個々のものがあって、しかるのちに相関関係がある、というのではなく、その逆である。相関関係があり、そのなかで万物は個々のものとして生成するのである。この相関性は、そのつどの条件(縁)との出会いであり、複数の出会いの集合が万物相関論の意味である。

ひとつのものがあるとする。そのものは、さしあたりは偶然の出会いによって(縁によって)他のものと出会うが、この他のものもまた偶然の出会いによって別の他のものと出会い、こうして際限なく続く。してみると、ひとつのものの成立は、それを除くすべてのもの「によって」可能になったのであり、結局は、ミクロの個物のなかに宇宙万物が何らかの形で、構成要素として包まれていることになる。だから一個のものは、万物相関の空間的・時間的連鎖の産物であり、万物相関の結果である。

塵にも等しい一個の物体のなかに森羅万象が包まれているというと奇妙に聞こえるだろう。しかし縁起論からいえば必然的にそうなる。つまり万物は、巨大な生産過程の結果なのである。そこに含まれる要素は、経験的に知覚できるものもあれば、とうてい知覚できない要素もあるだろう。顕在的要素があるのは誰にもわかる。しかし縁起論で重要なことは可視的ではない要素、不在的に現在するネガティヴな要素があるという事態である。われわれは空間的に近いもの、時間的に近い過去ばかりを注目するが、縁起存在論は目に見えない不在の要素の膨大な集積に注目する。ところで、歴史的生産過程の結果という用語を使用したが、これを見るかぎりでは、先なるものが後なるものを決定するという推移的な因果論と違わないかにみえる。しかしそうではない。

結果から出発して世界を把握すること

じつは、いま述べた言い方は、事後的な語りかたであって、議論の筋道は、まず万物が結果であるという把握があるのである。ひとつの事実を結果であると見ることから出発して、結果を生み出す生産過程へと視線を移していく。ふつうこれを「与えられてある」と表現する。所与とは結果の別名である。縁起論の三つのアスペクトである「原因」「縁」「結果」の関係は、結果から出発して、結果の原因と縁因を分析的に取り出すことである。清沢の有機組織論のなかの「主伴互具」論は、結果としての個物から見る立場を示す。万物は相関のなかで、「主」として結果するときもあれば「伴」として結果するときもある、いやむしろ万物はつねに同時に主たり伴たりとして存在する。この観点を推移因果論と対照させていえば、縁起論の因果性は、奇妙な言い方であるが、「後なるものが先なるものを生む」と定式化できるだろう。「一切万有が我が子である」という仏教的な言い方は、この因果論なしにはいえないのである。

要するに、まず結果ありき、である。事物は、個別の観点からみれば、「偶会」(偶然の出会いの略)の結果であり、「たまたま」の性質を帯びる。しかし他方で、結果の分析から因素と縁素を取りだし、あらためて相関論を組み立てるとき、万物は「必然的」相関の相を示す。この二重記述(偶然の相と必然の相の記述)が縁起的因果性の概念を構成する。清沢の有機組織論は、仏教の教えのなかに含まれるこの二重性をいかに説得的に再構築するかという課題への解答であった。

もう少し具体的に話をすすめよう。ひとつの具体的事実、例えば「このもの」としての「この椅子」を取り上げよう。

万物相関の真実

「この」椅子は、観念のなかの椅子でもなく、想像された椅子でもなくて、ひとつの現実的な(リアルな、実的な)椅子である。ひとつのリアルな椅子は、椅子「一般」ではないし、どれでもよい任意の「ひとつの」椅子でもない。それはつねに、「ここにあるこの」具体的な椅子である。ところで、ふつうの常識では、ひとが「この」椅子について語り始めると、たいていは宇宙の他のすべてのものからこの椅子を切り離し、この椅子ではないものについて語ることなしに、「この」椅子について語り、「この」椅子という。しかしよくみればわかるように、「この」椅子は真空のなかにあるのではない。それは「この」床の上に、「この」部屋のなかに、「この」家のなかに、人地の「この」断片(場所)においてあり、しかもこの土地断片が属する大地(地球)は太陽から一定の距離をとって存在し、太陽は銀河系のなかで特定の場所を占めている。要するに、「この」椅子は、椅子以外の宇宙の森羅万象と相関しているのである。宇宙の塵までふくめて、万物は「この」椅子が具体的であるのと同じ程度に具体的である。「この」椅子を含む宇宙万有の総体について語らないで「この」椅子について語ることは、抽象的な物について語っているのであり、断じて具体的な物について語っているのではない。

具体的現実としての個物

以上の説明は空間関係から行なわれた。時間関係についても同じである。「この」椅子は特定の歴史をもつのであり、他の歴史や過去一般をもつのではない。この椅子は、特定の時点で、「この」木材から製作された。「この」木材は、特定の時点で、「この」樹木から切り出され、この樹木は、特定の時点で、「この」種子から生まれた、等々。要するに、「この」椅子は、それを構成するすべての要素のそれぞれを生産するすべての生産過程の総体に、時間的に関係している。

具体的現実として事実的に存在するものは、自然的世界の空間的にして時間的な全体である。何かあるものが、この全体から分離され単独化されると、それは、分離されたこと自体で、一個の抽象物にすぎない。抽象体は、世界内の他のすべてを「捨象」し、それらから分離してあるのだからである。そのように分離され単独化されたものとして実在することができるのは、それを操作する人間の頭(思考)のなかであり、また頭(思考)の働きによるだけである。頭のなかにあるものは、抽象物であっても、具体物では断じてない。具体的なものだけが真実である、あるいは真実なものとして現実的に存在する。

「この」椅子の代わりに、「この」人間(個人)を置いても同じである。「この」物も「この」人も、それ以外のすべての他の物や他の人たちとの全般的な相関関係のなかに存在する。相関関係の総体が具体的現実とよばれる。単体は、あるいは単体として「ある」と想定される単体は、抽象であり、想像のなかでのみ存在する。想像のなかでしか存在しない観念は、清沢の用語でいえば、妄念であり、西洋語でいえばイデオロギーである。この妄念を払いのけてはじめて、具体的現実へと接近できるのである。

この現実的なものは、物であれ人であれ、他の具体的な現実のすべてを包摂している。事物の空間関係を内部化するだけでなく、時間関係をも内部化している。具体的現実のひとつとしての「この」ものが時間的にして空間的であるといえるのは、この包摂による。いま時間関係から語るなら、「この」ものはひとつの歴史過程の生産物である。「この」もののなかに、過去のすべての時間関係が、積極的な仕方で、あるいは消極的な仕方で、あるいはその両方の仕方で、包摂されている。「この」ものは、過去の時間的関係を、顕在的ないし潜在的に、蓄積しているのである。「この」ものは、どれほど微小であろうと、巨大な歴史過程の結果であり、結果としての「この」もののなかには巨大な歴史過程が、特定の仕方でそっくり含まれている。

いっさいのものは、物であろうと人間であろうと、結果である。何かが結果である(結果としてある)というとき、結果を生産する先行生産過程のすべてを前提とする。「この」ものを語るとき、「この」ものを空間的・時間的に結果として制作する生産過程を語ることである。万物を「果」として把握すること、そして「果」をつくりだす普遍的相関関係(すなわち生産過程)として「世界」を把握すること、これが清沢の有機組織論である。万物は、万物からなる世界は、有機的に組織(構成)されて存在する。なぜなら、万物相関性(一般相対性)の観点からいえば、複数の(原理的には無数の)他のものなしには「この」ものがなく、「この」ものが事実的に存在してはじめて、複数の(無数の)他のものの事実的な存在が考えだされたり、把握されたりするからである。

例えば、人間の身体がこの世界のなかで存在するだけでなく存続しうるためには、身体が働きかける大地がなければならない。大地がなければ身体はない。身体の存続があってはじめて、大地が知覚される。我にとって我の身体は直接的な有機的身体である。大地は我にとって間接的な身体である。人間の身体は、人間ではないものと、人間と同じく自然世界の有機的一部としての大地と有機的に結合する。大地は我にとっては非有機的な身体であり、具体的現実(普遍的相関性)にとっては有機的身体である。

このように「結果」としての事物から出発して世界を把握する理論が提起される。清沢は、世界およびそれを構成するすべての事物を結果として把握する関係の理論、あるいは存在論を建設しようとしていたのである。仏教縁起論の特色は、結果から出発するところにある。このことは久しい以前から知られていたのだが、それを因果の理論または普遍相関性の存在論として蘇生させたのは、清沢満之の偉大な功績である。

ヘーゲルにおける有限と無限

前に清沢における無限無数の概念が、無限自体とは違う概念として構想されていたことに触れておいた。それは正覚に通じる接近通路(Eingang)を示す概念であることにも触れておいた。有限者の側からいえば、有限者は、知らぬ間に、無限を帯びていき、そしてついには有限と無限の接触を自覚するのだが、その中間段階の通路こそがある意味では決定的に重要である。有限と無限が最終的に一体化するときには、いっさいの言語表現は不可能になり、ただ沈黙があるのみである。語りうるのは中間の過程だけである。しかしこの言語的に表現できる過程がなければ、正覚もありえないし、正覚があることの証拠を示すこともできない。清沢の議論はそのように組まれていた。

ところで、無限自体ではないが、「無限的」なものを有限的無限または無限的有限とよぶことにしよう。これは数的には無限無数(際限のない数の有限的無限)として清沢によって命名されたものである。内容からみて清沢の概念と同じものをヘーゲルは若き時代に構想していた。それはイエーナ時代のヘーゲルの草稿のなかにある。(もちろん、清沢満之はこの草稿を知らない。なぜなら、この草稿は清沢の死後に、それも相当の年数が経ってから発表されたからである。)

ヘーゲルはそのなかで次のように書いている。

真実の無限は、規定態が自己自身を止揚する要求が実現されたものである。……ところで、対立したものは、それがたんに対立させられてあるということによって、それ自身において否定されるし、対立の相手のほう自身も同じく否定される。絶対的対立としての無限は、このように、規定されたものの自己自身への絶対的反省である。すなわち、規定されたものは、それ自身の他なるものであり、すなわちそれ自身にとってどうでもよい他者一般ではなくて、直接的な反対物であり、そしてそれはこのようなものであること〔それ自身が直接的に他なるものであること〕によって、それは自己自身である。このようなことだけが、有限者の真実の本性である。すなわち、有限者は無限的であり、それの存在において自己を止揚するのである。規定されたものは、そのようなものであるかぎりでは、現にあるとおりのものではないという絶対的な動揺〔Unruhe〕以外の本質をもたない。それは、それがそれ自身で他者であるのだから、無ではない。そしてこの他者もまた同様にそれ自身の反対物であり、再び最初のものでもある。それというのも、無または空虚なものは、純粋有に等しいし、純粋有はまさにこの空虚性であり、まさにそのゆえに両者は直接にそれらにおいて、何ものか〔Etwas〕または規定されたものの反対物をもち、したがって両者は真実に本質ではなくて、それ自身が対立のメンバーである。そして無であれ有であれ、空虚性一般はそれら自身の反対物として、規定態としてのみあり、この規定性は同様に自分自身の他者または無である。このような絶対矛盾としての無限性は、このようにして規定されたものの唯一の現実性であり、それはけっして彼岸ではなくて、単純な関係、純粋な絶対運動、自己内存在のもとでの自己外存在、である。規定されたものは、それと対立したものと一体であることによって、そして両者が〔自立して〕あるのではないことによって、それらの非＝存在または他であることもまた、両者への関係のなかにあるだけであり、同じくそれ〔非＝存在、他＝在〕は直接に自分自身の反対物である。両者は、自己自身を止揚するかぎりで、直接に自己を定立する。

無限性とは、この直接性のなかで、すなわち他であること、およびこの他であることの他であること、あるいはまた最初の存在の他であること、の直接性のなかで、二重否定〔duplicis negationis〕――これは再び肯定〔affirmatio〕であるが――であり、単純な関係であり、両方の絶対的不等性のなかで自己自身に等しい関係である。それというのも、不等であるものまたは他であるものは、その本質からして、他方のもの、自分自身の他者と同じく、直接であるからである。単純なものと無限性、すなわち絶対的対立はそれ自体としては何ら対立ではない。ただし、両者〔単純と無限〕が絶対的に関係づけられているかぎりでのみ、対立しているのであり、両者が対立しているかぎりで、やはり絶対的にひとつになっている。絶対者が自己自身から外へと出ていくことが問題ではない。というのは、対立があることが、自己外出のようにみえるにすぎないからである。しかし、対立は自分の存在に滞留することはできない、むしろ対立の本質は自己自身を止揚する絶対的動揺〔または不安〕である。（Hegel, G. F. W., *Jenenser Logik, Metaphysik und Naturphilosophie*, Felix Meiner, SS. 30-31.〔　〕は引用者）

少し長い引用になったが、有限と無限の関係を原理的に(思弁的に)考えるときに、どのような思考の回路を経巡るのかを知るには実に適切なテクストであると思われる。（これとの関係で、清沢が有限と無限の関係を考察したときには、おそらくはヘーゲルに近い思索回路を経験したのではないかと、一応は想定してみるのは大変重要なことだと思われる。その意味で長い引用をあえてしてみた次第である。）

ところで、引用文のなかでヘーゲルが論じている有限無限関係について注意すべきことがある。ここでヘーゲルが言う「無限」とは、有限と関係しているかぎりでの無限であるという事実である。この無限は、有限者がその存在の運動のなかから自ら産出する無限であって、いっさいの無限者を包摂する絶対者としての無限、絶対的無限ではない。ヘーゲルの「無限性」(Unendlichkeit)は、有限との絶対的対立(矛盾)のなかに捉えられた「無限性」なのである。用語を整理するために、有限との関係(絶対矛盾)のなかにあるかぎりでの「無限」を無＝際限（リミットなき存在、de-finite, il-limitaion, in-determination 等々）とよぶことにしよう。無際限としての無限性と真実の絶対無限とは、その性格において異なる。

この論点に関して、アレクサンドル・コイレは適切な注釈を加えている。

ヘーゲルは、われわれにあらゆる有限性、あらゆる限定〔＝規定〕の《不安〔＝動揺〕》を理解させようと努力している。有限性は、それ自体として否定的であるから、自己自身を止揚し、有限性がそれとの関係で《定義され》、《限界を画定され》、《限定され》、《脱＝無限化され》ているところのものを必然的に定立し、必然的にこの限界・極端・境界を否定し、このようにして無＝限界、無＝際限、非＝限定へと自己を変える。……不安〔＝動揺〕は存在の根底である。(Koyré, A., *Hegel à Iéna*, in *Études d'histoire de la pensée philosophique*, Gallimard, 1971, pp. 165–166.〔　〕は引用者)

コイレの注釈から見てとれるように、イエーナ時代のヘーゲルが論じている「無限」とは、無際限性、無限定としての無限性であり、有限者の運動の中から産出される無限界性である。この点に関して有限世界をその内部から眺めるなら、有限世界は際限なく膨張すると言いうる。境界線と限界線は、際限なく外へと拡大されるからである。有限世界は、無＝際限であるがゆえに有限である、といわねばならない。境界線と限界線が外部に拡大するにつれて、有限的個物の数も際限なく拡大する。かくて有限者は無数に存在することになる。有限との関係から見られた「無限」は無数としての「無限」(無際限、無＝限定、等々)である。まさにこの事態を清沢は、無限数としての無限として定義したのである。彼が言うように、有限世界は「無限無数」なのである。換言すれば、有限な個物が無数にあり、無数の無＝限界者として拡大しても、それらはあくまで有限なのである。したがって無数の無限は、有限世界の定義であり、絶対無限とは絶対的に異質である。しかし無数の無限がなければ、絶対無限を言説的に(ロゴス的に)語ることはできない。かくして清沢の図式が出てくる——すなわち、有限‐無数の無限‐絶対無限。この抽象的図式は、有限者としての個人がいかにして絶対無限としての「阿弥陀仏」に目覚めるのかという問いに答えるための論理的用意になっていることを銘記しておくべきであろう。

展現有限の概念

無数の無限、あるいは「無限無数」は、絶対無限の有限世界への変容(modification)である。この無限の変容をさして清沢は「展現有限」とよぶ。このとき「有限」は、もはやたんなる有限または有限としての有限ではなく、無限を体現した有限、因果の法則(有限界の法則)の支配をうける無限という意味をもつことになる。展現有限は、絶対無限との比較の上でいえば、相対無限とよぶこともできる。

これに関して、『他力門哲学骸骨』から清沢の発言をひろっておこう。

因果は有限の世界の理法であり、無限は因果の理法を超絶していることは多言を要しない。……ところで、いま無限が因果の形式をもって現出しようとすると、必ずや、まず無限の本性を棄却しなくてはならない。すでに無限の位格を棄却して有限に帰した場合、もし無限の願・行を再び成就しなければ、元の位格である無限に還帰することはできない。これは、願・行という因によって必ず還帰の証果を得る根拠である。そして衆生済度の事業がこの間に成就する理由は何であろうか。まずはじめに無限が本来の位格を棄却するのは、そもそも何のためなのか。ほかでもない、衆生済度の大悲に起因するからである。衆生を慈悲の心から憐れむからこそ無上の大覚を棄却し、かえって迷界に自己を投入するのである。これは無上の位にある功徳を衆生に譲り、恵み施すことにほかならない。これによってこの功徳を受け取り用いる衆生は、自己の行・業によらないでも、まったく他力の救済に与《あずか》り恵まれることができる。(『他力門哲学骸骨』「二七　無限の因果」『語録』一二二。『全集二』七二)

論理学的カテゴリーとしての「無限無数」は、清沢にあっては、この引用文に見て取れるように、救済論へと直に通じている。無限の側からいえば衆生済度の「いかに」と「なぜ」に答えるために、衆生の側からいえば無限との接触ないしは無限内存在に気づく正覚(仏性の実現)の「可能かどうか」の問いに答えるために、無限無数の概念が構想されたのであり、それは救済論と正覚論の平面では「展現有限」論として展開される。厳密にいえば、無限無数は構想と展現有限の概念の語りかたには相違がある。無限無数は、有限の内部から有限が語るときの用語であり、展現有限はすでに無限の境地にたったものが現在から過去へと遡及的に語る、あるいは有限界の外部から語るときの用語である。しかしいまの文脈では、この語る位置の差異の問題はとりあえず無視することにする。

清沢によれば、仏教他力門においては、救済論は、無限―展現有限―救済の論理をとるという。彼の図式では、次のようになる。

無限位棄却　＝　無限位還復

展現有限の願行　＝　有限救済の利益（『語録』一二四。『全集二』七三）

この図式で明らかであるように、救済論における展現有限の重要性は決定的である。展現有限なるものは、無限界と有限界との接合の役割を担っている。展現有限がなければ無限と有限の関係は、無関係の関係になってしまうだろう。比較していえば、自己救済論は――これは不可能なことだが、もしそれが可能であるとするならば――、展現有限なるつなぎの論理は必要ではない。だから自力門は、論理的には自己救済論であり、世界と他者から隔絶し孤立する純粋個人的「モラル」の立場に近いのだから、もし救済がありうるとすれば自己の内部にそれを求めるほかはない。しかし定義によって有限は有限を救済することはできない。救済論は、必ず、論理的必然によって、有限でないものによる有限の救済という構図になるだろう。しかし絶対無限は、定義によって、有限とは関係ないし、関係のしようもない。したがって、もし救済論をたてるなら、必ず、絶対的深淵の掛け橋または両極を繋ぐものを必要とする。したがって他力門は、一種の受肉論を採用する。受肉とは無限の有限への変容という様相論であるかぎりでは、仏教他力門は、西洋におけるパウロの受肉神学に類似してくるだろう(ただし形式的類似のみ)。それは救済論を厳密に語ろうとするかぎりでは当然の帰結である。しかし類似はそこまでである。なぜなら、仏教は「無＝神＝論」であるからである。仏教では、無限は超越存在者ではなくて、有でもなく無でもない「空」としての智慧のありかたである。仏教救済論は、有限者が絶対知に到達する可能性と、その実現の姿を展現有限論をもって語るのである。展現有限の境地では、無限が有限に展現したともいえるし、有限が無限に展現したともいえる。それは両義的境地であり、どちらか一方だけを採用する必然性はない。

以上に私が解釈的に述べたことを清沢自身に語らせてみよう。

ところが無限には絶対と相対の二面があることをもまた知らなくてはならない。そして無限が有限を救済する事業に従事するのは、まさに相対的な面においていえるのであって、絶対的な面では不動、不作、湛然寂静である。まさにこのゆえに、われわれが前に述べたように、無限がその真相のままにあるかぎりは、有限はとうてい無限に接近することができないのである。そして相対的な面においては、無限は有限と相対して、有限の開発にあたるがゆえに、無限は有限にふさわしい変現を示して、その妙用を施すのである。まさにこれこそがわれわれがいう方便にほかならない。しかもこの相対的無限と絶対的無限とは同一体であって、けっして分離できないことをさして、本位に還復するというのである。(『語録』一一六。『全集二』七四)

ここで清沢は、無限が有限に展現した相を「相対的無限」と命名している。この概念が必要不可欠である理由もまた、「無限がその真相のままであるかぎりでは、有限はとうてい無限に接近することができない」というように規定される。一見すると、いかにも人工的な工夫のように聞こえるが、けっしてそうではない。有機組織的存在の理法からいえば、絶対無限と相対的な無限無数とは内面的に連関していたし、無限それ自身は有限な無数の個物としてのみ現象するのである。その限りで、有限な個物は絶対無限を原理的に宿している。絶対的に撞着する両極が合一するのは、形式論理的にはありえないが、心理的には「不可思議」として感じられるだろうとしても、存在論的には両極の同一化は必然的である。他方で、引用文が明示しているように(そして省略した後続文章が一層はっきりと指摘しているように)、正覚した人間がまだ正覚しない人間を正覚へと導くときの行道は、還相の存在様式をもち、あたかも真如の世界から還帰したかのように、換言すれば絶対無限が相対有限の様態で還帰したものとして、相対的な現世内人間に相対するのである。これを清沢は「救済の事業」とよぶ。「一人の」正覚がその真実を確証するためには他人との論議過程を不可欠とするが、その論理的必然が正覚者をして相対的無限の相をもたらしめ、他者の導入者とする。

これもまた行道面での必然である。こうして有機的存在論すなわち縁起の理法と行道との両面で、展現有限すなわち相対的無限という「中間的」概念が設定されることになった。

アミダと無限

正覚とは、抽象的に表現すれば、有限と無限との統一である。

真実の心の平安または信念にもとづく修行は有限と無限との統一から生じる行為である。ところで有限と無限との統一の知はそれ自身で真に無限である。（英語版『宗教哲学骸骨』『語録』六五。『全集一』一一二）

清沢においては、有限と無限との統一は、有限な人間（世界内人間）と無限仏＝阿弥陀仏との統一としてみなされている。ところで、有限な人間が自己を統一させる（させられる）「無限」とは、どの無限なのだろうか。それは絶対無限なのだろうか、それとも有限に展現した無限（相対的無限）なのだろうか。清沢の記述のなかでは、これに関しての議論はない。言い換えれば、このような問いそのものが提起されていない。この問いは無用だからなのだろうか。どうもそうとは思われない。したがって、清沢になりかわって、この問いを試みに提起し、それに対して明解な答えは出せなくても、一応の議論はしておくべきであろう。

清沢満之が、絶対無限と相対無限を区別したことは大変重要な貢献である。区別をしなければならないだけの理由（哲学的な）があったからこそ、両概念の区別が提起されたはずである。前に言及されたことを別の言い方で繰り返すが、数的には、無限は「唯一無比」である、つまり「一」自体であって、その後に二、三、等々がけっして続かないという意味で「一にして全体」である。他方、「無限無数」つまり無数の無限あるいは展現有限は、数的には「際限のない数」である、すなわち際限のない有限数である。数的にみても、絶対無限と相対無限は、次元が違うし、異なる格である。どちらも「無限」という名前をもっているからといって、けっして同格ではない。相対無限は所詮は有限界に所属しているし、したがって有限界の掟である縁起の存在論理に服従しなくてはならない。

さて、以上のことを踏まえると、有限者が統一される無限とはどの無限なのか、という問いに対しては、さしあたりは、それは相対無限であるといわなくてはならないだろう。有限な人間は、展現した無限たる相対無限(無限の性格をおびた有限者)と出会い、それと接触し、そうしてついにはそれと統一する。しかしそれで有限と無限の統一の過程が成就したのではない。さらに過程は持続し、相対無限と有限者との統一の後で、ようやく絶対無限との統一が始まる。要するに、「有限と無限との統一」なる命題は、二重の含みがあったのである。過程的にいうと、有限者のほうからいえば、第一に、有限は相対無限に向かい、それと接触的統一をはたし、しかるのちに第二に、相対無限となった有限は絶対無限との統一を目指す。こうして、有限―相対無限―絶対無限の推論式が成り立つ。

清沢による絶対無限と相対無限の峻別の含蓄とはそういうものではないだろうか。このような抽象図式が何の役に立つのだろうかという疑問はありうる。しかしそのような疑問は、縁起存在論の厳密な構築や細部の詰めを無用とみる仏教内部の懐疑主義であろう。懐疑主義は、いつでもどこでも、思想の内容を腐敗させ、ついには変質させ、解体させてきた。抽象的な理論的努力を無視すると、仏教(ここでは浄土門)は、その内容を空虚なままに放置し、現代に蘇生させる手段をすべて放棄してしまうことになろう。清沢満之の理論的(哲学的)努力は、言葉の遊戯ではなくて、具体的な思想の遺産を念頭におき、直接には法然と親鸞の浄土門思想を念頭において、それを構成する要素を統一的に組織し直すことを目指していたのである。例えば、前述の推論式、有限―相対無限―絶対無限は、浄土門では、有限な現世内人間―阿弥陀即浄土―無上仏(空または涅槃)になるだろう。阿弥陀仏が統括する浄土と無上仏の境涯は峻別されている。なぜなのか。どうして両者を峻別しなくてはならないのか。この問いに答えるには、一度は抽象的議論を経験しなくてはならない。清沢は、少なくとも日本ではじめて、これの問題に気づき、それに解答を与えるべく自分に知的酷使を強要し実践した。

親鸞はこう言っている。

ちかいのようは、無上仏《むじょうぶつ》にならしめんとちかいたまえるなり。無上仏ともうすは、かたちもなくまします。かたちもましまさぬゆえに、自然《じねん》とはもうすなり。かたちましますとしめすときは、無上涅槃《ねはん》とはもうさず。かたちもましまさぬようをしらせんとて、はじめに弥陀仏《みだぶつ》とぞききならいてそうろう。弥陀仏《みだぶつ》は、自然《じねん》のようをしらせんりょうなり。この道理をこころえつるのちには、この自然《じねん》のことは、つねにさたすべきにはあらざるなり。（親鸞「正像末和讃」、東本願寺版『真宗聖典』五一一ページ）

明らかに、ここでは、阿弥陀仏と無上仏が峻別されている。無上涅槃すなわち自然すなわち絶対無限へと導く無限が阿弥陀仏である。仏性を潜在的にもちながらまだ顕在させえない有限者は、それ自身の力では潜在力を顕在化させることができないがゆえに、展現有限すなわち相対無限の力(展現する他力)に助けられてはじめて潜在力を顕現させることができる。他方、顕現した仏性をもつ有限はもはや有限ではなく、それ自身ですでに無限のなかに包摂された有限であり、相対無限のメンバーであり、相対無限そのものである。しかしながら、潜在力の顕現はそこで終わるのではない。相対無限の段階は、まだ過程の一アスペクトでしかない。相対無限はこれから絶対無限に、無上涅槃、無上仏、自然へと移行しなくてはならない。してみると、阿弥陀仏は相対無限自体であり、それは有限と無上仏とを「媒介する」ものである。親鸞の言葉でいえば、形なき何かを「知らせる」もの、「しらせんりょう」である。阿弥陀仏すなわち相対無限はAnzeigerである。阿弥陀仏が浄土の「主」であるなら、浄土もまた無上仏への過渡期をなす。言説的に言えるのはそこまでだと親鸞は正当にも指摘している。「じねん(自然)」すなわち無上仏涅槃すなわち「空」とは何かについては、人間の言語的表現はもはや語ることができないし、それについて何も「言う」ことはできない。それをさして不可思議(思議不能つまり言語的思考を越えること)というほかないのである。この境地を絶対無限の境地という。無限内存在つまり空内存在は、阿弥陀仏＝相対無限が「指差す」ことができるのみである。（ただし、相対無限としての阿弥陀と無上仏としての涅槃は地続きであるから、説法上でさしつかえないかぎりは阿弥陀を絶対無限とよぶこともできる。）

さて、空つまり絶対無限と阿弥陀仏つまり相対無限が区別されるのであれば、この相対無限の「媒介機能」とは、哲学的にはどういう仕方で語るべきであろうか。

無上仏すなわち空とは、人間が言説的に語る以前(および以後)の状態であると仮定しよう。人間が語る以前では、空ないし絶対無限があるともないとも言えない。存在者に妥当する「存在」も「無」もこの境地には適用できない。「何もない」とすら言えない。これを「語りえないもの」と定義することができる。この境地では、人間と人間以外の存在者がそのなかで生き死ぬところの「宇宙」(自然的世界と人間的世界)つまり有限的宇宙は「まだない」。「宇宙」または世界が生成するときには、少なくともプラスとマイナスの記号が付けられる二分化または極性化が生じなくてはならない。正負の極性は後には無際限に拡大し、複雑にからみあって展開するだろう。しかし世界の生成の「最初の瞬間」には、「二分化作用」があるのみである。そうすると、次の図式を得る。すなわち、空無限―二分化―有限世界。この二分化作用とは何ものであろうか。

絶対無限すなわち空は無差別であり、いわば永遠に自己同一的のままである。そのなかに亀裂が走り、少なくとも二つの領域が分割されないかぎり、いわゆる世界、有限なる世界は現出しない。二つの領域を、かりにマイナスとプラスで表現するなら、現出した世界は、マイナスの無限無数とプラスの無限無数を含んでいる。この二分が生じるなら、その後には無数の、際限のない、記号的世界が登場するだろう。これが相対無限の世界である。前述のように、無上仏と阿弥陀仏が違うのだとすれば、無上仏が絶対無限であるなら、阿弥陀仏が相対無限そのものであり、「働き」からいえば阿弥陀仏は「二分化作用」それ自体であろう。したがって絶対無限が有限に展現した、その意味で相対的な無限であるところの阿弥陀仏は、プラスの無際限無数とマイナスの無際限無数を同時に包摂している。すなわち、有限世界のすべてを包摂(摂取)している。この世界をプラスとマイナスに分割する作用であるからこそ、出現した二つの領域をもれなく包摂することができる。たとえていえば、「空」のなかに分割作用としての「帯」が入るとき、これを通して世界は、プラトン風にいえばイデア界と現象界に分かたれる。そして現象界は、またもやプラトン風にいえば、各イデアを蔵した無数の感覚界に細分される。これを仏教的(または清沢的)に言い換えれば、絶対無限と相対無限との二分法になる。絶対無限が、二分化作用としての阿弥陀仏を通して展現するとき、無数の「展現有限」が生まれる。阿弥陀とは展現有限の全体化である、あるいは阿弥陀は無際限の「展現有限」の消尽点である。この「展現有限」のみが感覚的に把握できる。

清沢の言う「展現」、仏教一般でいわれる「権化」は、絶対無限の二分化作用を意味するのであろう。してみれば仏教存在論は次のように図式化できる。

空(絶対無限)――阿弥陀仏(二分化)――現世(諸法+実相または衆生+仏性)

目覚めは衆生のほうから生じる。衆生は、自己の内なる仏性に目覚め、その仏性を通して阿弥陀仏へと到達し(浄土への摂取不捨)、さらに阿弥陀仏から無上仏(空=絶対無限)へと至る。目覚めは人間の行為であるから、人間は時間と空間のなかで行為する。時間と空間に関して、仏教思想を図式的に示すなら、次のようになるだろう。

時空間性(時空連続体)――空または絶対無限または涅槃

時間-空間――相対無限、展現有限の全体、宇宙(阿弥陀)

持続-延長――現象、万物(諸法)

これを学問の組織として眺めるならば、仏教の学的体系が出現する。すなわち、

㈠　存在のロゴス(論理学)

㈡　宇宙(世界)論(縁起的関係、一般相関論、「自然哲学」)

㈢　現象学(人間学)

別の言葉でいえば、オントロジー、コスモロジー、アンソロポロジーの三部体系になるだろう。しかしこれは可能性からみての言い方であり、それの実現は今後の課題である。

万物相関論と「語る我」

縁起論は、相依相待論であり、一般的相互依存関係論である。どのような事・物も、縁(条件)「によって」生起し、消滅する。そして縁(条件)の位置にある事・物もまた、ひとつの事・物であるかぎりでは、他の縁によって生起し消滅する。「生起したもの」(Geschehen)は、始めがあり終わりがあり、その意味で有限であり、現象するものであるかぎりでは持続と延長のなかにあり、特殊には時間内で自足し、時間内で限界に達する、つまり「終わり」に至る。こうしてひとつひとつの事・物は、他のすべての事・物に依存し、依存的に連関している。

ところで、このように縁起論を立論するときに、そのように論を立てるもの、あるいはこのように「語るもの」(語りつつ、語る対象について何らかの意味をもつ内容を言葉で語るもの)は、どこに位置を占めているのだろうか。語る存在の観点または立場が問題にならなくてはならない。いっさいの事・物が他のすべての事・物に依存するかぎり、それは他者(他者の他者の……他者)「によって」縁起するのであるから、「語るもの」もまた縁起の理法から免れることはできない。縁起論によれば、万物はつねに変化のなかにあるのだから、「自体的に存在すること」(「我」)はできない。自体存在とは、「永遠に自己同一性にとどまる」ことであり、西洋の用語では永遠的自己同一性は「実体」とよばれる。縁起論においては、有限界においてこのような永遠的自己同一的な実体はありえない。縁起論的に語るときには、万物は、それぞれが他のそれぞれから作用を受け取って変動し、とどまることを知らない。だから「縁起的存在」は、非自体性、非実体性、変化、変動等々の過程的存在である。このような定義においては、万物は自然的存在であるから、そのなかに「人間的なもの」、「語る存在」はまだ登場しない。しかし、諸行無常、諸法無我を「言う」限りは、そしてそのように「言う存在」も縁起的存在であるから、縁起論はひそかに特殊人間的なものを想定し、かつ要求している。

「変化のなかにある」とは、Aの状態からBの状態へのたえざる変動である。特定の状態が変動し別の状態に変動するためには、時間が流れる。変動と変化は時間のなかで生じる。だから「変化のなかにある」とは「時間のなかにある」ことに等しい。そして万物のなかに特殊人間的な存在者が含まれるかぎりでは、時間内存在としての現象は、早晩、歴史内的存在になるだろう。伝統的な意味での縁起論は、直接的には、自然存在としての「万物（諸法）」について語っているから、その意味では縁起論は、自然哲学またはコスモロジー（宇宙論）である。けれども、現象する人間が縁起の理法を「語る」のであるから、事実上は、そして可能的には、縁起論は、宇宙的自然世界のなかに登場する「語る人間」（言説する人間）を含まざるをえない。だから、発展的展望としては、広義の縁起論が展開可能である。すなわち、現象学的人間学を、時間的・歴史的人間の現象学として展開し、特殊には歴史哲学を展開する可能性をもっている。

ところで、万物相関について語りつつ何かを「言う」ところの「語る人間」はどこから出現するのか。コスモロジーとしての縁起論を語る人間は、そのように語るときには自分をコスモスの外部に置いている。人間としての語る我とコスモスとしての万物を区別している。万物相関が真実なら、どのようにしてその普遍相関関係のなかから語る人間が突出してくるのであろうか。もともと万物のひとつにすぎなかった「自然としての、有機生命としての」人間が、いかにしてコスモスの外部に自分を位置づけることができるようになったのか。これが前に指摘した「語る人間の観点と位置」の問題である。

自然宇宙論としての縁起論は、それが厳密な意味での自然哲学であるかぎりは、語る存在としての人間存在、この特殊人間的な存在の特異性をいれる余地はない。宇宙と万物を「諸行無常」として、変化する過程「として」理解し、つまり言語をもってそれをそのようなものとして「言う」存在者は、自然的事物とは異質である。狭い意味での縁起論は、特殊人間的な存在を（おそらくは）ひとまず捨象しているのである。そのとき、人間は、それ以外の万物と同一な存在性格をもつものとして、つまり自然として扱われる。この捨象と抽象は、縁起論をコスモロジー＝自然哲学として位置づける限りで正当である。しかし、歴史的人間として事実においてこの宇宙のなかに登場したところの、例えばナーガールジュナ（龍樹）または清沢満之という「語る人間」は、ひとり自然哲学のみでは説明がつかない。このような語る人間または「精神」の自然世界への突出の問題は、説明されるべき問題として残ることになる。

このような問題を念頭において考えるとき、縁起論には二つの可能性ないし含みがあるとみなくてはならないだろう。コスモロジー(自然哲学)としての縁起論と、特殊人間的なものを説明し理解する縁起論、すなわち現象学的人間学である。これを別の言葉で言い直すなら、自然法則性の支配下にある世界についての縁起論と、意志と目的をもつ存在を前提する因果性の支配下にある世界についての縁起論の二つである。「世界は縁起的に生起する」と語り言う人間を説明する縁起論は、「広義の」縁起論である。こういってよければ、哲学するもの、あるいは求法・求道者は、縁起的に語るのだが、彼はそのように語る自己自身の由来と存在(とその意味)についても説明し語るのでなくてはならない。語らない万物と語る人間との間には一種の断絶がある。あるいは人間は、一方では万物と同様に自然であり、とくに動物であるが、他方では動物的自然を支えにした「精神」でもある。万物(自然)は語らず、したがって「自己について」意識し理解することはない。

もし清沢満之の「有機組織論」としての縁起論に何かが欠けているとすれば、それは彼自身を含む特殊人間的なものを位置づける論理である。言い換えれば、清沢の有機組織論は、まだ狭い意味の縁起論であり、自然哲学であって、まだ広義の縁起論つまり現象学的人間学にまで展開していないところがある。しかしそれは欠如であっても欠陥ではない。この空白を充填できるならば、縁起論としての有機組織論は、広義の縁起論として矛盾なく展開できる可能性がある。

発展させる展望を念頭において、手掛かりはあるのだろうか、と試みに問うてみよう。その手掛かりのひとつに「念-仏」があると思われる。広義の人間学は、世界内人間の意識への現象を記述するものであるから、自然的宇宙のなかへの「人間的精神」の突然の出現を語らなくてはならない。そしてこの語りが哲学的ないし求法的であるなら、それは智慧を求めるのであるから、智慧への接近通路をも語らなくてはならない。この通路は、現世内人間からの脱出であり、現世内自我から本来の「自己」(無我ないし無限内自己)への移行である。この移行の場面でこそ念仏が独特の語りを行なう。仏教は、この接近通路を省略して、目覚めとしての念仏を直接的に語るが、しかしそれも語りなのである。この省略も充塡しなくてはならないが、いまそれは除外して、ここでの議論に関連する限りで念仏を論じて、将来の課題にとって目指す方向のみを記すにとどめたい。

念仏は、阿弥陀仏を想念するだけでなく、それ以上に阿弥陀仏の固有名(名号)を口で唱える。名号を称することはすでにして語りであり、こういってよければ語りのプロトタイプであり、あるいは言説的語りの最後の形である。念仏するとき、阿弥陀仏の名号を語り称するが、そのなかで阿弥陀の固有名の語りと、語るものの「我あり」とがひとつになる。念仏は目覚めの証しであり、証しは語りである。証し(oeuvres)は語り(discours)である。念仏のなかで、つまり証しとしての語りの仕事(ウーヴル)のなかで、「我一人」の自覚を得る。この「一人」とは、数的に「ひとり」を意味するのではまったくない。それはこの世界において、その個別性のままで万人、万物、宇宙の全体によって、前の用語でいえば展現有限としての阿弥陀によって普遍的に承認され包摂されてあることを意味する、つまり我は個別において普遍であることを意味する。普遍を内蔵する個別を「我一人」という。これが哲学的意味での individual である。

この議論が可能であるのは、原理的には、すでに世界内人間としての自我が自然界に出現し、歴史的展開を遂げてすでに事実存在することを前提にしている。なぜなら、目覚めとは、世界人間としての自我からの解放であるからだ。いうまでもなく、念仏は、世俗的な自我の出現の場面での行為ではなく、真実への目覚め、真実の自己としての脱世間的自己への目覚めである。ここから逆推するなら、縁起論は、念仏が前提している現世内人間の自然界への出現を説明する人間学を展開しなくてはならないという要求に直面するだろう。このとき、縁起論は、広義の縁起論として完成する見込みがある。

広義の縁起論の概略

縁起を説明する用語として、相依相待がある。前にこの用語についていささか非正統的な使用法を試みた(第二部第一章を参照)。伝統的な相依相待の使い方では、相依も相待も同じ意味であるかのようである。しかし二つの言葉があるなら、元来は違う意味層をもっていたのではないか、と前に述べた。なぜなら、意味もなく二つの言葉を並存させるのは、文飾以外にはないだろうし、思想的含蓄を重視するなら、両者は区別されてしかるべきであるからである。異なる意味層をもつ二つの用語でありながらも、結局は存在論的に形而上学的にもひとつにまとめられるという観点から、二つの言葉は連結して使用されてきたのではないかと思われる。しかし理論的には、連結使用は、理論的思索の結果であって、問題はそうした連結が可能になる思考の過程である。一応そのような仮説的解釈を立てて議論を運ぶことにしよう。結論を先取りしていえば、相依から相待への思考過程があったのである。相依の論理が働く領域(世界の存在構造)と相待が働く領域(覚醒の構造)が違うのだが、仏教的な自覚の論理からすれば二つの領域がひとつになっていくことで、目覚めの構造を説明することになる。いかにして相依の領域から相待の領域に転化するのだろうか。この論点に絞って以下の議論は行なわれる。

縁起論には、二つの側面がある。

第一に、差別(区別)の世界がある。

ここでは、区別されつつ相互に連関する一般的な相互依存関係がある。任意の何かを中心にみれば、清沢が主張しているように、その物は「主人」(自由)であり、それ以外の物は「下僕」(従属)の位置にある。主人と下僕、自由と従属は、複雑な重なり合いと絡み合いのなかで、位置を交替させる。他方、意識ないし認識の観点からいえば、区別があると「言う」ことは、ある物を他の物から区別することであり、その区別作用は、ある物の「何であるか」(本質)を他の物の「何であるか」と区別することであり、すなわち物についての「想念」ないし「表象」を作ることである。この意味で区別の世界は表象の世界である。そして表象は表象する「我」を前提するから、いっさいの区別世界は「我」の作用に帰着する。そして「我」は自分が構成した表象に応じて行動し、この表象の世界に住い、数々の表象または観念に応じて世界を解釈し、その解釈に応じて世界を快楽し、あるいは世界に苦悩する。要するに、区別の世界は「煩悩」の世界である。相依としての相互依存関係は、区別・表象・煩悩・罪(悪)の世界である。

第二に、無区別世界がある。

これを相待関係として定義してみよう。相待関係は、目覚めと仏智の領域である。目覚めたものにとって、万物は同等(無差別)として受けとめられる。過去において無数の覚者がいたし、現在においてたえず覚者が生誕し、将来にもまた覚者が生誕し続けるだろう。相待関係においては、そしてこの関係のなかに住するかぎりでは、すべてのひとは覚者であり、覚者であるかぎりは無差別である。同等者が同等者と関係するのは、もはや本来の関係ではなくて、たんにそこに「ある」ことにおいて同等であるというにすぎない。相待は関係というよりも、相手を「存在」において同等として「あるがままに」処遇する(受け入れる)ことである。「待」とは「待遇」である。無差別界は、相依の相互依存が消滅することを意味するだろう。

しかしこの相待の状態は、相依の相互依存、つまり有限な区別世界における苦悩の経験なしにはありえないという意味で、相依を前提する。有限な現実世界、自我欲望と煩悩の領域に安住し、あるいはこれ以外の境地はないと甘受するものにとって、相待の境地は無縁である。しかしひとたび相依の依存関係が苦悩・煩悩の源泉であると気づき、それに「驚き」かつそこから動きがとれない「アポリア」(苦境)にあえぎ、そこからの脱出の手立てを求めて叫び声をあげるとき、自己に向かって「問い」が解答のないままに提起されるし、そこではじめて「考える」という特殊人間的な精神が生誕する。そこで直面せざるをえない課題が生まれ、とことんまで「考えぬく」ことで解答可能になるだろうと期待される手立てが見つけだされる。このとき、まだ解決の道がわからなかった「質問」(question)は、はじめて解答可能な「問題」(problem)に転換される。相待の境地は、相依の境地(苦境としての境地)を「通過する」という意味で、二つの領域は連関する。相待は相依なしにはありえないという意味では、目覚めは相依・相待にほかならない。

ここでいう目覚めとは、我の存在が相依によって煩悩罪悪のなかにあること、すなわち有限な存在であることによって自己の認識が曇らされるほかはない存在であること、を絶対的に認識することによって(つまり相依的相互依存関係とその意味を絶対的に知ることによって)自己の限界(有限的性格と自己認識の限界)を完璧に知ることである。この有限性の絶対的な(真実の)認識は、そのまま回転して、区別なき同等性の境地に目覚める。その目覚めは絶対知であり、それが相待の知である。有限知が相対的関係と区別の知であるなら、絶対知はもはや相対関係の知でなく、差異と対立の知ではなくて、それを否定的に変形してより高い知のなかの構成要素に変換することである。絶対知もまたひとつの「知」ではあるが、それは相対知とは種類を異にする知であり、つまりは智慧である。

智慧においては、万物は同等であるが、独特の区別はある。対立が解消された区別であり、智慧の構成要素としての区別である。智慧は、自然的所与のたんなる「自己同一性」ではなくて、対立と矛盾の関係(相依の関係)のなかにある区別から対立と矛盾を消去することで変形された区別である。この操作が変換であり、否定作用であり、構成要素の形成である。したがって、絶対知としての智慧は、人間を含む自然的な事物が経過してきた歴史過程の総括であり、同時に歴史の極限にして終わりでもある。かりにまだ歴史が続くなら、人間は自由な行為(否定性)によってさらに新しいものを作り、さらに相依の相互依存を持続させるだろう。その限りでは相対知は存続し、絶対知としての智慧は到来しないであろうし、したがって目覚めもまた生じないだろう。

ここで注意すべきことは、目覚めは、情緒的ないし感情的な行為ではない、つまり「なんとなく直感的に」目覚めることなどはありえない。定義によって、情緒や感情あるいは直感(直観ではない)は、受動感情であり、つねに妄念と妄想の源泉であるからだ。智慧を到来させる目覚めは、有限世界の存在様式の絶対的知によって媒介される意味で、やはりあくまで知的な行為である。少なくとも知的要素に助けられる。有限存在に徹する知は、科学と哲学の知であるが、そのような理性的知なしには智慧は到来しない。智慧は「仏智」とよばれるように「智」なのである。この智は、知(悟性的知)を通り抜けてはじめて絶対知(全体の直観的把握)に到達するのである。この観点からみても、相依の相互関係を認識する「知」(悟性的知)と相待の境地で到来する智慧つまり絶対知を峻別しなくてはならないのである。

このようにみてくれば、目覚めもまた縁起の理法にしたがう。有限界の完全なる知、すなわち有限な存在者全体を相依と相関性の相において完全に認識することも、「我」の欲望的存在の真実(欲望的に存在することによって我は自己の真実を知りえないこと)を自覚することも、ひいては絶対同等の相待的境地(平等・無差別つまり同一性)を知ることも、因果の理法による。いま言及した最後の場面についていえば、それは目覚めすなわち信心獲得の場面であり、それの到来は原因なしに生じることではなくて、無限と有限の独特の因果関係によって生じる。無限の力(「絶対他力」)の有限への作用(「働き」)の効果として、浄土門的表現でいえば他力の「回向」すなわち絶対無限による目覚める行為の絶対的「贈与」として生じるのである。目覚めることは、我の行為であるが、その行為は同時に絶対無限の贈与として生じると自覚するのが目覚めそのものである。我の常住座臥が同時に無限他力の働きであるという二重構造の認識は、論理的に語るとすれば複雑になるけれども、ここでは直観的把握で十分である。ともあれ目覚めは、個別的行為でありながら、それが同時にいわば普遍的なものの効果であるというのが、本来的に目覚めの構造なのである。個人的行動は切れ目なく連続的に無限に通じることはありえない。

要するに、相依関係は有限界の真実であり、相待は無限の境地の真実である。相依関係の認識と自覚を「通り抜けて」はじめて無限内存在としての「真実の我」(無我としての自己)へと至ること、これが悟りであり、仏智とよばれる絶対知である。

相依から相待への移行において、ひとつの回転が起きる。この回転は、彼岸への神秘的な「飛躍」のごときものではなく、人間であること、現世内存在であることのままで、無限的存在へと回転するのである。喩えをつかえば、回転において回転扉がある。回転扉は、実際には、有限世界の完全な知(相依の一般相関性の学的認識)そのものである。有限世界、つまり我がそこにおいてあるところの「世界」(の真実のありかた)を十全に知ることなしに目覚めはありえないという意味で、目覚めへの通路としての回転扉は有限界の認識である。相待的境地へと移行するには、相依的認識が回転の役割をする。こうしてはじめて相依・相待の対句が可能になる。絶対知の観点からいえば、相依的世界と相待的境地はいわば「平行」している。しかし無明すなわち無知のゆえに、人間はこの平行に気づくことができない。相依と相待は、リアルには(客観的現実としては)同一であるが、無明界(有限界)に住するものはそれを知らない。この無明を晴らすことなしには、目覚めはない。無明(無知)を晴らすのは、知的認識以外にはないだろう。有限界の真実のありかたを完全に知ることと、無明の闇を晴らすことは同じことである。

かくして原理的には移行が、通路の通り抜けが可能になる。しかしこの通路の通過の経験は、言語をもってしては表現できない。それは突然の回転であるからである。だから認識は、目覚めの「門」まで連れていくことはできるが、その門に入るかどうかは、門前にたたずむ個人の行為次第である。しかしこの門前にまで「連れていく」ことは、それ自体で、決定的な条件である。知のない悟りは空虚である。悟りへと通じない知は盲目(無益)である。

無我とpersonne

無我は、現世内自我を転変させつつも、現世に内在する。それは現世をいわば内に「越える」境地において「ある」ところの「自己」へと生成したものである。無我は、我が消滅することではなくて、むしろ反対に無限内存在として再生するもの、その意味での「真実の自己」である、と解釈できる。用語の混乱は避けがたいが、あえて用語を区別するなら、いわゆる「我」とは現世内自我であり、人間学的還元をほどこすなら、それは身体的欲望と対他欲望の塊であり、まとめていえば欲望する自我に帰着する。他方、現世内自我を転変させて新たに生成した「我」は、欲望的自我との対比でいえば「無我」であり、無限内存在に即していえば「真実の自己」である。西洋語でいえば、欲望的自我はIch, moiであり、「自己」はSelbst, soiである。

この真実の自己は、人間学的にはpersonneである(この用語はフランス語であるが、フランス語をあえて採用する理由は後で説明される)。ペルソンヌは、辞書的な訳語をあてることはできないだろう。もしこの言葉を「人格」

と翻訳するなら、それはただちに通俗的な人間主義の「個人」になってしまう。無我的自己は、けっして現世内的自我ではないのだから、ペルソンヌもまた現世内の個人的自我ではない。

フランス語のペルソンヌは、もちろん通俗的な意味での「個人」や「人格」を意味することもあるが、ここではもうひとつの意味層、すなわち否定的意味層を採用する。ペルソンヌは、「任意の誰か」であり、まさにそのゆえに「誰でもないもの」(現世的なHomoではないという意味でのNemo)である。この「任意の誰か」あるいは「誰でもないもの」としてのペルソンヌは、いっさいの規定性(とくに社会的規定、例えば、民族、人種、階級、身分、国籍、等々の「特殊な規定性」)を離脱した「誰か」なのである。現世内自我は、現実には、そして実際の生活の内容からいえば、必ず、特定の国家のメンバーであり、特定の階級や身分あるいは特定の民族に所属している。複数のそうした特殊規定を身におびた存在が通常の「我」ないし自我であり、そうした特殊規定のなかに組み込まれているがゆえに、自我としての人間たちは、社会的にして自然的な複数の混在的欲望の束であり、それらの欲望の複合によって行動するように規定されている。自我が自発的に欲望するのではなく、複数の欲望の集合が自我をして欲望せしめるのである。そしてしばしばたいていは、これらの欲望はけっして充足されないし、充足が実現されないがゆえに、ますます欲望は肥大化し、かくて自我は欲望の実現を目指しつつ、欲望の実現の挫折に苦悩する。現世内自我のいっさいの行動には欲望がついてまわり、にもかかわらず欲望充足は実現しないからこそ、我は自我にますます執着し続ける。これが煩悩であろうし、微細にみれば無際限の欲望があり無際限の煩悩があるだろう。この苦境からの解放の期待が、無我への希望を生じさせる。

特殊な規定から離脱したもの、それがペルソンヌだとすれば、ペルソンヌは「純粋な」誰か或るものである。これを自己とよぶことにする。この自己は、複数の規定性から免れているという意味で純粋であり、「清浄」である。特殊規定を捨象する意味では、それは「普遍的」でもある。それは清浄にして普遍的である。では、普遍的であるとはどういうことか。

現世内人間は誰でも、孤立的な個人である。彼は「いまとここ」のトポス(空間)のなかに位置する。「いまとここ」は、持続と延長の合成体であるが、ここでは(時間的)持続をとりあえず無視して空間に着目すると、「ここ」とは、現世内存在としての社会的人間が、必ず、例外なく、具体的な規定性、すなわち、特定の国家・民族・身分・階級に同時に属していることを意味する。このような存在の仕方をしている人間は、(他と切り離して数的に算定されうる)個人または個別者である。この個別者を「いま・ここ」から分離することは、個別的現実を否定することであり、個別的な「現実存在」(エグジステンツ)をいわば「殺す」ことである。「いま・ここ」のなかでのみ生きる個別的個人を否定することは、どの「いま・ここ」でもない、だから現実的でなく観念的な「存在」へと変形することである。それは個別を普遍的な存在に変換することである。すなわち、否定が一種の「殺害」であるなら、普遍化とはひとつの死である。あるいは普遍になることは、特定の規定性を帯びる「自我」を殺すこと、あるいは自我が自死することである。それは死の経験である。

ペルソンヌとは、社会的規定をもつ個別的個人の自己否定であるから、「誰でもない」ものである。ペルソンヌは、トポスのなかの自我を否定し殺害して、普遍的な自己へと生成したものである。ペルソンヌは「個別存在」の死である。だから自己ないし無我は、現世の観点からいえば、理論的には「死のなかにある」ことである。こうして自己(無我)は、現世的な自我的個人ではなくて、それを否定して登場する「普遍を統合した——その意味で死を通過した——個物」であるともいえる。ここでいう「死」は、いうまでもなく物質的・身体的死のことではない。それは生きることが内在させている死である。哲学的には、この死を否定性という。現世内人間は、自然にはありえない「自由な行動」をするのだが、その自由な行動は、その自然(素材的自然と所与としての社会)を否定しつつ変形し、いまだかつて「なかった」新しいものを「創造する」あるいは「生産する」。そうだとすれば現世内人間の自由は、否定としての死を宿しているといえる。その意味で人間は、生きている死者である。このような人間であるからこそ、人間は別のものに変化することができる。現世内人間として自我を否定して、それとは異なる自己に変化することができる。変化の原理は、人間が否定する自由をもつことにある、あるいは人間は何らかの仕方で「死ぬことができる」ことにある。目覚めもまた例外ではない。

仏教浄土門が語る阿弥陀仏は、哲学的な抽象言語に翻訳するならば、普遍的にして無限の共同体である。無数の仏陀(過去現在未来における)の共同体である。それは唯一の等質的な覚者共同体の別名である。阿弥陀が全人類を摂取不捨するという意味は、すべての人間たちを、現世内個別(自我)としてではなくて、普遍的個人ないしペルソンヌとして、無我的自己として包摂することである。無数の仏陀によって、唯一無比の存在として承認されること、これが完全な満足をひとに与える。この世界において唯一で無比であるという価値がひとりひとりに与えられることでもって、人間は満足をうる。しかし現世内でのこの期待はつねに挫折する。各人は、現世においては、無数の特殊規定(階級的、身分的、民族的、国家的、等々)を帯びており、そのなかで各人は万人による肯定的評価を求めるのであるが、現世の定義によって上下関係があり、対立と闘争があるがゆえに、この期待はつねに挫折する。だからこそ、特殊規定からの解放と「誰でもない」ペルソンヌとしての自己への要求もまた高まる。理念と希望としての完全な満足は、ペルソンヌとしてあるかぎりでの、ペルソンヌになったかぎりでの満足である。かりにこのような完全満足が実現したならば、現世的「人間」は、もはや何も否定しないし、何も新しいものを求めない。このとき、精神と存在は一致し、与えられた存在(広義の所与としての「自然」)に戻る。それは「根源的」分割以前の状態であり、悟性的に(分割的に)語る人間の言説(ロゴス)とそれの対象である狭義の自然の区別もない。語る行為がないという意味で、これは(絶対的)沈黙の状態である。言説を「越える」状態とは、「空」の状態であり、涅槃寂静である。この状態は、しかし直接的に得られるのではなくて、現世内人間のすべての行為に関して語りうべき本質的な意味をすべて語り終えた後でのみ達成される。その意味で、空、涅槃寂静、言説を越える沈黙は、智慧の力を通過して、智慧によって媒介される結果である。それが絶対満足である。

満足と涅槃

ヘーゲルは『精神現象学』のなかで「精神」を論じている。「精神(Geist)」は、キリスト教的西洋の伝統のなかでは「神」を指示していた。しかし普通の用語では「精神」は人間の精神を意味する。ヘーゲルは、時代の制約(教会からの批判、検閲など)を考慮して、「精神」の二重の意味を巧みに使用して、神学・宗教的「精神」を表に出しつつも、実際には人間精神を語る「書き方戦略」を採用した。おおまかにいえばヘーゲルは、神学・宗教的ガイストを人間学的ガイストへ徹底的に還元することを目指した。この二重性を誤解して、ヘーゲルのガイストを神学と宗教のガイストであると解釈するなら、ヘーゲルは哲学の衣をかむった神学者にされてしまう。フォイエルバッハもまたこの二重性に欺かれた一人であり、フォイエルバッハに強い影響をうけた初期マルクスもまたヘーゲルを神学的に理解し、その観点(フォイエルバッハ的人間学)からヘーゲルを「観念論的」ないし「思弁神学的」であると批判する。しかしヘーゲルの戦略をまじめに受け取るなら、ヘーゲルはすでにフォイエルバッハ的観点を採用していたとすらいえるし、その意味でフォイエルバッハも初期マルクスもヘーゲルのなかに吸収されてしまうといえるだろう。神学の人間学的還元は、フォイエルバッハのものであると歴史的には考えられてきたが、それはほかならぬヘーゲルの本来の意図であり、フォイエルバッハ以上に徹底した宗教・神学批判であった。このヘーゲル解釈はいまですらまだ一般的ではないが、ここではこの解釈を採用する。

いっさいの精神現象は、有限な人間の意識であり、実質的には人間の「自己の」意識である。人間は、とくに世俗的な人間の意識に執着する人間は、外部の対象に関係しながら、同時に外部に関係する我の意識であることを忘れて、外部意識を「超越する」存在の意識を想像する。人間は、通常は、外部意識が同時に自己の意識であることに気づかないで、超越存在の意識へと赴く。そこから数々の神話的な想像的存在が誕生し、鬼神や魔物たちが登場する。それが純化した極限が唯一絶対の神であり、この神学者の神もまた出身からして、それが人間の自己意識であることを忘却して、人間を越える特別存在の意識(ガイスト)にされてきた。しかしヘーゲル的人間学からいえば、宗教や神学は、

「われわれにとっては」人間の自己意識であり、それも転倒した自己意識である。なぜなら、人間は神について語りながら、事実上、ただ自分自身について語っているからである。宗教のなかで現われる「精神（ガイスト）」、神学（複数）のなかで問われるガイストは、事実においては、「自己自身を知る」ガイストであり、その意味で、人間の自己意識にほかならない。過去の人類は、神的ガイストという超越存在を想像的に生み出し、それを信仰するという回り道を通過することで、自己自身を自覚する歴史的歩みをしてきたといえる。西洋ではこのような回り道を解体する運動が登場したのは、わずかの先駆的例外をのぞけば、およそ十九世紀からである。

宗教と神学の「神」は実質的には「人類」である。神学と宗教はこの「神」を無限と呼んできたが、それが人類の別名にすぎないのであれば、この「神」=「人類」は、無限ではなく、反対に有限である。ユダヤ=キリスト教の「神」は人類の有限な本質が転倒されて天上へと移転されたものであり、要するに人間の有限性としての「本質」の投影である。

ところで、仏教は、これらの神学や宗教とは本質的に違う。仏教は、こうした世界創造的な超越存在などは原理的に認めないからである。仏教には、天上へと投影された神もないし、人間化された神あるいは世俗化された神もない。この点では仏教は、人間学的ヘーゲルとも唯物論的フォイエルバッハとも違う。西洋人間学は、ヘーゲル的であれ、フォイエルバッハ的であれ、神を還元することで生まれた「人類」すなわち人類「神」に結局は到達するのであるが（西洋人間主義の現代的形態）、仏教はそれらともまったく違う。仏教では、「人類」なるものは、他のすべての存在者と同じく、「無我」的存在である。諸行無常の原則によって、人類も他の存在者も、例外なく、変動のなかにあり、固定した根拠をもつことはできない。宇宙万物は、すべからく、空のなかに入り、無上涅槃のなかに流れ込む。この涅槃と空は、有限なる人間の言葉をもっては語ることはできない。涅槃ないし空は、ただ人間の言葉でいえるかぎりでは、たんに無限というほかはないし、ついには無限という言葉すら放棄しなくてはならない。言説を切断した状態を無上とよぶにすぎない。

ユダヤ＝キリスト教は、永遠の生を天上に求める。仏教は永遠の生を認めない。それどころか反対に、仏教は無上涅槃に入ることによって、人類が済度されることを絶対的に肯定する。滅度は絶対的空のなかに無化することであり、滅度のなかに仏教は満足と喜びを見る。たしかに仏教は有限な現世を流転の生とみなし、現世のなかに幸福をもとめることを幻想として退ける。それは諸行無常の原則から必然的に導出できる命題である。しかし仏教は、ユダヤ＝キリスト教のように天上(神の国)における永遠の生をも退ける。まさにここに仏教の例外的な独自性がある。

他方、神学・宗教的神を人間学的に還元してしまえば、残る現実性は歴史的社会的現実しかない。ヘーゲル＝マルクスの人間学の観点からいえば、人間が有限存在である限り(つまり人間であることはそのなかに否定性と死を抱えることに等しい——この人間把握は決定的に重要である)、人間は現世のなかでの成就(完成)のなかに満足を見つけ出さなくてはならない。現世における成就の追求が人類の歴史過程である。人類の歴史がいきつくところは、あらゆる特殊規定(民族、国家、階級、身分、等々)を廃棄して、等質的な個人から成り立つ唯一の人類の唯一の共同体である。唯一の人類の唯一の共同体においては、それまでの過去の歴史的人間とは違う人間が登場する。かつては否定性の原理によって、人類はどこでもいつでも他者を排除・抑圧し、ときには相互殺戮を行なってきた(いまもしている)。歴史のなかの否定性を、人間学的用語に翻訳すれば、それは抗争と労働に帰着する。未来の唯一の人類的共同体において登場する「人間」は、もはや抗争しないし労働しない。なぜなら、抗争する必要がないし、他人のために強制労働をする必要がないからである。過去の人類を「本来の人間的存在」であるとするならば、未来の唯一の人類的存在は、もはや人類ではない。万人は相互に相手の価値を肯定できる状態にある。もしこれが可能なら人類は現世において絶対満足を実現することができる。このような極限的で理想的な構図は、ヘーゲルもマルクスもあからさまには述べていないが、極限をとればそうなる。問題は、人類は現世内存在において絶対満足を実現することがはたしてできるのかどうか、その可能性に関わる。

まだ実現していない唯一の人類共同体を先取り的に語るなら、そこでは「正しいこと」(正義)が、法的にも(法哲学的正義）倫理的にも（人倫の正義）あまねく現実化していることだろう。正義の理念に基礎をおく法・権利の共同体は、もしそれが実現するなら、それは仏教の言葉でいえば「浄土」であろう。なぜなら、過去の人類が実行してきた否定性（人間と人間の闘争、人間と自然の「闘争」としての労働）はことごとく払拭されており、人間も自然も「清浄」になっているからである。正義と法・権利とは人間世界における「悪の浄化」である。おそらく仏教はこの意味での正義の共同体を否定しないであろう。現世内浄土として、条件つきで承認するだろう。親鸞の言葉でいえば、未来の人類共同体は「化身土」であろう。化身土は、真仏土ではないが、やはりひとつの浄土であるからである。

ところが仏教は、化身土はあくまで過渡期の浄土でしかない。かりに有限な人類が理想的に実現できる正義共同体がありうるとして、それは「障害なき修行」ができる通過段階の共同体以上のものではない。仏教は、さらにもうひとつ高い次元の共同体を構想する。それが真の仏土であり、人間であることを放棄した出世間者の共同体である。これは、人間学（そして法哲学）が主張する現世の理想共同体ではなく、現世を出た「元＝人間」たちの同朋共同体である。前の用語を使えば、ペルソンヌの共同体である。しかもこの共同体は終極ではなくて、それを通過して、無上涅槃に入ることを「最終目的」とする。絶対満足は、絶対空（無限）のなかに入ること自体である。

覚者は無上涅槃を目指して浄土において修行する。「障害のない浄土」は現世では完全には実現できないにせよ、それに近似した共同体はありうる。それが僧の同朋共同体であった。僧は現世のなかで生き続ける。彼らは「たんに生存する」のではなく、浄土から現世に還帰して、衆生を教化する。そのときの僧の存在様式は、すでに現世内人間であることを止めた「元＝人間」である。「元＝人間」を分析してみれば、僧とは現世内存在であることを否定したかぎりでは、世俗からみての「死者であること」である。しかし僧は現世のなかで生存を続ける。だから僧は二面的な存在様式をもっている。ひらたくいえば、僧ないしペルソンヌは、現世（娑婆）においては「生きている死者」ないし「死者である生者」である。これは西洋の用語ではガイストとよばれる（ガイストがゴーストであるのと同様に、僧は「人間」でありつつも「幽霊」でもある）。覚者または僧は、この二重性のゆえに民衆（目覚めのない衆生）を目覚めへと導入するものである。いったんは「死ぬ」(否定)ことを通過したものだけが民衆＝衆生を教化する能力と資格をもつことができる。かりに全人類が覚者になり、現世のなかに無明存在がなくなるとすれば、この極限は覚者共同体の完全実現になるだろう。一切衆生の救済とは、この意味で言えるであろう。そのとき、人類はもはや人類ではなくて、元＝人類になり、そのようなものとして修行し、ついには無上涅槃に入る。全人類が無上涅槃に入るとき、そのときにのみ人類は流転の境涯を乗り越えて、人類が出てきたところの元の場所に、すなわち自然必然性が支配する場所に、要するに言語を絶する絶対沈黙のなかに回帰する。これを滅度というなら、この滅度こそが真実の完全満足(円満)になるだろう。

人類の自己止揚のなかに絶対の満足を見る思想は、これまでの人類思想のなかでは仏教しかない。仏教には、人間が人間であるかぎり除去することのできない「根源的な」人間中心主義はまったくない。仏教は人間であることが抱える人間中心の行為と思想を、ただ一言で要約している――すなわち我執。我執の完全な除去こそ、満足の定義になる。我執の根こそぎの除去、滅度、満足、至高の歓喜は、すべて同義語である。

第五章　智慧の構造

一　語りえないものを語ること

パラドクス

智慧をもつに至った人の境地、あるいは智慧に到達した精神的状態は、有限な人間の言語をもっては語りえない。なぜなら、その境地は無限のなかに住することであり、有限存在としての人間は無限それ自体について語ることはできないからである。学的な意味での智慧は学的に語ることができる。しかし智慧をもちうる精神のありかた、つまり無限内「存在」自体は学的にであれ非学的にであれ、語ることはできない。では沈黙したままでいいのか。もし沈黙するなら、そもそも智慧があることも、誰かが智慧に到達したことも、証しだてすることはできない。この問題について、おそらく釈尊は明白に気づいていたであろうし、おそらくそれを弟子にも語ったに違いない。なぜなら、『阿含経典』は、梵天勧請の説話としてこの沈黙問題を伝えているからである。ここに語りえないこと(もの)を語るという逆説が示唆的に与えられている。これについては既に論じた。

語りえないことを語るにはいくつかの仕方がありうる。例えば、芸術の表現がそうであるし(音楽、絵画、詩、その他)、他方ではそれ自体では意味のないシンボルを使用する数学的科学の表現がある。仏教は独自の「哲学的」言説と比喩的言説を駆使して、語りえないことを語ろうとしてきた長い歴史をもつといってよい。ここでは仏教における哲学的言説にかぎって、このパラドクスの要点を浮かび上がらせておきたい。

アポファーシス形式とポジティヴ形式

アポファーシスという用語は、日本語でいえば「陽否陰述」となる。それは表面では否定しながら、裏では肯定する一種の比喩形式であるが、ここでは日常的な意味を離れて、ひとつの論理形式として扱いたい。それは形式論理の約束を守りながら、首尾一貫した言説を実行するロゴス的語りの形式である。議論は否定と論駁の「ノン」を前面にだすから、アドルノの言葉を借用していえば、これは「否定弁証法」であるともいえるだろう。

アポファーシス形式の論理を消極的(否定的)記述であるというとすれば、それの対極にあるものはポジティヴ(積極的＝肯定的)形式の記述である。存在に関する積極的＝肯定的記述の論理は、伝統的にはオントロギー(存在についての語り、存在論)とよばれる。この言い方を使えば、アポファーシス形式のネガティヴ記述はネガティヴ・オントロギー(消極的＝否定的存在論)とよぶことができる。思想の歴史のなかで、この否定的存在論をもっとも鮮明に提出したのは、仏教の論師の一人であるナーガールジュナ(龍樹)であろう。他方、積極存在論をもっとも純粋に極限まで延長し、同時にそれを完成させたのは、西洋思想の歴史のなかではヘーゲルの論理学(『ロゴスの学』[初版一八一三―一六年])であろう。したがってヘーゲルとナーガールジュナとはちょうど対極にあり、コントラストになっている。おそらくヘーゲルの積極存在論は、ナーガールジュナの消極存在論と照らし合わせることで、これまで以上にその意味を開示するだろう。すなわち、ヘーゲルは積極主義を採用しつつ、その運動の原理を消極的・否定的な論理に求めるが、ナーガールジュナは消極主義を採用することで、積極的論理の限界を乗り越えて、空としての「絶対肯定」に至る。両者は、方向を異にするが、いきつくところは同じ事態であるともいえる。存在と思考の分裂からはじまり、長い過程を経て存在と思考の未分別(概念の理念)に至るのがヘーゲルであるとするなら、ナーガールジュナは同じく存在と思考の分裂から始まり、その対立を論駁のノンを駆使して、ついには存在と思考の未分別としての空に至る。極限では東西の二つの論理学は同じ境地に到達するのである。

積極形式または積極記述

西洋的な積極存在論から始めよう。まず、ひとつの簡単な命題をたてよう。すなわち、何ものかがある(Das Etwas ist.)

この命題のなかにはいくつかの要素がひそかに、目立たないで、横たわっている。

第一　「ある」としての「ある」。「ある」一般、Sein, être 一般。

第二　「ある」という概念(Begriff, concept)。言葉としての「ある」。

第三　「ある」としての「ある」(純粋存在)には、「ある」という言葉・概念が他者(Andere, autre)として含まれる。ここで「他者」というのは、純粋存在の否定である。純粋の「ある」は概念としての「ある」ではないのだからである。

第四　純粋存在と概念「ある」との対立から、生成(「なる」)が生まれる。

上記の命題には、四つのアスペクトがあるのだが、さらに要約するなら、三つの要素にまとめることができる。

1　純粋有(有としての有)。

2　純粋無(概念・言葉「ある」と純粋の「ある」との対立)。

3　生成(Aufheben の働きの結果)。

ヘーゲルの論理学(存在論)では、絶対知が自己を反省し、自己を完全に認識する歩みが問題になっている。有限な人間の知がいかにして絶対知に到達するかという問題は、『精神現象学』において解明されたのだから、論理学はこの現象学の成果を踏まえて展開する。絶対知の成立は歴史(思考の歴史)であり、それの探求はすでに終わっているのだから、論理学はこの時間的・歴史的土台を捨象して、いわば永遠の相の下で絶対知の運動を記述することになる。論理学において、何かについて語る(言説する)過程は基本的には三つの側面を含む。すなわち、有—無—成である。生成の運動から現実に存在する何かが結果として生産される。そしてこのように生成した何か(エトヴァス)は、有—無—成の論理によって別の何かを生産し、これがずっと続く。ヘーゲル論理学の用語でいえば、この展開は、有論、本質論を経て概念論に至り、概念論の展開の最後の場面で、純粋の存在(存在としての存在)と概念としての「存在」

が一致し、理念(イデー)が成り立つ。この理念は「ある」としての「ある」と言葉としての「ある」が完全に同一となるのだから、もはやこれ以上の前進はなく、分別もないのだから言説も不要になる。言説が途絶えるとき絶対の沈黙が訪れる。理念とは絶対沈黙である。もし言説を再び開始したいのであれば、再びはじめから同じ過程を繰り返すにすぎない。語り(ロゴス)はいわば永遠に繰り返すのみである。

語るべきものはすべて語られた。そのとき絶対的真理に到達したと言える。これは言説を越える真実の状態であり、この真実の境地は人間の有限な言語をもってしては語ることができない。語りえざるものについては沈黙しなければならない。しかし沈黙は無でなくて、それこそが覆われざる「ある」の自己顕現である。論理の学は、この沈黙の境地の門にまで導くが、その門を潜るときには言説は無用になるが、この転換の瞬間はヘーゲルにおいてもプラトンにおいても「突然に」「たちまちのうちに」「忽然」などの言葉で指示されるのみである。これは仏教の用語でいえば「悟り」「悟達」であろう。また沈黙のなかでの「ある」の自己顕現を仏教の用語に翻訳するならば、それはナーガールジュナの言う「空」であろう。空とはまさに沈黙のなかで開示される真理そのものである。

消極形式の記述

ナーガールジュナは個々人の絶対無限への包摂(世俗的自我から無我への転変)過程、すなわち仏智への到達過程を、目覚めの論理として記述する。このような目覚めの論理は、彼にあってはネガティヴな記述にならなくてはならない。目覚めは、ヘーゲルにおいては概念のイデーの成立する瞬間にあたるだろう。そこで成立する境地はヘーゲルにおいても「有」でもなく「無」でもない、積極的な記述では何ともいえない(「語りえない」)境地であり、この境地をあえて語ろうとするなら消極的・否定的に語る他はない。目覚めの過程は消極的にしか語ることができない。なぜならそれは有無を越える境地であるからである。有無の分別があるときには、積極記述が可能であり、ヘーゲルにおいては最後の瞬間に至るまでは積極的記述である。ナーガールジュナの論理学は、ヘーゲルでいえば最後の瞬間としてのイデーの成り立ちにあたる局面を、いわば拡大し、人間的思考のすべてに妥当せしめる。絶対知が成立する瞬間だけでなく、そこへと至る過程全体を貫く論理を消極的論理として一般化するのである。この過程のあらゆる場面で論駁のノン《ヽヽ》が活動する。つねに論駁の相手としての積極論理が立てられているが、それはあくまで論駁のための設定である。こうしてアポファーシス論理は、過程の展開するそのつどに目覚めの契機を取りだしながら、最後には決定的目覚めの瞬間をも記述することができる。絶対知または仏智への目覚めの過程は、消極的にしか語りえないのだから、それにもっとも適合的な論理はアポファーシス論理学以外にはない。

絶対無限と我が合一する瞬間を語るために、縁起論が構想されたといえよう。縁起論は、もともとは、個々人の目覚めの論理学であった。自然哲学としての縁起論は積極的な記述法を採用することができる。しかし特殊人間的な現象を扱い、人間が世間的自我から脱出すること、つまり迷妄から離脱することを扱うときには、縁起論は消極的論理を採用しなくてはならない。清沢が因縁という横関係と因果という竪関係の二重性を重視したのは、卓見である。横関係としての因縁的結合は、自然としての自然一般つまり宇宙万有の法則性を指し示し、竪関係としての因果的結合は特殊人間的なありかたを指し示し、同時に目覚めの縁起論として独自的に構想されるべきであるからである。論理学(存在論)は、人間的現象であり、人間のみが語る存在であるから、当然にも特殊人間的な現実の記述であり、それの仏教的な目的は目覚めであるから、消極論理学(「空観」)にならなくてはならない。

二　自由と必然

常と無常

諸行無常というときの無常とはどういうことであろうか。無常の観念は、通常は変化のなかにあること、したがって恒常的・常住的な根拠や実体はないというように理解されている。言い換えれば、無常は常との対比で定義されている。そうだとすれば無常は常との関係のなかでのみ理解可能になるといえる。ではそもそも常とはどういう概念であろうか。ここでは常と無常をもう少し哲学的に規定する試みをしておきたい。

常と無常の用語は仏教的であるが、これは西洋哲学の用語法では、自己同一性と非同一性に置き換えられる。すでに古代ギリシアにおいて、自己同一性と多様性との対立として、常と無常の関係が論議されていたし、その関係をどのように考えるかに応じて、それぞれの論者の哲学構想にも違いが現われる。この問題については、卓越した思索家の教えに従うことにしよう。ギリシアでは、常と無常は、真理の定義を目指すかぎりで論議された。真理は常である、すなわち自己同一的であり、いっさいの生成と運動を排除して永続的に持続することである。これを最初に宣言したのは、パルメニデスであるといわれる。この通説に従うとすると、パルメニデス・テーゼは、真理とは「ある」と「あると言うこと」、あるいは存在と概念が一致するときである、と要約できる。

パルメニデス・テーゼによれば、真理、すなわち智慧を愛し求めるものによって探し求められる絶対知は、それ自体としては永続的持続のなかにあり、その持続によって自己を開示し、さらに自己自身との絶対的同一性を開示する。ところでもし真理が、それに照応するところの与えられた存在(存在としての存在)に自己を関係づけるとみなされるなら、この存在すなわち真実の存在もまた絶対的に自己同一的でなくてはならないし、それの永続的持続(または持続的永遠性)はあらゆる生成と運動(＝変化)を排除する(cf. Kojève, A., *Essai d'une histoire raisonnée de la philosophie païenne*, tome 3, pp. 132–133.)。

仏教における「常」は、現世における事物を常とみる妄念を批判する場合には常と無常の対比関係において使用されるが、それを別とすれば、仏教的「常」は基本的には真実な状態の性格を指し示す用語であろう。このとき「常」とは、思考の側の真実(自己同一性、不変的であり普遍的であること)と存在の側における真実(自己同一性、不変性)とを同時に表現し、ひいては思考と存在の一致の「永遠的」同一性を意味するであろう。これにたいして無常は、事物の運動と変化を意味する。変化と運動のなかにあるかぎりでは、事物は「真実のなかにはない」。無常とは真実の状態にはないことを意味する。このように仏教における常／無常論は、真理論の展開である。常と無常の混同をいましめ、常を無常としたり無常を常としたりする妄想と妄念を除去することがまずは学としての求道の仕事である。妄念を除去するとき、真理はあるがままに現出する。その意味で仏教の教えは、真理の探求の道の教えであり、その道の極限で出会うことができる真実(真如)を教える。学の道の極限は智慧であり、あるいは絶対知である。

無常の概念は西洋思想史上でいえば、変化と多様性を意味する。すでに引用した学者の言葉を借りていえば、仏教的無常の概念は、ヘラクレイトス・テーゼに等しい。

ヘラクレイトス・テーゼによれば、言説によって・言説のなかで開示される真理(または言説的智慧)を求めるものによって探求される絶対知は、ひとが言うこととひとがそれについて語るものとの一致または適合である。この場合、本来の同一性(永遠的同一性)は、照応(コレスポンデンス)の関係に置き換えられる。すでにプラトンは、パルメニデスの「存在と思考の絶対的同一性」が、実際には言説(ロゴスによる首尾一貫した語り)を排除した沈黙に帰着することを洞察し、「言うこと」と「語るべき対象」との同一性を、照応関係に切り換えて、沈黙のノウースからロゴス(言説)へと展開する道を切り開く。そのとき、プラトンの言説は、絶対的同一性を否定する多様性を前提としなければならない。すなわち彼はヘラクレイトス・テーゼを認めなくてはならない。

プラトンは、無常＝運動を「経験界」(コスモス・アイステートス)にだけ認め(運動する多様性)、「不動の」多様性を「現実界」(コスモス・ノエートス)にだけ認め、最後に不動の同一性を「唯一者にして最高善」(パルメニデスの「一者」)に認める。この三層構造のゆえに、永遠的に自己同一的な「一者」は、二重に超越的になる(経験界に対して超越的であり、経験に超越する「現実界」に対しても超越的であるから)。以上のことを念頭において仏教の「空＝涅槃」を特徴づけてみよう。「空＝涅槃」は、パルメニデス的「(唯)一者」であり、絶対的に自己同一的「存在」である(ただし、仏教の伝統的用語法では、一者を「存在」とはいわないで、涅槃＝滅というだろう)。他方、仏教的無常は経験界(「諸行」)の属性であり、変化し運動する多様性(万・物、万・象、一切衆生)である。「浄土」は、「不動の」多様性であり、これはプラトンの「現実界」(コスモス・ノエートス)にあたる。ここでは際限のない「区別」はあるが、区別があるままにしていっさいが平等であり、このような浄土は恒常的である。してみると、仏教の求道(「哲学」)の構造は、あるいは智慧または絶対知に至る筋道は、およそ次のようになるだろう——無常の世界(経験界、諸行)→常の世界(浄土)→常・無常を越える涅槃＝空。この条理は、一方では認識の構図であり、他方では修行＝修練の構図でもある。いま認識の側面に限って語り直すとするならば、次のような順序になる。

1　絶対的自己同一、すなわち原初の絶対沈黙。

2　沈黙を破り、言説する(転法輪)。「言うこと」と「語るべき対象」との分別と照応関係。この場面の展開が求道＝哲学すなわち論議(優婆提舎)である。

3　空＝涅槃への到達、すなわち求道によって媒介された絶対沈黙。

自己とは何かという問いに答えることは、自己を真実において知ることである。自己を絶対的に真実に知るとは、自己が生きかつ死ぬところの世界を絶対的に、真実に知ることに等しい。したがって自己を知ることは世界内存在としての自己を知ること、つまりは自己と世界の関係を知ることである。世界内存在の真実とは無明であり、妄念と妄想に全面的に包まれた自己の姿である。世界内で生きる自己を知るために、つまりは無明の真実を知ると同時にそうした自己を越える真実に目覚めるために、学としての求道がある。

最初の沈黙は、たとえ自分自身が真実であると確信しているとしても、それは自分にとっての、自分だけの真実であり、まだ客観的でなく普遍的ではない。自己確信の真実を普遍的真実へと上昇させるためには、最初の沈黙を破り、言説と論議の回り道を経過しなくてはならない。この回り道の途中には多くの迷路があり、そして部分的真実を含みつつなお袋小路に結局はいきつく道も多々ある。しかしそれらの道を端的に絶対的に退けることは学的な仕方ではない。そうした袋小路的回り道もまた重要な経験であり、それは一定の操作を施して栄養分として吸収するに値する。一切の過去の努力は無益ではなかった。したがって、過去の「挫折した」道(多くの求道者が自分では真実への道であると信じた道の数々)について「再び＝言及し」、再び生き直すことを通して、それらが陥った袋小路を自分でも一度経験しながら、袋小路である所以を明知し、その明知によって唯一の「大道」を発見するのである。これが求道的哲学の本来の仕方である。これが成就されるときが絶対知への到達であり、智慧の獲得である。

　絶対知すなわち智慧は、過去のすべての遺産を継承するという点で、ヘーゲル的にいえば、過去の勝れた真実への道の経験を「止揚する」のである。止揚とは、袋小路にいきつく限界の批判であり、批判を通しての保存であり、保存された内容を高い段階の知のなかに構成要素として組み込む(昇華)ことである。過去のすべての知との認知的関係に即していえば、智慧とは絶対知の学的体系である。ヘーゲル的にいえば過去の「哲学＝求道的知の円環的組織化」である。絶対知すなわち智慧に至れば、もはやそれ以上のことを人は求めないし、真実に関してもはやこれ以外のものを「言う」必要はないし、言うこともできない。まさにそのとき、智慧の学的体系に媒介された最後の沈黙がくる。それが空＝涅槃の境地である。

　有・無に関して無記、善・悪に関して無記である。言説的に無記であるとは、それが哲学の終焉と智慧の成就を意味する。無記とは絶対的真実を意味する。なぜならそれは言説を越えるからである。しかしもし再び語り言うことを欲するときには、この言説はすでに得られた智慧の体系を最初から繰り返すのみである。いつでも語りを開始できるが、いつでも沈黙することができる。そしてそれを智慧あるものだけが実行できる。これを認識と智慧に関する「自由自在」という。智慧は何よりも学の組織であるが、智慧は、求道的＝哲学的探求ではもはやないのだから、修行と一体である。こうして知と行は不可分になる。智慧者(覚者)は西洋風にいえば賢者である。賢者と覚者のみが真実の意味で行為する。求道者はその知的探求の極限において智慧者へと転変するのでなくてはならない。修行においても同様である。

自由と必然

前に考察したように、清沢満之的に改作された有機組織論的縁起の構造(横竪の二重縁起論)によれば、万物は、そして個物のそれぞれは、それ自身とは別の他の物・者たちによって(現在性の面で)規定されるし(横の縁起論)、それ自身よりも前の他の物・者たちによって(過去性の面で)規定される(竪の縁起論)。現世内に存在するいっさいの物は、水平的であれ垂直的であれ、厳格な因縁・因果の関係「のなかにある」、したがって現に存在するすべての物は他のすべてのものによって決定されている。これは絶対的必然性を意味する。ここには通常的な意味での自由はない。通俗的な自由の観念は、事物の必然的関係の外部にある「魂」その他の実体を想定し、それが因縁・因果の決定から「免れている」という意味での自由である。この通俗的自由は事物から超越しており、その意味で現実から超越しているところの疑似神学的観念にほかならない。この自由の観念を拒否するなら、自由の別の概念は、「必然性の洞察」としての自由以外にはない。この自由論は、自己が必然性によって規定されるというにとどまらないで、必然性によって規定される事態を「自覚している」ことである。そしてこの自覚の可能もまた必然的に規定されている。言い換えれば必然性による規定を自覚するのが自由である。

この思想においては必然と自由の対立はない。両者は同じ事態の別の側面でしかない。西洋ではこの思想を表明したのはスピノザとヘーゲルであるが、アジアでは仏教だけがそれを明白に主張した。清沢満之もまた自由と必然への服従が矛盾しないことを強調しているのは、仏教の本来の思想を新しい言葉で表現したといえる。仏教における自由ないし解放は、無明からの解放であり、すなわち目覚めである。目覚めにおいて人間は真実に自由である。なぜなら、現世内存在者のすべては因縁・因果の方軌によって決定されており、現世における無明もまた必然的であり、無明の現世からの解放としての目覚めにおいて人間はその必然性の洞察を絶対的に実現し、その実現もまた必然であったと完全認識することができるからである。思考と精神の営みがないなら、そもそも必然と自由の観念もありえない。自由とは必然の認識であると宣言するとき、その自由は結局は智慧の実現を意味する。法哲学的自由はこの存在論的自由論に根拠を置くのでなくてはならないが、この問題はここでは捨象する。

自由と前決定

ところで、仏教ないし清沢満之における自由と必然の問題をよりよく理解するためには、自由と必然の対立をめぐる西洋思想の一齣を参照するのが便利である。例えばカルヴィニズムのケースを取り上げよう。

カルヴァンの思想によれば、永遠的に存在するだろう人間は、それの「創造」以前に、「選ばれている」か「呪われている」かのどちらかであり、世界のなかで「能動的に」現実存在することによって自分の「運命」または「本性」をいかなる点でも変更することなどは絶対的にできない。もし人間が永遠的に生きるのなら、すなわち不死不滅であるのなら、個々の人間の本性や運命は「予め決定されている」。個々の人間は、存在の所与の構造によって「本質において」決定されている「類(または種属)」の「代表見本」であるから、個々の人間はこの場合には個別的(パーティクラー)であっても、個人的(インディヴィデュアル)ではない。「個人的である」とは、たんに個別的にあることではなくて、(ヘーゲル的にいえば)個別性において普遍性が成就されていることを意味する。個別的存在は、たんなる自然的・所与的存在であるが、個人的存在は個別と普遍との自覚的統一である。そこに自由はあるのだが、自然的個別者すなわち「類」の見本としての個別には自由はない。自分の運命を変更できないことを不自由とするなら、カルヴァン的人間は定義によって不自由である。

不自由とは、自己の存在についての自覚がないのだから、自然的個別としての人間は、つまるところ永遠的に反復する自然的宇宙の要素にすぎない。このカルヴァン的世界では、人間は、自然的存在として「前=決定されている」。何らかの仕方で(「選ばれる」にせよ「呪われる」にせよ)前もって決定されているのだから、ここには自由と必然は絶対的に対立する。人間はこの「決定」の秘密を知ることは絶対的にできない。したがって、現世における人間がどのような「よきこと」(Werk)をしようと、神による選択には何の影響もないし、したがってひたすら神による恩寵を「期待する」以外に方法はない。

　こうしたカルヴィニズムの思想を念頭において仏教の自由と必然の関係をいまいちど考えてみよう。仏教のなかにも、カルヴァンの思想に類似するかにみえる思想が伝統的にはあった。例えば「宿業」の観念(あるいはそれについてのひとつの解釈)がそうである。前世の業によって現世の業ないし生存が予め決定されている、という観念は非常にカルヴァン的である。宿業すなわち「はるかな昔から、無始以来の過去からずっと」前決定されることが真実であるなら、人間の宿業的存在が永遠的であるなら、人間は自然的存在として永遠的に存在するということに帰着する。特殊人間的ではなくて、万物と同様に自然的であるままであるのなら、人間は永遠的に不変のままであり、つまりは永遠に同一的に反復する存在であることになるだろう。この観念に即していえば、人間の不死不滅の観念が生まれるだろうし、現世内の身分の差異も永遠的になるだろう。なぜなら、この意味での宿業においては、人間はその運命を絶対的に変更することはできないからである。一部の仏教の内部にある一種の宿命論は、人間存在の基礎としての自然的要素を人間のすべてとみなし、人間を人間以前の動物種(ホモサピエンス動物)として捉えることに等しい。ある種の仏教のなかにもあり、西洋のカルヴィニズムにもあるような宿命論(変更できない運命)は、所与への従属の思想であり、過去においては洋の東西を問わず、実に多様な形をとって提出されてきた。だから宿業に関する仏教の一部の解釈は、それなりに通俗的流通性をもつのも当然である。しかし学的には、このような宿命論的前決定論は、人間を自然的存在に還元しているといわなくてはならない。宿命論はナチュラリズムである。

　なぜ仏教の宿業論は、ひとつの可能性として、宿命論ないしナチュラリズムに偏向するのであろうか。その理由はおそらくは縁起論の「偏向した」理解にある。縁起論を自然宇宙論としてのみ理解するとき、縁起的決定論は必然的に自然必然性として展開されるし、それを人間的世界に適用するなら宿命論的前決定論になるのは、論理的に必然的である。まさにここに清沢満之の批判的努力があった。縁起論は二重構造になっているという指摘は、清沢満之の偉大な功績ではないだろうか。前にも触れたことだが、ここでも繰り返すなら(何度でも繰り返すに値する)、縁起論は、自然世界に妥当する因縁論(現代的にいえば「自然の法則性」)と、特殊人間的な能動的行為に妥当する因果論の二つからなる。人間の行為を含む因果論は、行為が所与(自然)を否定的に変形し、そうすることで自己を変形しながら、まったく新しい出来事を産出するというのが、自然の因縁関係とは違う特殊人間的な行為論的因果関係である。

人間は自己意識をもつのだから、自分の行為を自覚する。現在の自己を先行過程の結果として自覚するとき、自己としての結果に至る過程を遡及的に理解するようになる。そのとき、原因は過去性を、結果は現在性(と未来性)を示す。厳密には人間的因果論は時間性を含むのでなくてはならない。ともあれ、特殊人間的行為は、自覚を契機として、過去全体の認識にまで進むだろうし、結局は万物はすべて自己としての結果へと、それぞれの事情に応じた角度をもって収斂する。このときにはじめて、仏教でいうところの「自業自得」の論理が成り立つ。そして自由と必然の一致ないし媒介的同一性は、この場面で提起される。行為的因果性が成り立つからこそ、自由があり、必然がある。人間の自覚の可能性もまた必然性によって決定されることを精神は自覚する。これが「自由は必然性の洞察である」という命題の仏教縁起論的理解である。この方向を厳密に開拓した清沢満之の思想によって、縁起論の本来的理解もはじめて可能になったのである。

清沢満之の仕事の線で思索するなら、仏教縁起論はまさに宿命論批判であることがわかる。いっさいが人間抜きの純粋自然的存在であるなら、たしかにすべては永遠の昔から前決定されていることだろう。しかし、そのように「言う」人間はこの自然的存在ではない。すでにここに自然主義的言説の自己撞着がある。この自己撞着を退けて、首尾一貫した縁起論を提起しようとするなら、釈尊の縁起の教えは学的に再編されなくてはならなかった。これが清沢満之の二重縁起論の学的成立の機縁である。竪の特殊人間的な行為論的因果論の面で、自由と必然の矛盾なき関係を論じることができる。そのとき縁起論は自由を受容し、宿命を批判し、縁すなわち条件の変更ないし修正を語ることができる。そしてこの自由の極限は目覚めであり、目覚めは現世内存在の全面的変更として定義される。解脱とはこの意味での自由である。自由が可能であるなら、人間はもはやたんなる自然ではなくて、つまり自然的な類の代表見本としての個別ではなくて、覚醒することで欲望的自我から解放されたという意味で「自由な」個人(「我一人」)になる(なりうる)のである。

三　歴史

歴史的自覚

縁起論、より正確には二重の縁起論は、とくに特殊人間的行為を含む因果論においては、時間の要素が組み込まれなくてはならないし、ひいては歴史的過程へと通じていくのでなくてはならないと、前に述べた。伝統的な仏教においては、時間論も歴史論も直接に主題にはなっていないけれども、清沢満之の縁起概念の含蓄を引き伸ばしていくならば、仏教縁起論は、必然的に、時間的にして歴史的な世界論を構築する可能性をはらんでいる。それが成就するのはまだ先のことであろうけれども、縁起論の可能な範囲を確認するために、ここで歴史的自覚を論じておこう。厳密には、縁起論と歴史論の関係はその基礎ですらまだ明快になっていないのだが、別の形でなら歴史的自覚を論じる仕方がすでに提出されている。これに言及しながら、今後の展望を素描しておきたい。

浄土真宗では釈迦出世の本懐の意味を把握することが歴史的自覚であるという見解がある(安田理深『『教行信証』聴記』『安田理深選集』十五巻(上・下)、を参照)。おそらくこの把握は正しい。しかし釈尊がこの世に出現した理由を理解するとはどういうことであろうか。この命題は、けっして伝記的な理解を意味するのではないし、したがって個人的実存的な理由を探求することであってはならない。ここでいう「歴史」とは個人の歴史でもなければ、いわゆる社会の事実史でもないだろう。この歴史の学的把握がありうるとすれば、歴史の哲学であり、ひいては「形而上学的な」歴史把握でなくてはならない。伝記的「歴史」でもなく、社会の歴史でもないという哲学的歴史の概念とはどのようなものであろうか。通説とはおそらくは違うであろうが、方向だけでも確認しておきたい。

これは二つにわけて考えることができる。

1　釈尊が現世に到来した事実は、仏教にとって原(根源的)事実である。釈尊以前に無数の思想が提案され、論争され、そしてあらゆる思想の可能性が出尽くした。釈尊はそうした思想の歴史を点検し、批判し、それらの袋小路がどうであるかをひとつひとつ根拠をもって明示しながら、しかしそれらを無下に退けるのではなく、それらを変形しつつ自己の思想の栄養素として再編的に取り込むことを通して、それらをいわば「綜合」した。換言すれば、思想の歴史は釈尊において完成し、完成したという意味で思想の歴史は語るべき本質的なものを出し尽くし、そして終焉したのである。釈尊以後の仏教の歴史は、そのようにして思想の歴史を綜合した釈尊の存在理由、すなわち「釈迦出生の本懐」を理解する歴史である。それはいわば「(人間の自己理解としての哲学の)歴史の終わり」の後の歴史である。釈尊の言葉を伝える「スートラ」は、エクリチュールの面では比喩が多くて理解を妨げるところがあるが、原理的には比喩的語りを通しながら理論的な内容を提示していると受けとめるなら、釈尊の言説(の文字化)は原理的には、古代インドの思想の歴史の完成と成就としてあり、その意味で終わり＝目的に到達した。彼以後の弟子たちの仕事は、「スートラ」についての「論」と「釈」にほかならない。釈尊以降の仏教の「歴史」は、「本来の」歴史すなわち人間の事実史ではなくて、仏教内部の論議(論争)の「歴史」にほかならない。この論議は、釈尊による「歴史の完成」の「開始」を一層完全にする過程である。論議の歴史的展開は、エクリチュールのなかにある曖昧さを可能なかぎり最小にして、可能なかぎり釈尊の教えを明るみにもたらし、すべての問いにたいしてあますところなくすべてを答えうる思想ないし教えにしていく展開である(あった)。

以上の議論は、ひとつの強い制約ないし前提をもっている。それは釈尊が彼以前の思想の歴史を完成させたという命題である。本当にそうかどうかは、学者的議論であって、仏教は釈尊における完成を事実として信じることからはじまる。もしこの前提を疑うならば(「仏智疑惑」)、仏教はたんに事実的思想史学の研究対象になってしまう。ともかくまず釈尊の言葉を信じること、これが仏教の前提である。この「信」をたえず強調したのは親鸞であった。最初の

「信」から一切がはじまり、そして学びの過程の終わりに深くて確実な「信」が生成する。最後の「信」は「悟り」になる。

2　これとは反対の道もありうる。思想の歴史は、つねに部分的真理の歴史であり、したがって部分的誤謬の歴史である。最初に、誰かがはじめて学の道を提案したが、それにたいして別の誰かが別の学の道を提案する。こうして論議と論争が開始し、さらに第三のものが第三の道を一種の綜合として、しかし実際には一種の妥協と折衷として提案し、ひとつの循環が終わる。しかしこの第三の道に対して、再び別の提案が出されて、その瞬間から前に「綜合」として提案されたものが、今度は「最初の提案」になり、それへの反対提案が提出されたことになる。こうして前と同じ循環が繰り返される。しかし同じ結果になるのではなくて、歴史のなかで一歩一歩ごとに新しい思想が生まれ、それが後から来るものによって限界と袋小路を指摘されて「乗り越え」られていく。そしてずっと後になって、誰かが(例えば、カントやヘーゲルが)最終的で完全な提案を行ない、「智慧の探求」としての哲学の歴史を完成させ、終わらせる。

このような理解はすでにヘーゲル的である。ヘーゲルは「哲学とは哲学史である」と言った(『精神現象学』あるいは『哲学史講義』を参照)。このヘーゲル的思想史を仏教の歴史に適用することもできる。例えば、仏教の真実の教えを浄土仏教にみて、仏教の真実の学的展開は『無量寿経』からはじまり、論議があり、そして最後に誰かにおいて完成し成就する、というようにヘーゲル図式を使用することもできる。いささか護教論的だが、安田理深が行なうのはこのような歴史解釈である。彼はそれを歴史的自覚とよんでいる(前掲書を参照)。具体的にいえば、『無量寿経』の教えは、ナーガールジュナやヴァスバンドゥの「論」を経て、法然や親鸞に至るまでの解釈の歴史によって、その意味は少しずつ明らかにされてきた。浄土門仏教の真理は、論と釈の歴史的展開であり、その歴史によって開示される。浄土思想の歴史がそのまま浄土門仏教である(これは文字通りにヘーゲルの言い換えである)。

そうすると、浄土思想の歴史は、どこかで、あるいは誰かのところで、完成し終わったとしなければならない。安田によれば、理論上では、親鸞で終わる。親鸞は、釈尊の言説についてのすべての過去の解釈の流れをいわば観望(Zusehen)し、それぞれのテクストをして語らせながら、そして相互論駁の過程は可能なかぎり矛盾を消去し、理論の首尾一貫性を保存する、というように解釈できるだろう。このような記述をとれば、おのずからテクストの歴史すなわち仏教の歴史は親鸞に収斂し、親鸞において成就完成し、かくて歴史は終焉する。なぜ終わるかといえば、親鸞のテクストにおいて仏教の真実が全面的に開示されてしまい、もはやそれ以外のことを言う必要がないからである。『教行信証』は、このような観点から種々選択されたテクストのVersammlungである。それはたんなる「収集」ではなくて、テクストの「語りの歴史」である。「文類」とはひとつの「哲学史」である。それでは親鸞以後の数百年の歴史はどうなるのか。それは親鸞の教えを解釈し解明する歴史となるだろう。

ところで、この第二の図式においては、論理的には、釈尊はけっして思想史の完成者ではなくて、それどころか反対に、曖昧な思想を述べたところの、偉大ではあるが、しかしたんなる「最初の」思想家でしかない、ということになる。「最初の思想家」は、定義によって、部分真理しか述べることができず、したがって誤謬を抱え、袋小路に陥っている人を意味する。もしそうなら、こうした「最初の」思想提案者を「深く信じる」ことができるだろうか。親鸞が完成者なら、親鸞だけを「信じる」ことができよう。だがそうなると親鸞以前の人々は、「偉人」だが、やはりたんなる先駆者でしかない、ということになるだろう。これは一種の「仏智疑惑」に陥っていないだろうか。

ヘーゲルの哲学と哲学史の構想を簡単に道具のように転用できない理由が厳然としてある。それは西洋哲学史において、ヘーゲルだけが哲学を完成し、そうすることで自分だけが「智慧」に到達したと自ら「宣言」し、その宣言の証拠を「学の体系」(円環体系、ヘーゲルにおいては真理の条件は円環である)として提示したのである。これは「異常な」宣言であり、だからこそ本当にそうなのかという吟味作業がいまも続いているのである。アジアでは、ヘーゲルの宣言に等しいことをはっきりとやってのけたのは釈尊だけである。その意味ではヘーゲルは、人類思想の歴史の文脈でいえば、二千四百年後に、ようやく釈尊に追いついたともいえる。まさにそのゆえに、ヘーゲル図式を道具的に転用し、釈尊にかえて親鸞をおくのは、(宗門的)護教論的な操作になるのである。おそらく親鸞はそのような考えはもっていなかったであろう。彼はつつましく論師の役割を演じたと思われるし、論師としての勝れた著作を残したといえる。釈尊出世の本懐が親鸞出世の本懐へとずらされるなら、親鸞だけを読めば十分であり、釈尊や他の論師の著作も、原理的には不必要になり、それらはたんなる過去の遺産であり、伝記的ないし事実史的興味の対象でしかないということになるだろう。これはきわめて不自然である。

翻訳としての論議過程

たしかに、ひとつのテクストは、多くの解釈と論議を通して少しずつその真実の意味を開示していく。解釈はひとつではなく複数ありうる。複数の解釈があるかぎり、論議は必然である。論議を通して、複数の解釈の可能性は少数に還元され、理想的には真理を表現するひとつの解釈へと帰着するであろう。こうした解釈は、解釈する当事者の理解図式へのテクストの「翻訳」である。解釈は翻訳である、というのはヴァルター・ベンヤミンの命題である(ベンヤミン『翻訳者の使命』参照)。ベンヤミンの翻訳論によれば、数多くの解釈(よいものかわるいものかを問わない)すなわち翻訳を通して、ひとつの理念的「原文」(オリジナル)が生成する。解釈し翻訳される事実的テクストのなかに理念的に含蓄される可能的テクストが、翻訳的解釈と論議を通して、いわば事後的に生産されるのである。あるいはこうもいえよう。事実的テクストは翻訳と解釈を通してはじめて「原典」へと生まれ変わるのである。事実的テクストはそのとき「スートラ」に変貌するのである。釈尊の言葉は、単独に孤独に存在するかぎりでは、それはたんなる一個の人間の発言以上のものではない。それはまだいわば野生の事実的テクストにすぎない。それがスートラへと生成し、変貌するのは、他者たち(弟子たち)による解釈と翻訳によるのである。

誰かが何かを最初に発言するとする。もし他の誰もこの発言に注目しないで、黙殺するなら、この発言は永久に消失するであろう。しかし、もし他の誰かがこの発言を論駁するに値すると考えて、それに言及し、論駁者の責任でその発言について「再＝言する」なら、つまり他者が最初の発言者の発言を論駁するためにであれ「繰り返して言う」のだとすれば、そのとき最初の発言は忘却から免れ、あるいは忘却から救出されて、複数の他者たちの間に挿入されて、論議に値するものとして位置づけられる。こうして解釈と論議が始まる。このようにして最初の発言は、まずは事実的テクストとして再生し、論議と解釈のなかで「原典」へと変貌を遂げる。そしてまた第三の他者が登場し、論議する二つのテクストを批判し、そのなかでもとの原文的テクストは新しい仕方で生まれ変わりを遂げていくであろう。こうして同じことが続くことになる。これが論議でありディアレクティケーである。

仏教の主張がまことに驚くべき内容をもっているのは、二千四百年前にすでに、こうした論議と解釈の長い歴史、すなわち釈尊以前にあったディアレクティケーの歴史が釈尊において頂点に達したというところにある。言い換えるならば、釈尊の言説体系はついにそれ以前の言説の歴史を「真実において」統合し、絶対の智慧に到達したというのが、仏教の根本教説であろう。これがまさに驚くべき宣言なのである。「釈迦出世の本懐」とはこれ以外にはない。釈尊において、「存在」と「思考」の関係についての既存のすべての思想、および自己と世界に関するすべての思想の歴史は、そのすべてを出し尽くしたというのである。そのかぎりで釈尊のあらゆる発言は、彼以前の人類思想史の結果なのである。たんなる個人の着想ではなくて、過去の思想の限界といきどまりを指摘しつつ、それらがはらむ真実への道を救い上げるという仕方で統合するという意味で、釈尊の思想は歴史の結果なのである。過去の思想のあらゆるエッセンスは釈尊の思想のなかに構成要素として統合されている。もしそうなら、釈尊の教えすなわち仏教は、人類思想史を、そして思想が相手とする「存在」の歴史を完成させたものだということになる。すでに指摘したように、ここに「六師外道」論の意味がある。

「六師外道」論は、たまたまの発言ではなくて、釈尊による過去の思想的遺産の総括を指示する議論である。この命名は、たまたま「六つの思想タイプ」を列挙しているのだが、原理的には「六」という数字に限定される必要はなく、いくつでもかまわないが、釈尊は過去の思想類型を基本的に六個のタイプに分類できると考えたのであろう。西洋的な用語法でいえば、観念論、実在論、唯物論、神話論、ニヒリズム、感覚論、などという仕方でまとめることができるが、別のやり方もできるだろう。ともあれ、過去の思想は、少数のタイプに還元できるという釈尊の指摘は間違いなく画期的である。ついでにいえば、まさにこのことを念頭において清沢満之の『宗教哲学骸骨』のなかに、観念論、唯物論、一神論、多神論、汎神論などが登場する理由がわかる。一見したところでは列挙風であるが、それらの思想は無下に拒否されるのではなくて、仏教の学的体系のなかに変形されて構成要素として取り込められるという趣旨で書かれているのである。まさに清沢のなかに釈尊の精神が継承されている。

智慧への導入としての論議的解釈史

さてそうなると、釈尊の教え(「スートラ」)の後の仏教者の語りの「歴史」とは何であるのか、という問いがどうしても回避できない。釈尊以後の仏教的言説の展開は、厳密な意味での歴史なのだろうか、という問いにはどうしても答えなくてはならないだろう。釈迦出世の本懐の意味が思想と存在の歴史の終わりにして成就であるとするなら、釈尊以後には本来の歴史はありえない。釈尊以後の言説の展開は、釈尊の「教え」(絶対知、智慧、真実の教え)へのさまざまな「導入(introduction)」の展開にほかならない。龍樹や世親などの「論」から中国や日本の論師の「論」まで、親鸞風にいえば三国七高僧の「論」や「釈」はすべて釈尊の発言を「原典」へと生成させながら、その発言のなかに「隠れ潜む真実」を明るみにもたらし、そうすることで釈尊の絶対の真実の教えへと人々を「導入する」試みにほかならない。

大乗のテクストだけでなく、上座部のテクストもすべて釈尊の「原典」への導入である。どの「導入」がベストであるかは、観点の取りかた次第である。親鸞の立場からいえば、浄土門的「導入」こそが、釈尊の教えへのベストの導入であるということになる。その意味で、親鸞の観点でいえば、浄土門すなわち他力門こそが釈尊の教えつまり仏教の真実の教えへと到達する真実の道であるとなろう。第三者的には、原則的には、どの導入法も同等の資格をもっている。そしてそれらは同等の資格をもつかぎりで、論と釈の舞台に登場することができるし、どの立場も理念的には仏陀の智慧を受け継ぐと主張できるのだから、こうしてこの場面でも論議と解釈が展開していく。

西洋では、釈尊の宣言に匹敵する発言をしたのは誰であろうか。そもそも釈尊的発言をしたひとがいるのであろうか。前述のように私見では一人だけ存在する(コジェーヴの学説を正当として認めるという条件で)。釈尊の二千四百年後にヘーゲルが、釈尊と同じ発言をしたと見ることができる。パルメニデス(古代ギリシアの自然学者はここでは無視するとして)からヘーゲルまでの思想の歴史は、現実の「存在(自然と社会)」の歴史を思考する歴史であり、その意味で思想の歴史は「世界の」歴史であった。ヘーゲルは彼以前のすべての思想の可能性と袋小路を「観望」し、記述し、それに限界を認識しながらそれらを自己の体系に繰り込み綜合した。その意味でヘーゲルにおいて哲学の歴史は完成し終わる。ヘーゲルにとって過去の哲学の歴史は、ヘーゲルにとってのいわば「六師外道」論であった。類型にしていえば、過去の思想と哲学のタイプは、パルメニデス型、ヘラクレイトス型、プラトン型、アリストテレス型、カント型、に要約できる(スピノザは永遠の相の下で思考するのだから、パルメニデス型になる)。ヘーゲルはこれらの型(型であるから、複数の変形体がありうる)の論戦と相互論駁の歴史を観望的に記述することで、思想の歴史の論理に従っておのずから「真実」(思考と存在の一致)へと至る過程を「現象学」として描いた。哲学の歴史が終わるとき、絶対知すなわち智慧の体系が開始する。ヘーゲル以後の「歴史」は、真実には歴史ではなく、ヘーゲルの教えを論議し、ヘーゲルの教えの開示を求めての「導入」の言説的展開である。フォイエルバッハ、マルクス、ニーチェ、キルケゴール、後期シェリング、フッサール、ハイデガー、あるいはフランクフルト学派のホルクハイマー、ベンヤミン、アドルノ、マルクーゼ、フランスのサルトル、メルロ゠ポンティ、バタイユ、アルチュセール、デリダ、等々、これらは種々の立場にたつにせよ、基本的にはヘーゲルへの「導入」とすらいえる。論駁はすでに導入であるからだ。そしてこの言説の展開はいまも進行中である。それはポストヘーゲルとポスト哲学史の過程である。

こうした指摘が清沢満之研究にとってどのような意味をもつのかという疑問がありえよう。しかしこれこそがまさに清沢満之の思想への「導入」なのである。

清沢満之における仏教への導入

清沢満之の仕事が実に興味深いのは、彼が二つの「導入」を企て、そして実現したからである。ひとつは、釈尊から親鸞に至る仏教の思想とその展開への導入であり、もうひとつは西洋哲学、とくにヘーゲル哲学への導入である。彼がここで言うように自覚的に実行したとは私は言わない。けれども清沢満之の仕事全体に含まれている思想的態度を取り出していえば、明らかにそう言えるのである。少なくとも、清沢満之の思考の内密な動きを解釈的に抜きだしてみれば、アジアでは釈尊において「歴史」が終わり、西洋ではヘーゲルにおいて「歴史」が終わるという着想の萌芽があると受けとめることができよう。通俗的な歴史思想では、人類の歴史が終わるという考えは異常であるようにみえもするだろうが、哲学的精神は時間的幅を大きくとって、「世界」が有限なるものであるなら、定義によって有限なるものとしての世界の終わりと極限はあると、断定する。清沢満之のひそかな着想とおもわれるものを、自覚的に取り出すなら、アジアでは釈尊の登場の瞬間に人類の(哲学的)歴史は原理的に完了し、西洋ではヘーゲルにおいてようやく歴史が完了する。次の文章は、ここで定義した意味での完成と完了をヘーゲルに見ているのではないが、ヘーゲルに西洋哲学の頂点を見ていることははっきりと見てとれるだろう。私の解釈を補強する意味で引用しておく。

ヘーゲル氏は非常の思想家にして、二三十人の仕事を一人にて為せりと云ふほどなり。最も其の細目に至りては、過失なきを保せず。然れども大体の思想は、実に驚くべきなり。……

今後に一千年もかゝらねば、ヘーゲル氏の哲学は全く開展せられぬならん。真に知る様にはなられまいと思ふ。

(清沢満之『西洋哲学史講義』「ヘーゲル氏」『全集五』三〇四—三〇六)

いかに奇妙にみえようとも、釈尊以後の「時の流れ」は本来の歴史ではなくて、釈尊の発言の真実を把握するための「論・釈の展開」であり、同じことが西洋ではヘーゲル以後に見られる。その意味で人類は西洋と東洋において事実的に等質化しつつあり、同時に相互理解が可能になろうとしている。このことを清沢満之は洞察したのである。いまや釈尊の絶対真実(智慧)とヘーゲルの学の体系(智慧)を同時的に把握することができるし、相互の重ね合わせもまた可能である。両洋での課題は、いまや智慧の実行あるのみである。そしてヘーゲル的智慧(学の体系)と釈尊の智慧(仏道の学的体系)は、細部での相違はともかくとして、基本のところでは一致していくだろう。言い換えれば、二つの絶対知は統合されうるし、されなくてはならない。仏教の縁起存在論は、ヘーゲル的存在論(弁証法)と統合されうる(逆も可能である)。この着想なくしてヘーゲルへの言及(『宗教哲学骸骨』)は無意味であろう。

まさに文字通りの意味での人類の歴史の完成であり、成就であり、目的の達成である。(アジアの人間だけでは「全人類」にならない。西洋の人間たちを合わせてはじめて全人類という用語も意味をもつ。このことも清沢満之は厳密に思考しようとしていた。) 明らかに壮大な構想である。日本の十九世紀においてこのことが構想されたことはまさに奇跡的なまでに驚異である。西洋であれアジアであれ、両洋の人類史の完成と完了(目的への到達としての終わり)をはっきりと洞察し、二つの絶対知に気づき、両者の統合の課題を自分につきつけたのは、十九世紀の地球上では清沢満之唯一人である。その驚異的事実にようやくわれわれは気づこうとしているし、今後もますます明白に自覚していくべきである。

受肉と展現

キリスト教神学の三位一体論の中心は受肉(インカルナチオ)論である。受肉論の本質は、圧縮していえば、永遠なる神が時間的世界のなかに現実的に現前すること、である。これは、永遠性が時間性のなかに現前すること、というように言い換えることができる。この命題は、哲学的にはパラドクスである、つまり経験的にはありえないことである。定義によって、永遠と時間は異質であり、両者に共通することは何もないからである。存在論的に等質的なもの同士だけが相互行為することができる。反対に、異質なもの同士は相互行為できない。ところがキリスト教神学の受肉論は、存在論的に異質なものを相互行為させている。それがパラドクスであり、経験的には矛盾的である。矛盾的という意味で「ありえないこと」を、パラドクス形式で言わざるをえない事情がある。この世のなかで骨肉をそなえて生きる有限存在者であるイエスを非有限者としてのキリストとして定義し、イエスにしてキリスト、有限者にして無限者を人類のための「受難者」とするには、こうしたパラドクスをあえておかさなくてはならない(おそらくパウロは自覚的にそうしている)。ここに含まれる論理から、いったん信仰から離れて考察するとき、哲学的な問題が提起される。それが、非時間(永遠)と時間の関係、無限と有限との関係という問題である。

神学的にいえば、完全で絶対的な「神」が「現世」のなかに現前するとき、この「現世」もまた完全でなくてはならない。そうでないと「神」(世界を創造した神)は不完全になるだろうし、それは不合理であろう。ただし、この場合の「現世」はまだ人間的現世ではない。「神」が内在する現世は、まずは「天上的現世」である。現世の二分割をしたのは、古代ギリシア人である。神が内在する完全な現世は、彼らにとってまずは「天界」である。「神」または永遠は「天界」に現前する。これに対して「地上界」すなわち人間や事物の世界、大地的な世界は不完全であり、本質的に「神的」ではないとされる。このギリシア的構図はキリスト教「神学」にも受け継がれたとみてよい。こうして現世の階層区分が生まれる。

しかし現世は現世なのだから、天界であれ地上界であれ、存在論的には等質であり、同等でありうると考える可能性はある。完全か不完全かの区分は「イデオロギー」的な人為的区分にすぎないのではないかと考える人々が登場してもけっして不思議ではない。そして実際にその種のひとたちが登場した。すなわち、天上界も地上界も同じく完全ではないかと考えて、地上界を天上界にまで格上げするのである。地上を天上に向かって「プロジェクトする」のである。思想史上では、これは十六世紀西欧の自然科学者たちの仕事であった。コペルニクス＝ガリレオの世界像では、伝統的にもっとも「卑賤である」とみなされてきた地上界は天上界と同格とされ、それらは一括されて「自然」となる。天上界を支配する法則と地上界を支配する法則は同一である。それは一個同一の「永遠の」法則であり、敬虔なるコペルニクスにとってはそれは神の存在の証しであった。自然の「一般的・普遍的」法則を探求することは神の「摂理」を探求することに等しい。このような意味で地上界は天上界と同じく「完全」なのである。自然科学の新しい世界像を哲学的に言い換えると、カントの命題が登場する。人間的主観が作った概念が自然界に「移し入れられる」。人間はあらかじめ自然に「移し入れた」ものを再び見出すにすぎない。かくて主観性の優位が確立する。このような展開は、長い時間がかかったにせよ、最初の宗教的・神学的「受肉」思想の西欧的展開の結果にほかならない。その意味で、三位一体論神学としてのキリスト教神学は近代科学の遠い原因となったといえる。

　ところで、仏教における「展現」(変現、権化)は、西欧神学的な受肉と同じであろうか。仏教においても、無限・永遠が時間・現世のなかに、何らかの仕方で、現出するというときには、形式上では受肉と類似する構図をとるだろうし、また事実そうした解釈をする人もいた。たとえ通俗的になったとはいえ、垂迹説はそのひとつであろうし、仏教経典の比喩的言説もまた一種の「受肉」説を促したであろう。しかし仏教では、西欧神学におけるような神が人間イエスの身体に受肉するという形式はまったくない。一見したところ、受肉にみえる構図が浄土門の阿弥陀仏と法蔵菩薩の関係にみられるが、それは明らかに受肉ではなく、有限者法蔵が無限者阿弥陀に生成することであり、真実にはこの比喩の意味は有限な人間の覚醒の構造を表現したものにほかならない。

　仏教の「救済」論は、キリスト教における「唯一の」人間の特別の犠牲死による人類救済の構図とはまったく異なる。例外的人間のサクリファイス(供犠、身代わりの犠牲死)が人類の救済となるという思想は、その有限な人間の身体を他の普通の諸身体と根本から分離し区別するような特別の「しるし」を賦与することになる。それが受肉の思想であった。しかし仏教は、いかなる意味でもサクリファイスの思想ではないのだから、そしてまさにそのゆえに特殊な犠牲を承認するキリスト教やヒンズー教とも異なる。仏教は原理的に特殊で特別の存在の犠牲による他の人間たちの救済を退けるし、したがって時間内にある有限身体に非時間と永遠が「受肉する」ことも退ける。

四　真理への目覚め

仏教的覚醒

仏教における「救済」論があるすれば、それは覚醒の行為しかない。阿弥陀＝法蔵の願行の成就が一切衆生の摂取不捨となるという語りの様式は、覚醒の構造を指示する。法蔵の願行を何か特別の犠牲的行為とみなすのは、自然発生的な受肉論にひきずられた解釈でしかない。そして実際にも、法蔵が自己の身体を他者のために犠牲にする、あるいは犠牲として殺されるということはまったくない。願行の成就によって、有限な法蔵が無限の阿弥陀に生成するという構図は、一個の人間の目覚めの構造の比喩的な語りにすぎない。人間は誰であろうと、どのような存在の性質をもっていようと、願と行の実行を通して、いつとは特定できないにせよ、必ず目覚めすなわち智慧に到達することができる。もし自由という用語をここで使用するなら、この願と行こそが、人間の自由である。なぜなら、自由とは特定の状態を変更して、別の状態へ移行することのできる「可能性」(変更の力)であるからであり、まさにゆえに人間はこの自由な行為によって、現世内存在から出世間存在へと自己を転変させることができるからである。その意味で、可能性からみて、一切衆生(万人)は法蔵菩薩になることができるし、ひいては阿弥陀内存在(摂取不捨するもの)になることができる。これが仏教に特有の「救済」論である。

目覚めは浄土往生である。万人が法蔵になることは、浄土の住民になることである。目覚めの過程、したがって智慧の獲得の過程は、まずは往生の願からはじまり、願に応じた「行」を実行し、そうすることを通して(そのような回り道を歩き抜いて)はじめて目覚めと智慧への到達は実現する。願と行の成就の証拠(あかし)が智慧の獲得であり、それが本来の目覚めである。目覚めた後でのみ、無限は有限に展現(変現)したと「言う」ことができる。目覚め以前には「そのように言う」ことはできない。その意味で、清沢満之が言うように、「宗教は主観的事実なり」である。

ここでいう「主観的」は、近代的な個人的主体の主観性のことではないだろう。ひとりひとりの内面(「自我主体」なき主観性)のなかでのみ覚醒は生じるのであって、客観的・対象的に・実物的に、無限が有限に現出するということは原理的にありえないのである。その意味での「主観的事実」である。清沢満之の言葉は、経典でいえば、法蔵から阿弥陀への過程を念頭に置く言葉として理解できる。

目覚め(覚醒)がないとしたら、ただ有限界があるだけである。覚醒なき有限界は、日常意識にたいしてそのようなものとしてあるがままに現出するにすぎない。覚醒の瞬間に、有限世界、そしてこの世界のなかに生きる衆生は、無限が展現したものとして自己を理解する(gelten-als)。清沢満之の言う「展現」とは、これ以外の意味をもたないであろう。展現は覚醒の結果としての自己理解のありかたである。そのときはじめて「無限は有限に展現した」と確信をもって「言う」ことができる。清沢満之が強調する「自覚」もまたこれと同じである。覚醒(目覚め)、智慧(絶対知)、無限の展現、無限阿弥陀による摂取、自覚、等々は、同じ事態の別々の言い方にほかならない。ここには、アニミズムからキリスト教やヒンズー教その他などにみられる「マナ(Mana)」(物のなかに霊が宿る)的な、その意味で「非合理的な」受肉の思想は、およそ仏教では考えることはできない。しかし受肉の考え方は、未開の「マナ」から「高級」と称される宗教形態にまでひそかに貫くほどに人類に根着いた自然発生的「思念」であるから、それの誘惑を断ち切るためには、受肉と展現との峻別はとくに重要である。ついでに言えば、釈尊晩年の発言である「自燈法燈」は、おそらくこの論点に通じている。釈尊は、インドに遍在する自然発生的受肉論を拒否したのである。仏教は、この論点でいえばアンチ・インカルナチオ論である。

如来と不在的現前

覚醒の極限は、完全な覚者すなわち仏陀である。清沢満之が言うように『宗教哲学骸骨』、「我は仏陀である」と言うことができるとき、そのときこそ真実の覚醒の瞬間である。この瞬間は有限な人間の言語で語ることはできない。

それは、プラトンも言うように「たちまち」「忽然」と生じる。それを「不可思議」と名づける。言語を越えるからである。その意味で覚醒の瞬間の「主観的」経験「について」学的言説は語ることも言うこともできないが、しかし学的思考は、そこへと至る過程や目覚めの構図だけは語りうる。学的知は、覚醒の瞬間の直前までひとを導いていく(導入する)ことができるし、おそらくは「信後の風光」(清沢満之)をさえ推測することができる。

仏陀は如来といわれる。如来とはどういう性格を指して名づけたのであろうか。おそらく真実の覚者と他者(教化されるもの)との関係にとくに注目した性格づけであろう。如来という用語について、いくばくかの考察をしておこう。

多くの研究が教えるように、如来という言葉は、サンスクリットではタターガタの漢訳である。「ガー(ga)」は、西欧語ではgo(英)、gehen(独)、aller(仏)にあたる。だから文字通りには「行く、去る」であるが、ヴェクトルを反対にとれば「来る」(come, kommen, venir)でもある。だから「如来」は「如去」でもある。如来如去、来るが如く、去るが如く(安田理深『願心荘厳』法蔵館、一二二―一二三ページ参照)。

しかしなぜ「如」というのであろうか。なぜ「ごとく」なのであろうか。ある物があり、それが「来る」とか「去る」というのではないだろう。「如」は、ある物の対象的・物体的な存在を指し示す言葉ではない。何であれ、何かが「ある」という事態(ザッヘ、Sache)を、何かの「ある」様式を指し示す言葉である。例えば、何か(エトヴァス、ケルクショーズ)が実在するとする。その実在するものの「ある」は、「来るがごとく去るがごとくある」。この「如く」を西欧語に還元するならば、als solche, en tant que tel にあたるだろう。つまり「如」は「として」「……であるかぎりで」を意味する。何ものかが現にそこに事実存在するという事態は、その何ものかが空間的に場所を占拠し、それが見るものに向かって Gegen-stand として立ち現われるというだけではなく、そのような現象的な態度を越えた態度にとっては「来るがごとく去るがごとく」に「ある」のである。世界内の事物はすべて現象的に現出する。物が現象的に現出するのは、物を表象的に受けとめる態度があるからである。だから通常は物は「眼前に‐対象‐として－立ち－現われる」。物は、特定の空間に場所を占め、特定の時間点において実在すると、ひとけ見る。「如」の視点は、この現象的視点とは異なるところからくる。世界内存在とは違う視点、出世間的視点である。「来るがごとく去るがごとく」の「如来如去」は、経験のなかで現象的に出現しないある事態を言い表わそうとしている。私見では、この事態を言い当てるためには、たんに如来だけでなく如去をも前面にださなくてはならない。

「来る」とは、到来する、現前する、を意味する。

「去る」とは、不在である(不在になる)、を意味する。

如来＝如去は、到来しつつ現前し、同時に去って不在となることを意味する。これをまとめると、不在的現前または現前的不在となる。如来如去は、不在が現前していることであり、現前が不在していること、である。来ることがそのままにして去ることである。このような「事態(ザッヘ)」は、まったく不可視の事態であり、感覚的に捉えることはまったくできない。この事態は、物のほうから「来る」の相貌をみせたり「去る」の相貌をみせたりするのではない。物はたんにそこにあるだけである。物がそこにある(あるいは「ここといま」においてある)のは、物とは別個に、それとは独立に、何かの働きがあり、その効果の結果なのである。物があるようにせしめるのは、物とは別のなにかである。その「何か」は、その働きの効果として、物を実在させ、物の実在の「なかに」痕跡を残しつつ、それ自体としては不在である。働きとしての何かが如来如去として不在的に現前する、あるいは現前的に不在化するがゆえに、世界内の事物は特定の空間と時間のなかに実在する。ある働きが「不在化する」からこそ、事物は現前的に実在する。何かが「隠れる」ことに「よって」(それの効果において)、事物は「あらわに、覆われないままで」現前的に存在する。

これはそれほど奇妙なことではないが、普通は気づかれにくい。西欧の語り口でいえば、つまり「存在」について「語る」とすれば、「存在」と「語る」との関係がまさに不在的現前の事態である。人が「ある」とは何かについて語りつつ何ごとかを「言う」とき、「あるとしての、あるであるかぎりでの、ある」(存在としての存在、野生の存在)は、言葉「ある」が発せられた瞬間に姿を消す。言葉「ある」によって「あるとしてのある」は隠される。あるいは「あるとしてのある」が姿を消すことによって、何かの「ある」が言葉によって開示される(現象する)。「存在」(存在としての存在)は現前しないからこそ、存在するもの(事物)を現前させる。存在が「レーテイア」の状態にある(覆いに隠されてある)からこそ、世界内の事物(万物)は「アレーテイア」の状態で(覆われないであらわに)現われる。

したがって、如来如去は、物の形容ではない。それは独特の「事態」(ザッヘ)である。このザッヘは「働き」という以外にない。来るがごとく去るがごとく「働く」何かが「ある」(この「ある」は物が「ある」ように「ある」のではないから、カッコつきで言うほかはない)。「それ」は働きそのものであるから、定義によって、働きは効果をもたらす、したがって結果をもたらす(effet の二重の意味で)。

したがってこう言えるだろう。現世に存在するもの(人間を含む万象)は、如来如去の「働き」(力の活動)の効果(effet)に「縁(よ)る」結果(effet/result)である。働きと効果、働きと結果はひとつである。効果が生まれ結果が生じることが働きそのものなのである。機械が運動しているときが機械の働きが効果を発揮しているときであり、運動がなければ機械は機械ではなく、たんなる鉄の塊でしかない。働きのない身体は生きている身体ではなくて、死んでいる身体(屍体)にすぎず、反対に生きている身体は働きそのものであり、働きはその結果を生じる、例えば労働する身体が生産物を結果として生み出すように。働きは生産物のなかに不在的に現前する。労働という働き自体は、マテリアルには現実存在しないけれども、生産物の姿と形のなかにその効果を現前させる。その意味で、生きている身体の働きは結果のなかに「ある」。これと同様に、一般に、万物は働きの結果「として」存在しており、結果は働きの痕跡であり、痕跡としての結果のなかに働きは「ある」。

だから、この筋道を逆にたどれば、働きの存在を把握することができる。結果＝痕跡から出発して、それに「よって」それを生産した働きを捉える(認識する)ことができる。結果は「何ものか」の働きの効果であるから、この結果を産出する効果の線を辿って結果の「原因」を把握するのである。如来が働きであるのなら、「我」はその働きの結果であるのだから、結果としての「我」から原因としての如来を把握することができる。結果＝我のなかに如来が不在的に現前している(「ある」)からである。

同じ論理によって、仏教の主要な命題も理解できる。

万物＝諸法は何かの結果であるかぎりでは、それ自体において独立自存の根拠(自性)をもつことがない。結果としての事物はその原因をそれの外部にもつからである。事物はそれ自身の外部にある不可視の原因に依存する。諸法は無数の原因の連鎖のなかにあり、したがって変化と運動のなかにあり、諸法は無常であるがゆえに、諸法は「空」である。諸法が空であらざるをえないのは、それらが不可視の力の働きの結果であるからである。

他方、諸法は実相であるという命題は、結果のなかに原因が不在的に現前するという論理が必然的に出てくるだろう。原因としての働きが結果としての万物のなかに「ある」からこそ、そして原因と結果は、運動と効果と同様に、ひとつであるから、万物と原因はひとつである。原因としての働きを「他力」とよぶなら、他力と結果はひとつである、あるいは他力は結果のなかに「ある」。他力が宇宙の真実であるなら、万物＝諸法は真実＝実相である。現実にこの世界とそのなかにあるすべての事物は如来の働きの痕跡である、すなわち諸法は如来そのものである。

如来如去を不在的に現前する「大いなる働き」、有限世界にとって「内なる外」としてあるところの絶対的に他なるものの働きであると定義するなら、この働きの筋道を理解させるための人間化した言説が、法蔵菩薩の願行になる。「願行」は、他力の働きが必ず結果を生むであろうという事態を、人間的意欲によって表象する。意欲は効果を目指し(願)、そして実際に働いて(行)、結果を産出するからである。人間的比喩のなかに深い認識がある。世界のなかの万物は、マキアヴェリの言葉を借用していえば、la verità effetuale といえる。訳しにくい言葉であるが、意味をとっていえば、結果(effet)のなかに効果(effet)を残す(痕跡として)働きがあり、それが真実のありかたである。認識はこのような事態を、「あるがままに」(あるがごとくに)――tel qu'il (elle) est en vérité――把握する。「真理のなかに」とは「あるがままに」を意味する。絶対他力が働くそのありようを「あるがままにある」と知ること、それが本来の絶対知であり、智慧である。

第六章　語りえざるものを語ること

一　消極的言説

清沢満之と消極的言説

仏教の言説は、たとえ積極的言説を繰り出すときですら、つまり肯定的・定立的命題の連鎖のシリーズを作りだすときですら、語りえざるものを語るための予備的な言説である。仏教においては、積極的言説は総じて消極的言説に奉仕する。積極的言説は正面から語りうるものを語るのであるが、それが目的ではない。それは語りえざるものを語るという逆説的な言説を目指して進むための回り道にすぎない。仏教の言説は原則的には消極的言説であり、その消尽点は語りえざるものである。

前章で述べたように、形式的には、語りえないものは語りえない。語りえざるものを語ることは形式的にはまったくの矛盾的行為である。しかし、人間は語りうるものだけでなく、語りえないものについて語ろうとする欲望を、そして願望をもっているし、おそらくそこに満足を見出す。人間の言語は、有限的であるがゆえに有限なものしか語りえないし、有限なものを語るときには積極的言説になる。この人間的言語行為をもって、人間は語りえざるものを語らざるをえない。形式的な矛盾をおかすかにみえるが、しかし人間は、もし語りえざるものを語りたいのであれば、この矛盾を生きなくてはならない。生きられる矛盾はパラドクスである。仏教的言説は自覚的にパラドクスを生きるし、その経験を言説にもたらそうとする。そのときに、ネガティヴ言説としか言いようのない言説を案出しなくてはならないだろう。(ネガティヴというタームは、種々の含蓄があるが、ここでは否定的の含意を含みつつも、あえて「消極的」の意味合いをもたせる。以下では、消極的言説という表現を基本的に使用することにしたい。)

この論点は、清沢満之の仕事にも大いに関わる。いやむしろそれは彼の仕事のもっとも大切な基礎であったと思われる。彼は「論理学試稿」(『全集三』)のなかでこの論点を展開する予想の下で、言説の類型分析に着手していたが、ついに消極的言説とわれわれがよぶものをそれ自体として展開しなかった。とはいえ、この課題への関心は彼の著作のなかで散見される。理性の仕事としての哲学と智慧の獲得としての信念とをまずは峻別しなくてはならない(清沢満之において、信念はしばしば「宗教」と同義とされるが、実質的には智慧の獲得であり、無限内存在の正覚である)。清沢満之にあっては、哲学だけですべてが終わるのではなく、その先がある。言い換えれば、哲学は智慧の獲得のために不可欠であるが、しかしあくまで智慧に至る道程であり、ある意味では道具にすぎない。哲学なしには智慧はないが、しかし哲学は智慧ではない。智慧は語りえないものを、言説を迂回しつつ、言説を越えて、把握することである。この迂回の道の論理形式がネガティヴ言説である。この論点について、清沢満之は次のように述べている。

三　信念と理性

ひとり宗教的能力または信念だけでなく、知的能力または理性もまた無限を対象にしていると強弁する向きもあるかもしれない。哲学は無限について語るのではないだろうか。たしかにそうだ。けれども哲学は無限を探究するのだが、宗教は無限を信じることである。もう少し言葉を費やしてこれをさらに説明してみよう。理性または哲学は無限についての探究をもって始まり、無限を把握しきるまではその追跡の歩みをけっしてやめない。けれども哲学または理性がその対象を把握し認識するとき、理性の仕事は終了し、哲学もまた完了する。そしてまさにこれが〔理性と哲学が終了したところが〕信念または宗教の出発点である。いいかえれば、信念または宗教は無限の事実存在を信じることをもって始まり、無限の祝福を享受しようと努力する。だからわれわれはつぎのように述べてもよいだろう――哲学がその仕事を完了するまさにその点で、宗教の仕事が始まるのだと。……哲学は理性の要求に応え、宗教は信念の要求に応える……。（英語版『宗教哲学骸骨』『語録』六―七、強調は原文通り。『全集一』一四五―一四六）

この文章の組立をみれば、一方に理性または哲学が独立してあり、他方に信念また宗教が同様に独立してあり、両者は互いに違う領域を別個に進み、ときどき分業しつつ協力するかのように受け取れる。もしそうなら、それは人間精神を外部から客観主義的に整理したものにすぎず、原理的な考察ではない。この文章の主旨はそうではない。理性と信念は、相互に本来無関係な、別個に独立したフィールドであるのではなくて、内的に関連した精神の営みであり、なるほど理性と信念は働きにおいて相違するが、信念は理性の働きを通して出現する。その仕方は連続的ではなくて、不連続的飛躍として現われる。たしかに理性を通過しないままに信念に到達するかにみえるケースもあるのだが、しかしそうした信念の到達ですら、何らかの知的な把握なしにはありえないだろう。古来、こうした直接的な信念獲得は「叡知的直観」(l'intelligible, l'intuition intellectuelle) とよばれてきた。これを「信念」とよぶこともできる。しかしその信念は原初の信念であり、主観的確信以上をでない。主観的確信は、「当人にとっては本当かもしれないが、他人にとっては妄想かもしれない」という性格を、原理的にはけっして除去するすべをもっていない。主観的信念を真実において確信するためには、必ず主観的確信の外部に出て、他人との論議を経なくてはならない。たとえこの確信への反論がただひとつしかないとしても、反論があるという事実は重い。なぜなら、反論は相手の主観的確信のなかに論議しうるに値する価値があると評価したからこそ提出されるからである。かくして論議の長い連鎖が開始し、そして理想的には極限において、最初の主観信念が狂気的妄想ではなく、真実の認識であったと証拠をもって証し立てられる。最後の信念が真実の信念である。それはたんなる「信じる」ではなくて、智慧の確信である、すなわち智慧の確実性の確信であり、智慧への信念すなわち「信知」である。

最初のものと最後のものとの間に論議の過程が横たわる。まさにこれが理性と哲学の営みなのである。もしこの論議過程を欠如するなら、最初の信念はいつまでも主観的確信の域をでないであろうし、妄想の嫌疑を免れることもできないであろう。真実の信念と妄想的信念を峻別する手段は、論議の過程しかないのであり、それがまさに人間の人間的な所以なのである。清沢満之が引用文のなかで「信念」とよぶものは、原理的には「最後の信念」でなくてはならない。その意味でこそ、清沢満之が言うように、哲学と理性が完成し終わるところで信念が開始するのである。

ところで、清沢満之の言う本来的信念が開始する以前の、いつか完成し終了するであろう理性と哲学の営みが、この章で問題にされる。いったい理性的哲学の仕事とは何であろうか。いったい仏教において理性的営みとしての哲学がありうるのか。もしそれがありうるとすれば、仏教における理性的哲学とは何を意味するのであろうか。以下の議論は、この問いにたいして、いくつかの側面から答える試みである。

Apophasis の言説

前章ですでに簡単に説明しておいたように、アポファーシスは「陽否陰述」とも訳される用語であるが、これは一種の文彩形式であるから、それだけでは学的言説にならない。この文彩が含蓄する論理を極限にまで引き伸ばしてみるとき、アポファーシスはネガティヴ論理学の形式にまで成長する。アポファーシス的言説の要点を圧縮していえば、表側において論駁の「非」を徹底していくなかで、そのつどの「非」を通して、肯定と否定の言説では包摂できない「何ものか」、非事象的(irreal)であるがけっして無ではない「何ものか」(Etwas)を「指差す」ことを持続させて、ついにはいかなる意味でも否定しえない語りえざるものを、あるいは語りえざるものとの接触を、感受せしめることにある。「ある」ということに対して「非-」をもって論駁するかぎりでは、ひとは語ることができるが、その極限では言葉が絶えて、指差すしかない。

ところで、極限の沈黙的指差し以前の論駁過程では、ネガティヴな言説(これは論争相手があるのだから、複数の他者との論議であり、現実にはネガティヴな弁証法である)は、ありうべきすべての言説を列挙しなくてはならない。いうまでもなく、可能な言説は類型としては無数にあるのではなくて、ごく少数の可能性に還元されるのだが、いずれにしても可能な言説の型を列挙しなくてはならない。しかるのちに、それらの言説を相互に論駁させて(一方に対しては他方を論駁させるというように)、相互にそれぞれのテーゼを否定させる。これは消極論理を駆使する人の頭のなかで、実際の論戦(の歴史)を再現させることでもある。この相互論駁の過程を、命題形式に置き換えるなら、

「何かはある」、「何かはない」、「何かは(幾分かは)あり、(幾分かは)ない」に要約される。もっと簡単にいえば、「有」、「無」、「有と無の混合」である。これらを相互に対決させていくならば、それぞれの命題は自己矛盾に陥る。あるいは相互論駁を上演させることによって、複数の言説がそれぞれの相手を矛盾のなかに追い込むように導く。自己矛盾に追い込まれた命題・言説は、自己矛盾のゆえに「何も言わない」に等しいことになる。これも沈黙のひとつであるが、意味を剝奪された沈黙であって、消極言説が目指すところの、真理の状態にある絶対沈黙ではない。こうして、(消極弁証法を駆使する話者によってまだ語られていない)ひとつのテーゼを除いて、他のすべてのテーゼ群は真理を語る資格をもたないようにされる。このような仕方で、真実を開示する可能性をもつ唯一の言説の型が、間接的に提示される。

語りえないものは、厳密には(究極的には)沈黙に等しい指差しの行為をもって示すほかはないが、その瞬間以前(直前)までは論駁的「非－」を厳密に矛盾なく語ることができる。このようにしてしか、語りえざるもの(仏教でいう「空＝涅槃」)を語ることはできない。語りえざるものを語ることの意味は、このような論駁的な、その意味で消極的な「非－」の語りを迂回する過程全体にある。

仏教の伝統のなかで、この消極言説を駆使したひとは龍樹であろう。彼の『中論』は難解であるが、基本は冒頭のいわゆる「八不」論に尽きているだろう。これはおそらくは、可能な言説のリストアップ(列挙)であろう。この「八不(非)」は必ずしも「八」個である必要はない。生と滅から始まって人間が経験しうるすべての現象について肯定的(定立的)に語るすべての命題について論駁の「非－」を対置することができるのだから、論駁の「非－」はいわば無数である。論駁すべき可能な言説は種々あるとしても、人間の実存的態度に関しては、龍樹にとっては八個に還元されるとみなされた。いずれにしても列挙の操作は、論駁の相手を正確に確認するには不可欠な操作である。他方で、論駁の操作を論理の面でいえば、無数にある論駁の「非ないし不」は、原則的には、二つに還元される。生と滅の論駁すなわち不生不滅であり、有と無に対する論駁である非有と非無である。両非(否)はアポファーンス論理の原型である。

いま語りえざるもの(X)に対して固有名を与えてみよう。それは、ある意味では何でもいい(任意の名称でよい)のだから、西洋的有神論のように「神」と呼んでもよいし、仏教的に「空＝涅槃」と呼んでもいい。空は、言説的に語りえないものであり、非言説的に指差すしかないものである。言い換えれば、空＝涅槃は「とは何か」という問いを立てることができない「何ものか」である。ここからすべてが発出している。論駁の「非(ノン)」は、いわばこの空＝涅槃の言説的派遣であり、空＝涅槃の言説における「代理」である。そうであるからこそ、論駁の「非・不」が発せられるごとに、ひそかに空＝涅槃が暗黙のうちに指差されることになる。論駁のノンがあるところ、そこには空＝涅槃が不在的に現前しているともいえる。

さてここで論駁過程を考察してみよう。命題の主語になる前記の固有名はいろいろあるなかで、(清沢満之に示唆されて)共通項をとってそれを「無限」と呼ぶことにしよう。命題を立てるときに、日本語よりも西洋語法のほうが一層はっきりと議論ができるので、以下ではしばらくフランス語表記を採用する。無限をinfiniに置き換えて、まずは次の命題を設定しよう。

㈠　L'Infini est.

これに対する論駁命題は、次のようになる。

㈡　L'Infini n'est pas.

仔細に分析しながら眺めると、この論駁命題のなかには三つの「非」が含まれている。㈠を含めてすべてを順番に列挙すると、次のように書くことができる。

1　L'Infini est.

2　L'Infini n'est pas.

3　L'Infini est ＋ L'Infini n'est pas.

4　L'Infini n'(est pas) [n'(est) ＋ n'(n'est pas)].

これを別の形式で言い換えると、

1　A(有)

2　非A(非有)

3　A(有)および非A(非有)

4　非A(非有)および非・非A(非・非有)

さて、龍樹の「中」概念は、四番目の「非有＋非・非有」(「ある」のでもなく、「あらない」のでもない)である。伝統的解釈では、有の極端も無の極端も否定する(排斥する)と説明されているが、倫理的な振る舞いに適用されるときには妥当であるが、論理的にはこの両非は「排斥」ではなくて、むしろ包摂である。両項を無傷のままに受け入れるのではなくて、両項を一段と高い水準の構成要素として変形して包摂するのである。非有も非・非有も、高い水準からみれば、なくてもいいとか排斥すべきものというのではなくて、構成要素として不可欠なものとして受け入れられる。そのとき、変形という操作(その意味でのネガティヴな操作)がなくてはならない。この変形の働きがあるからこそ、四番目の論駁命題は、ひそかに(暗黙のうちに)、肯定命題を含むことになる。すなわち、いわゆる「両是」である。

しかし、伝統的に両是といわれていることとの内容は、「有」でもあり「非有」でもあるという表現になっている。もしそうなら、この両是は三番目の命題になる。これは、本来の両是ではなくて、むしろ折衷命題にほかならない。折衷命題とは何か。それは何と何の折衷なのか。三番目の折衷命題は、次の二つの仕方で解釈されるだろう。

a　文字通りの折衷。すなわち、「有」(A)の特定量と「非有」(非A)の特定量の混合。それぞれの特定量は無数・無際限のヴァリエーションあるいはグラデーションをもちうる。

さもなくば、

b　「有」(A)と「非有」(非A)が相互に否定しあうこと、つまり相互否定。

これは、ヘーゲル的にいえば、「生成」である。したがって、三番目の論駁命題は、相互論駁としての、相互否定としての生成の運動であり、この否定的・消極的運動から、四番目の論駁命題が生じる。それは本来の「両是」をひそかに示唆する。示唆するのであって、命題的に語るのではない。では四番目の命題が「語らずして示唆する」ところの「両是」を、あえて命題的に語るならどうなるのだろうか。

非有・非非有はひそかに両是を示唆すると述べたが、この示唆の意味は正面から両是を「言う」ことが禁じられているからである。両非を通して間接的に暗示されているのは、あえて言語的に言い表わすなら万物の無区別ないし仏教的な「平等」である。これらの言葉をもって指差されていることは、いっさいの区別を消去した状態であり、永遠的に自己同一的な状態である。この無区別をいわゆる両是なる言葉で表現したと考えるほうが論理的である。

有限世界とそのなかにある存在者の現実性について有意味に語る言説のもっとも基礎的な場面は、現実性と非現実性の対立である。それは純粋存在と純粋無との対立であり、現実性についての語りの極限である。この上に人間の有意味な言説が構築されるが、その言説的構築物を支える基礎がなくなるとき、すべてのもの即ち世界の現実性もまた消える。この極限を無区別あるいは無差別という。あらゆるオポジシオン(対立と対置)がない状態については、対立の上に進行する言説は「何も言うことはできない」。それは言説を絶する境地であり、そこにおいて人間はひたすら沈黙するほかはない。しかしその沈黙せざるをえない状態のなかでこそ、人間は絶対的に満足する。この状態こそが空＝涅槃という固有名で指示される。

前記の命題シリーズのなかで、有意味な言説(ロゴス)が語りうるのは、四番目までである。語りえないものは沈黙しつつ暗示するほかはない。空＝涅槃は言説＝ロゴスを越えるものであるという意味で、「(対立的に)思考することができない」「不可‐思議」である。語りえないがゆえに思考できない不可思議としての空＝涅槃のなかに「住する」(参与的に「現前する」)こと、それがいわゆる悟りであり、目覚めである。

仏教的な空＝涅槃(ニルヴァーナ)は直接的にロゴスをもって「言う」ことができないから、間接的に言うのであり、しかも言うことができる極限においては黙示するという仕方で指差すことになる。この間接的語りかたがアポファーシス的ディスクールであった。

すでに明らかであるように、アポファーシス言説は「ノン」(論駁のノン)を駆使する。ロゴスすなわち言説の本性は論駁のノンにある。ロゴス＝言説、そして思考は、論駁のノンによって動くからこそネガティヴ(否定的、消極的)である。論駁のノンは、「対抗者」を否定的に論駁するだけでなく、最後には自己をも論駁するに至る。この極限における自己論駁すなわち自己否定は自己矛盾に陥るから(なぜなら、語ること自体が存在しなくなるから)、最後の自己論駁は間接的に否定するという形をとる。「間接的に」とは、言説可能な範囲内で回り道して「否定的に言う」のである(このようにもってまわった言い方がなされるのは、あくまで有限な人間的言説の縛りがあるからである)。この間接的否定は、論駁の相手も論駁する自己をも論駁的に否定する言説であり、それが四番目の命題(非有・非非有)の役割である。論駁される相手だけでなく、すべてが否定されることが、そのままで、すべてが肯定されることである。ここでいう肯定は、もはや最初の命題でいう「有」(何かがある、という肯定＝定立)ではない。この境地では、命題シリーズの最初の二つ(ウイとノン)によって「言う－こと－は－でき－ない」。したがってこの境地は絶対沈黙である。思議することができない、したがって(有限な)人間的言説で言い表わすことができない、と消極的に「言う」ことを通じて(回り道して)語りえざるもの(こと)を、そして語りえないがたしかにそのなかに万物と我が住することを、暗示するのである。これが縁起論的言説の最後のモメント(瞬間、契機)である。

前記の複数の命題をシリーズないし過程として眺めるなら、四つの命題は仏教の伝統的話法を凝縮しているといえるのではないか。最初の三つ(厳密には第二と第三)は諸行無常と諸法無我を表現する。それは有限世界の縁起の理法にあたり、唯識の用語でいえば、依他起性《えたきしょう》＋遍計所執性《へんげしょしゅうしょう》にあたる。第四の最後のものは諸法(即)実相、または依他起性＋円成実性《えんじょうじっしょう》を表現する。これを「行道」面で、すなわち衆生済度の面で語るときには、論駁のノンが発動するところ、つねに覚醒への道が開示される。論駁的「非-」が現われるどの局面でも、事実上はすでに真如が指差されている。たんに第四局面にかぎるのではなく、第二と第三の局面でも真如が指示的に開示されている。第二と第三の局面は、随縁真如であり、第四局面は凝然真如である。これに関して清沢満之は次のように説明している。

絶対的無限は凝然真如であり、相対的無限は随縁真如である。凝然真如〔不動の真理〕とは、その名のとおり、湛然として不作一法〔唯一不変の真理〕である。随縁真如は、やはりその名のとおり、縁〔生滅の条件〕に従って造作諸法〔条件に応じて作られる現実〕である。いま有限の衆生を縁として大悲が方便をほどこすのは、この随縁真如の妙用である。……そして凝然と随縁とは、実際には一体であり、つねに本源に還帰しつつ一致するのであるから、真如が二分することはありえない。われわれ各個人が涅槃の彼岸に到達するのは、随縁万法還元〔随縁真如にもとづいて万物が唯一の本源に還帰すること〕の一部分である。万物がことごとく本源に還帰し終えるとき、ここに随縁真如の流転門が、還滅門を成就することができるようになる。では、われわれ各人が必ず大涅槃に到達しうる証拠はどこにあるのだろうか。真如随縁の理法にもとづいて、流転門のなかで多種多様に顕現した万物は、還滅門において同一の本源に還帰せざるをえない必然性によるのである。（『他力門哲学骸骨』「二八　疑問と非難」『語録』一二六―一二七。『全集二』七四―七五）

見られるように、龍樹的アポファーシス論理は、清沢満之において涅槃に覚醒する行道の論理として展開されている。言い換えれば、清沢満之は、龍樹的消極論理学が動因として内蔵していた行道論を、唯織三性説を「随縁真如／凝然真如」の二性説に改作しつつ顕在的にしたともいえるのである。これによって、アポファーシス論理は、元来、覚醒論理学であったことが判然としてくる。その意味で清沢満之の覚醒論は、アポファーシス論理の実践的開発であるといわなくてはならない。あるいは、裏からいえば、清沢満之の「精神主義」という名の行道理論は、アポファーシス論理を前提にしなくてはならないのである。

実相は真如であり空であり涅槃である。ロゴスと存在の区別はそこで消失する。したがって、宿命的に「戯論」にならざるをえない人間的言説もまた完全に消失する。万物は語りえない状態に「住する」、そして特殊には人間はそこに「住する」ことを情趣的に感じつつ住する。西洋語で、Es gibt, Il y a と書き記すことを、ここでは「住する」といっておく。これは普通の言い方での「ある、存在する」とは言えないからである。

二　目覚めの論理学

消極弁証法と目覚め

積極的であれ消極的であれ、弁証法は論議する言説である以上は、二者関係ではなくて、三者関係である。対話が普通に想像させるように、「二」が基本なのではなくて、「三」が基本である。肯定するものに対して否定するものがあるばかりでなく、この二つに加えて、二つを関係づける言説が三者として存在する。肯定と否定、定立と反対定立があると言うとき、この表現は肯定、否定の二つを孤立させて言うのではなくて、両項の結合を言っている。肯定を「存在(有)」とよび、否定を「無」とよぶなら、「存在と無」は、三つの項からなる。しばしば忘れられるが、この「と」こそが結合する関係(的行為)である。「と」がなければすべての言説は成り立たない。「これはAである」は、実際には、「これは非Aではない」をも言っているのであり、「ある」はすでにして「ない」と関係づけられている。より正確にいえば、言説は、「この同じもの」の言説(「存在」の言説)と「他なるもの」の言説(「無」の言説)とを「関係づける」言説(「と」の言説)である。肯定的語りであれ否定的語りであれ、言説であるかぎりでは、例外なく二項を関係づける言説であり、要するに三項関係である。

ところで、人間はどのようにも語ることができる。真実を言うこともできるが嘘(非真実)を言うこともできる。これまで言及してきた「言説」は真実を言うと想定されている。ひとつの言説を提示するひとは、彼がけっして嘘を言わない誠実さをもつと仮定されているし、あるいは彼は真実を言うと自分で確信しているし、他人にもそのように信じられている、と仮定されている。もしそうでないなら、そもそも論理を論じる意味がない。しかし人間は、真実を言うのだと確信していながら、知らぬまに真実の反対を言うことを余儀なくされることが(しばしば)ある。真実であるとは、意味のある言葉を使用して矛盾なく語ることを意味する。自分が言うことを、後から自分で論駁するような言説を自己矛盾というが、そうした自己矛盾を(知らぬまに)言う言説は、非真理あるいは嘘であり、無数の言葉を乱舞させていても「何も言わない」のと同じである(何も言わないために無数の言葉を繰り出す「外交的」言説のように――ただし外交的言説は自覚的に「無を言う」ことであるが)。では、知らぬまに実行してしまう非真実の言説と真実を言う言説をどのように判別するのであろうか。

一般的には、ひとつひとつの言説をそれ自体として孤立させて完結しているとみなす言説はすべて非真実である。もし肯定命題(「ある」という言説)と否定命題(「ない」という命題)を別個で独立しているとみなし、この二つの言説・命題しかないというなら、真実の言説は成り立たない。相互の独立した「二つ」の言説があると想定しよう。そのとき、三つの可能性がありうる。

1　二つとも自分のほうが真実であると主張する。しかし、二つの言説はただちに相手を論駁するから、真実の言説は成り立たない。

2　どちらかひとつが真実である。しかし、二つの言説は、相互に独立していると想定されていたのだから、自己確信以外には、どちらかが自分を真実であると、相手に向かって言う手段がそもそもない。相手に「こちらが真実だ」と言うためには、孤立ではなくて関係がなくてはならないからである。ところが定義によって二つは無関係である。

3　どちらも真実である。しかしこれは真実の定義に反している矛盾である。なぜなら、真実とは二つ(あるいはそれ以上)あるのではなくて、唯一であるからである。

以上の三つのタイプの言説はすべて非真実ないし嘘を言う(矛盾または無を言う)言説である、ということがわかる。

これによって、一般的に、真実と非真実を区別することができる。したがって、無関係な言説が「一つだけ」あるときには、真実を言う言説は可能にならないし、同じことだが、真実は言説によって「明るみにもたらされない」。反対に、二つの言説が孤立から抜け出して、両極として「関係づけ」られるとき、二つは関係の各項となり、それにふさわしい位置づけを得て、真実になる、あるいは「ひとつの」(唯一の)真実の構成要素に変形された上で真実に参与する。これに関連して付言すれば、龍樹(ナーガールジュナ)の「中」の概念が「言おうとしたこと」は、まさにこれではないか。「中」は、「ほどほどに」の意味ではなくて、対立する両項を変形的に作りかえて、唯一の真実の構成要素にする概念的把握である。

思考に起きることは行道においても起きる。言い換えれば、行道は、自己と自己がそのなかで生きる世界について真実を知ることを通して覚醒に到達しようとする努力であって、目覚めは自己の「真実における」認識なしにはありえない。現世内存在としての自己認識を欠くならば、ひとは「永遠に」無明の流転を辿るほかはない。覚醒は無明をはらす自己認識とひとつである。この意味で思考の道筋の「いかに」を知り、思考のありかたを把握することは、そのまま行道である。

世俗のなかでひとは生きる。この人生は、現世の掟(道徳)を守り、意識するしないにかかわらずそれに拘束されて生きることである。社会生活は、たんに身体的充足を求めて生きるのではなくて、身体欲望を充足させるなかで他人との「よい」関係を維持しながら生きる。不文律的掟があり、文字でコード化された実定法があり、それらが人々を拘束する(法律に従うことも結局は道徳である)。歴史的に保存される習俗的掟(モラル)は相互に矛盾する道徳命令を毎日分泌し、人々はそれらをあるがままに受け入れ、それらの命令に従うように生きている。ひとは道徳命令を、一方から、他方から、別々に、矛盾した仕方で、受け入れる。

複数の道徳命令が一人のひとのなかで同時的に混在的に共存する。一方をまじめに実行しようとするなら、他方と衝突する。人間関係における悩みは、結局は、相反的な道徳命令の実行困難であるという悩みである。このときひとは、もし彼がどの命令をもまじめに誠実に実行したいと望む人格であるなら、身動きできない窮地に陥る。生活上の煩悩は、道徳命令の実行不可能の苦悩である。このような煩悩ないし苦悩は、思考における矛盾に対応する。苦悩があるがゆえに、苦悩からの解放の希望が生まれる。苦悩とそれからの解放は、人々の日常的人生の二つの側面である。ひとはつねに道徳的命令の下で苦悩しつつ、同時に苦悩から解放されたいと期待しながら、しかもその期待が満たされないままに、生きている。それが人間の日常的実存である。この相反関係が鋭くつき出てくるとき、ひとは不安の情緒にとりつかれる。たいていは漠然たる不安であるが、この不安を鋭く意識し、不安のなかの自己を直視し、苦悩の原因にまで自己認識を徹底させることができる。要するに相反する道徳命令を矛盾のままに生き抜くと覚悟するとき、そのときに苦悩の原因を知り抜き、それを解消しようとする積極的な努力が生まれてくる。それが日常生活から距離をとり、自己認識を目指す学道と行道へと進みでる一歩になる。

行道の目的は目覚めである。目覚めは、現世内人間の無明的本質の「真実における」(覆蔵なき状態の)認識であり、それはそのまま絶対満足の状態(無明が解消したという意味での出世間的存在)である。もし目覚めの技法があるとしたら、それはひとが世俗的生が抱えるパラドクスを自覚的に生きることであり、無自覚的な苦悩を自覚的に苦悩してみることである。「自覚的」とは、苦悩の原因を知ることであり、それを知ることで原因による拘束から離脱することである。これを簡略していえば、原因として二つの世俗的道徳命令があり、それらが相互論駁状態にあり、その状態を我が生きてしまっている、このことを正確に認識するのである。論理形式に還元すれば、一方のテーゼと他方のアンチテーゼが妥協なきままに完全に対立する。両方を妥協させるのが普通の仕方であるが、それはけっして矛盾の解消ではなく、矛盾を両方に分散させて永続させるだけである。ジンテーゼ(綜合)は、対立する両項に手をつけないままでそっくり受け取りつつ外的に結合することではない。

消極弁証法では、対立する両項は変形されて、別の姿と位置づけを与えられる。目覚めの行道において働く実践的弁証法においても、綜合的テーゼとしての目覚めの状態は、たしかに対立する両項の統一であるが、外的結合ではなく、むしろかえって対立する両項の否定であり、この否定作用(無化)は、対立する両項の実質的内容を高い水準にある状態の構成要素に切り変えるのである。目覚めは、生きられる矛盾に媒介されるのだから、媒介する両項は依然として目覚めのマテリーであり、それをなくすわけにはいかない。その意味で矛盾関係を構成する両極は、変形的に保存され、目覚めの状態の「内容」となる。目覚めは、極限では言語と知的認識を越える語りえざるものに到達する(仏智)としても、過程としての目覚め(菩薩道、求道)は知的認識過程である。自己認識は時間的に進行するなかで進行する過程であるのだから、目覚めすなわち自己認識は、まさに苦悩(煩悩)の真只中で生まれ、そのなかで進行する。このようにして苦悩の原因が認識され、その認識が苦悩の解消になる。実際の経験では、この過程はひとにより区々であろうが、それを学的形式にまとめれば消極論理になる。それは認識と行道の両面の論理である。

人間、この無なるもの

論駁の「非－」(ノン)は、さしあたりは、有意味な言説(ロゴス)の形式であり、消極論理の形式にすぎない。しかし、なぜ人間は所与的なものに対して論駁を加えようとするのか、またなぜ論駁の「非－」をもってしか人間は思考することができないのだろうか。論駁の「非－」なしには、人間は思考することができないし、所与を否定する行為もできないとすれば、それは人間という特殊な存在者の宿命としか言いようがない。動物は、ましていわんや無生物は、論駁することはない。特殊に人間的なものだけが論駁し、所与を行為的に否定する。してみると、論理形式にまで昇華された論駁行為の「裏側」あるいはその根源に、自然一般には存在しえない特殊人間的なもの、非(不)＝自然的なものがあるにちがいない。

自然のシステムのなかで、自然の掟からずれだし、自然の掟に反抗するものが生じる。この非自然的なものは、自然にとってはひとつの「病気」である。ヘーゲルは、その『イエーナ講義』(一八〇三―〇四年)のなかで、まずは無生命的な自然を、ついで有機的自然を論じ、最後に人間を動物のなかの病気であるとみなす。自然自体にとっては、生命体(有機的なもの)はすべて非自然であり、その意味で病気である。自然のなかの病気がまずは動物を生み出し、動物の病気が特殊人間的なものを生み出す。ヘーゲルによれば、病気とともに、動物はその限界を乗り越え、動物の病気は精神(ガイスト)の生成になる。この病気のなかでこそ、精神という普遍的本体が自然から自己を分離し、自立化し、そして最後にはまた死とともに終わる。動物はすでに自然の最初の病気であった。その病気的動物の病気が人間である。人間は自然のなかで病気の病気である。動物と人間との関わりでいえば、人間は動物を否定する病気であり、人間は動物性(自然的生命)を否定することではじめて特殊に人間的なもの(精神)になる。

人間中心主義の「偏見」を取り去るなら、このヘーゲルの人間論はたしかに肯綮にあたる。この種の見解は、ヘーゲルだけの見解ではない。ヘーゲル以前にも、ドイツで、類似の人間観が提出されている。

> "Der Mensch ist von Natur nichts, und kann durch Conjuncturen alles werden."[人間は本性からして無であり、境遇に応じて何にでも成ることができる。](Schlözer, *Vorstellung der Universalhistorie*, 1772. cité par G. Raulet, *Kant histoire et citoyenneté*, PUF, p. 10.)

この文章は一人の懐疑論者から発せられたものであるが、それ自体としてみれば、ヘーゲルが述べたとしても不都合はない。懐疑論は独断論的になれば、それ自身を論駁し否定するから、自己否定になるが、それが発揮する批判的機能は、人間中心主義を除去し、人間を別の角度から眺めるようにさせるという積極的な役割もある。懐疑がなければ人間を自然の病とみることもできないだろう。

仏教もまた、見方を変えれば、懐疑を発条とした(つまり懐疑を独断論的でなく使いこなした)思想であるともいえる。例えば『無量寿経』のなかに、法蔵菩薩の願があてはまらないことを指示するいわゆる「唯除」項目がある(「ただし、誹謗正法、等々を除く」、あるいは「断善根」を除く、というもの)。通常の解釈では、阿弥陀仏=法蔵菩薩の願行は、例外なく一切衆生を摂取不捨するはずであるが、例外規定をもうけるのは矛盾ではないか、というものである。一切衆生をひとまず人間一般に限るとするなら、人間のなかには摂取不捨の対象にならないものがある、というように解釈されてきたし、それが素直な解釈であろう。しかしこの解釈は、ひそかに人間中心主義の人間観を前提しているのではないか。人間は摂取されるのが当然だ、しかし人間のなかにはどうしても救いようがないものがあるのは常識的経験的事実である、とみなされたのではないか。これを批判して、経典のなかにひそかに当時のカースト・イデオロギーが染み込んでいたのだと、指摘するものもありうるだろう。しかしカーストや階級・身分のイデオロギーなどが問題になるのではない。「唯除」項目を肯定するにせよ批判するにせよ、両者は知らぬ間に人間中心主義を前提にしていることこそが問題である。

仏教は、人間中心主義を解体したところに画期的な意味をもつのではないだろうか。釈尊はカースト制度とそれを正当化する邪念を最初から退けただけでなく、人間を自然界の特別の存在とする人間中心主義をも同時に退けていた。この思想の核心は仏弟子(論師)たちに受け継がれたとみていいだろう。大乗仏教の経典は、釈尊の「教え」(正法)を引き伸ばし、学的組織へと展開させる道を切り開いたと受けとめることができる。そのとき何よりも宇宙論(コスモロジー)が問題になる。たしかに宇宙における人間の位置がつねに議論の中心に据えられるが、その議論は人間中心主義(ヒューマニズム)から限りなく遠いところから展開される。仏教にとって人間的存在は宇宙のなかで特権的位置を持たない。仏教においては、ヘーゲルと同様に、人間的なものは宇宙＝自然のなかの非自然的なものであり、ヘーゲル的にいえば「自然の病気」である動物から見てすら「動物の病」である。自然が無限であり、無限がつねにすでに、その法則(掟)によって有機的に組織された連関システムのなかに万物(無生命、生命を含めて)を摂取不捨している。ところが人間だけが、非自然的な逸脱存在であり、その病気のゆえに、あるいは「本性において無」であるがゆえに、宇宙＝自然の掟に反逆する。人間だけが、「自然の掟」としての「正法を誹謗する」ところの善根を断たれた存在である。その意味では、特殊人間的なものこそが、原則的に摂取不捨の例外規定の対象なのである。まさにそこに憐愍と慈悲の課題が登場する。度しがたいものを度すること、これが慈悲の問題である。「唯除」規定はまさに人間を指差している。人間以外の存在者は「最初から」、存在することそれ自体において摂取されている。

言語行為（言説）

それでは、この例外存在あるいは病気存在としての人間を摂取する道はあるのか、そもそもそんなことが可能であろうか、と仏教は問う。人間なるものが自然の病気なら、その病気のなかで、病気によって、摂取の道を見つけだすしかない。それでは、非自然的な病気はどのように生じたのか、あるいは自然からの逸脱はどのようにして起きたのか、と問わなくてはならない。病気や逸脱はどのような事象に歴然として現出しているのか、と問わなくてはならない。そもそも自然に対して「非-」をつきつけて、自己を「非-自然」とするのは、どのようにしてなのか。

自然としての「人間」（という動物）が自然界のなかに出現することはそれ自体では何ら病的ではない。生物としてのヒトは、他の動物や無生命的事物と同様に自然法則のままに実在するにすぎない。しかしヒトのなかに特殊人間的なものが出現するとき、ヒトは人間になり、自然から逸脱しはじめる。この逸脱の典型的表現が言語行為である。言語行為すなわち意味をもつ言葉を組織して存在について語りつつ有意味な命題を言う行為は、言説でありロゴスである。言説またはロゴスによって、人間は自然界の場所（トポス）から自分のなかにあるヒト（動物性）を切り離し、生物的自己についての言語的宇宙を構築する。それが想念の領域であり、想念をさらに純化したものが概念であるから、結局人間は概念的宇宙を構築することによって、ヒトから人間へ移行する（あるいは飛躍する）。自然的トポスから自己を分離させることは、自己の内なる動物性を無化することであり、前の比喩につないでいえば、ヒトとしての動物を病気にし、ついには動物の死をもたらすことである。その意味では、キルケゴールの言葉を借りていえば、人間は死に至る病である。いうまでもなく、言説は知的行為であり、知的行為は広い意味での「努力」から生まれる。努力（コナートス）は人間においては一般に労働とよばれるが、この労働なしには知的認識もなく、したがって言説的行為もない。この事実を前提にして本書の議論は進められていることを断っておきたい。言い換えれば、言説は広義の労働（または生産的活動や技術的労働過程）と不可分であり、努力する労働についてまわるのである。

ところで、言説的行為は必ず想念を前もって作る。予めの想念は、現実的な行動の構想(企てとしての計画)である。人間は、この想念的構想を行動の動因として、それに応じて所与の自然(外部の自然的素材や内部のヒト)に働きかけ、それらを無化‐否定し、そうすることを通して新しい(まだ前にはなかったという意味で)結果を有効に作りだす。この構図は、観念的行為にも物質的行為にもあてはまる。この過程における最初の局面は構想であるが、それは「まだ実現しないが、いずれ実現するであろう」という未来の先取りであり、つまりは一種の「ユートピア」である。知的な言説過程において、この構想局面は真実の把握を目指すのだが、まだそれに至っていない、あるいはまだ真実を所持していない、という点では「真実‐に‐みえる」ものでしかない、すなわち真実に似ているけれども、けっして真実ではないものである。だから想念的構想は「あたかも‐真実である‐かのような」ものである。通常は、知的言説といえども、真実を目指しながらも、たいていは、最初の「真実‐に‐みえる」ものにとどまりがちである。しかしそれがついに首尾よく結果(目的)に達したとするなら、そのとき知的言説すなわち概念的把握は真実を所持することになる。これは理想的な極限である。

ひとまず言説過程をこのように特徴づけることにとどめよう。これを踏まえてみると、言説過程の最初の段階としての想念は、真実にみえても真実ではない、真実から遠くはなれているし、言説がどれほど進展しても言説であるかぎりは、想念が抱える原初の「あたかも」性を引きずる。いやそれどころか、人間の言説は、言葉を無数に繰り出すほどに真実から遠ざかることが宿命である。想念は、現実存在についての語りであり、現実存在の自然的トポスからの宿命的な分離であるからだ。いまこの事実を仏教の言説論につなげて述べてみたい。

戯論の論駁としての目覚め

人間の言葉は、何かあるものについて語りながらそのものの存在の開示(存在の真実)を目指すと同時に、そのものについての想念を媒介にするがゆえに、ものの真実から遠ざかる。言葉はものについて存在のある種の側面を明るみにもたらすけれども、存在そのものに覆いをかける。例えば、「ある」という言葉は、「ある」としての「ある」または「ある」自体にとって代わり、「ある」の覆いを取り去る(開示する)のではなくて、言葉そのものが覆いになってしまう。たしかに言葉によって存在は語るものに対してひとつの姿を現わすが、言葉自身が存在自体の隠蔽者になるという事態は、仏教的な意味での「仮設」あるいは「戯論」を考えるときに重要である。「仮設」という用語は、言葉による想念の「真実‐に‐みえる」(真実らしさ)にアクセントを置いているし、「戯論」は言語的想念の覆蔵性あるいは「真実からの遠ざかり」にアクセントを置いている。仮設的・戯論的性格を宿命的にもつ言葉による想念は、まさにそのゆえに誤謬への道を用意する。自然のトポスのなかにあるかぎり、存在者は誤謬をおかすことはありえないし、迷妄をもつこともない(しかし同時に真実への道もないが)。人間は、言葉をもつがゆえに、まさに語る存在であるからこそ、誤謬をおかし、迷妄と妄念をもつことができる。言葉が抱えるパラドクスがここにある。すなわち、人間は言葉をもつ存在であり、その言葉にたよるほかに存在の真実に至ることはできないが、しかし他方では言葉は、その仮設性と戯論性のおかげで人間を誤謬へ、迷妄と妄念へと導いてしまう。いかにしてこの袋小路を抜け出すのか。このパラドクスからの脱出は、一方では純然たる知的認識の問題であるが、他方では、とりわけ仏教にとっては目覚めの問題である。仏教における消極弁証法は、すでに指摘したように、この二つの側面を切り離しがたく統合している。

目覚めは言語の戯論性からの離脱である。言葉に即していえば、言葉が作る想念のなかの「あたかも」性を否定し、消去することは、目覚めることにとって絶対的条件である。物質的身体的行為が最初の構想(想念)をつくり、ついで外部の対象に働きかけて対象を変形するなかで想念の非現実を現実性に変形するように、言語的認識行為もまた想念の戯論性と仮設性を言説の現実的な行為のなかで否定し、真実を開示する言葉へと変化させなくてはならない。言葉自体は否定できない。言葉の否定は語る存在の否定であり、そもそも目覚めること自体を否定することである。言葉そのものではなくて、言葉の仮設・戯論性を否定することが問題にされている。言葉が抱えるひとつの側面に対して論駁の「非－」を加えるのである。言葉が抱える誤謬と迷妄への道を論駁し、それを消去することが目覚めであるなら、目覚めは正真正銘の否定作用である。あるいは最後の論駁のノンである。

すでに何度も言及したことだが、目覚めは、結局のところ、世俗内自我（これは自然的欲望と社会的欲望に帰着する）から出世間的な浄化された自己（浄土の住人）へ移行することである。この移行は言葉のパラドクスを徹底的に生きることを通過して成就される。なぜなら、人間のいっさいの行為は言葉と一体であり、言葉があるがゆえに誤謬と妄念があり、それらからの離脱も言葉によってなされるからである。言葉の存在開示性をもって言葉の戯論性を否定するのである。一見したところでは不可能なことだが、想念を概念へと変換する行為が不可能を可能にし、その難事を成し遂げる。それが智慧であり、智慧は想念から出発しながら想念の袋小路をひとつひとつ乗り越える学的組織である。この過程を形式化すれば、消極論理学になる。

三　論議による教化

教化的導入

原則的には、学的智慧（仏智）なしには目覚めはありえない。そして学的智慧に真に完全に到達した「語る存在」を仏陀ないし覚者という。学的智慧者は、まだ目覚めざる人々を教化しようとするとき、彼らを目覚めへの道に導入するためにやはり言説を使用する。この言説の使用は、覚者が目覚めた過程と同じ論理に従う。したがって教化としての言説もまた、消極弁証法であり、論駁的「非－」の全面的駆使である。弁証法は論議であり、複数の他者との批判的（無化的）討論である。このように、言語行為、言葉による想念と概念の批判的対決、要するに言説は、それ自身の内的パラドクスによって、自己自身を無化する無である。

概念の道（哲学的言説）は、簡単な図式でいえば、ポジションとオポジション（定立と反定立）の対抗過程を迂回する。

対立する矛盾が討論を始動させるが、この矛盾を解消することによって綜合に至る。これが問答法であった。すべての言説はつねに、想定された問いへの答えであるからである。まず問いがあり、ついでそれの応答がある。最初の問いは「仮設的」性格をもつ。そして問答のなかでその仮設性が消去され、過程の終局においては真実へと変換される。それが綜合である。そしてこの綜合は、消極弁証法の極限の形では、すべての言説が消える絶対沈黙の空に至る。これが仏教的な立場であり、そこに積極弁証法との差異がある。

一般に、綜合はたいていは暫定的であり、再び前と同じ対立と抗争を経過し、理想的極限において真実の綜合に到達する。これは論議過程を純粋に形式的な側面から述べたものであるが、いまここで重要なことは、論議過程は、別の観点から見れば、ひとつの教育(教化)過程でもある、という事実である。なぜなら、論議は、相手の頭のなかにあるドクサ(妄念・邪念)をうち破り、ドクサに執着すること(独断論)から相手を解放し、ときにはそのなかで自己のなかにあるドクサ的なものに気づき、そうすることで論争者たちがともどもドクサから解放されていく。論議過程は他者の教育であるばかりか、自己教育でもある。ドクサを無明とよぶなら、論議過程すなわち消極弁証法は無明から人々を離脱させる過程である。無明からの離脱は、究極的には、智慧へと到達する。仏教ではそれを「説法」とよぶが、まさに智慧への導入であり、教化的教育である。無明の状態を袋小路とよぶなら、論議過程は、それぞれの主張のドクサ的袋小路に気づかずに安住している精神を、あるいは真実のなかにあるという主観的・妄念的自己確信を打破して、その迷妄(智慧には通じない行き止まり)から人々を脱出させる。このような脱出は何度も繰り返されるし、その最後の脱出こそが目覚めであろう。目覚めの直前(真実の門前)までの過程が論議過程であり、菩薩＝求道の道である。真実の門をくぐるとき、その「時」は忽然と生じるし、そこでは言説は何も言うことはできない。

沈黙の直前に学的智慧は成就する。原初の仮設的問いは無数の応答を生み出し、ついには「部分的真理」が陥る行き止まりを克服し、原初の問い(「それは何であるか」、あるいは「我とは何か」)に対する仮設的な答えを主観的確信から客観的妥当性に、つまり普遍的真理に変換する。このとき、最初の言説と最後の言説は一致し、終わりは始めに帰る。論議は長い円環を閉じる。真理は円環的であり、この円環は一回だけ経過する。

円環的な知はヘーゲルにならって絶対知とよぶことができる。最初と最後が一致する円環性、それは知の絶対性すなわち唯一で無比の性格である。真理はひとつであるとはこの円環的知をいう。仏教でいう智慧は、論議過程と消極弁証法から生じるかぎり、ヘーゲルと同様に円環的でなくてはならない。円環知は、そのなかに過去の無数の思想類型を変形して、それらを自己の構成要素として包摂していなくてはならない。それらは円環知の構成要素であるかぎりでは同等の価値をもち、智慧者にとってはなくてはならない要素である。円環的絶対知は、それ以前のすべての他の知を摂取不捨している。智慧あるものすなわち覚者においてすでにそうあるなら、覚者の教化の実践においてもそうである。智慧の状態では、我の行為はそのまま他者の行為であり、我が他であることにおいて我は自己の許にある。これはヘーゲルの言葉であるが(cf. *Phänomenologie*, VIII.)、これは彼の別の言葉でも表現できる——Das Tun Aller und Jeder.(各人の行為は万人の行為)。仏教ではこれはたんに観念にとどまるのではなく、現実的に実在する。現世内浄土としてのサンガはcommunauté des ami(e)s(同朋の共同体)として存在するし、それが存在することが仏智の現実存在の絶対的条件である。なぜなら、円環的智慧はたんに「ある」のではなくて、現実に存在する概念的把握であらねばならないからであり、この現存する概念または智慧が存在する場所こそ同朋共同体である。

仏教の展望としては、この共同体が同心円的に拡大し、ついには全人類を包摂するだろうし、そのとき自然界も人間界も、要するに大地とその住人は完全に清浄になるだろう、ということである。清浄にする行為はなによりも万人の目覚めであり、まずは各人の目覚めから開始する。円環的智慧が成就するまでには時間が必要であり、論議は時間のなかで進行し、したがって歴史になる。この歴史は人間の正覚に向かう歴史であり、一回かぎりの経過であり、正覚の成就は歴史の成就である。

ところで、円環と循環は違う。ひとたび閉じた円環は智慧の成就であるが、円環的であるがゆえに、もし語り続けるなら(そして教化のためには語らなくてはならない)、すでに覚者が成就した智慧を、まだ正覚に至っていない衆生のために始めから繰り返すのである。この反復が循環(サイクル)である。万人が目覚めるまでひとつの円環知は再現なく反復する、すなわち「永遠に回帰する」。衆生—菩薩—仏陀の循環が人々を目覚めの過程に巻き込んでいく。往相と還相の循環は論議過程の二つの不可分の構成契機である。念仏門の場合、発願は一回限りであり、「二回目以降」は報恩念仏であるという区別があるが、これは論議と智慧の成就の個人面における反映であろう。こうして智慧とは(一回限りの)円環知と(無際限の反復としての)循環の統合であり、また知の面でも行為面でもそうである。

Enteignis

言葉が抱える開示と隠蔽、非覆蔵と覆蔵の二面性が目覚めにとって決定的な条件であると述べた。言葉による言説は知的認識過程を通過する智慧への道であり、したがって人間存在がもっとも固有な自己(無我としての自己、清浄な自己)を「真実において」(非覆蔵において)自覚する道である。仏教が消極弁証法をもって事実上説明していたことを、後期ハイデガーもまた、別の道を辿りながら、類似の見解に到達している。仏教的洞察の普遍性を確認するために、ここでそれに触れておくことにしよう。

初期ハイデガー(『存在と時間』)は、人間的ダーザインを世界内存在(In-der-Welt-Sein)として分析し、その構造契機をひとつひとつ解明し、ダーザインの時間的構造(未来優位の三元性)を取り出すことに関心を集中していた。そのとき、ダーザインの「本来性」(Eigentlichkeit)はそれ自身の「nichtig」な存在へのSorge(〔憂〕慮)にあった。初期ハイデガーは、人間的ダーザインの時間性から人間の歴史性へと展望しようとしていた。後期ハイデガーは、初期のダーザイン分析からEreignis(「生起」または「生起した出来事」)分析に方向転換する。初期のSeinsverständnis(存在理解)は後期ではSeinsanspruch(存在の呼び声)に置き換えられる。そのときダーザインは存在を理解しつつあるのではなくて、存在の呼び声に応答しつつあることになる。この呼び声は、明るみを与えつつ身を隠す。ここでエアアイグニスが登場する。これについては、ひとつの適切な注釈を引用するにとどめよう。

ハイデガーによれば、言語は人間的発明の恣意に委ねられるのではなくて、言語自身がEreignisのもっともpropreな〔固有な、あるいは清浄な〕様態であり、われわれの応答し感謝する発＝言〔dire〕を通してくりひろげられるEreignisのメロディなのである。したがって、通常のドイツ語で「出来事」を意味するEreignisという用語はその語源から理解されなくてはならない。この語源によれば、Ereignisという用語は、eignen, eigenにまず結びつけられるのではなくて、Auge〔眼および眼で見ること〕に結びつけられる。つまり、まなざしで摑む、まなざしで自己へと呼びかける、を意味する。Eräugenとしての Ereignenは、見えるようにしながら、propreなもの〔固有なもの、清浄なもの〕へと連れていく、を意味する。Ereignisは、ダーザインとしての人間の存在のくりひろがりを明るみのなかで見えるようにしつつ、死すべきものたちをそれぞれのpropreなありかたへとひきつれていき、彼らを存在にふさわしくする〔相応させる〕。存在の方は、人間の存在に相応させられる〔zugeeignet〕、すなわち捧げられる〔dédié〕。

ハイデガーがこの用語で理解することとは、存在と人間の相互のpropriation〔意訳するなら、互いに相手を固有な状態または清浄な状態にすることで相互に相応すること、仏教的にいえば「機法一体」となろう〕である。しかしEreignisは、このように関係の関係であるから、それのもっともpropreなこと〔最も清浄で相応しいこと〕は、自己のdépropriation〔脱固有化、自己であることから抜け出ること〕、すなわちEnteignisである。それはちょうど、Lichtung〔明るみ〕として到来するアレーテイア〔非覆蔵〕の可能性に、レーテイア〔覆蔵〕がアレーテイアのもっとも固有なものとして〔相応しいものとして〕、その心臓として属するのに似ている。(Dastur, F., *Heidegger et la question du temps*, PUF, p. 111. 〔　〕は引用者)

覆蔵と非覆蔵

ハイデガーの語源論が正当かどうかは別としても、彼の議論の筋立てはきわめて興味深い。なぜなら、Ereignis

とEnteignisの関係(両者は同じことの表裏であるが)は、論理だけを抜き出して仏教の文脈に移すなら、それに妥当するものが見つかるだろう。例えば、『無量寿経』の物語では、法蔵菩薩の願行は、浄土から外部へと出て(自己ー外出)、この現世へと還帰し(還相)、人々に光明(明るみ、リヒトゥング)を与えて、自己自身は隠れる。他者たちが光明を得ること(目覚め)が、法蔵菩薩の目覚めの絶対条件であるが、絶対(ab-solu)とは「すべての」衆生が目覚めたあとで、最後の人としてpropreな状態(浄土)に向かうことができることを意味する。擬人法を消去すれば、無限空(法性真如)は、世界に光明を与えながらも、そこから撤退している状態を指示する物語として読める。光明を与えられてそのなかに住するものたちは、目覚めたものになるが、その状態がそのまま「姿を隠すもの」としての語りえざるものに包まれているのである。この「姿を隠す」という事態は、非真理としての覆蔵ではなくて、言葉で「語りえないもの」を意味する。ハイデガーはそれをバツ印をつけた存在とよぶが、仏教では空＝涅槃とよぶ。情感のレベルでは何ほどか相違があるかもしれないが、事柄はほぼ同じであろう。

二　諦

覆蔵と非覆蔵は、仏教では世俗諦と勝義諦として展開されてきた。この二諦論はもとは龍樹に由来するという(小川一乗『大乗仏教の根本思想』法蔵館、三四五ページ参照)。世俗諦とは何か。

〔世俗諦の〕原語はローカサンヴリッティサトヤ(loka-saṃvṛti-satya)です。ローカというのは「世間」ということです。それから、サンヴリッティというのが「世俗」と訳されています。世俗と訳されているサンヴリッティの原語的な意味は、「(真実が)覆い隠されていること」ということです。そして、その次のサトヤ(satya)が「諦」と訳されていますが、真理という意味です。(同上、三四九ページ。〔　〕は引用者)

仏教の覆蔵(覆い隠されていること)はギリシア語のレーテイアにあたり、非覆蔵(サトヤ)はアレーテイアにあたる。光明が覆われて暗いことに対して、光明が覆われざるままに輝き出ていること、という対比はギリシア人とインド人ではまったく軌を一にしている。ところで、真理は唯一であるはずだが、仏教において世俗諦(世俗真理)と勝義諦(本来の真理)とを区別するのはなぜなのか。おそらくそれは世俗諦(覆われた真理)の理解の仕方に関わるだろう。

二つの解釈がありうる。ひとつは、覆われた真理は、覆われてはいるが世俗のなかに潜在している。もうひとつは、真理が隠されているのだから、世俗はまったくの非真理である。二つの解釈はかなり違う。二諦をたてる以上は、第一の解釈を仏教はとっているとみなすことができる。第二の解釈にたつなら、二諦という用語法が使用できるとして、二つの諦は相互に無関係になるから、そもそも二諦を言う必要がないだろう。第一の解釈をとることではじめて、世俗諦は種々の妄念のヴェールに覆われているが、妄念の批判と打破をもって本来の覆われない真理を把握できるという関連が言えるようになる。だから、この意味では、勝義諦に至るには、世俗諦を、打破するという仕方で、通り抜けなくてはならない。そのかぎりで二諦論は有意味になる。

清沢満之が「真諦」と「俗諦」とを峻別しながら、両者の内的関連を強調したのは、仏教の伝統に忠実であるというばかりでなく、理性と信念の区別に基づく智慧(仏智)の獲得にとっての不可欠の条件であることを、論議過程の通過の必然性(必要性)とともに洞察していたからである。

第七章　超越の問題——有神論と無神論

一　清沢満之における超越問題

有神論と無神論の問題は、清沢満之においてかなり重要な問題であると思われる。彼の処女作『宗教哲学骸骨』では、この問題は示唆されるにとどまるが、仏教哲学の原理的探求を目指す『他力門哲学骸骨』のなかでは特別の章をもうけて論じられている。有神論と無神論だけでなく、それと連関しつつ展開するいくつかの問題項目(一神論と多神論、汎神論と万有開展論など)もまた論じられる。彼の理論的関心は、超越に関する西洋思想の議論を仏教思想と対決させながら、同時に超越存在(神の概念)を仏教的内在論に変換して、これらのどの思想タイプにも押し込めることのできない仏教の哲学原理を解明しようとする。

彼は、「万有開展論」をもって仏教の基本とするのだが、その主旨は有限世界内のすべての人間と事物がその可能性を開発する過程の極限において、仏教的空ないし無限と完全に一致しうることを証明することにある。これは一種の自然の形而上学を試みることである。そのとき、この学の叙述の道具として、彼自身がはっきりと指摘しているように(『他力門哲学骸骨』「第十九節　一神論多神論」(『全集二』の末尾を参照)、人間と事物をモナドとして規定することでは、ライプニッツの Monadologie の思想を借用し(これはすでにヘーゲルがしたことだが、清沢も彼の先蹤に倣う)、同時にこのモナド論を「開展」させるためにヘーゲルの弁証法的運動の思想を借用する。誤解がないように付け加えると、この借用はこの文脈に限るのであり、別の文脈では他の多くの論者の議論が参照されたり借用されたりするのであって、誰かの思想をモデルとしたものとして清沢の思想を考えることはできない。彼にとって西洋の思想家たちの議論は、彼の目指す仏教哲学の構築にとっての刺激であり、手掛かり以上のものではない。

ところで、ここでは超越問題を有神論と無神論に限る。ひとまず清沢満之の文章を引用しておきたい。

古来、無神論と有神論の論争が続いてきたが、これは宗教原理の一半を理解したにとどまる議論でしかない。この争いは一掃しなくてはならない。まず、無神論は有限の存在を認識するが、無限の存在を認めない。だから無神論の議論には、もとより一理がないわけではない。有限はまことに明瞭な存在であって、一面からみれば万有はことごとく有限であるからだ。つぎに、有神論は、無限が存在することを認めるけれども、まだ有限が自らを開発できることを知らない。だから単純な有神論は、神をもってまったくわれわれとは別の種類の存在だとし、われわれが神と同体でありうることを認めようとしない。無限の存在はたしかに万有の真相であるから、有神論の理論が確固不抜の堅牢さをそなえているのも当然である。けれども、二つの理論はまだ十分に基礎づけられた教えではありえない。だから、無神論者も安堵の心をもてないでいるし、有神論者もまだ満足できないところがあるのだ。（『他力門哲学骸骨』「一八 無神論 有神論」『語録』一〇四―一〇五。『全集二』六一―六二）

一読して明らかに見てとれるように、これは超越問題に関する仏教的立場からの西洋的思想類型への批判であり、相対化である。同じ批判的操作は、一神論と多神論と汎神論にも向けられる。つづめていえば、仏教の哲学的（形而上学）的立場は、これらのどれでもないが、しかしそれらの「一理あるところ」をすべて包摂している、と清沢満之は主張しているのである。清沢がこれらの文章を書き進めていたとき、彼の精神のなかでどのような議論が進行していたのか、その立論の筋立てがどうであったかを、以下において解釈しながら注釈を試みたい。

超越に対する仏教の立場（概観）

宗教的神の観念は、哲学的用語に置き換えるなら、超越存在である。超越的なものを認めるのか認めないかに応じて、思想の性格が変わる。超越存在を承認する思想は有神論であり、超越存在を否認するものは無神論である。では仏教はどちらであるのか。仏教は世俗的または常識的には「宗教」とよばれ、しばしば西洋語でいう religion と同じだとみなされているから、仏教は有神論的だといわれかねない。はたしてそうなのか。仏教の基本的思想を哲学的に考察する課題をたてるものは、この問題を回避することはできない。

仏教は、明らかに有神論的ではない。仏教には世界を創造する唯一の神は存在しないだけでなく、そのような超越者をどのような形態であれ(例えば、Mana のような野生の霊性も含めて)許容しないからである。そして仏教は、およそ有限世界を超越するものについて言説することを否認する。個人にとっても人間一般にとっても、死後の世界とという意味での「あの世」が「ある」とも「ない」とも言わないという形で、仏教は超越的なものについて「語る」ことを拒否する。このことの意味をさらに尋ねるならば、有限な人間が同じく有限な言説をもって語ることができるのは、有限世界とそのなかにある有限な事物のみであるということであり、あるいは人間が有限世界にしか存在しえないのだから、人間の活動は、それが身体的であれ精神的であれ、有限世界内の人間と事物との相互交渉に限定されるのであり、その意味で内在論に徹することを意味する。したがって仏教は徹底的でラディカルな内在主義である。

仏教は、西洋的レリジョンがいう信仰の神も、西洋的神学が認める超越存在も拒否するけれども、有限世界の外部について何らかの仕方で言及するし、またそうしなければならない。仏教が有限世界の外部に言及するときの態度は、宗教・神学的な「語り」の仕方ではなくて、語りえないものを指差すという仕方で言及するのである。なぜなら、有限世界を越えるものについては、意味をもつ言葉をもって矛盾なく語ることはできないからである。語りえないものについては、指差すことしかできない。そのとき人間ができることは、言説(有意味な言葉の組織)をもってではなくて、単純に固有名をつけることでしかない。固有名もたしかに人間の言葉ではあるが、この極小の言葉は、それ以外の言葉と連結しない。それはそれだけで単独である。語りえないものについて人間が言及できる唯一の仕方が固有名をつけることである。有限を越えるものを無限と名づけるときも、同様である。この無限は、有限と同列・同位の言葉ではない。それは語りえないものの固有名であり、龍樹の用語法でいえば、「空」である。「ある」とも「ない」とも言えないもの、「存在」と「無」のカップルをもって語ることのできないものを指示する言葉が無限であれ空であれ、それらは固有名にほかならない。

仏教と無神論

仏教は、ラディカルな内在主義の面では、無神論と同じ地平のなかにある。しかし語りえないものについて「ある」とも「ない」ともけっして言わない、あるいは有意味な言葉をもって語らないという点では、無神論的ではない。なぜなら、無神論は、有神論の神について、「それは存在しない」あるいは「無だけがある」と言うからである。すなわち無神論は、有神論と同じ地平のなかで、「ある」と「ない」という言葉で言説してしまっているからである。「無がある」という表現は明らかに矛盾的であり、無意味ですらあるのだが、無神論はこうした表現をするべく強制されている。それは有神論との対決から生じる制約にほかならない。しかし仏教は、このような制約や矛盾を回避するために、自覚的に「語りえないもの」について特別の処理を施している。それが「指差し機能」だけの固有名の設定である。超越存在または創造神について無神論が「それは存在しない」(「無がある」)と言うのとはちがって、仏教は「それがあるともないとも言わない」と言う点では、仏教は無神論的ではない。

人間は有限であり、人間の言語活動もまた有限である。人間的言語は、人間の身体やその他の事物が「この世界」のなかに経験的に実在する「何ものか」であるのと同様に、この世界のなかに実在する「何ものか」である。この言語活動が意味をもつ言葉をもって語ることのできるものは、言語と同一または同質の「存在論的」性質をもつ存在者だけである。人間の言語は、有限世界を「越えるもの」に対しては「適切」ではない、あるいはそもそもそれは超越するものを語ることはできない。けれども人間は、自己とその世界を越えるものやその外部についてまったく無関係ではないし、それどころか大いに関係がある。それについて何らかの仕方で「言及する」ことなしには、人間の思考は満足しない。人間的言語をもってしては不可能なことをいかにして可能にするのか。逆説をおかさなくてはならない。言語的には語りえないものについて、語りえないにもかかわらずトーヌス(情趣)において人間はつねにそれを把握している。情趣的にしか把握しえないものを、あえて「論理的矛盾」をおかして(無理を承知の上で)語るときには、西洋の無神論の語りと同様に、「無はある」(何も存在しない)(Le Néant est)というように、不適切な表現をするほかはない。仏教的な言い方でいえば、「涅槃はある」は「無はある」に等しい。ここでいう「ある(存在する)」は、経験的に現存在するという意味ではない、つまり無や涅槃は、有限界の事物のように対象ないし物体のように「ある」のではなく、むしろ情趣のなかで非対象的に「ある」。それは語りえない仕方で「ある」。この「ある」には×印がつけられるほうがむしろふさわしい。なぜなら、涅槃や無の「ある」は、けっして現前しない「ある」であるからである。

人間的言語は、通常の言葉の組織をもって、このような特殊な情趣的経験を語ることはできないにしても、にもかかわらず「それ」について何らかの仕方であえて語らなくてはならない。何のために「それ」を語るのか。沈黙のなかで情趣的に経験するので十分ではないのか。個人的にはそれで十分であるが、ひとたびその経験を他人に、結局は万人に伝えると決意するなら(そして人間は個人的な主観的確信を客観的に証し立てるときには必ずこの決意をしなければならない)言語的矛盾をおかしても、そして矛盾を最小限にとどめながら、語らなくてはならない。仏教は、無限・涅槃は「ある」と語りつつ、「そこ」へと到達する、あるいは参入することで、ひとは安心ないし完全満足を得ると教える。

「涅槃・絶対無限がある」という命題のなかには、二つの相がある。ひとつは、涅槃＝空を(言語的に矛盾をあえておかして)語るときには、仏教は「無神論的」になる。もうひとつは、涅槃＝空が「ある」といいつつ、そこへとひとを参入せしめるように導くかぎりでは、「有神論的」である。

内在主義の側面に限るなら、仏教は限りなく西洋的無神論に近づくが、言説の面では無神論と袂を分かつ。したがって、仏教は有神論的でもなく無神論的でもない。西洋思想史は有神論と無神論の、そしてそれと連動する観念論と唯物論の対立の歴史である。そこではしばしばたいていは圧倒的に有神論が優位にたってきたが、つねに無神論の抵抗と批判をともなってきた。しかし西洋思想史では、有神論と無神論の二つが種々の形式で対立することはあっても、それ以外の形式はかつてなかった。この点に注目していえば、仏教は人類思想史のなかできわめて異例にして独自の位置を占めるといえる。仏教は、内在主義のラディカリズムをもって無神論と共同の地平にたち、それでもって人類とともに古い有神論の土台を崩し、他方では同時に無神論が抱える言説上の根本矛盾と隘路を原理的に乗り越える。仏教の歴史のなかでも、一部の流れはしばしば有神論へと傾くが、仏教はつねに内在主義原理に立ち返り、そうした傾向を押しとどめて、元に返すことができた。有神論も無神論も（これに関連するその他の傾向についてはひとまず置くとして）通常の人間たちがいわば自然発生的に抱えている傾向である。しかしそれらの傾向（「体質」ともいえるし、ベーコンのいう「種属のイドラ」にあたる）が、それぞれ単独に極端にまで引き伸ばされると、それらは自己矛盾に陥る、あるいは真実から限りなく遠ざかる。この両極端の「誤謬」を回避する課題は古典仏教の時代から自覚されていたことはまことに重要である。二《に》河白道《がびゃくどう》の喩えも、中観論の『中論』も、まさにこのような極端主義（神学が陥りがちな傾向）を回避し乗り越えることの自覚的宣言であった。

このように、仏教は有神論的でもなく無神論的でもない。どちらの要素も含むけれども、しかしどちらでもない。有神論と無神論との「中間」はあるのだろうか。有神論を限りなく無化して、超越的なものを削除するとき、そのような思想はかぎりなく無神論に近づくが、しかしたとえ超越神的なものをいっさい認めないにせよ、有限を越える無的なものを承認するかぎりでは、その思想は一種の「有神論」的要素を温存する。超越的なものを零化し、超越存在を「無」とよぶとき、それは「純粋」な有神論である。「純粋」とは、いっさいの事物的な規定や形容をはぎ取った状態をさす。「空」をその原義において零とみなすなら、空＝涅槃は有限的性質をすべて取り去った純粋状態ともいえる。それはけっして無神論的な無ではなくて、有神論的なものの全面的零化である。この状態をあえて言語をもって語るならば、無神論のように「何もない」というのではなくて、「空は独自の仕方である」というほかはない。「独自の仕方」とは、言語的に言うのではなくて、語りえないものを語る独自の仕方、すなわち固有名の指差しである。空は「ある」とも「あら‐ない」とも言えないが、しかし空は何らかの仕方で「ある」。

このような意味で、仏教は、有神論でも無神論でもないところの、「第三の」立場である。それを純粋有神論と形容することすら不適切であろう。なぜなら、この純粋有神論は、キリスト教のなかの「神即無」のタイプ(例えばマイスター・エックハルトの「無としての神」)に適切に妥当するが、仏教とは依然として距離があるからである。純粋有神論は、超越存在を無とよぶにしても、そのような無は依然として超越的なものであるからである。だから仏教は西洋思想の類型のなかに押し込むことはできない。とはいえ、現代において仏教を特徴づけるためには、西洋思想の二大類型との比較をするほうがその特徴を捉えるために有効である。こうすることで仏教を有神論化したり無神論化したりする思考の動揺を少なくとも阻止できるに違いない。おそらく清沢満之の考えもこれと類似のものであったに違いない。またそう考えてはじめて、彼が『宗教哲学骸骨』のなかで有神論、無神論その他の無限に関する思想類型を論じた意味が理解できる。彼の議論は、けっして宗教の客観主義的種類分けをしようとするのではなくて、回り道をして仏教の特質を浮き彫りにすることを目指していたのである。

二　無神論と有神論

終わりと死

無神論の観点からいえば、事物と同様に人間には「終わり」が与えられる。有神論の観点では、人間には「死」が与えられる。

無神論は、生物的な意味での「生きているもの」を語り、その生の終わりを語る。生の終わりがあることが有限性である。生きているものの極限は終わりであって死ではない。無神論もまた、普通の意味での死を語るにしても、その死は「事物の終わり」としての死にほかならない。無神論者にとっては、死は「何ものでもない」。これに対して有神論は、無神論と同様に人間を生きているものとして語るが、同時にまた人間を死者として語る。有神論者にとって、死は「何ものか」であり、死は彼岸の生の「始まり」である。

無神論にとっては、生と死の境界(「何ものか」としての、経験的に把握できるものとしての、境界)はなくて、ただ差異だけがある。この差異は「何ものか」(Etwas)と無(Nichts)との差異である。このような差異は、有限世界に存在する人間の基本的規定であり、すなわち有限性である。無神論的な世界内人間には生者が与えられ、そして無もまた与えられている。他方、有神論的世界内人間にはたんに生者だけでなく、死者(世界の外にいる人間)としての自己が与えられ、したがって死が与えられる。

人間には無が与えられるとみるのは無神論である。有限世界の外部は無であり、世界外人間は死者ではなく、無である(あるいは「何もの」でもない)。

人間には死が与えられるとみるのは有神論である。人間は有限世界の外部にも存在するとみなし、この世界外人間を死者(彼岸に「生きる」もの)とみなす。

この議論に何らかの意義があるとするなら、それは仏教の特異性を明らかにするのに役立つことにある。この議論を踏まえて仏教を眺めるとき、仏教は死と終わりについてどのような立ち場をとるのだろうか。

仏教は、無(「ある」に対する「ない」としての無ではなくて、空としての無)を語るとき、死や死者を語るのではない。死を語るときには、有神論の死ではなく、有限世界内人間の「終わり」としての死を語り、「終わり」を比喩的に「死」として語るにすぎない。仏教は世界内事物(任意の何ものか)と無との差異について語る。この差異は、人間や事物の境界であり、それは万物の有限性の定義でもある。仏教は世界外の事物や世界外の「人間」(あの世の人間なるもの)については語らない、喩えの話は別として。それがいわゆる「無記」の態度である。この限りで、仏教は無神論的である。

しかし仏教には世界外人間に類似するものがないだろうか。たしかにそのようなものがある。仏教的な「世界外人間」があるとすれば、それは有神論的な死者(彼岸の生者)ではまったくない。それはいわば無としての人間であり、すなわち有限世界的規定を振り捨てた人間である。それは出世間者としての人間にほかならない。出世間者が目覚めたもの(菩薩から仏陀までを含む広義の覚醒者)であるとするなら、それは無化した世界内人間であり、有限世界内の生を「終わった」(fini)人間であり、世界の境界線にいる人間である。この有限性(finitude)は、自然的生物学的生命の終わり・極限ではなくて、原理的にはいつでも誰もが可能な「終わり」である。個人の身体的終わりは、同時に彼がそのなかで生きる世界の終わりである。それは寿命の尽きる自然死についても妥当するが、仏教の教えではむしろ目覚めの境地について妥当する。このような意味での「死」(終わりの意味での死)を仏教は語るが、「あの世」とか「(有神論的)死者」については語らない。仏教用語での「不死」は、有神論的な「不滅」を意味しない。仏教的世界論では、有神論的な「死」や「死者」は問題にならないことを意味するのである。もし仏教が永遠不滅を語るなら、仏教は有神論になり、超越存在を受け入れることになり、仏教は仏教でなくなるだろう。

言葉遊びをするならば、infini は in-fini である。すなわち、アンフィニ(無限)は、フィニ(有限)－の－なかに(in-)－ある。無限は有限のなかにある、あるいは無限は終わりあるもののなかにある。有限としての世界内部的存在者のなかに、終わりと差異(有と無の差異)のなかに、あり続けること、この意味でのアン－フィニ(有限内存在)がアンフィニ(無限)である。仏教的無限は、(有神論的)永遠的不滅性ではなく、たえざる終わりであり、この終わりとしての存在を成就することが完全な終わりとして滅度である。終わりの完成は真実の目覚めであり、目覚めたものの人格的表現が仏陀である。目覚めは、世俗内存在としての人間が終わることを絶対条件とする。世界の内にあるものの真実のありかたが有限性であり、つねにすでに終わりのなかにあることであるとすれば、その真実を成就することこそが真実との出会いであり、真実への参入であり、つまりは覚醒である。

無神論と出世間的人間

無神論と有神論は、元来は西洋思想の歴史のなかで作られた用語であるから、この対用語を使用する限りは、ある程度まで西洋思想に即して議論しなければならない。歴史的にも、そして人間存在の根本的ありかたからみても(人間は世界のなかで生きるかぎりは何よりもまず「想像的」に世界を理解し、迷信的に生きる、という事実をここでは前提する)、人間はまずは有神論的であり、しかるのちにこれに反対する無神論が対抗的に登場する。したがって、無神論は有神論なしにはありえない。人類の歴史は基本的に有神論の歴史または「想像された神」への崇拝とそれについての「語り」(神学)の歴史である。有神論が設定した軌道の上で無神論も動くのである。

かりに人間を動物的存在であると定義するなら、そのような定義は生物学的唯物論の立場である。このような立場はごく新しいもので、十九世紀の生物学の影響の下にある。生物学的「唯物論」(例えばフォイエルバッハの唯物論)は、基本的には人間を動物として定義するから、無神論的になる。なぜなら、動物にとって神はないからである。機械論的であれ生物学的あれ、無神論を主張するものは、有神論を論敵にしているのであり、そのかぎりで有神論の「観念論的」弱点をつくことができる。論争的批判は極端な立場をつきだすときにもっとも「有効」であるから、論争の文脈ではしばしば枝葉をはらって極端な議論をする。しかしどの唯物論者といえども、人間を完全に機械的であるとか純粋に生物的であると断言しない。唯物論は、認識の仕方に限定して、観念論の制限を暴露し、そのかぎりで極端な立論をするのであって、例えば生物学的唯物論もまた人間の精神の営みを観念論的有神論とは違った仕方で解釈し理解する。唯物論的無神論は、有神論の世界解釈と人間解釈を前提にしながら、それとは違う解釈をするときに、有神論的神概念を、人間の想像の産物とし、そうした想像の不適切ないし非真理を指摘する。この意味で、無神論は、西洋古代の唯物論であれ、近代の唯物論であれ、有神論論が設定した「神への問い」へのひとつの応答である。したがって、このかぎりでは、またそのかぎりでのみ、無神論にも「神への問い」が与えられているのであり、あえていえば、無神論は「神への問い」へのひとつの解答なのである。「神への問い」あるいは超越存在への問いがなければ、無神論もまたありえないのである。

無神論の立場に立つなら、無神論にとって「神」ないし超越存在は「ない」。有限世界を超越する「もの」はなにもないのだから、ないもの(無)について人間の有限な言語は語ることはできない。だから、元来は、無神論者は「神はない」(神は存在し‐ない」)とすら言うことはできないはずである。なぜなら、実在しないものについて語ろうとすれば自己矛盾に陥るからである。ともあれ、無神論にとっては、たしかに神なるものは存在しないし、神なるものは「何ものか」でもないが、「神への問い」への応答であるかぎりでは、無神論にも「神に向かう道」は与えられている。もしこの道が無神論にも与えられていないなら、無神論は有神論に応答することすらできなくなるだろう。

　無神論者は、有神論者と同様に、また一般に他のすべての人々と同様に、現実の「この」世界のなかに、この有限な世界のなかに存在している。有神論者は、一方では世界内人間を肯定しながら、他方では世界外人間としての「不滅の魂」(神へと通じる窓)としての自己を想定している。無神論者にとって、こうした神と直結する不滅の魂としての自己はない。有神論、とくにキリスト教的有神論は、神への問いを不滅の魂としての自己を通して引き受け、それに応答する。しかし無神論者は、このような不滅的人間を認めないのだから、彼には世界内人間のままで神への道が与えられており、世界内人間として神への問いに応答しなければならない。無神論者は、有神論者のように神が与えられないにもかかわらず、「神への道」が与えられており、その道の先には「何もない」という仕方で神への問いに答える。

　要するに、無神論者が論駁の相手として「神」を語る以上は、無神論者にとっても「神への道」は開かれている。無神論者が「神は実在しない」と「言う」まさにそのときに、彼には、それについて語っているのだから、彼の語りのなかで神への道が開かれてしまっている。その限りで無神論者にとっても神は「与えられている」のである。しかしそのように(彼によって)語られる神は「実在しない」と彼は言う。そのときに、実在しないものが、現世内に現実的に生存する人間としての無神論者に、言説として、与えられていることになるだろう。これはひとつのパラドクスである。無神論者のパラドクスに比べれば、有神論者のほうがずっと単純明快である。有神論者の場合、現世内人間と現世外人間(不滅の魂、これに神は与えられる)との差異は歴然としている。彼以外の人間からみればパラドクスに見えるとしても、彼自身にとってはそうではない。有神論者にとっては、現世(とそのなかの現存在)が実在的であるように、現世外の神もまた「実在的」であるとみなされているからである。そのかぎりでは、「実在的」神が同じく「実在的」人間に与えられることは当然である。有神論の前提では、有神論者にはパラドクスはないが、超越としての神を否定する無神論者は必ずパラドクスを抱えることになる。

　仏教が無神論的要素をもつかぎり、必ずパラドクスを抱える。仏教は、超越存在を否定するけれども、西洋の無神論のように、「それは実在しない」とは言わない。唯一の神であれ、多数の神々であれ、精霊であれ、それらについて「存在しない」とも「存在する」とも言うことを自らに禁じる。とはいえ、「あるともないとも言わない」という形で何ごとかを言っている以上は、やはり仏教もまた一種の超越的なものにたいして消極的に関わっているし、その意味で神的なものへの道が「開かれている」。単に超越的なものも西洋無神論のように否定するだけなら、現世からの外‐出(出世間)を言う必要はない。出世間を言いつつそれへ向けて努力し、出世間について言語的に語るときには、仏教は必然的に、言説的には有神論的構えをみせることになる。そのとき、次の問いが仏教に課せられるだろう——いかにして現世内人間にたいして現世「外」(出世間)的なものが与えられるのか。「それ」を受け入れるのが有神論のような不滅の魂でなく、この魂に到来するものが神的なものでないとしたら、「それ」とは何であろうか。現世内人間とは違う現世外人間があり、この後者において現世的でないものが現出するのだが、超越的なものを除去する仏教はこれにたいしてどのような「理論的」態度をとるのであろうか。この理論的問題への応答はきわめて複雑になるだろうし、実際にまことに困難であるから、主題的には別のところで扱うとして(第二部第八章を参照)、ここでは簡単な指針だけを述べるにとどめる。

　人間であることは、現世のなかで生きることである。現世内存在は、日常的には想像的迷信的に現世内事物に関係するから、人間はこれまでつねに現世外的な超越存在を想像し、それを儀式的祭祀的に崇拝してきたし、いまもそうしている。人間が現世に生きるかぎり必ずそうするという意味では、現世外的な超越的なもの(神々、マナ、精霊、そしてそれの極限的表現としての唯一神)を想像的に作りだすのは、現世的人間の宿命である。それは善悪を越えた現世内存在の「必然的」(いつでもどこでもあるという意味で)である。要するに、日常的には(現世内的)人間はつねに有神論的なのである。このような人間の想像力は、超越的存在を「神々」として「語る」から、有神論的語りは「神についての語り」(神話、神-論)になる(ミュトロジー、テオロジー)。無神論も仏教もそうした想像的語りを否定し、それは現実的世界の真実についての取り違え(quid pro quo)であると批判する。現実世界の真実について取り違え的想像を、仏教は妄念・妄想とよび、それを無明と定義する。世界とそのなかに生きる自己の真実を取り違える妄念は、自己認識から逸脱し、自己でないものを自己とする錯覚に陥る。これからの解放と解脱が仏教の課題となる。その意味で、仏教は、現実(現世)について語るときには、まずは想像的存在について肯定的断言命題を提出する有神論にたいして、ネガティヴに語ることになる。ミュトロジーやテオロジーに対して、論駁の「ノン」(「不-」や「非-」の形式をとる)を突き付ける。その意味で仏教的な「ノン」の言説は、消極-論理であり、そうすることで、現代の用語でいえば、すべての有神論的(神話的、神学的)イデオロギー批判であり、想像的観念組織としての「無明内存在」からの解放を目指す。

このネガティヴ・ロジックの徹底するところは、究極のネガティヴなもの、絶対的なノンまたは零へと至る。仏教は、知的には論駁のノン(非、不)をラディカルにして、実践的には現世内存在から脱出する出世間的存在になりつつ、絶対無限的空へと人々を導入する。出世間的存在は、現世的自我の無化なしにはなく、空はこの出世間的存在において、知的にも実践的にも現出する。出世間としての外-出は、けっして現世を超越する別の「空間」(彼岸)に赴くことではなくて、この現世のなかでの外-出、現世に内在しつつ、現世内存在としての我を現世外的存在としての我(無-我としての自己)へ変換することである。この変換の完全な成就は、知的には絶対的な智慧の成就であり、智慧の成就はそのまま同時に実践的な出世間(すなわち浄土往生)である。現世内人間の特殊で独自の変換においてのみ、有限世界が同時に無限であるという境地が可能になる。有限即無限は、形式論理学では矛盾以外の何ものでもないが、超越なき哲学としての仏教はこの「矛盾」(論理上の矛盾ではなくて、生きられるパラドクス)を真正面から引き受ける。

このように、無神論の側から無神論と有神論との関係を考えるかぎり、この二つの項は切り離すことはできない。有神論はそれだけで存在しうるし、それだけで議論することができるが、無神論は有神論なしには議論できない。そもそも「無神論と有神論」という問いの立てかた自身が、無神論的なのである。有神論にとっては無神論は無意味な立場であるか、さもなくば単に誤謬にすぎないし、異端ですらない(異端は正統と同様に有神論を共有する)。仏教はこれらから自覚的に距離をとる。

空＝涅槃への道

すでに述べたように、西洋的有神論のなかに設定される「神への問い」に対して西洋的無神論もまたそれを引き受けて「神への道」を歩み、かつ「神は存在しない」あるいは「神は何ものでもない」と答えるのと同様に、無神論的要素をもつ仏教もまた一種の「神への道」を歩む。なぜなら、仏教もまた、それに先行する諸思想(いわゆる「六師外道」)の有神論(およびそれと同じ土俵にたつ無神論)を批判しつつ、それへの応答として登場するからである。仏教における「神への道」は、有神論的な「不滅の魂」ではありえない。なぜなら、無神論的仏教は、西洋無神論と同様に、超越存在とそれへの通路としての不滅の魂を否認しなければならないからである。それでは仏教における「神への道」とは何か。それは明らかに「空＝涅槃への道」であり、この通路は有神論的魂の意味での世界外人間ではなく、無我としての世界外人間である。無我の概念が世界(世俗)内自我の否定であるのだから、無我は出世間(出世界)的自己であり、それが仏教的な世界外人間である(おそらくここではもはや普通の意味での「人間」を語りえないだろうが、あえていえば世俗的人間を消去した後で残る人間的残滓、あるいは特殊人間的な属性を最小限にまで縮減した何ものかであろう)。

無我はこのときすでに無限的空のなかに住する。空＝涅槃は、西洋的な無神論がいうような「何ものでもない」としての無なるものではなくて、実存的に(トナリテとして)参与する「語りえないもの」である。それは欠如としての無ではなく、むしろ(逆説的に聞こえようとも)充実としての空である。無我はトーヌスにおいて空のなかに住する。仏教では、執着する我も執着される我も世俗(世界)内部の自我である。自我は世俗内人間である。したがって自我を、それへの執着という世俗内的行為をふくめてきりつめるなら、おのずから世俗(世界)の外部の自己としての無我が生じる。こうして仏教において有神論的「神への道」は無我への道、すなわち出世間への道に変換される。空＝涅槃への道は、出世間であり、出世間としての無我である。空＝涅槃が「真実」(真如)であるなら、出世間(出世界)は真如への道である。この真如としての空＝涅槃は、有神論的超越存在ではなくて、世界に内在し、世界と一体である。死後の魂が生きる「空間」ではなくて、この現世の「なかで」実現する「語りえない」絶対状態である。原則的には、現世内人間の誰もが出世間を絶対条件としてこの絶対状態に生きたままで到達することができる。ここに、出世間的仏教が西洋的無神論の現世主義と違う所以がある。

無神論的「宗教」

西洋的無神論にとって超越存在は存在しない、したがって有限世界を越えるもの、世界の外部は何ものでもない、あるいは無のみが「ある」。このような無は、実在する「もの」ではないから、人間にたいしていささかも作用しない。なぜなら、何らかの作用(効果)がありうるのは有限なもののあつまりとしての有限世界においてだけであり、世界内の事物の間においてのみであるからである。したがって、西洋的無神論にとっては、無なるものが何らかの「宗教的」態度を生み出すことはありえない。この無神論にとって、有神論の超越存在を否定すれば、その否定は同時にすべての「宗教」の否定である。西洋的意味での宗教は、超越存在としての神への信仰であるからだ。西洋の伝統では、無神論はそれ自体で無宗教たらざるをえない。

仏教は、西洋的な意味での宗教ではない。だから仏教にたいして宗教(Religion)という用語を適用することは基本的にはできないのだが、なにかに帰依する行為とそれに基づく広義の人倫的態度をあえて「宗教的」と名づけるなら、仏教はそのかぎりで西洋的な意味で「宗教的」である。ところが仏教は、超越存在(世界創造神)を認めないという意味で無神論であるにもかかわらず、「宗教的」でありうる。西洋的語法でいうなら、仏教は無神論的宗教または「神なき宗教」である(この表現はすでにエミール・デュルケームが『宗教の原初形態』のなかで使用している(cf. Durkheim, E., *Les formes élémentaires de la vie religieuse*, PUF, 1994, 41-42.))。ユダヤ=キリスト教的伝統の観点では、無神論的宗教という用語は矛盾的であり、無神論が宗教たりうること自体が一種の驚きであり、理解しがたいものに思われる。デュルケームは仏教を無神論的宗教として定義するとき、この驚きを表現しているのである。しかし仏教の側からいえば、無神論とある種の宗教的態度が結合することはいささかも理解不可能なことではない。この論点に関して、われわれは西洋的な有神論／無神論の対立図式を崩さなくてはならない。もともとこの図式を仏教に応用することは、文化伝統の差異からして不適切であるのだが、いまではこの対用語を無理を承知で使用せざるをえない。

超越存在を否定しても、あるいは超越的な神を除去しても、広義の「宗教的態度」が可能であり、また人倫的行為(仏教でいう慈悲行)が完全に可能であり、その可能性が現実的になるということこそ、仏教が教えるもっとも重要な事実であり、またそこに仏教の最大の特徴があり、人類思想史上卓越した意味がある。

仏教は、超越存在を否定し、それに空=涅槃を置き換える。語りえないものとしての空が人間にたいして「宗教的」作用を及ぼすことがありうるだけでなく、実際に久しい間にわたって作用してきたという事実の意味は考察するに値する。仏教的無神論が欠如的無(nihil privativum)を言うのではなくて、充実した空(充実した無限空)を言うことで人間への作用を承認し、空=涅槃との関係を生きる人間をして「宗教的態度」を取らしめる。これが「空=涅槃」の「宗教的」機能である。「宗教的」態度は、個々の、特殊的な領域で生じる欠如的無に対する態度ではなくて(例えば、個人的な死の可能性への恐怖とその感情に対応する特殊な人間的反応ではなくて)、有限世界全体の「意味」に対する応答的態度である。欠如的無や論駁的無ではなくて、有限世界の事実存在全体を外部から限定する絶対的な空(涅槃)こそが、人間に対して独特の「宗教的」(広義の倫理的)態度を要請するし、事実においても人間はこの独自の絶対空に対して何らかの応答することなしにすましたことはない。たしかに、絶対的な空(涅槃)と個別的な欠如的無(終わりまたは通常の意味での死)とは、ネガティブなものという点では形式的に区別できないが、現実の世界のなかの個々の現象としての欠如と、この有限な現実世界そのものを外部から限定する絶対的空との差異は決定的である。空は充実していながら絶対的に不在である。この不在こそが空＝涅槃をして人間に宗教的・倫理的態度をとらしめる。

欠如(死のような)は人間に恐怖や不安の感情を引き起こすことができる。それは事実存在(経験的存在)に対立する非存在としての無であるからである。存在と違う非存在は通常の怖れの感情の原因になるし、しばしば人間はこれにたいして想像力によって乗りきろうとする、つまり超越存在を崇拝する信仰に頼ることによって恐怖や不安を解消しようとする。しかし世界全体を語りえざる外部から否定的に限定する絶対的空は、恐怖や不安の感情を引き起こすのではない。反対にむしろ、絶対的空は、人間に対して独特の歓喜や満足をもたらす。あるいはこうもいえる。絶対的空または涅槃は、限りある人間に対して、欠如的無がもたらす不安や恐怖を解消し、それらから解放するのである。仏教的空概念の「宗教的」機能は、まさにここにあるといえよう。

想像力は祭祀的宗教やそれについての語りである種々の「神学」を産出するが、仏教はまさにそれとは正反対である。仏教は恐怖から生まれるすべての祭祀的(迷信的)諸宗教を解消させて、まさにそうすることで人間を恐怖と不安から解き放ち、想像的な世界理解と自己理解に安住する境地がもたらすものを直視させて、想像的迷信的世界内人間としての自己自身に直面させて、世界の内に生きる自己の真実を知らしめる。有限世界とそのなかで生きる人間たちの通常の(想像と迷信にたよる)生き方を真実において認識することなしには、世俗的人生から生まれるあらゆる恐怖や逸脱や苦悩から抜け出るすべはない。そのように仏教は教えるのだが、この語りこそ仏教の「宗教的」側面である。

恐怖・不安・苦悩などは、想像的・迷信的・祭祀的な振る舞いに基づく世俗内人間の「本質」である。これからの解放とそれらの解消が人間にたいして歓喜と満足をもたらすのは自然な勢いであろう(少なくとも仏教はそのように教える)。

有神論にとっては、世界内人間と超越的神との間には相互作用はありえない。有神論の立場では、神と人間の間には絶対に飛び越すことのできない深淵が横たわっている。この深淵あるがゆえに、超越的なものは人間にとって不気味なものと感じられるし、近くにあってはるかに遠いもの、家郷の外にある(un-heimlich)ような不安をかきたてるものとして感じられる。無神論にとっては、世界内人間しか存在しないので、すべてのものは相互作用の内部にある。相互作用が可能なものは本性において等質的であり、存在論的に同等である。だから不気味なものは無神論者にとってはありえない。仏教は、超越存在を認めないかぎりで無神論的であるから、宇宙の内部にあるものはすべて相互作用し合うとみなす。仏教縁起論は、宇宙万物の相互作用の形而上学である。万物すなわち宇宙は有限的であるから、外部の空との解消しがたい対立(現実と非現実、存在と非存在の対立)の条件にしたがって本性的に同質なもの相互の作用を承認する(これはカントのカテゴリー表が教えること、とくに第三カテゴリー「関係(relation)」に一致する)。相互作用するものは、けっして不気味なものではない。したがって、仏教にとっては、超越的な-人を不安にする-不気味なものはありえない。もし不安や怖れがあるとすれば、それは有限な人間の有限な事物や人への、そして自己自身への執着と表象に原因を求めるべきである。

縁起の理法に基づいて、世界内人間の日常的な真実すなわち想像的迷信的本質を「真実において」認識するとき、そのときにのみひとは自己の覆われていた真実と覆われない真実を把握し、想像的覆いからの離脱を可能にする。この離脱があるときひとは歓喜を感じる。真実の知がそのまま歓喜になる。この意味で仏教は空のなかに喜びを見出し、空への参入を歓喜と満足とみる異例の「宗教的」態度を示すのである。世間的自我の空化が人間を絶対的に満足させると主張したところに仏教の異例性がある。

三　歓喜の倫理

歓喜か幸福か

ここで少し脇道に入る。仏教の究極の立場を特徴づけるために、幸福の倫理と歓喜の「倫理」との違いを鮮明にしておく必要があるからである。

カントは『純粋理性批判』の第二部「超越論的方法論」において希望の倫理を語る。希望の倫理は幸福の倫理である。三つの「物自体」がある。神、不滅の魂、未来世界の三つは、有限世界を言説によって、またそれにおいて開示される真理の様態で語るようには、語ることはできない。三つの物自体は、「あたかも真理であるかのように」語るという条件の下で、真理を語る(有限な)言説と矛盾しないとされる。真理を開示する学的体系にとっては、「あたかも」(als-ob)は一種の空白であるが、しかしこの空白は矛盾ではない。矛盾ではないが、空白を抱えるという条件を甘受することで、物自体というそれ自体では「語りえないもの」を語ることができると、カントは考える。これら三つの「あたかも-ように」すなわち物自体を語るカントの中心概念は幸福である。我の実存に即していえば、「私は幸福に値する」ことを許されると感じることが幸福の想念である。カントのモラルは、私が幸福に値する(würdig)ようになるべく実行せよ、である。この道徳命令は、未来の国(死後の世界、超越的な彼岸)に準拠するがゆえに、絶対的(カテゴーリシュ)である。未来の国において自己尊厳または自己尊敬(Selbstwürdigkeit)が実現することを希望しうることを「幸福である」という。このような幸福になる希望が実現することを絶対的満足という。しかしカントにおいては、他のあらゆる有神論者や宗教家の場合と同様に、幸福の希望の実現はこの世(現世)では有限な人間にとって実現不可能である。有限な人間は現世では相対的満足、相対的幸福しかえられない。したがってこの世を超越するあの世(未来の国、死後の国)のなかでのみ、絶対的満足と絶対的幸福が得られる。

幸福への希望の動因はひとつの感情である。カントはこの動因としての感情を苦痛(Schmerz)とよぶ(カント『実践理性批判』「第一篇 純粋実践理性批判の分析論」「第三章 自由な行為の動因としてのゲフュール＝シュメルツ」)。現世内人間は、この世では道徳法を実現できないので、自己軽蔑(Demütigung)を感じる。この自己軽蔑が苦痛となる。この苦痛を取り除くためには、未来世界＝神における満足の確信すなわち希望がどうしても必要になる。未来(超越的彼岸)のなかで希望が幸福として実現するためには、その幸福を享受しうるものがなければならない。それが、同じく超越的な不滅の魂である。したがってカントの倫理学は、有限的理性を扱う(したがって非有神論的な)『純粋理性批判』とは違って、有神論的構図をとっている。第一批判では「語りえないもの」として、したがって物自体として有限的理性(悟性)の範囲から遠ざけられていたものが、倫理学では「あたかも」の様態で正面から語られている。ここにカントの道徳哲学が同時に有神論的宗教になる理由がある。

カントの理論的構図と比較しながら、仏教者清沢満之の苦痛論を眺めてみよう。清沢満之もまたカントと同様に現世内人間の現世道徳の種々の徳目を純粋に絶対的に文字通り実行することは不可能であると言う。縁起の理法によって、より正確にいえば自然的宇宙の縁起ではなくて、特殊人間的世界を支配する縁起の理法によって、人間にたいして、ひとがそれを意識するしないにかかわらず、全責任主義の絶対命令が発せられている。人間は、同じ他の人間たちに対して、それを通して間接的に宇宙万有にたいして全体的責任(一切衆生と万物を自己にとって構成的に不可欠な要素として迎えること)を引き受ける義務があるにもかかわらず、有限な人間は、つまり一個の人間は、現世内人間の本質によって(想像的迷信的な態度によって無明に住するために)この全体的責任を成就することはできない。これが清沢満之的な苦痛である。

この実存的苦痛を除去するためには、有限な自我から抜け出て、あるいは世俗内的な欲望する自我を「希零」化することで、無限内存在(無‐我)となることが絶対的な条件である(浄土門仏教でいう南無阿弥陀仏は無限内存在を意味する)。世俗内自我と自我的「はからい」のすべてを消去し、世俗的身分・資格・地位・名誉等々(現世内のアイデンティティ）を一掃した「誰でもないもの」（無一物者）になることを通して、またそれによってのみ、この無我的自己はかえって万人を、そして万物を、いっさいの条件をつけないで（無条件に、絶対的に）受け入れることができる。これが清沢満之的な意味での絶対満足である。清沢満之においては、また仏教においては、カントと違って、「あの世」（未来の神の国）や不滅の魂（神と彼岸への通路）を必要としない。彼においては、そして仏教においても、有限な人間は有限な人間のままで、したがって現世のなかで、この現世への自我的執着（「はからい」）から解放されて満足することが現実的にできる。阿弥陀とは、知の側面からいえば、いっさいの問いに関していっさいを答えることができる状態であり、言説的に開示される絶対的な真理の状態（絶対的に非覆蔵の状態、空が自ら自身に自己を開示する状態）である。この絶対的な智慧の光にあますところなく照らされてはじめて、有限な人間は現世内人間としての自我の本質（覆蔵的存在）を完全に知ることができる。これが絶対的満足であり、この満足が歓喜である。カントのように自己軽蔑を怖れることもないし、自己尊敬を不滅の魂によって彼岸において実現する「幸福」への執着もない、あるいはそんなことはおよそ問題にもなりえない。未来の国（死後の生）における幸福の観念はまだ現世的な幸福の観念の延長にすぎない。ここにカント的な幸福倫理と清沢満之（と仏教）の歓喜「倫理」との根本的差異がある。

とはいえ、仏教の知的・実践的関心とカントの理性的関心との間には、一種の対応関係がみられる。仏教はラディカルなまでに無神論的であり、カントの実践哲学（道徳）は明白に有神論的であるという違いを無視することはできないが、両者の並行関係に注目することは浄土門仏教（そして清沢の思想）を考えるときの示唆になる。カントはこう言っている。

理性の一切の関心（思弁的および実践的関心）はすべて次の三問に纏められる、

1　私は何を知り得るか（Was kann ich wissen ?）。

2　私は何をなすべきか（Was soll ich tun ?）。

3　私は何を希望することが許されるか（Was darf ich hoffen ?）。（Kant, I., *Kritik der reinen Vernunft*, Der Transzendentalen Methodenlehre, Des Kanons der reinen Vernunft, Zweiter Abchnitt, B, S. 832. カント『純粋理性批判』「第二篇先験的方法論」第二章第二節、篠田英雄訳、岩波文庫(下)九七―九八ページ)

仏教もまたカントと同じ問いを立ててきたといえる。仏教の知的関心と実践的関心もまた、「何を知りうるか」「何をなすべきか」「何を希望することが許されるか」を問い、それにたいして体系的に答えようとしてきた。ごくおおざっぱにいって、「何を知りうるか」は、縁起の理論としてまとめられる。「何をなすべきか」は仏教における行道である。「何を希望することを許されるか」は、とくに浄土門仏教における「本願」(個人に照り返したかぎりでの阿弥陀の本願)にあたるだろう。縁起論は、狭義には宇宙論(自然と人間を含む)であるが、広義には実践論まで包括する。その意味では仏教の哲学的内容はひとえに縁起論に収斂する。仏教は、理性的側面において哲学であるかぎりは、自己とは何かの問いに答える自己認識の学でなくてはならない。自己を知ることは、自己が世界(自然的と社会的)のなかに存在することの「いかに」と「意味」を、理念的にあますところなく知り尽くすのでなくてはならない。したがって、「何を知ることができるか」は、自己認識を究極の目的としながら、まずは自然と人間の二つの領域に関する本質的な事柄を完全に認識しなくてはならない。宇宙論としての縁起論は、この自己認識へ至る回り道であり、回避することのできない「理性的(思弁としての)関心」である。仏教的自己認識は縁起論なしには成就されえない。釈尊の最後の言葉である「自燈法燈」は、この経緯を指摘したものであろう。宇宙の存在の真理としての「法」を導きの糸として、宇宙のなかに現実存在する「我」の本質を認識し、それをもって世界内人間(無明的人間)から世界外的人間(無-我としての自己)へと行じること、そしてその行道は必ず他の世界内人間のなかに生存しつつ他人を無-我的自己へと導くのでなくてはならない。これは実践的縁起論である。我の目覚めはそれ自体としては「主観的確信」であるが、それの真実を証明するには、他人たちとの「社会的関係」(仏教では「説法」)において他人の目覚めの成就を「証し」としなければならない。そのときはじめて主観的確信は客観的確信になり、最初に目覚めたものの真実を誰もが、万人が、確認し承認する。浄土門における「南無阿弥陀仏」は、広義の縁起論の三つのモメントを内包している。真理としての阿弥陀を完全に認識しつつ、それへの包摂を主観的に確信しながら(最初の「信」)、自己の真実を万人によって受け入れられることを期待ないし願望しつつ他者と関係し、他者の目覚めの成就のなかに自己認識を証し立てる(最後の「金剛信」)。

カントの場合、彼のいう自由は、ユダヤ＝キリスト教的な実践的「自由」である。それは、プラトンの場合と同様に、感覚的・経験的世界に生きることの無意味を主張し、それを否定し、それとは「別の」存在様式を求めるかぎりで、否定行為としての自由の定義に該当する。しかしカントの実践的(道徳的)「自由」は有神論的であり、感覚的経験的世界を超越して、「叡知的可想界」へと飛躍する。これが有神論的「行」である。仏教の行道もまた、現世内人間の本質すなわち煩悩的生存を否定し、世俗内自我を無我化する否定的実践であり、否定であるかぎりでは仏教的行道を自由として定義することができる。浄土門の念仏はこの意味での自由すなわち世俗内自我からの離脱の行である。煩悩の否定は、それの絶滅ではないし、そうしたことは有限世界内で生きるかぎり不可能である。そうではなくて、世界のなかで生きるかぎりは、どの菩薩であれ煩悩の効果を受けなくてはならないが、行道のなかでは(念仏行のなかでは)煩悩の現実的効果が非現実的になる、つまり効果が宙づりになって影響しない、という意味である。無我とはそういう状態であろう。行道を媒介にして無我すなわち阿弥陀内「存在」(摂取不捨)が、現世において成就する。

カントと仏教は、理性的関心において並行関係にあるが、「希望」(カント)ないし「願」(仏教)が彼岸における実現なのか現世における成就なのかをめぐって決定的に対立する。学的組織における「物自体」を理念として承認するカントは、実践哲学においても宗教・神学的物自体を受け入れ、そうすることで有神論的になる。仏教は、反対に、いっさいの物自体(超越的存在)を許さないので、無神論的になる。学的組織の構図において、もしカント体系から物自体(超越存在)を除くなら、カントの学的組織は、内容は別として構図に限れば、仏教の学的体系に転変する可能性がある。ありえないことだが、もしカントがアジアに生きていたなら、おそらくはブッディストになったであろう。

四　根源分割と空

語りえないものとしての空

有限な世界は、人間や事物のような限りあるものの全体である。それらの存在者について語るときには人間は、「ある」と「ない」と「生まれる」、つまりは「変化する」とか「動く」とかという論理形式をもって語る。言い換えれば、人間も事物も有限であるからこそ、それについて語ることができる。始めと終わりのないものについては、人間はなにも語ることはできない。語りうるものはすべて有限である。この有限世界の「外部」は、語りえないものであり、そのゆえに空あるいは涅槃であると指差すしかないのだが、この外部としての空は語りえないという形式で有限な人間に働きを及ぼす。語りえないのだから、「ある」とも「ない」とも「言う」ことはできないが、まさに言語を絶するものがいわば進むべき道として指示される。たんにオブジェクティヴに指示されるのではなくて、人間の主体的態度の構えかたの方向＝意味として働きかける。世俗内自我の空化として絶対的空は働きかける。

絶対的空は、有限世界全体を外部から限定する境界線として「ある」と感じられるだけでなく、有限世界のなかに登場する人間が出てきたところの「そこ」としても感じられる。実存の感受の面からいえば、有限存在が出現するのは、語りえない空を分割して、存在者自身がいわば分割線になって出現する。空を分割し、おのれが分割する線自体になることが、現象することであり、自己を現われとして感じる、そして自と他を対象的に知覚する。普通の経験では、自己が出てきたところの空は知覚され得ないのだが、しかし実存の感受においてはつねに空を抱えている。「そこから」出てきたところの「そこ」を言語以前的に感受している。空を区切る直線としての現象的出現を根源分割というとすれば、根源分割は、分割する存在者を通して、陰画的に、分割される空を包みこむ。

根源分割は人間にとっては言語の働きである。言葉は、非分節的叫びも含めてすべての言葉は、根源的な空を分割する。言葉は区切るものであり、切り取るものである。言葉は空を割り、分割線によって空から「世界」を形づくる。実存的態度に即していえば、身体が現実に世界のなかに事実存在することだけではまだ空は分割されない。たんにあることは自然の連鎖の一部分にすぎない。身体が世界に関係しつつあることについて言葉が語りはじめるその瞬間に、空は二つの領域に根源分割される。言葉の切断作用によって、空（無理を承知であえて西洋的思想用語に対応させるならば、ヘーゲルの論理学中の「理念」がそれに対応するだろう）は「ある」（有）と「ない（無）」に変貌する。言い換えれば、空は「存在（有）」（それに対立する「ない」を抱える）にいわば縮小するのである。語りえない空について「ある」というとき、空は言葉としての「ある」によって覆われるともいえる。いわゆる純粋有も実際には言葉としての「ある」にすぎない。言葉「ある」が指示するところの有自体は、言葉「ある」と重ねられると不在化するのだから、言葉で言われる純粋有はじつは空の言語的分割作用の結果にすぎない。

言葉だけが「ある」と「ない」と言うことができる。「ある」と「ない」を基本的対立とするすべての言説が「世界」を言説的に「創造」する。言葉ないし言語活動は人間的身体の特殊人間的な実存の不可欠な構成要素であり、そのかぎりで「はじめに言葉ありき」は、けっして観念論的でも唯心論的でもなくて、客観的現実の本質をなす。すべては言葉にかかっている。人間にとってパラドクスや矛盾が、あるいはときがたいアポリアが生まれるのは、ひとえに言葉が人間にとって本質的であるからである。苦しみを語り、苦しみからの解放を語るのは、言語活動をする人間にとって固有のことである。そしてまた言語があるがゆえに、真実からの遠ざかりと隠蔽があり、真実の蔽いを取り去る可能性もまた言語活動にある。

無世界論と無神論

有神論的超越者を除去するとき、思想のタイプとしては二つの可能性しか残されない。ヘーゲルが『哲学史』のなかでスピノザを批判したとき、彼はスピノザ哲学を無世界論であると指摘した（Hegel, G. W. F., *Vorlesungen über die*

Geschichte der Philosophie, III, Suhrkamp, S. 163.)。「神だけがひとつの実体である。自然、世界はスピノザの表現によれば、たんに実体の触発、様態にすぎないのであって、実体的なものではない。スピノツィスムスはアコスミスムスである。」ヘーゲルのこの言葉を手掛かりにして、思想のタイプを考えてみよう。ヘーゲルの考えでは、無世界論はそのままで有神論ではないが、だからといって無神論でもない。無世界論は、単に有限世界がないのではなくて、有限世界がそのまま永遠である、あるいは少なくとも無限で永遠なるものの一部である、ということである。しかし他方で、無神論は有限即無限を、有限的なものが永遠無限であることを、否定する。

こうして、超越を除去し有神論を否定するとき、思想に残された可能性は、無世界論と無神論だけである。

第一の無世界論(アコスミスムス)のタイプは、近代ではスピノザ哲学が唯一の代表であるが、それは古代のパルメニデスの境地をラディカルに徹底した結果である。したがって無世界論は、思想史的にはパルメニデス＝スピノザ型の思想である。

第二の無神論(アテイスムス)は必ずしも唯物論とはかぎらないし、唯物論は必ずしも無神論ではない(唯物論が有神論的になることもしばしばある、例えば「物質」を超越存在とするごとき物質の有神論的形而上学すら成り立つ)。ヘーゲルが無世界論を批判したとき、彼の立場は有限世界に徹底する意味で超越なき無神論の立場にたっている。しばしば誤解されるヘーゲル的「精神」は人間の精神であり、有神論的「精神」(神としての精神)を人間的精神すなわち人類に解消させたものであるからである。このような超越の除去をヘーゲル型(ひいてはマルクス型)とよぶことができる。ヘーゲル(＝マルクス)的無神論にとっては、有限な、したがって歴史的な世界のみがある。

ところで、仏教は思想のタイプからみてどのように分類されるのであろうか。仏教は超越者をもたないという点では、無神論的であるが、純粋にヘーゲル・タイプの無神論といえるだろうか。観点をかえれば、仏教は無世界論的でもある。仏教は、諸法実相をいうとき、スピノザ＝パルメニデス型の無世界論になっていると解釈することもできるからである。その意味で、仏教は無世界論にして無神論であるといえるだろう。

仏教は少なくともこれまでは近代人が考えるような(例えばヘーゲルがいうような)歴史論はないようだが、少なくとも時間は問題にしている。求道者(菩薩)が智慧に至るには時間が流れる。菩薩は、菩薩＝求道者であることで、そのまま智慧をもつのではない。この時間の持続のなかで菩薩＝求道者はどこにいるのか。現代の社会哲学的用語でいえば、この「どこ」とは社会的歴史的世界であり、つまりは世間(人間的世界)である。菩薩は、この世間(世俗)のなかで生きながら、真理と智慧(真理としての智慧)を求めて努力する。すなわち、彼はまだそれらをもつには至っていない。真理と智慧をまだもたないことは、菩薩と仏陀との基本的差異である。菩薩と仏陀との実存的距離が求道的時間である。この時間は菩薩の努力の時間であり、菩薩の時間的存在は、有限な社会的・歴史的世界のなかにある。菩薩はすでに出世間的存在であるが、しかしまだ世間のなかに実存する。この二重性は菩薩の特徴であり、それは智慧と区別された哲学者の特徴と同じである。哲学もまた、智慧を「求める」努力であり、定義によって哲学は「まだ智慧をもたない」。だから哲学者は智慧を求めて、社会的歴史的世界のなかに実存しつつ努力する。哲学が智慧に到達するには時間が必要であり、一個の人間的個人によって智慧への到達は不可能であるから、智慧への道は集団的な歴史的努力になる。仏教においても、原理的には同じことがあてはまる。

仏教は、世界のなかで菩薩的に求道しながら極限において無世界論的になるところの、無神論的「宗教」であるといえるだろう。仏教が「宗教的」な態度をみせるのは、幸福ではなく、世俗的幸福とすら対立する絶対的満足を求めるからである。仏教的人間が絶対的満足を求めて行為するところの現世内的生き方はモラルあるいは倫理とよぶこともできる。仏教的な絶対満足は三つの側面をもつ――第一に、存在としての存在(宇宙内森羅万象の存在)に関する完全な知をもって満足する。第二に、「道徳的に」完全な人格であることに満足する。第三に、現にあるがままにあることにおいて満足する。完全な絶対的知をもつ道徳的に完全な人格がいまここにあるがままにおいて満足するとき、それが仏陀(覚者)の智慧である。このような智慧は、ヘーゲルの用語を借りていえば、絶対知である。絶対知としての智慧を求める行為は菩薩道(求道)にほかならない。

釈尊はまずは菩薩として行為し、最後には仏陀(覚者)になる。この過程を逆に語るのが衆生救済の道になる。大乗仏教の立場からいえば、『無量寿経』の説話的語りが比喩的に示唆するように、仏陀はそれにふさわしい無化(滅度)を放棄して、いまいちど菩薩として現世に還帰し(菩薩として現世に「再生」し)、一切衆生への慈悲行を行なうべく新たに現世の生を生きる。仏陀の現世回帰の姿としての菩薩は、万人(一切衆生)が滅度した後でのみ、すなわち「最後の人間」として自己を無化(滅度)する。滅度とは完全で絶対的な満足である。現世に回帰した菩薩がこうした満足を万人に「与える」(贈与する、布施する、回向する)ことができるのは、この菩薩がすでに仏陀になっていたからであり、前述の三つの満足をすでに成就していたからである。その点で、まだ智慧に到達していない、したがって智慧を求めて修行している途上の菩薩と、現世に回帰した菩薩とは本質的に違う。智慧をまだもたない菩薩が仏陀になり、しかるのちに仏陀が再び菩薩として現世に回帰して慈悲行を行なうというプロセスを際限なく反復すること、要するに万人をまずは菩薩の道に誘い、次に衆生を菩薩から仏陀への道に導入すること、そして究極的には万人が滅度し、滅度において歓喜をもって満足せしめること、これが仏教の教えであろうし、行道の基本であろう。滅度＝空＝涅槃のなかに絶対的満足があることを教える仏教は、いっさいの超越存在の否定であり、まさに現世における滅度が個々の人間にとって可能であることを教えたといえる。滅度の瞬間において「世界」は消滅するという点で、仏教は無世界論的であり、超越なき世界において菩薩道が実現するという点で、仏教は無神論的である。

贈与としての慈悲行

右に言及した「与える」という行為は重要である。すでに指摘したように「与える」は「贈与する」である。西洋語でいえば、donner, Geben, give であり、名詞形でいえば don, Gabe, gift である。この人間特有の言葉は、西洋言語においては、日常的な交際用語のレベルをはるかに越えて、哲学的な思考をそそる言葉として、存在の根源を示唆するまでになる。例えばドイツ語では「何かがある」をしばしばEs gibtと表現する。この表現は日常的にはたんに「ある」ことを意味するのだが、文字通りには「それは与える」である。ドイツ語のこの表現にあたるフランス語はIl y aであり、英語ではThere is (are)である。フランス語では「それは与える」ではなく、「それはそこでもつ」になり、英語ではたんに「そこにある」となる。「それ」という非人称は純粋の「存在」を意味するのだが、この存在を働きの側面からもっともよく表しているのはドイツ語であろう。「与える」純粋存在は、事物が経験的・事象的に現実存在する(DaseinとかExistenzという)のではなくて、それを可能にする産出的な力である。「それ」は事物を、ひいては経験的世界を産出し(神学的には「創造」し)、かつ世界とその事物を「所有する」と理解するなら、フランス語の表現がその意味合いをよく表現しているだろう。しかし、人間固有の贈与を観察すると、それの本来的な働きは、けっして所有であるのではなくて、むしろその反対に所有しないことである。返礼を期待しないで、ましては与えることをすら意識しないで、ひたすら他者に与えることで満足するのである。これが贈与であり、贈与することで、贈与のなかで、贈与に住まうことにおいて完全に満足する、それが純粋贈与であり、純粋にあることである。

　しかし人間はこの純粋贈与を現実に実行することはできない。人間は社会生活のなかで他人とつき合うときには、たしかに贈与するのだが、必ず「何を、誰に、どこで、どのように」を意識しているし、また自分の贈与に対する返礼をどこかで期待しているものである。この意識は普通ではけっして人間から消えないし、またそれが社会的人間「である」ことの本質でもある。もし自分の贈与行為についての意識(「はからい」または執着)を除去できないなら、つまり与えるときに返しの期待をいだき、しばしば裏切られる経験するのが通例なら、人間は現世においてけっして満足することはできない。部分的なことで「甘受する」という振る舞いで「自己満足」(これは本来の満足ではなくて、慰めによる欠如態の糊塗にすぎない)をするにすぎない。こうした甘受や自己満足は実際には挫折感でしかないが、それを皮相に上塗りしてごまかしていく。これが世俗生活であろうし、そこに煩悩と苦痛が住みつくのであろう。これとは違う生き方、つまり本来の満足が成就する生き方があるのだろうか。これは広義のモラルないしは「宗教的」

態度を目指す問いである。明らかに、この問いへの答えは、純粋贈与を生きることにある。そして仏教はまさに純粋贈与行為を中心に絶対満足の道を教える。

自分が他人に与える前に、自分の存在が「与えられて‐ある」ことに目覚め、それに歓喜すること、これが基本である。もっと特定していえば、世俗的人間であることの真実の姿を「真実において」認識すること、すなわち現世内自我が何であり、それと違う自己がどうであるかを十分に知ること、要するに完全な自己認識を獲得することを智慧というなら、この智慧を得たことは、実は、与えられたものという意味での贈与であり、贈与であると知ることで歓喜するのである。歓喜はいわゆる自己満足ではなくて、必ず自己以外の他人に向けてその歓喜を伝える行為を伴うのでなくてはならない。贈与の自覚と歓喜の他者への伝達は一体である。この伝達は最初の無限からの贈与の効果であり、それもまた純粋な贈与でなくてはならない。智慧すなわち真実の自己認識が「与えられて‐ある」ことが目覚めであり、この目覚めの証しは同じ目覚めを他者へと回し贈ることである。これをトーヌス(情感)的にいえば「ありがたい」と感謝する。仏教浄土門はそれを「恩」とよび、そして原初の恩に「報じる」こと(報‐恩)を重視するのは、まさに贈与論的態度である。智慧の獲得は個人的な獲得にみえるが、実際には(存在論的には)無限(「それ」としかいえない)による贈与であり、回向である。回向は、布施と同様に、贈与にほかならない。したがって智慧は「教え」であり、教えは贈与された教えである。教えの「与えられて‐ある‐こと」は歓喜であり、それはそのまま今度は我の方から他人への教えの贈与的回向である。こうして純粋贈与の現世での循環が生まれる。

世俗の贈与慣行では、他人からの贈与は重荷であり、それに返礼しないと自己軽蔑に陥るあるいは世間的面目を失う。仏教的贈与「倫理」においては、こうした重荷は解消されて、受けた恩(贈与)を重荷ではなくて、感激のトーヌスで受けとめて、歓喜しながら他人と贈与関係を結ぶことができる。この関係は、他者を無条件に受け入れるという無一物者的行為である。こうしたギフト・サイクルのなかでひとはいわば変身するのである。世俗的自我から無限内に住する無我へと変身する。智慧の獲得は智慧の「与えられ」であると自覚する瞬間が変身の瞬間である。これを目覚めという。

現世内への回帰

菩薩が智慧に至る努力は集団的努力としてあり、したがって智慧への道は、集団的に行なわれる。菩薩と菩薩の関係だけでなく、菩薩と非菩薩(世俗的人間)との関係(仏教的には論議と説法)のなかで、智慧は探求される。この論議と説法の関係は、時間的に、したがって事実的には歴史的世界のなかで実行される。通仏教的には、人間社会の歴史的世界の学的展開はこれまでなかったけれども、仏教は原理的には社会的歴史的世界の学的探求が要請されている。煩悩具足の凡夫の生きる無明の世界とは、現実には歴史的展開する社会的世界である。これを語ることは何ら仏教の教えと矛盾しないどころか、かえって仏教の現代的展開にとって不可欠であろう。この要請は、「なくてもいいのだが、やはり社会論と歴史論もあったほうがよい」という通俗的な要請ではなくて、菩薩(求道者)と仏陀(覚者)との原理的差異から必然的に生じるのである。原理的な空白があるならば、学的にそれを埋めることが学的に要求されている。要するに、仏教が有神論的な超越を除去するときには、無神論的にならざるをえないのであり、無神論的態度は必ず有限世界論すなわち社会的歴史的世界論をもたなくてはならないのである。

他方、仏教において、仏陀の智慧にひとたび到達したときの境地は、有限＝即＝無限であり、現世即絶対空である。智慧を「もつ」ものすなわち覚者(仏陀)からみれば、一切皆空であり、すなわちア・コスモス(無世界)である。菩薩が仏陀に到達したとき、すなわち菩薩が絶対的な智慧を「もつ」に至るとき、そのとき菩薩はもはや菩薩ではなくなる。言い換えれば、まだなお有限世界(歴史的世界)のなかにあった菩薩が菩薩でなくなるのであるから、菩薩とひとつであった有限世界もまた消滅する。菩薩にとっての「世界」は空に転変する。仏教における無世界論は、菩薩から覚者への移行の瞬間にのみ語ることができる。あるいはむしろ仏教的無世界論は仏陀(覚者)にとってのみ成立する。

してみると、仏教は超越なき哲学の二つのタイプをいわば統一しているといえるだろう。超越存在の削除という点では無神論的であり、西洋の思想類型に対応させるならヘーゲル的類型に近似するだろう(ただしヘーゲル哲学を無神論として把握するという解釈を前提にする。ここではヘーゲルを有神論者＝唯心論者だと解釈する立場は却下しておく)。仏教は釈尊において仏陀の実現を承認するのだから、絶対的な智慧の実現の観点からいえば、仏教は無世界論を覚醒の瞬間において要請する。このような意味で仏教は無神論と無世界論の統一なのである。おそらくこの類型は西洋思想史のなかにはみられない。それは仏教の教えに内在する学的論理の重要な特質であるといわなくてはならない。

五　無化

無化する無

これまで超越の想念を超越存在の意味で使用してきた。超越存在は、有限世界を超越して、有限世界とは別の空間のなかにあるものとみなされる。有限世界は客観的に現実存在する世界であり、したがって時間‐空間のなかに現実存在する。これと同じ資格で有限世界の外部に固有の空間をもち、そのなかで「永遠的に」存在するとみなされるものが超越存在である。そしてこの超越存在は、この世界を「創造」し、しかもこの世界と絶対的に断絶していると想定されている。これが有神論的超越の想念であった。

ところで、超越の想念を、独自の空間をもつ永遠に自己同一的な実体とみるのではなくて、働きとしての超越の想念もありうる。いま一個の個人が行為し認識する主体としてあるとき、その行為や認識は、主体の外部にある対象に向かって自分の「外に出る」。外‐出としての超越の想念がある。外‐出としての超越とは、現実には何であろうか。人間が世界の内部に実存することは、人間が世界のなかにある他人や事物と関係して実存する(生きている)ことである。人間的実存を身体に限定して語るなら、身体的に実存することは、世界内事物はもとより自然としての所与に働きかけて何ものかを生産し、その成果によって生きることである。身体維持を「食う」ことに限定するなら、人間は所与の自然(材料としての自然)に働きかけて、自然的材料を「食えるもの」に変換しなくてはならない。この実例に即してしばらく議論を進めてみよう。

人間の実存を身体的存在に限定するとき、人間の世界への関わりは、一般に生産的活動であり、さらに簡略にするなら労働である。人間的労働は、すでに存在する所与の素材を道具をもって変形しつつ、以前には存在しなかった新しい事物を生産する。この生産的労働を過程として捉え、この過程を分析してみると、次のようになる。第一に、人間が労働を開始するためには、何を作るのかについての構想を不可欠とする。この構想(企て、計画等々)は、まだ頭のなかにあるだけであり、未来の生産物の設計図でしかない。それはまだ「観念」にすぎないし、「まだ‐ない」という未来性をもつかぎりではそれは「理想」である。第二に、人間は、この観念的理想(構想)に即して行為し、その構想に応じた道具をもって素材を変形する。素材は所与であるから、「すでにあったもの」という意味で過去性であり、この過去的な素材を現在の生きている労働が変形する。変形とは素材の形式を変えるのであるから、それは既存の事物の「否定」である。第三に、人間は自分の対象変形的行為(労働)のなかで自分のすでにある形を同時に変形する、すなわち人間的労働は人間を現にある状態から別の状態へと変換する。これもひとつの否定作用である。

いま労働の時間的構造(未来→過去→現在)を脇に置くなら、人間的労働は二重の意味で否定的行為である、すなわちそれは対象の否定であり、同時に自己自身の否定である。労働は、「主体」と「客体」の変形的否定である。変形的否定を無化とよぶなら、労働は無化する行為であり、主体の側からいえば労働はつねに自己を否定する過程であるから、それは無化する無である。ヘーゲルは否定性のタームを使用するが、その否定性は要するに「無化する無」にほかならない。過程としての労働はどこをとっても無化作用である。そしてこの無化の行為を外‐出としての超越とよぶことができる。

ところで、労働は身体の維持が目的であった。身体を維持しようとする意志は、普通は欲望である。労働は身体的欲望があるがゆえに現世のなかに事実存在する。労働と欲望はひとつであるから、欲望もまた否定作用であり、無化作用である。例えば、欲望は、それ自体を孤立的に捉えるなら、つまり充足しない状態で捉えるなら、空虚である。まだ充足されていないがゆえに、欲望は対象を欲望する。欲望に促されて行為するとき、人間は労働という無化的否定行為を実現する。充足以前における欲望は空虚であるといったが、それは欠如的無であり、それはこの欠如を充塡するために対象否定的に振る舞う(空腹は対象を食らい尽くすことで充足するというように)。ひとたび身体的欲望が充足するなら、この欠如としての欲望は消滅し、所与の自然状態に戻る(もとより動物的身体はつねにこの循環を日々反復する)。欲望は空虚であるから、あたかも時間と同様に、万物を破壊し、消滅させる。こうして外-出としての超越は、無化する無として人間にとって現出するのである。

欲望を起点として行為が生じる。身体維持のための対自然関係としての労働に妥当することは、人間の他のすべての行為にも必然的に妥当するだろう。複数の(そして結局は、社会のなかで共存するすべての)他人たちに対する行為、すなわち政治的・文化的な「社会内的」行為もまた、地位と権力をめぐる抗争の関係であり、こうした抗争的・闘争的な「社会的」行為は、ひとつの特定の社会状態を別の特定の状態へと変形させ、新しい関係を「生産する」。変形はすべて一定の状態や形式の否定であるから、これらの社会的な対他行為もまた否定作用であり、無化する無である。身体的実存において自然を否定的に変形し、社会的実存において対他関係を変形的に否定する。このような行為は特殊人間的行為であり、人間に固有の行為である。宇宙のなかで有限性という点で等質的であり、まさにそうであるからこそ相互行為する無数の存在者があるなかで、格別に人間だけが、無化する無(対象を無化し自己を無化する無)として、つまりは純粋な否定性として、現実に存在する。人間的な自由があるとすれば、この否定的行為としての無化する無である。

否定する行為としての自由は、どこからも演繹できない「与えられた」もの、すなわちファクトゥーム(Faktum、原事実)である。欲望(自然的と社会的)なしには特殊人間的存在がないように、否定する自由がなければ人間は世界のなかに現実存在しない。こうして、欲望(二重の)－行為－否定性－自由はひとまとまりであり、それぞれが同じ事態の別の表現である。それらはすべて無化作用である。分節していえば、自由は無(欠如的でも論駁的でもない、それらをひき起こすアプリオリな空としての無)であり、この無は行為において現実化する。人間存在とは無の現実化であり、無の世界内現前(Verwirklichung, réalisation)である。欲望から行為を通じて現実へと至る過程は、無から始まり無に終わる。過程自体が無化的無そのものである。これが人間であるとすれば、人間は無化する無である。人間だけが無化的であるのであって、人間以外の存在はけっしてそうではない。人間は宇宙のなかに開いた空虚であり、人間は存在自体において絶対的に空である。人間の諸々の行為は、否定的変形行為であるかぎりで、絶対的空のレアリザシオン(現実化)なのである。

第八章　無限他力の特質

絶対的に現世の内部にありながら、同時に絶対的に他なるものであるもの、それが他力であり、その絶対性を強調して絶対他力という。なぜ力というかといえば、それは他者的(絶対的に異質的)であり、かつ無限的でありながら、逆説的にも、それが有限的な現世の内部において不在的に顕現するというありかたをもつからである。「内なる外」という表現は、形式的には矛盾であるが、こうした矛盾的な存在性格をもつものは「活動する力」の特質である。この概念がはらむいくつかの問題や論点を以下に論じていきたい。

一　無限の変容

展現無限

すでに指摘したように、展現有限というタームは元来は清沢満之のものである。その形式的な意味は、無限ないし他力が有限な現世内に現出したありさまをいう。言い換えれば、展現有限は無限が有限に展現したものであるから、無限の側からいえば、「展現した無限」といえるし、これを略して展現無限とよぶことができる。ここでは、無限を中心に語るのだから、清沢の展現有限のタームとは違うタームを導入して論じることにしたい(いうまでもなく、清沢の展現有限と私の造語である展現無限は内容的に同一である)。

展現無限とは、無限または他力そのものをさすのではなくて、展現することを通じて自己を変容させた無限を意味する。それは有限世界のなかでの無限である。絶対無限あるいは絶対他力は、有限性のフィルターを通過するなかで限定されるが、しかし有限的なものになるのではなくて、無限的な性質を温存しながら有限世界の法則に服従するとき、それが展現無限とよばれる。それは有限世界のなかで無限他力がとる姿(figure, forme)である。

「展現有限」のタームは清沢満之独自の用語であり、彼の縁起存在論の基本タームである（『他力門哲学骸骨』を参照）。仏教の経典や論師の解釈のなかに清沢満之的な意味へと通じるものがあったことはおそらく確かであろうが、それはしかし厳密な概念に仕上げられてはいなかった。比喩のなかであいまいな姿でしか存在しなかったひとつの重要な想念を、厳密な学的な概念へと構築することは、ひとつの創造的な努力である。そして学的概念がひとたび成立すると、ひそかに隠されたままで十分な力量を発揮しなかった思想が明るみに引き出され、そうすることで過去の教えの重要な部分が蘇生させられる。これが概念的思考の独特の領域であり、仏教においてもこの学的伝統があったし、それを現代に甦らすには概念の仕事をもってするほかはない。まさにそれを清沢満之は成し遂げようとしていた。とはいえ、彼の仕事のなかには、後からいくわれわれの解釈を要求するものがあり、われわれもまた概念の仕事をもってこれを実行しなくてはならないのである。

さて、清沢満之によれば、無限が有限界に出現することが展現であった。展現した無限は、無限でありながら、しかし有限的性格をもつ。展現無限（清沢的「展現有限」にあたる）はこの両義性をもっている。では、展現無限の内容は何か。

展現無限は、哲学的にいえば、無限自体ではなくて、「そのジャンルで無限なもの」である。「そのジャンルで」という限定が展現的性格を示す。無限自体はジャンルをもたない、あるいはあらゆるジャンルを越えている。そこに無限と展現無限の区別がある。ところで、「そのジャンルで無限である」ものには二つある。西洋哲学の言い方では、「思考」「延長」、あるいは具体的に「精神（人間界）」と「自然界」である。したがって、清沢満之の展現無限は、あたかもスピノザの「属性」（無限的性格をもつ属性）である。用語の指示範囲を示すなら、展現無限は自然界と人間界を含む宇宙（コスモス）である。無量寿仏は展現無限としての「無限の広がり」であり、無量光仏は展現無限としての「無限の思考ないし智慧」である。二つのジャンルの統一が阿弥陀である。無限自体、無限としての無限、「純粋」無限、要するに無限一般は、宇宙として出現し、宇宙は自然界と人間界の二つのジャンルに分かたれる。これを踏まえて、私は展現無限が仏教では阿弥陀仏にあたると考えるのである。

展現無限が二つの「類」をもつように、阿弥陀もまた二つの「体」をもつ。すなわち、清浄な自然（大地）と清浄な人間界(清浄人類)である。個々の人間は「ジャンルとしての人類」に属する。個々の自然物は「ジャンルとしての広がり」に属する(自然であるかぎりでの人間もこの「広がり」に属する)。阿弥陀の「仏国土」は、展現無限であり、それは自然界と人間界の二つからなる。それは汚染された現世とは違って、「清められた国土」であり、すなわち浄土である。原理的には、「濁った現世」もまた展現無限であるが、それは目覚めによって浄化された「土」に変貌する。現世が汚れているか清浄であるかは、ひとえに覚醒があるかないかに依存する。覚醒のみが現世を一方から他方に移行させる。したがって、覚醒の舞台は展現無限である。現世を有限性だけで理解するのか、それとも有限性でありながら同時に無限的でもあると理解するのか、このどちらの解釈をとるかは覚醒のあるなしの分岐線となる。いずれにしても覚醒は展現無限を軸に展開すること、これこそが清沢満之をして多大の骨を折らしめた事柄である。

学知の構成

展現無限を基準にみれば、人間的な個別も自然的な個別も、展現無限の個別的な「様態」(mode)であり、清沢満之の用語でいえば「模様」である。ここから、仏教浄土門の学的組織は、三部構成になる。すなわち、無限自体―展現無限―個物(「模様」)。換言すれば、仏教的存在論を二部門で構成するのか、三部門で構成するのかは、仏教理解を左右する由々しきことがらである。浄土門以前の仏教は、基本的に二部門分割の宇宙論であった。中観論も唯識論も、展現無限を欠いているのではなかったか。龍樹は、前に述べたようにアポファーシス論理学(ネガティヴ存在論)によって、万物相関性を主張し、論駁のノンを駆使して一挙に空へと進入する精神の動きを厳密に展開した。一切万物は相依関係であるから、無自性であり、無自性は空であるというように、有限界の汚れから清浄な無限空へと一挙に躍入するのである。唯識は、依他起性、遍計所執性、円成実性の三性論をいい、依他起／所執の批判から一挙に円成実

(覚醒)へと移行する。二つとも、二部門でもって議論を構成する。ここには有限世界と無限覚醒との中間領域はない。まさにここが問題となるし、そこに浄土門の登場の必然性がある。

浄土門以前の仏教では、たしかに無限と有限の関係が論じられているし、縁起の論理(万物相関)も厳密に展開されている。しかし別の箇所でも論じたことだが、無限と有限との「関係」は、原理的には「不可能な」関係であり、したがって関係であることができないという点で「関係」とはいえない関係である。なぜなら、無限と有限は、存在論的には等質ではなく、等質化できない領域の間には相互作用はありえないからである、あるいは存在論的に等質的である複数の領域の間にしか相互作用としての関係はありえないからである。仏教は、ありえない関係がありうる事態を、正当にも、直観的に「不可思議」なことであるとして語ってきた。直観的には正当であるが、それを理論的に(学的に)も正当に展開する義務が、原則的にはある。存在論的に関係でありえない二つの領域の「関係づけ」を可能にする概念こそ、ほかならぬ展現無限なのである。そしてそれが浄土門における阿弥陀仏なのであった。展現無限の概念は、阿弥陀の概念であるのだから、浄土門の阿弥陀中心主義は、まさにそれ以前の仏教におけるひとつの「空白」を埋めたというだけでなく、その空白を手掛かりにして、概念構築をすることで、仏教の根本精神が歴然として蘇生することができたといわなくてはならない。無限と有限のかけはしは、両義的性格をもつもの(無限と有限の性格を同時所有するもの)しかない。仏教の学知の組織は、二部門構成ではなくて、三部門構成になる。すなわち、無限一般(無上仏)について語る存在論、展現無限を語る宇宙論または自然哲学(法則性としての縁起の理法)、特殊人間的なものを対象とする現象学的人間学(煩悩具足の凡夫的世俗界の学、自由と目的を原因性とする縁起の理法)。伝統仏教は、これを仏の三身として語ってきた。すなわち、法身、報身、応身である。三身は、覚者における覚醒の三つのアスペクトであり(真如法性、智慧、智慧の具現者＝覚者)、他方では学知の体系でもある。

清沢満之は『他力門哲学骸骨』のなかで「無限」について論じるとき(『語録』七六、『全集二』四四)、スピノザに言及している。そこでわれわれもいささかスピノザに言及しておこう。(なお、清沢満之は学生時代の英文リポートで二度もスピノザを論じていることにも注意しておこう。彼はかなりピノザに精通していたといってよい。)

絶対無限と「そのジャンルにおいて無限」とはまったく違う概念である(後者を便宜上「相対無限」と呼ぶ)。「そのジャンルにおいて無限であるもの」(infini en son genre)は、同一のジャンル(類)におけるすべての他者をしのいでいる事実を意味するにすぎない。

定義六。私は神を絶対無限、すなわち無数の諸属性から成るひとつの実体、と解する。それぞれの属性は、この実体の永遠で無限の本質を表出する。

説明。私は、絶対に無限な、というのであって、たんにそのジャンルで無限な、というのではない。なぜなら、たんにそのジャンルで無限であるものについては、われわれは無数の属性を否定することができるからである。しかし絶対に無限であるものについては、ひとつの本質を表出し、いかなる否定も含まないすべてのものは、それ〔絶対無限〕の本質に属する。(Spinoza, B., *L'Ethique*, Pléiade, p. 310.〔 〕は引用者)

右記の「説明」のなかにあるように、スピノザによれば、「たんにそのジャンルにおいて無限なもの」については、その無数の属性を否定されるという点で、それは絶対無限から峻別される。絶対的に無限なものは、有限性の宇宙(世界)、規定され記述されうる宇宙の外部へと排除される、あるいは有限世界とは絶対的に隔絶している。それは、「一であること」(unicité)、比較不可能を含意する。絶対無限にはジャンルというものがない。それは sui generis (独自類、単独類)である。それの属性は無数にあるが、この無限自体については、いかなる規定もできないし、したがって記述もできない。定義六の本文はそれを意味する。絶対無限は「否定」を含まないのだから、規定を含まない(規定は否定であるから)。だから規定されないものは、語ることも記述することもできないのである。他方、唯一の実体の属性(人間にとって考えられるものは、思考と延長の二つに限られる)は、その「ジャンルにおいて」無限である(思考と延長の二つのジャンルにおいて、という意味で)。このジャンルも無限であるが、語りえないものではなくて、無限であると言うことができるだけである。「定理十。実体の各属性は、それ自体によって考えられる。」(*ibid.*, p. 317.)(なおウォルフソンは「それ自体によって考えられる」は「定義不可能」を意味すると言っているが、私はその解釈を取らない(cf. Wolfson, H. A., *La philosophie de Spinoza*, Gallimard, 1999. pp. 131-135. 英文初版は一九三四年)。)

以上の記述を踏まえて、清沢満之の用語法を解釈してみたい。

第一。清沢満之においては阿弥陀仏は厳密には相対無限であり、展現無限自体(無限が展現した個々の有限のすべてを包摂するもの)であるが、同時に相対無限の極限に絶対無限があるのだから、絶対無限と本質的な違いはない。だから清沢の文章のなかで相対無限としての阿弥陀が絶対無限としても語られるのである。いまここでは阿弥陀を絶対無限として語ることにしよう。

彼の絶対無限の概念は、スピノザを念頭においているのだから、スピノザの定義に即して解釈されなくてはならない。スピノザにおいては、絶対無限はあらゆるジャンルを「越えている」のであるから、その意味で清沢の絶対無限もまたあらゆるジャンルを越えているのでなくてはならない。あらゆるジャンルを越えるからこそ、この無限すなわち阿弥陀は絶対的なのである。そしてそれぞれのジャンルに属する有限なものをも絶対的に越えているからこそ、阿弥陀すなわち無限は絶対的である。「あらゆる有限者を越える」というときの有限者には、有限な事物だけでなく、有限な人間はもとより、有限な事物について「語る」人間的言説も含まれる。こうして一切を「越える」絶対無限は、sui generis であり、まさにそのゆえに、唯一にして比較不可能であり、定義不可能である。定義不可能性は、それについて言説的に展開できない、ということであり、したがって絶対無限については、「指でもって差し示す」以外には「それ」を開示する方法はない。

絶対無限は、あらゆる有限を越えるのだから、したがって「そのジャンルにおける無限」をも越えるのだから、当然にも有限な人間の言語によっては接近できない。それは「語りえざるもの」である。語りえざるものについては、いま述べたように「指で示す」(もちろん声その他の身体行為で示すことでもあるが)ほかに人間のとるべき道はないが、そのとき人間は極限の言葉、言説になる以前の言葉、すなわち固有名を「それ」に与えるだけである。固有名は、普通名と違って、共通性も多数性もない。「それ」だけについての名前であり、それ以上には展開しない。ちょうど「一」しかなく、それのあとに数字(2や3や4という)が続かない、そのような「一」のみがあるのと同様である。固有名は、単独の「一者」である。語りえざるものはあらゆる言説を拒むがゆえに、人間はそれに唯一無比の固有名を与えて、「それ」に向けて「指で示す」(声で示すといってもよい)にとどめる。スピノザは、語りえざる絶対無限にたいして、二つの固有名を交互に使用している。その固有名は、神または自然である(この自然は、物的自然ではなくて、能産的自然すなわち生みだす力を意味する)。清沢においては、この語りえざる絶対無限は阿弥陀という固有名を賦与されている。

第二。清沢の言う「相対無限」は、絶対無限が相対有限界に変現または展現したものである。これが本来の阿弥陀の「働き」の概念である。「働き」に注目するなら、相対無限は阿弥陀ともよばれることもできる。しかしここでは絶対無限としての阿弥陀と相対無限としての展現無限(いわば現象的阿弥陀)を区別して語らなくてはならない。それは相対有限界の形式をまとう無限である。相対無限を清沢の別の言葉で言い直すなら、それは「無限無数」である。量的に無数にある無限とは無数のモナドである。無数の(無際限の)モナドを寄せ集めても、その集まりはやはり相対無限である。これの分類名を「そのジャンルにおいて無限」という。

第三。問題となるのは、絶対無限と相対無限の連絡の仕方である。両者をつなぐ用語は、清沢においては、展現の概念である。絶対無限は、それだけで充足している。単独で扱うなら、それについては何も言うことはできないし、したがってそれに「ついて」内容的なことを言うことはできない、すなわち規定することができない。しかし「そのジャンルにおいて無限」という属性によって、個物は、そして万物は、絶対無限につながっていることを語ることができる。相対無限または展現無限(清沢タームでは展現有限)は、この意味での媒介概念なのである。

展現は、ひとつの力の現われである。無数の縁起関係(普遍的相関性)を産出する唯一の力が絶対無限である。この命題はすでに定義ないし規定であるが、それが言えるのは媒介概念を経た後においてである。個物をモナドとして把握すること、したがって個物のなかにそれを生産する全過程が含まれていると理解することを通して(それに媒介されて)、要するに有限界の存在構造を知ることを通してはじめて、それへと展現した絶対無限を理解することができる。この観点(縁起関係の結果としての「我」あるいは個物の観点)から全体を眺め直すなら、万物は、唯一の力(絶対他力)による産出物であると知る。かくして有限界の法則(因縁果)は有限な個物を、またそれらの集合としての有限世界を貫くのだから、当然にも展現無限をも貫く。縁起の理法とは、絶対無限が有限界に展現する理法であるともいえる。だからこそ逆に、縁起の理法が貫徹する有限界のモナドの分析を通して、絶対無限に接近することができる。分析は言説的論証であるが、論証によって導かれる無限への最後の接近法は、論証ではなくて、「指差すこと」である。絶対無限の「方向」を指ないし声で指し示し、そこへと向かうことが万物の存在の意味であることを理解しつつ知るのである。

展現は有限界への絶対無限の出現であるから、それは森羅万象として、つまり多様性として出現する。多様な万物は、絶対的な他力という生産力によって産出されたものである。展現過程はひとつの生産過程である。展現の過程を知ることは、そのまま縁起の全体的構造を知ることに等しい。縁起の構造を知ることは、縁起的関係の無数の連鎖の結果として、すなわち絶対他力の生産力の生産過程の結果として、いまここに存在する「我」を知り、その「我」がおいてあるところの現世の存在構造を知ることでもある。この「知る」行為は哲学的な認識以外ではありえない。「我」(したがってすべての人間)を含む有限世界全体を「真実において」(覆われない仕方で)認識することが、展現無限の認識であり、そのような認識の極限においてはじめて、絶対無限(絶対他力)を垣間みることができる――指し示しの振る舞いによって間接的に、あるいはネガティヴに。この極限が無限と有限との接触点であり、この境界線の内側を認識するのが哲学的理性の仕事であるが、境界線の向こう側についてはもはや何も言うことはできない。

この接触を生きるのが目覚めの経験である。目覚めの内容については理性は何も語ることはできない――「できない」という意味は、言説的に首尾一貫して語ることができないということであり、あえて語るとするならば、真実から離れることを覚悟して比喩に訴えるしかない。哲学と理性は、目覚めの瞬間の「直前」まで人を導くだけである。導くというのは、妄念の道に迷い込まないように人々の知を守ることを意味する。哲学的認識がなければ、人が個々的に目覚めることがはたして本当に目覚めであるのかどうかを、確実に言うことはできない。少なくとも哲学的知は、目覚めの主観的自己確信という思い込みの危険からひとを保護する役立ちはあるし、もしこの保証がなければ、悪い意味での自己確信すなわち妄念と妄想だけが乱舞するだろう。

すでに述べたように、展現無限は、「そのジャンルにおいて無限」である二つの領域をもつ。「無限的な」自然と無限的な精神(人間)界である。無限としての無限が有限界に不在的に現前するときには、こうした形をとる。自然的個物も人間的個物も展現無限の「体」を構成する要素(様態)である。展現無限は有限界における「純粋」無限の姿であるから、当然にも展現無限は、有限界の「おきて」(法則)の支配下に服する。それが縁起の理法である。一切万物は気づかないままに縁起の理法の支配下にある。有限な人間が、自分もその構成要素であるところの展現無限を「真実において」、したがって絶対的に覚知するとき、自分の外部にある自然的存在もまた同じく展現無限の構成要素であり、それもまた自分と等質のものであると知る。こうした回り道をしてはじめて有限な人間精神は、間接的に「無限としての無限」に触れることができる。ここに覚醒の可能性が与えられる。

これを修行面からいえば、ひとは、展現無限(「現象的」阿弥陀)のなかにつねにすでに包摂されて「ある」ことを、まさに信じつつ知るとき、それが正覚である。「知ること」を厳密にとれば、自然を「知る」ことと人間的世界を「知る」ことを二つながら完全に知ることでなくてはならないが、まさにこの知の成就は学としてしか実現できない。いまはそれが現実に可能であることを確認するだけでよい。もし展現無限を縁起の理法の知を通して確実に、そして真実に、認識できたとした場合、現世内人間としての人間の本質を無明として知ることができるだろうし、無明のなかにある人間が相互行為する相手(とくに人間、さらには自然的大地)もまた無明的であることも知ることができるだろう。無明であることの自覚は、同時に無明を晴らした大地と人間の真実(覆いのない隠れなさ)がそれ自身で自分をあらわに示すことであろう。その真実の展現無限すなわち清浄な二つの領域が「浄化された土」である。正覚としての絶対知の所有者は、この浄土に住することができる、いやむしろ浄土の住民たらざるをえない。その浄土のなかに「ある」ことでこそ、人間は完全に満足することができる。そしてこの満足(円成実性)があってはじめて滅度に入る。救済とはまさにそうしたことを意味する。

覚者は、なお現世において生きるかぎりでは、あたかも浄土から還帰したかのように(「如来」の働きの反復)、まだ無明のなかにいる現世内の人々(一切衆生)を目覚めさせるべく行動する。覚者の正覚は展現無限の働きをそれ自身において現実のものとしているのだから、展現無限の包摂と同じ包摂の行為を他人に向かって発揮するのでなくてはならない。この「ねばならない」(義務)というのは、他人(一切衆生)の目覚めを実現することを「証し」として実現することで、正覚ははじめて正覚になるからである。原理的には、正覚は一切衆生の正覚と同時的である。覚者の側からいえば、自己の正覚の証拠は、自分以外の他人たちの覚醒であり、それを絶対条件とする。かりに自分一人だけの覚醒があるとしても、それはまだ真実の覚醒ではないし、それは原理的にはたんなる「主観的確信」を出ないのである。主観的確信は妄想でもありうる。主観的妄想であるかもしれないという不安な可能性を除去するのが、他人との何らかの関係であることは前に論証した。

覚者の正覚についても同じ論理があてはまる。こうして正覚者は、自己の満足にとどまるのではなくて、他人の満足を現実にしなくてはならない。それが慈悲すなわち抜苦与楽である。慈悲の行は、無明からの解放を衆生に促す。そうすることで正覚者は、展現無限の仕事を現世において実行する。阿弥陀が一切衆生を摂取不捨するように、覚者もまた万人を摂取不捨する、あるいは苦を抜き楽を与える。慈悲の行の実現可能性は展現無限の概念によってはじめて可能になる。そこに浄土門の思想的革新があった。

展現無限の清沢満之的概念は、阿弥陀仏の概念的説明であるが、それに尽きない。展現無限の概念を突破口にして、仏教の学道的組織が開始する。展現無限は、有限的でありかつ無限的であるのだから、有限界を通り抜けて純粋無限へと通じる過程を学的に組織する課題をつきつける。同時に有限世界を展現無限として自覚し、そのように「語る」自己、あるいは存在者について首尾一貫して「語ること」(ロゴス)をも語らなくてはならない。そのとき、前に言ったように、学の組織は、存在「についての」語り(存在論)、宇宙論(形而上学)、現世内人間についての語り(人間の学)という三部構成になるだろう。

展現無限とは、形而上学的には清沢の言う「有機組織」である。有限世界論は、自然的かつ精神的なモナドロジーとして展開するだろう。そしてそれが縁起の論理が歴然として展開する場所である。これは清沢満之ひとりに限定されるのではなくて、仏教一般に拡大されていいのである。その意味で、展現無限の概念は、浄土門仏教の理論的説明にとどまらず、仏教の学的思想の革新になる。この概念の重要性はまさにそこにある。

二　他力の概念

他力の「他性」

他力タームにおける「他」は無意味な形容句ではない。ではこの他力の「他性」(l'être autre, l'altérité)とはどういうことであろうか。

他力は、現世内の種々の「力」とは根本的に異質であり、それらが原理的に有限であるのに対して、他力は無限的であり、そのかぎりで他力は一切の有限な事物とその力を越えている。有限的事物(自然的物体と人間的存在を含む)とは異質的であり、それを越えるという意味で、他力は「他である」、あるいは異質的という意味での他性である。これについて人間の言語は、原理的には「語る」ことはできない。なぜなら、人間の言語もまた有限世界の「もの」

であり、したがって有限的であり、定義によって有限的な言語はそれと異質な無限について、有限な事物を語るようには語ることができないからである。すなわち、無限他力は人間的言語表現を「越えている」のである。それを仏教では、伝統的に、不可思議、思考不可能と呼びならわしてきた。

他力は「絶対的に他なるもの」または「完全なる他者性」(tout autre ou altérité parfaite)である。それは「語りえない」もの(ineffable, indicible)であるから、有限的事物のように「ある」(être, Sein)とも言えない。人間的言語の限界があるので原理的には不適切だが、あえて西洋語(フランス語)をあてはめれば、le Néant absolu となるだろうが、この「ネアン」は普通は「無」と翻訳する。しかしそれでは他力の他性を十分に表現できない。仏教は他力の他性を言い当てるために、無ではなく空というタームを採用してきたと思われる。なぜなら、他力の他性は、有と無、あるいは有と非有を「越える」ものであり、有と無は有限者に対してのみ有効な言葉であるからである。要するに、他力の他性は、空性なのである。

いかにして他性を「知る」ことができるか

他力を絶対無限あるいは絶対空として定義するのは、さしあたりは理論的概念の範囲にとどまる。しかし仏教における問題は、有限な人間がこの他性をどのように「知る」ことができるのか、である。他力の他性がたんに理論上の「論理的仮説」にとどまるのではないのだとしたら、何らかの仕方で人間によって経験されなくてはならない、あるいは他性の絶対他力が世界内人間に「与えられ」ていなくてはならない。たんに物象のように対象的に「現前している」ばかりでなくて、何らかの情感性において感受されていなくてはならない。ここで言う「与えられて‐ある」とは「感受されて‐あること」を意味する。他力の感受の意味での経験は、情感性なしにはありえない。すなわち、絶対的に異質の他性の感受は、安堵の情感性のなかでの感受なのか、それとも不気味の情感性のなかでの感受なのか、のどちらかである。有限世界のなかで、人間が他の事物と相互行為するときには、両者は存在論的に等質であるから、ときに対立はあっても基本的には安堵と確信のなかで感受することができる。絶対的に異質なものとの「本来はありえない」相互行為がありうるなら、それはおそらく不気味の情感性のなかでの感受になるだろう、すなわち不気味の情感性のなかで他力は「与えられる」。

日常生活のなかで、他性の経験があるとすれば、それはまずは死の可能性の経験であろう。他性は、不気味や不安ないし恐怖の相で、人間にとって「与えられる」。死それ自体を人間的個人は「実際に」経験することはできない。人間は「死んでいる」ときには、その死を経験することは不可能であるからである。人間が経験できるのは、自分自身の死の可能性のみである。「死にうること」「死ぬことができること」は死の可能性(いつか死ぬであろうだけでなく、自分で自分に死を与えることが「できる」ことまで含む)についてなら、人間は経験することができる。(ハイデガーなら、この経験の分析から、人間的現存在の時間的構造を取り出すだろうが、それはいまここで論じたいことではない(死の経験の時間論については、とりあえずHeidegger, M., *Sein und Zeit.* を参照)。

ところで、死ぬことができるのは、おそらく人間に独自の事柄であろう。人間以外の生命体や非生命体は、存在を停止するが、それを意識しないかぎりでは、死はそれにとってありえない。人間だけが死の可能性を意識するがゆえに、人間は生存を停止するのではなく、通常はこの停止を「死ぬこと」としてみなすのである。人間はそのように生命を終えることを「死にうる」こととして意識する、つまり経験する。この「死にうる」ことをつきつめると、人間にとって生存(実存、生)と死の境界線に必ずぶつかる。死ぬであろうことの経験は、この生と死の境界線の経験である。この境界(リミット)があるがゆえに、人間は、そのかぎりでは他の存在者と同様に、有限な存在である。しかし人間はこのリミットを自己の存在に「与えられ」ていることとして情感的に経験する。境界が与えられることは、同時に、境界の「向こう側」もまた何らかの仕方で「与えられている」。この「向こう側」について、有神論(ユダヤ＝キリスト教的神学が代表的である)は「超越存在」すなわち「神」とよぶだろうが、仏教はこの「向こう側」を、いかなる仕方でも、「あるもの(存在者)」としては受けとめない。

超越的世界創造神を拒絶する仏教は、そのかぎりで無神論的であるから、仏教にとっての「向こう側」は、まずは「何ものでもない」(何もない)。あるいは不正確だが慣用にしたがって「無」を使用するなら、「向こう側」は無「である」。「無である」という言語表現はいうまでもなくパラドクスであるが、それは単なる矛盾ではなくて、境界の経験にとって現実的なパラドクスである。パラドクスが現実に与えられている。より正しくは、仏教にとっての「向こう側」は空である。こうして絶対的他性の経験は、空性の経験なのである。経験はひとつの「知ること」である。

空は他性の力であるが、ではこの「力」とは何であろうか。絶対的他性は、人間の言語をもってしてはそれに「ついて語る」ことはできないし、それについて何らかの命題を「言う」こともできない。厳密には、絶対的他性については「沈黙」あるのみである。あるいは沈黙のなかで情感的に与えられる。有限な現世内存在はそれぞれの力をもつし、生命体なら、動物であれ人間であれ欲望と意志をもつ。これについては人間は相互行為することができるから、言語でもって語ることができる。しかしこれらの有限な力や意志(欲望)を「越える」力が何らかの仕方で「ある」としてしか考えられないように「ある」。何らかの仕方で、というのは、語りえないものは直接には接近できないから、間接的に、回り道をして、「それが与えられてある」と情感的に感じるほかはないからである。圧縮していえば、他性の他力は、有限な人間がまずは自己自身を他力の変容(模様、様態)として「感じる」、しかるのちに人間以外の存在者についても、自己の感じ方を通して他力の変容であると了解するのである。こうして有限世界(宇宙)の万物は他力の変容として、言葉以前的に「把握される」。

異質な他性は日常の円滑な営みのなかでは、それとして感じられない。異質なものがそれとして生活のなかに露出してくるのは、生活の危機ないし危険のときであろう。円滑な生活の営みが切断されるときである。病気、挫折、事故、自死の可能性などが、個々人の条件に応じて迫り出してくるとき、ひとは危機としてありありと経験する。危機は苦悩として感じられ、その苦悩は他の苦悩をよびよせる。苦悩を苦悩する際限のない循環が開始する。これに巻き込まれるとほとんど脱出することができなくなるほどである。このとき、ひとは表象のありかたがどうであれ、死の可能性に直面し、死の可能性あるいは非存在との境界を経験している。生活のなかに突然に現われる亀裂におちこみ、そのなかで瞬間的に出会う相手が異質な他性であり、それは不気味な情感性の相で感受される。事故その他が偶然であるように、個人にとってはこの出会いは偶然の出会いである。そのとき語りえない他性が個人のなかにひそかに与えられる。この情感的感受がないとすれば、そもそも「出会いがたきものに出会う」(偶縁)すらありえない。

このような経験はそれほど奇妙ではない。たいていは何らかの仕方で、度合いの違いはあっても、誰もが経験している。この偶縁と偶会をきっかけにして、それを内側に折り曲げて反省しはじめるとき(苦悩の意識は認識的思考の始まりである)、そこから自己および自己が生きて死ぬであろうこの世界のありかたにまで思考は進むだろう。こうして仏教では縁起の存在論が展開することになる。思考の自然な展開の仕方は、第一に、人間を含む宇宙の理法の把握に至り、第二に、そのように世界を把握するところの人間の思考そのもの(言語をもって矛盾なく語ること、言説、ロゴス)を思考するところの論理学が独自に考察されるだろう(ネガティヴ論理学)、そして最後に第三に、この世界のなかのこの人間の具体的な生活の考察に辿り着くはずである(人間学)。伝統的仏教の学的組織が現実にそのようになっているどうかはともかくとして、学的に展開を首尾一貫して問いつめれば、いつかは上記の三部門が登場するはずである。それを実際にやろうとしていたのは、前にも指摘したように、清沢満之の数々の論文ならびに著作である。少なくともそのように読むことができる。他力の他性の考察からその思考の筋道を再現できる(いうまでもなく、別の概念の考察から同じ結論を導出することもできる)。

語りえないものを語ることの逆説

無限他力の他性は語りえない。それは理性的言説を越えているから、あるいは人間の言語活動(ランガージュ)が有限的であるからである。だからこそ、この語りえないものは非言説的な情感的感受のなかでしか与えられない。語りえないものは沈黙しているし、それについては人間もまた沈黙せざるをえない。語りえざるものについては言語でもって表現されえないとしても、それの「与えられ」については、身振りでもって指し示すことはできる。この身振りを「指差す」(monstration)とよぶことができる。

この「指差し」には二つの仕方がある。ひとつは、人差し指で「方向」(＝意味、フランス語のsensの二重の意味で)を与える。沈黙のなかにあるものは*monstration*をするしかないからである。もうひとつは、人間の言語活動の原初の姿である「命名」である。語りえざるものに名前を与えて、その名前を称えることである。名前(名号)を称える(発声する)ことは、言語表現(論証的な言説)ではない。名前を声にすることは、原初的言語による*monstration*にほかならない。

他性あるいは空＝涅槃が語りえないのだとしても、それが与えられていることを知らしめる仕方はあるだろう。どこまでが語りうるものであり、どこから語りえないものなのか。この区別があるとしたら、その区別をどう考えるべきだろうか。

カントの「物自体」は、有限な人間の経験のなかに現われる現象と対照させるなら、超越的な存在であり、したがって語りえざるものである。形式的には、仏教の涅槃＝空はカント的な「物自体」であるともいえる。しかしカントの物自体は、たしかに言語表現を越える意味で語りえないものであるが、この「もの」はやはり「物」であり、「物」であるかぎりは何らかの仕方でふつうの物と同じ仕方で「存在する」。つまりこの「語りえざるもの」は特定の空間のなかに「ある」。要するに、カントの物自体は、宗教と神学の神であり、不死の魂であり、彼岸である。それらは、物として、この世界とは別個の「世界」において「存在する」。それは「無」ではなくて「有」なのである。カントは首尾一貫して言説するかぎりでは、この超越的なものについては「あたかも存在するかのように」として語るほかはなかった。カントにとっては「あたかも」(als-ob)は言説の上で取りうる最後の形態であるが、真理を言説的に語るところの人間の言説としては、内部に自己矛盾を抱えざるをえなかった(フィヒテ、ヘーゲルの批判もここに集中したのも当然である)。

これとは反対に、仏教は西洋的な religion と対照させていえば、「無神論」であるから、神、不滅の魂、空間としての彼岸を無用とするし、むしろそれらを退ける。しかし仏教は、あらゆる宗教形態が有限世界と同列に置く「もうひとつの世界」を想像してきたところの独特の事態を必ずしも退けない。そのような想像物が由来する理由を指摘しながら、有限を「越える何ものか」を承認し、その語りえざるものを超越的にしないで、いわば「内在化させる」のである。有限世界がそのまま無限とひとつになり、ひとつの円が同時に二重の円であるかのように語る。仏教は語りえないものを指差すだけであり、指差された方向にある極限をあえて語るときには、固有名をつけ、それを空ないし涅槃とし、それの境地を寂静というにとどめる。

三　論証と指差し

demonstration / monstration

言語活動、すなわち言説は、基本的に論証的言語表現である。これを簡単に *demonstration* としておこう。この論証的言説は、結局は、「ある(有)」と「ない(無)」の対立の上で展開される。論証的言説をもって表現できないものは、あるといえないし、ないともいえない、非有にして非非有であるともいえない、そういう「何ものか」である。その「何ものか」はまったく人間の論証的言語を越えるのだから、それの現実性については論証的でない身振り(monstration)にたよるほかはない。このような論法もまたひとつの論理学であり、前に指摘したように、これはネガティブ論理学である(龍樹の論理学をそう特徴づけることができる)。有限な論証的言説が途絶えるところで(言語道断)、空ないし涅槃への *monstration* が行なわれる。語りえないものは論証的に語ることは原理的に不可能であるが、しかし「それ」を指し示すことはできるのである。

念仏の名号(阿弥陀仏)は、論証的言説ではなくて、固有名の称号であり、声でもってそれを指差すのみである。声は言説が還元された純粋状態であり、それは言葉であって言葉でない。声を繰り返す（名号と称える）ことは、そのまま「行」である。なぜなら、声を発することは身体活動であり、語りえざるものの内在化であり、語りえざる無限的なものとの言葉なき（しかし声のみがある）接触である。人間はこのとき声に純化する。言説が途絶えるとき、言説によって表現され、表象される事物の刺激も途絶える。妄念と妄想も途絶える。このとき人間の心身は純化し、涅槃＝空になり、清浄になり、寂静になる。

比喩と論証

以上のことは、まさに言語と言語表現に関わる重要な問題である。他力について語るときには、この言語活動（論証的言説）の問題を回避することはできない。人間の言説は、有限世界のなかの人間の言語活動であるから、論証的な言説を純化する傾向をもちながら、イメージ言語すなわち比喩的言語表現に強く牽引される傾向をも抱える。したがって、人間の言語活動は論証的言説であるが、それを問題として吟味するときには、そのなかにある比喩的表現の問題にも直面しなくてはならない。仏教が目指す涅槃＝空は論証的言説にのらないばかりか、他方では比喩的表現によってアントロポモルフィズムに向けて誘導された思考によって、涅槃どころか有限世界の一個のイメージに縮減されてしまうおそれが実に大きい。これが仏教における戯論の問題であった。

人間の言説は、論証的であれ比喩的であれ、戯論的である。戯論とは真実の把握から人間の思考を遠ざけ、あるいは真実への道をふさぎ、あるいは真実を覆うことである。人間の言説は真実（真如、あるがままの現われ）への到達を困難にするのだが、にもかかわらず人間は言説的存在であり、言説することは人間の「本質」であるのだから、言説をもってしか真実を把握することはできない。戯論としての言説は、真実から遠ざかるにもかかわらず、人間はこの戯論を使用せざるをえない。戯論は、真実への道への妨害物でありながら、しかし戯論を通り抜けることなしには真実に到達することができない。仏教は人間の言説の戯論であることの逆説を鋭く把握した。まさにそのことが、例えば龍樹の論理学を、ポジティブ論理学ではなくて、ネガティヴ論理学たらしめた根源的理由であろう。

真実は戯論を通してのみ現われる。一般に、誰もが自分の語りを真実であると確信している(悪い意味での「主観的」自己確信)。この確信があるかぎり、ひとは他人の意見を受け付けない、あるいは他人の意見を絶対的間違いとして擯斥する。ひとは言説するとき必ず一度はこの「意見」と自己確信を通るに違いないし、実際にそのように行為する。もしそうなら、ひとは「客観的」な真実に触れることはできないし、主観的確信の状態に「永遠に」停滞したままであろう。いかにしてひとはこの主観的確信の「意見」から抜け出し、客観的真実に向かう一歩を踏み出すのであろうか。何よりも、主観的確信が真実ではないと自覚するのでなくてはならないが、しかしその自覚はどうして生じるのか。この自覚は、言説のもつ戯論性の自覚に等しい。

何かについて語るものの見解が本質的に戯論的であると各人が意識することができるとして、ではそれはいかにして可能なのか。独断の眠りを打ち、覚醒を刺激する外部からの衝撃以外にはない。ここから論議の必然性が生じる。逆にいえば、すでに目覚めたものが、まだ目覚めないものの眠りをさます教化は、独断のなかに安住するものを外部から揺り動かすことでもある。どちらから見ても、論議は必要であり、必然である。仏教が論議を重視するのも当然である。教化とは論議であり、ウパデーシャである。ウパデーシャは、すでに目覚めたものが、まだ目覚めないものが頭のなかにもっているドクサ(意見、妄念)を打破するために、ひとまず相手の妄念的意見の枠組みの「近くにまで」よりそい(「近づけて説法する」)、そうすることで異質な見解になじませる方便である。方便は、真実に他者を「近づける」回り道あるいは手段である。この事態は西洋の卓越した哲学者にも気づかれていた。例えば、スピノザはその『神学政治論』のなかで、こう述べている。すなわち、s'adaptant à l'esprit du peuple [Spinoza, B., *Oeuvres complètes*, Pléiade, p. 675.]「民衆の精神に適応させながら」とスピノザが言うとき、彼は、真実を知らしめるためには、一部の知性的人間を別にすれば、ひとまずは民衆の「意見」に近づけることを余儀なくされるから、比喩的な言語表現を使用するのだというのである。

一般に、論議は、原理的には、論議に参加する当事者のそれぞれが、意見のすり合わせを媒介にして、各人の「主観的自己確信」の殻を解体する道である。それは何よりもまず各人の言説がもつ戯論性の解体である。言説は本性上戯論的であるからこそ、言説はそれのなかに生きる人間を妄念にさそう。この妄念を解体するには、やはり言説にたよるほかはない。言説は、一方では、真実を求めながらその戯論性によって真実から乖離するが、他方では、戯論を通ることだけが真実へと通じる道でもある。すべては言説のなかで生じる。誤謬や妄念も語るのが言説であるが、妄念的である言説を打破するのも言説である。論議とはこの両側面の運用である。智慧を求める求道(哲学)は、知的には、この論議の過程であり、論議過程の終点が智慧である。そのとき無数の過去の言説が開示した真実(部分的)は、それらの誤謬(真実への道を塞ぐ障壁)を取り去ることを通して変形され、同時に智慧の内容に取り込まれる。こうして真実への「唯一の」(absolu)道が開示される。これを絶対の智慧(絶対知)とよぶ。人間にとって、戯論的言説は本性的なものである。戯論あるがゆえに人間はかえって真実に到達することができる。この逆説は仏教のなかで決定的に重要である。

「かのように」

ひとはしばしば知らぬまに「かのように」の形式で語ってしまうことがある。また意識的に「かのように」に語ることもある。「かのように」の語りとはなんであろうか。

「かのように」は、それ自体では真実ではないし、真実らしいこと(もの)でもない。またそれは誤謬でもなく、非真実‐らしい‐ものでもない。「かのように」の本性は、真実も真実らしさも原理的には語りえないにもかかわらず、言説でもって語ることができるとみなすところに成立する。「かのように」は「何かについて真実を語りえない」という意味で、むしろ本性的に沈黙である。「かのように」の語りは大いに語るのだが、その語りは何も言わないに等しいという意味で沈黙である。したがって、「かのように」の言説は「おしゃべり」(bavardage, Gerede)である。おしゃべりとは、言葉の乱舞のなかでの沈黙である。

もうひとつの「かのように」のタイプがある。それはけっしておしゃべりでもなく、そらごと(空話)でもないが、やはり真実の語りではない、という意味で条件的な語りである。それが「比喩」である。比喩は、何かを別の何かをもって代理する言説である。他人を説得するとき、あるいは論理的言語が手元にないときに、余儀なく頼る便法である。それは真実の代理であり、「仮に説く」という意味での仮‐説である。

おしゃべりやたわごとも、比喩ないし仮説も、条件的な「かのように」であるという点で共通する。仏教はそれを戯論として特徴づけてきた。しかし言説の戯論的性格は、それ自体で擯斥されるべきものではなく、人間の言語がもつ宿命であり、言語的人間の本性でもある。人間的思考の普通のありかたが悟性ないし知性であるとすれば、この分割し分別する思考は、必ず対立と矛盾を抱える。対立と矛盾を避けて通ることができないかぎり、人間の悟性は想像力に誘導されて比喩的に言説し、しばしば知らぬ間に「神話」(広い意味での)をつくりだす。語りうることと語りえないことを混同し、人間であらざるものを人間的なものに仕立てあげたり、人間の性質をそれに賦与したりする。比喩または類似語法はそれをますます強化する。とはいえ、人間はさしあたりはこうした条件的言説に依存し、そこから出発するしかないことも否定できない事実なのである。

学としての仏教は、このような戯論を使用しつつ、しかも戯論を論駁しながら、戯論がよって立つ前提(表象による対立、事物の固定化と実体化)を解体し、そうすることで袋小路に陥るものを助け出して、真実への道を指差す。究極の真実は、ヘーゲルの用語でいえば、概念と存在の媒介的な一致である。概念と一致がない間は、思考は、それと知らないで、対立と矛盾のなかを流転輪廻する。対立が消去されるとき、すなわち概念と存在とが一致するとき、もはや言うべき本質的なものがないのだから、人間的思考はそこで絶対的に沈黙する。もし口を開きたいのであれば(そして実際に他者を教育するために口を開くのだが)、その言説は、この絶対的真実に至る過去の道をはじめから繰り返すのみである。この境地では、ひとはいつでも語ることができるが、いつでも(望むときに)沈黙することができる。この境地から眺めるとき、「かのように」の言説はにせの沈黙である。学としての仏教は、この観点では、空話(「かのように」とおしゃべり的沈黙)との対決であり、真実の沈黙(空性真如)の獲得の教えである。

論議は説法である。智慧をもつものが説法するとき、まず論争相手にするのが「かのように」の相手の語りであるから、その語りが成り立つ前提を解体しなければ、智慧の伝達は不可能である。普通の人々がこの世界で生きるときにためこむ「かのように」の思考を妄念という。妄念についてもう少しつめてみよう。

四　妄念論

妄念(イデオロギー)

人間は、普通の日常生活のなかでは自己矛盾を抱えて生きることができる。われわれの世俗生活の経験を少しでも考察してみればこのことは明らかである。生活ばかりではない。「理論」や「思想」が、たとえそのなかに自己矛盾を抱えていても、それらがあたかも真実であるかのように人間は行為することができる。経験はこの可能性の如何を問わないが、しかしわれわれは理論的観点からこの可能性如何を問わなくてはならない。なぜ人間は矛盾を生きることができるのだろうか。自己矛盾であるにもかかわらず人間は生きることができることを説明する仕方があるのだろうか。この問いはイデオロギー論(あるいは妄念論)に課せられた課題である。

イデオロギーとは、その思想内容や論理が、生物学的に生きうる条件と矛盾したとしても、つまり非=真理だとしても、あたかも真理であるかのように信じ、かつそれに順応して行動する、あるいは生きうると確信している。内容上でも論理上でも、それ自身で矛盾していても、人間はその種の非真理の妄念を生きることができる。経験に即していえば、そうした妄念を現世内の道徳的(morale)・習俗規範的(moeurs)「真理」として妥当すると信じて生きるのである。これが妄念あるいはイデオロギーの一般的性格である。イデオロギーは、自己の前提が自己矛盾的であっても、それを安んじて容認する、あるいは矛盾を「どうでもいい」として無視する(無関心)ところの表象の「体系」である。それは前提に無反省であるからであり、つまりは自己の前提に盲目であるからである。それは、自己の前提を除くあらゆることをいかにも利口そうに(「さかしらに」)論じることがあっても、前提自体にはけっして触れようとしない。(このことは意識してそうであるというよりも、むしろしばしばたいていは無意識的である。この無意識性こそが妄念を主観的確信とさせるものであり、イデオロギー一般の特質である。)

自己矛盾する言説は、非真理であるから、極端な例を挙げれば(カントにならって)、「四角い円」の想念と同じである。四角形と円は同じであるとするのは、自己矛盾であり、それは想念のなかには「ある」が、現実にはありえないものである。言葉を繰りだして無数の想念を紡ぎだす言説は、しばしば知らぬ間に、四角い円のごとき言説を作りあげる。それを神話とよぶこともできる。「あの世」と「この世」を空間的に分割し、こちらからあちらへ(その逆もある)と人間(の魂なる物)が移動できるとする想念もまた、四角い円と同類である。しかし人類は、このような「四角い円」の神話を実に久しい間にわたって生きてきた。生きることができた以上は、生きることができた理由があったに違いない。たとえ妄念や妄想といえども、人類はそれに頼ることなしには生きることができなかった。

例えば、十八世紀の民族学が「発見」し、それに理論語「フェティシズム」と名づけたところの現象は、原初的な宗教現象であったが、人類はおそらくはこのフェティシズムをもって生きながらえることができたに違いない。オーギュスト・コントは『実証哲学体系』(Comte, A., *Cours de la philosophie positive*, 6 vols.)のなかで、フェティシズムを人類の解放の最初の理念と定義したが、それはおそらく正しい。なにかについて、そして一般に人間と世界について、一定の想念をもつことなしには、人間は行動できないからである。事実、人間はそのようにできている。この想念を神話とよぼうと「宗教」とよぼうと、それはさしあたり各人の自由であるが、ともかくこの種の想念は「われわれにとっては」(そして仏教にとっても)定義によって妄念である。人間は危険な世界のなかで生きるためには、想念が「学的に」正しいかどうかは問題ではない。あたかもその想念が正しい(真実である)かのように振る舞うのである。

最初の妄念（イデオロギー）組織は呪術であっただろう（マルセル・モースの呪術論はそう教える（なおこの論点に関しては、拙著『交易する人間』を参照））。

経験的ケースでは以上のごとくであっても、理論的観点からみた場合、どうして人間は妄念つまり矛盾的想念を「生きる」ことができるのだろうか。人間をして妄念を生きるべく余儀なくさせる理由はあるだろうか。四角い円の例をとって考察してみよう。

四角い円

四角形と円を同じであるとするならば、円と四角形は、図形を描けばわかるように、けっして一致しないから、ズレまたは空白を生じる（四角形のなかに円形を、四角形の4辺に接するように、描いてみればよい）。「四角い円」という想念は、このズレや空白があたかもないかのようにみなす。円と四角形の面積を計算してみよう（Rを半径とする）。

円の面積――――πR^2

四角形の面積――$(2R)^2 = 4R^2$

定義によれば、円＝四角形が前提であるから、

$\pi R^2 = 3.14\cdots \times R^2 = (2R)^2$

である。二つの面積は、二様に表現された。

1　$3.14\cdots \times R^2$

2　$(2R)^2 = 4R^2$

ここでは、$(3.14\cdots) = 4$ とされることになる。

明らかに、$4 - 3.14 = 0.86$ の誤差がでるが、「四角い円」の想念では、誤差は完全に無視される（なお、この非現実的な想念および誤差に関しては、Kojève, A., *Kant*, Gallimard, 1973, p. 98, note 1 を参照）。

この誤差とは何か。生命体が生きることと両立させうる有機体の「変動幅」のなかに、この生命論的な誤差がある。逆にいえば、この誤差がなければ生命体(人間を含む)は生きることができない。人間は日常生活ではこの種の誤差を無視して生きることができる。この誤差が無視可能であるかぎりで、四角い円の想念ないし「理論」(イデオロギー的)は、あたかもその想念を真実であるかのように信じるし、そのように行動することができる。しかし有機体が生きているあいだは誤差は無視できるけれども、この誤差を除去することはできない。もしこの「理論上の余白」(円形のなかの四角形が作る余白、あるいは四角形の円形が作る余白)の範囲内の「ゆらぎ」が限界を越えるとき、有機体は必ず消滅するだろう。

四角い円のイデオロギー的「理論」によれば、有機体または人間は、円の法則と四角形の法則の二つに従っていることになる。けれども、この「理論」は、言説の上で(言葉をあやつり)根本的な矛盾をカモフラージュするから、あたかも矛盾と非真理が不在であるかのように振る舞う。意図的ではなくても、実際に余儀なくそうする。人間はこの現世内で生きるかぎりは、四角形の法則と円の法則を区別しないからである。区別するときには、区別する思考は、最初は、知性的な思考であり、ついには妄念的思考をも学的思考の前駆として位置づける理性的な――分別的知性と違う意味での――学的思考へと発展する。それが綜合的な智慧である。

いわゆる二世界論は、かつてニーチェが指摘したように、すべて「四角い円」のタイプである。「あの世」と「この世」を空間的に理解する想念は、無数のヴァリエーションをもつが、それも「四角い円」の類型に属する。有限な世界以外に、それを「越えてある」ところの空間を「神の国」とみなし、有限界と神的世界を二つの並存する空間として想像する思想は、「唯一神論」であれ多神論であれすべて例外なく、「四角い円」的想念である。ところが四角の法則と円形の法則の矛盾に気づき、その矛盾を除去しようとする企てがありうる。例えば「四角い円」から、四角形を除去し、円形だけを取り出し、または保存し、「円環」(仏教的には「円満」)だけを承認することができるし、理論的にはそうしなければならない。空間的な「あの世」(超越神の世界)を除去するのは、一般に、無神論として定義できる。広義の「無神論」的立場だけが、「円満」充足を実現できるのである。

いうまでもなく、仏教は「四角い円」的妄念を否定し、したがって二世界論(此岸と彼岸)を解体し、有限性の哲学を構築し、有限性の論理を徹底して、有限界の認識が絶対知まで上昇するまさにその瞬間に、有限界がじつはそのままにして「無限界」であるという「ひとつにして二重の円」の境地を発見する。有限円と不可視の形式で重なる「無限」円については「語りえない」ものとして定義する。語りえないものは沈黙するほかはないが、あえて言語にするときには、固有名をもってそれを「指差す」のみである。こうして久しい間、空間的に分離させられてきた二つの領域がひとつに合一し、唯一の円において完全円満が成就する。

仏教のいう無明を生きる人間は「四角い円」を生きているのである。それは妄念のかたまりの世界である。もし四角い円(具体的には、慣習的想念とか、世俗道徳的想念など)を文字通りに生きてみようとするならば、そのひとはけっして「生きることができない」。まさにこの事態を、清沢満之は世俗道徳の実行の「不可能性」とよび、その「不可能性」から人間の苦痛煩悶が生まれると指摘したが、彼の議論を成り立たせている論理を再構成するならば、以上になるだろう。清沢満之のいわゆる「真俗二諦論」もこの観点で理解することができる。いわゆる俗諦は、四角の法則と円の法則を同時に生きていることになる。そこから、当人がその理由を知らないにせよ、煩悩が生まれ苦痛煩悶が生じる。その煩悶と苦痛がよってきたる理由ないし根拠を、すなわち現世内存在としての人間生活の無明性を、完全に知ることが、ほかならぬ目覚めである。目覚めとは、円の法則に服することである。円成実性とは、「四角い円」の打破であり、別の言葉でいえば、清沢満之の「破邪顕正」である(「破邪顕正談」『全集二』三七二―三八七、を参照)。

五　妄念から正念へ

妄念からの離脱

人間はたんに身体を動かすのではない。人間は自己の行動と行動が向けられる対象についての想念を必ずもつ。人間が生きることとは、身体的行動に加えて想念を作ることである。生きるとは想念的・想像的に生きることを意味する。想念は人間存在にとって不可欠であるが、分析的にみれば、想念は同時に妄念である。想念のなかに生きることは妄念のなかに(イデオロギーのなかに)住して生きることであり、しばしばたいていは人間は妄念的想念に安住する傾向がある、いやむしろ妄念にしがみつく(執着する)傾向がきわめて強烈である。人間から想念や妄念を取り去ることは人間であることをやめさせるに等しいとすれば、いかにして人間を妄念内存在から解き放つことができるのであろうか。

行動と妄念はひとつである。そして妄念がそうであるように、人間の行動は「かのように」の契機を内在させている。「かのように」思考することも人間のいわば「本性」なのである。人間的行為の構造を考察してみればそれがわかる。行為は、まず行為の動機ないし動因になる構想(企て projet, Entwurf)をもつ。ふつうはそれを行為の「目的」(まだ実現していないが、行為の終わりに達成される)とよぶ。行為は、この構想または企てを導きの糸(パラディグマ、範例)にして、与えられた(所与の)素材または環境に働きかけ、そしてそれらを変形加工し、かつてなかったという意味で新しい事物を生産(「創造」)する。このような行為は、物的生産活動(労働一般)に限られるばかりでなく、「観念的」生産活動(いわゆる精神的・文化的活動)にも妥当するし(観念や表象やイメージ、要するに一般に「思想」の生産)、さらには政治的活動(所与の社会関係の変形的加工)にもあてはまる。このように人間的行為をひろく定義するなら——そしてそうすべきであるが——人間的行為の出発点には構想ないし企てがあり、ある意味ではそれがいっさいを規定するとすらいえる。この構想と企て(プロジェ)のなかに、一方では現実の正しい認識が含まれているばかりでなく、他方では「あたかも」的行為になる傾向も含まれている。

構想(行為の動因)は、頭のなかにとどまるかぎりでは、想念であり、想念はそのままでは「現実に存在する(exist)」のではない。想念としての構想は、特定の何かについてのイデーであり、それは現実的な(リアルな)何かについて認識者が、それが置かれている「こといま」から切り離していわば「頭のなかに」移転させたものである。ふつうそれを「本質」とよぶが、この本質は事物が現実に存在するようには存在しない。想念は、「イデールにある」が「現実存在する(エグジスト)」のではない。想念的に存在するものは、現実存在しないがゆえに、現実から遊離する傾向をもち、したがって「誤謬」に向かう傾向がある。それを「あたかも」の傾向とよぶ。とはいえ、人間は最初の想念的構想(プロジェ)について「きっと実現するだろう」という希望と信念をもつときにはじめて実行するし、そしていつかはその構想を現実のものにするだろう。そのとき構想は、たんに想念にとどまるのではなく(想念にとどまるときには、それは誤謬でありうる)、現実と照応した「真実」になるであろう。より正確には、人間は、想念的構想を行為によって現実に照応させる過程を言説をもって語るときに、想念が「真実」であることを開示されたといういう(事物の側からいえば、事物は人間の言説のなかで「自己自身をあらわに示した」といわれる)。おそらく、いま述べた希望または信念がなければ、想念的構想はいつまでも夢想や妄想にとどまるだろう。

このことを念頭において仏教の行為体系を考察してみると、仏教がこの妄念的構想との対決をしてきた理由がわかる。行為または実践は、定義によって所与世界を変形したり転換させたりする。仏教の説法は行為である。それは無明のなかに埋没する人々の生活を所与世界とし、説法と論議によってこの妄念的所与を変換させ、無明から光明へ、愚痴から仏智へと導く。それは衆生の頭のなかにある妄念と邪念を破壊し、そうすることで衆生を目覚めさせることであったと受けとめることができる。説法する側からいえば、説法は妄念的世界のなかにたちまじり、そのなかで法を説くのであるから、妄念を確信している衆生のなかに智慧を入れるためには、妄念的枠組みにたいしてある程度の妥協を強制される(衆生の常識的センスに「近づけて説く」)。説法される「法」(真実の教え)は、けっして妄念ではないが、しかし衆生と「ともに」あたかも妄念から出発するかのように行為しなければならない。そうでなければ転法輪は成就しない。

衆生の無明的妄念に「近づけて説く」ときの言語表現は、古来、比喩的表現である。民衆への説法にとって、「喩えて言えば」の形式は避けることができない。しかし原理的には比喩的表現は、妄念的であり、これが妥協の代価である。説法は戯論を使用するのを余儀なくされるが、その使用のなかで言説の戯論性をも克服しなければならない。危ない綱渡りをするのである。この危険を無視して言説することはできない。戯論をもって説法することの危険を自覚する技法が妄念批判であり、それが純化されるときネガティヴ論理学が打ち立てられた。これは、しばしば誤解されるように、けっしていわゆる空理空論ではなく、人間が現世に存在する根源的事態の原理的構造を鋭く意識するための基礎論なのである。この龍樹的な真実の「空」論(ネガティヴ論理学)は現実の説法のなかで民衆に向かって存分に駆使されてきたのである。それを虚無論とみなし、民衆から分離していると批判するものがあるとすれば、そのひとはおよそ言語的行為の何たるかを厳密に考察したことがないのである。

清沢満之はその『宗教哲学骸骨』および『他力門哲学骸骨』のなかで、一見では空虚にみえるほどに抽象的な論理学を駆使しているのだが、そしてそのなかで卓抜にも言説における「比喩」の必然性と危険性を同時に把握している。まさにそれは現実における衆生説法の構造の真実のありかたを解明することであった。清沢満之的自覚を喪失するなら、あるいは遡って龍樹から法然や親鸞にいたる人々がもっていた理論的自覚がなくなるなら、仏教はたんなる喩え話の塊に転落したことであろう。比喩的言説は不可避であるが、しかし比喩的言説の妄念性からの解放がなければ、いっさいは神話に堕するだろうし、妄念的神話が瀰漫するとき無明の暗黒は広く深くなる。この危険の洞察は、哲学的思考以外にはできない。ここに明治時代において当時の仏教界の実情を念頭に置きながら、清沢満之が「哲学」を選択した理由があったといってよいし、その意義は理論的にもアクチュアルなまでにいまも生きているし、むしろ現在でこそ蘇生させられなくてはならない。

無限は論理的に証明できるのだろうか

妄念(doxa, opinon)の概念は、仏教にとっても清沢満之にとっても、批判的見地からきわめて重要であることが以上のことからわかる。特定の想念を妄念として批判的に規定する仕事は知性の仕事である。換言すれば、有限な人間的知性が、同じく有限な想念的妄念に批判的に対峙するのである。「しかじかの想念は妄念である」と語る言説は、論証的語りである。一般に、有限な物や事柄の本質は、知性による論証的言説をもって開示される。しかしいっさいの有限(事物も言説も含む有限界)を越える無限なるものについて、知性による論証的言説は使用できるのだろうか。これは哲学的にきわめて困難な問題であるが、けっして回避することはできない。この問題について清沢満之はどのように応対したであろうか。

清沢満之は、『宗教哲学骸骨』と『他力門哲学骸骨』においては、基本的には、無限に関して論証的に語りうるという立場を貫こうとしていたように思われる。ところが、ある時期から無限の論証という考え方について深い疑問を彼は感じるようになる。まさにその感じかたこそ清沢満之の哲学的才能をじつによく示している。この経緯を簡単に追跡しておこう。

彼は『他力門哲学骸骨』のなかでこう述べている。

宗教において精神の対境になるべきものは、万徳円満の無限の尊体であることがおおよそ明らかになったとはいえ、このような尊体ははたして存在するものであろうか、あるいはまた単に観念の上での理想にとどまるものであろうかと問えば、もとよりそれは現実に存在するものでなくてはならない。そしてこれを証明する理論は、かの有名なデカルトが立てた三つの証明、とくに存在論的証明であるが、今日にいたるまでこれにたいする完全な反駁はでていない。(『語録』七七。『全集二』四四)

有限があれば無限がなくてはならず、無限があれば有限がなくてはならない。(『語録』七八。『全集二』四五)

こうした命題が可能なのは、すでに無限なるものが「存在する」と前提してはじめて可能である。清沢満之は、仏教における無限他力を、とりあえずデカルト的な神と同類のものと見なした上で(たとえ仮定の上であれ)、神ないし無限の「現実存在」(existence)の証明(論証)はデカルトの論法で尽きていると考えている(そのように文章は書かれている)。この論点をつつきだせば、有限界を越える「エトヴァス」は「有」なのか「無」なのかをめぐる問題、すなわち有神論か無神論かの問題が登場するだろう。そして実際に、清沢は二つの『骸骨』のなかで無神論や有神論などを論じているのだが、その論じかたはあくまで論証的である。

ところがその後の著作のなかで、無限の論証について反省が生まれた。それをはっきりと示すのが『転迷開悟録』(『全集二』)の一断片である。無限なるものが実在するのかしないのか、という問いが再び提起されるが、この問いへの彼の態度は以前のようなものではない。いささかの迷いを示しているが、まったく新しい構想を提示している。次の文章は、無限の論証(無限を論証的に語ること)一般への疑問であるばかりでなく、過去の自分の立場への一定の自己批判である。誤解がないように一言しておくと、これは無限の論証的語りへの自己批判的省察であって、過去の著作の内容の放棄ではない。

然ルニ此ノ如キ無限完全ナルモノハ果シテ実在スルヤ否ヤ／有限ナルモノアリ　故ニ無限ナルモノナカル可カラズト云ヒ得ルカ／不完全ナルモノアリ　故ニ完全ナルモノナカル可カラズト云ヒ得ルカ／A＝AハA＝非非Aタリ　然レトモ是レ必スシモ非Aナルモノ、実在ヲ証明スルニ足ラズ／故ニ無限完全者ノ実在ハ必ス別ニ証明ヲ要スルナリ（『全集二』一六二―一六三）

最後の言葉「別(の)証明」こそが新しく提起された問題なのである。

これに続く文章のなかで、清沢は、絶対無限者の存在に関する三つの証明法にふれながら、そしてデカルトやカントの証明法にもそれなりの理由があることを承認しながら(かつての清沢は両者の道を踏襲していたのだが)、いまではそれらに留保をつけることになる。断片の後半は、彼の構想を命題風に列挙している。難解であるが、引用しよう。

《世論ハ成立ノ為ニス　仏教ハ破斥ノ為ニス》／絶対無限ハ決シテ論理的ニ証明サルヽモノニアラサルナリ／吾人ハ只其実在ヲ知見シ得ベキノミ／如何ニシテ之ヲ知見スルヤ／他ナシ　相対有限ノ雲霧ヲ解散シテ真如ノ明月ヲ観望スベキナリ／吾人ハ有限ナリ　相対ナリ　絶対無限ハ之ヲ所縁トスル能ハサルナリ　吾ノ対縁タルモノハ只

相対有限アルノミ／故ニ相対有限ニ対スル破拆ガ正ニ吾人ノ能事タルナリ／而シテ其破拆ノ間ニ於テ偶真月ノ光明ニ接触スルハ幸ノ事タルナリ／故ニ破拆ノ業ハ必スシモ完到スルヲ要トセズ　唯完到セハ必ス常照ノ真月ニ接スルヲ得ベキノミ（『全集二』一六三）

この文章をよく理解するためには、まずは言葉の吟味から開始しなくてはならない。冒頭の「世論」とは何であるか。おそらくこれは西洋語の opinion の翻訳であろう。世間通俗の見解であり、ギリシア語のドクサ(doxa)を意味しているだろう。オピニオンもドクサも、仏教でいう妄念と同じである。それは狭くとれば世人の主観的思い込み(主観的確信)であり、広くとれば、伝統的に固定された学問的な「独断主義的」意見(理論や学説など)である。このような妄念的憶見が「成立ノ為ニス」とはどういうことであろうか。

「成立」は「せいりつ」とも「なりたち」とも読める。何かあるものがつねにすでにできあがっている状態(Gewordensein)をさすと理解しておこう。では「世論ハ成立ノ為ニス」の命題は、どのような問いに対する答えであろうか。この命題の裏にある質問を取り出すなら、こうなろう——なぜ、いかにして、何ものかが成立するのだろうか。成立あるいは成り立ちを問うことは、何ものかがすでに事実存在していることを暗黙のうちに承認し前提している。すなわち、このように問う「我」も問われる「対象」もすでに事実的に存在しており、それらはそれ自体として問われない。こういう暗黙の前提の上に、「いかに、なぜに、しかじかの物は存在するのか」と考える。このような言説は、物や我を「実体化」しているのである。おそらくこの考え方が成長するなら、客観的な実証的「科学」になるだろう。仏教はこれとは違うと清沢はいう。「仏教ハ破斥(拆)ノ為ニス」という。

破拆とはどういうことであろうか。文脈からいえば、明らかに、妄念を破拆する、という意味であろう。そしてここで妄念は、主観的な妄念ばかりか、固定した物の見方一般をさすであろうから、しかもそれは「実体主義的な」思考様式のことであるから、妄念の破拆は、事と物を独立自存するものとして捉え、そうした捉え方を真実であると主観的に確信する思考様式がいかにして生じるかの理由を明示し、それを根源において破壊する操作である。現代的にいえば、こうした妄念・妄想としての想念ないし思想の組織は「イデオロギー」とよばれるから、仏教の破拆操作は、イデオロギーの破拆すなわち批判である。事物を独立自存するかのように把握する傾向はすべてイデオロギー的である。どのような思想にもこうした傾向がひそかに染み込んでくる。このことを、自分のなかにも他者のなかにも、見抜くことも破拆である。

特定の見方あるいは思想形式を批判し打破するためには、それにとって代わりつつ、前者が挫折する理由をも指摘し教えることができる思想の形式がなくてはできないことである。仏教が、他の思想形式を破拆できるのだとすれば、仏教は破拆の理論をもたなくてはならない。それの基礎論が仏教縁起論である。縁起論は、縁起論的に万物すなわち宇宙を説明し理解する理論形式である。万物相関としての物の存在を把握し、ひとつとして独立自存するものはないとみなすコスモロジー、それが縁起という関係主義的あるいは構造論的世界理解の理論である。要するに、仏教の破拆とは、関係論的ないし構造論的な万物相関理論をもって、既存の実体主義的思想類型のすべてを、理由を明示しつつ破壊するのである。これが「妄念の破壊」であり、認識(知的行為)を通しての妄念的想念組織からの解放である。そして妄念からの解放は、そのまま、自己自身および自己がそのなかで生きかつ死ぬところの世界についての真実の知を獲得することである。自己を本当に知ることは、自己がそのなかに実存する世界を本当に(身にしみて)知ることであるから、自己と世界の認識は、自己と世界に関する妄念からの解放なしにはありえない。正覚とは、まずは妄念の破拆から開始するのでなくてはならない。そして妄念が真実において解体されるとき、万物に無限の光明がいきとどくように、認識の光が自己と世界の姿を照らしだす。真実は、真実と誤謬を同時的に教える。真実を知ることは、同時に、それと異なる誤謬(妄念)をはっきりと指し示す。誤謬(妄念)の破拆的知は、そのまま世界内人間の真実の姿の解明的知である。

ところで、妄念に関しては、「論理的に証明する」ことができる。すなわち、われわれの言い方では、イデオロギーは、論証的言説をもって、それの成り立ちを分析して、その発生理由を理論的に明らかにすることができる。真実の把握に到達するためには、どうしてもこのような「迂回路」を必ず通過しなくてはならない。しかし妄念の論証的な解明は、世界内人間の真実の解明であっても、絶対無限の把握ではない。つまり論証的認識は、世界内人間（世俗生活をする人間）が「無明のなかに沈んでいる（沈むほかはない）」ことを「真実において」知ることであって、無限を論証的に把握することではない。では無限を「把握する」にはどうすればいいのか。そのような「把握」があるとするならば、それはどういう知のありかたなのだろうか。

独自類の知見

「絶対無限ハ決シテ論理的ニ証明サルヽモノニアラサルナリ／吾人ハ只其実在ヲ知見シ得ベキノミ」と清沢は言う。この「知見」とはなんだろうか。清沢が正しく指摘しているように、有限な人間の認識は有限な事物に対してのみ有効である。「故ニ相対有限ニ対スル破拆ガ正ニ吾人ノ能事タルナリ」とは、有限な人間の論証的な認識について述べていることだ。しかし無限は論証的認識をすべりおちてしまう。論証的認識の過程のなかで「偶真月ノ光明ニ接触スルハ幸ノ事タルナリ」という。言い換えれば、無限の把握は、論証的知の延長線に連続的に登場するのではない、ということである。そこには断絶がある。もしそうなら清沢が言う「知見」は、論証知ではない「独自類（sui generis）」の認識であるといわなくてはならない。

知見とは、おそらくは、直観的洞察のことであろう。絶対無限が論証的認識をもって捉えられないのだとすれば、別の把握の仕方がそれをよく行なうとしなくてはならない。とりあえずここでは、西洋哲学の伝統にならって、この知見を直観的洞察（intuition）と定義しておこう。直観とは、悟性（知性）的推論を越える働きをする。図式的にいえば、知性（分析的理性）は相対有限を認識する。知見的直観は絶対無限を洞察的に把握する。

このように受けとめてそれほど間違いがないとすれば、清沢の前記引用文の意味は、およそ次のようになるだろう。

一　自己と世界についての妄念の霧（「相対有限の霧」）を散らすのは、分析的・論証的な知性の働きである。有限は有限に対するのみ。

二　この知的分析すなわち論証的破折を条件として、無限に接触するのは、知見すなわち無限の直観である。してみると、すぐさま思い起こすことができるように、この二つの知の類型は、あたかもスピノザの二種の知に酷似している。スピノザの第二種の知は、第一種の想像知と違って、論証的で分析的な知性である。彼の言う第三種の知は、神即自然すなわち世界の存在の直観的把握である。第二種なしには第三種はない。二つの知は、同じことを相手にしているが、対応の仕方が違う。第二種の知性は論証をもってするが、第三種の知は直観的全体把握をもってている。真実のトータルな把握は、二つの知の統合的運用である。そうだとすれば清沢満之が目指す「真実の光明」との「接触」はまた、知性と知見との統合的運用であるといわざるをえない。スピノザが『エチカ』第五部の最後で、神即自然の直観的把握(神の知的愛、神を知ることと愛することは同一であること)は、困難で稀であるが、しかし高貴なことであると述べているように、仏教的＝清沢的絶対無限の洞察的知見もまた、稀であり困難である。しかしそれを成就することが、仏教的正覚である。

このような知見あるいは直観は、学的組織においては、どのように処理されるのだろうか。ここでもスピノザが参考になる。彼においては、絶対無限は、論証知の対象ではないのだから、学の開始以前において、公理と定義のなかに置かれる。論証的知にのらないものは、公理なのである。清沢が「無限はその実在を知見するのみ」と言うとき、その性格は公理的である。直観的洞察として把握されたものは公理に置かれ、それを導きとして論証知が運動し、最後に論証によって媒介されつつこの公理を直観的に把握し直す。こうして円環的な把握が実現する。最初の公理は、仏教的にいえば、最初の「信」であり、最後の公理の直観は媒介された「信」すなわち「深信」である。仏教的信は、論証知に媒介された知見である。

かつて清沢は西洋的な意味での「神の存在論的証明」にこだわったが、後年の清沢にはもうそのような惑溺はない。明治三十二年から三十三年頃の『転迷開悟録』の時点では、彼は新しい哲学構想へと到達したといえそうである。すなわち、もはや神の存在論的証明などという神学的要請は不要であり、そうした要請が出てきた根拠は学的展開のなかに流し込まれ、変換されて組み込まれつつ、いわば雲散霧消するのである。縁起論的(有機組織的)学的展開そのものが、望むならかつての「存在論的証明」を換骨奪胎して事実上実現させるのである。ここにおいて清沢は、西洋の神学的論証を振り捨てて、仏教縁起論の学的展開(論証的知による)を経て、最後には直観的知見をもって無限に「接触する」。このとき、空観論が知見として運用される。

互具と互融

そうなると、彼の基本用語である「有機組織」の概念にも微妙な変動が生じる。それは、ごく細部の用語法のなかにかすかに顔をだす。細部にこだわるようだが、用語の検討をしておこう。

1　『宗教哲学骸骨』と『他力門哲学骸骨』において、有機組織の概念は、特定の事物に着目していえば、主伴互具の関係として定義された。有機組織は、たんに水平的な相関関係でも二項対立的な関係でもなく、無数の部分をもつ階層的な有機的関係であり、したがって必ずどれかが「主」であり、他のどれか(複数)が「伴」であるのでなくてはならない。有機組織は、形式的にいえば万物相関であるが、実質的なモナドロジックな階層関係でもたなくてはならない。相互依存関係は階層的な主伴互具関係なのである。これは有機組織論の基本であり、清沢の基礎的な概念である。

2　ところで、有機組織論の基本的枠組は変更しないとしても、主伴互具論の理解において微妙な変動が生じる。言葉だけを取り上げるなら、互具と同時に互融が併用される。主と伴は相互依存的であり、階層的関係であるが、互融は階層的な相互依存ではなくて、むしろ相互融合を意味するだろう。互具と互融とでは、境地が違うはずである。どこがどう違うのか。

階層的な相互依存(互具)を「相依」とよぶなら、融合的な互融は「相待」とよぶことができる。伝統的には、相依と相待はほとんど同義として扱われてきたし(清沢も相依相待を一語のようにしばしば使用しているが)、ここでは区別して使用したい(第二部第一章を参照)。互具は分離を前提する。互融は合一を想定する。言い換えれば、「世界」を主伴互具として知るのは、理性的な認識である。理性的な観点から眺めれば、世界は主伴互具の有機組織として把握される。反対に、知見の観点から世界を眺めれば、同じ有機組織も主伴互融として、つまりは相待関係として把握される。眺める相手(「対境」)は同じもの(同一の世界)であるのだが、理性的な認識と知見的な洞察という区別がある。互融は知見(的洞察)の立場からの概念である。このような関係の変化があるからこそ、かつてデカルト的な「存在論的証明」を異論なく支持していた立場がくずれて、新しい立場、すなわち論証的ではない知見的な立場が登場することになったのである。無限はただ知見されるのみ、という宣言は、互具論だけではすまないで、互融論を独自の概念とすることにも現われている。つまり万物相関は、二重の観点から考察されるのである。分析的理性からの観察と、知見的洞察からの観察との二重性である。こうして、縁起論が二重の相をもつことがはじめて明晰に把握されることになった。目覚めの後でのみ縁起の二重化的把握が可能になる。前に指摘したように、自然哲学としての縁起論は、「世界」を自然的法則性が支配する領域として定義するだろうし、特殊人間的な行為(自由な意識の介在)が作り出す人間世界の哲学すなわち人間学としての縁起論は、人間的世界を人間的(意志的)因果性が支配する領域として定義する。これは結局は、正覚とは何かという問いにたいして理論的に答えるための、不可欠の回り道であった。

縁起論の革新、仏教的学知の体系的組織化の基礎がためと主要な鍵概念の構築、さらには覚者と菩薩の概念的区別およびそれに対応する智慧と哲学知との区別、目覚めの逆説的構造の原理的解明、などを踏まえて、清沢満之はついに絶対無限への乗託という大道を歩き抜くことができた。学知と智慧の統合、信と知の統一、これが仏教的覚醒の基本であるとすれば、それの成就は他者との言説的論議を中心とする同朋共同体の建設のなかで、慈悲の行道として実現されるだろう。清沢満之は、まさにこの大道を、学道と行道の同時的達成として成就したといえるだろう。それは、困難な、そしてきわめて稀有な仕事であったが、まさしくそのゆえに貴重で高貴な偉業であった。それは孤独にそびえたつ険しい高峰である。その水準からこそわれわれは出発しなくてはならない。その意味で、後世のわれわれは、清沢満之の全仕事を、学的面でも行道の面でも不可欠の遺産として継承すべき義務がある。このことをあらためて、そして何度も反芻し、確認しなくてはならない。

参照文献

清沢満之自身の仕事

小川一乗・寺川俊昭ほか編『清沢満之全集』全九巻(岩波書店、二〇〇二―三年)
橋本峰雄編『清沢満之・鈴木大拙』(中央公論社、一九八四年)
今村仁司編訳『現代語訳　清沢満之語録』(岩波現代文庫、二〇〇一年)

清沢満之の研究

寺川俊昭『清沢満之論』(文栄堂書店、一九七三年)
安冨信哉『清沢満之と個の思想』(法藏館、一九九九年)
吉田久一『清沢満之』(吉川弘文館、一九六一年)
久木幸男『検証清沢満之批判』(法藏館、一九九五年)
今村仁司『清沢満之の思想』(人文書院、二〇〇三年)

仏教一般

『定本親鸞聖人全集』第一巻(法藏館、一九六六年)
『真宗聖教全書』第二巻(大八木興文堂、初版一九四一年)
中村元『空の論理』(春秋社、一九九四年)
増谷文雄『知恵と慈悲〈ブッダ〉』(『仏教の思想』1、角川書店、一九六八年)
増谷文雄『仏陀』(角川書店、一九六九年)
安田理深『安田理深選集』第十五巻　上・下(文栄堂書店、一九八四年、一九八五年)

安田理深『願心荘厳』(法蔵館、一九八八年)
山口益・横超慧日・安藤俊雄・舟橋一哉『仏教学序説』(平楽寺書店、一九六一年)
塚本善隆・増谷文雄・梶山雄一・上山春平・梅原猛編『仏教の思想』(全十二巻、角川書店、一九六八―一九七〇年)
山口益『世親の浄土論』(法蔵館、一九六六年)
小川一乗『大乗仏教の根本思想』(法蔵館、一九九五年)

近代西洋哲学

Montaigne, Michel Eyquem de, *Essais*, in *Oeuvres Complétes*, Pléiade, Gallimard, 1962.
Descartes, René, *Méditations*, in *Oeuvres et lettres*, Pléiade, Gallimard, 1953.
Leibniz, Gottfried Wilhelm, *La Monadologie*, publiée par E. Boutroux, Vrin, 1930.
Spinoza, Baruch de, *L'Ethique*, in *Oeuvres complètes*, Pléiade, Gallimard, 1954.
Spinoza, Baruch de, *Traité des autorités théologique et politique*, in *Oeuvres complètes*, Pléiade, Gallimard, 1954.
Kant, Immanuel, *Kritik der reinen Vernunft*, Felix Meiner, 1976.
Kant, Immanuel, *Kritik der praktischen Vernunft*, Felix Meiner, 1929.
Kant, Immanuel, Idee zu einer allgemeinen Geschichte in weltbürgerlicher Absicht, in *Werkausgabe XI*, Suhrkamp, 1977.
Hegel, G. W. F., *Jenenser Logik, Metaphysik und Naturphilosophie*, Felix Meiner, 1967.
Hegel, G. W. F., *Phänomenologie des Geistes*, Felix Meiner, 1957.
Hegel, G. W. F., *Wissenschaft der Logik*, (I, II), Suhrkamp, 1969.
Hegel, G. W. F., *Vorlesungen über die Geschichte der Philosophie*, III, Suhrkamp, 1971.
Marx, Karl, *Ökonomisch-philosophische Manuskripte* (1844), WERKE, Ergänzungsband, erster Teil, Dietz, 1968.
Marx, Karl, *Das Kapital*, Bd. I (1867), WERKE, Bd. 23, 1962.
Comte, Auguste, *Cours de la philosophie positive*, 6 vols., Anthropos, réimpression, 1968–1969.
Durkheim, Emile, *Les formes élémentaires de la vie religieuse*, PUF, 1994.

Heidegger, Martin, *Sein und Zeit*, Max Niemeyer, 1927.
Kojève, Alexandre, *Introduction à la lecture de Hegel*, Gallimard, 1947.
Kojève, Alexandre, *Essai d'une histoire raisonnée de la philosophie païenne*, tome 1, 2, 3, Gallimard, 1968–1973.
Kojève, Alexandre, *Kant*, Gallimard, 1973.
Koyré, Alexandre, *Hegel à Iéna*, in *Études d'histoire de la pensée philosophique*, Gallimard, 1971.
Althusser, Louis, et al., *Lire le Capital*, 2 vols, Maspero, 1965.
Foucault, Michel, *Le souci de soi*, Gallimard, 1984.
Foucault, Michel, Les techniques de soi, in *Dits et écrits*, IV (1980–1988), Gallimard, 1994.
Foucault, Michel, *L'herméneutique du sujet*, Gallimard-Seuil, 2001.
Derrida, Jacques, *De la grammatologie*, Minuit, 1967.
Derrida, Jacques, Donner la mort, in *L'éthique du Don*, Métailié-Transition, 1992.
Derrida, Jacques, *Spectres de Marx*, Galilée, 1993.
Dastur, François, *Heidegger et la question du temps*, PUF, 1990.
Balmary, Marie, *Le sacrifice interdit*, Grasset, 1986.
Claire, André, *Kierkegaard existence et éthique*, PUF, 1997.
Wolfson, Harry, Austryn, *La philosophie de Spinoza*, Gallimard, 1999.
Delbos, Victor, *Le problème moral dans la philosophie de Spinoza et dans l'histoire du spinozisme*, Félix Alcan, 1893.
Rosenzweig, Franz, *L'Étoile de la Rédemption*, Le Seuil, 1982.
Schutz, Alfred, The Problem of Transcendental intersubjectivity in Husserl, in *Collected Papers III*, Nijhoff, 1975.
Levinas, Emmanuel, *Totalité et Infini*, Martinus Nijhoff, 1971.
Levinas, Emmanuel, *Autrement qu'être*, Martinus Nijhoff, 1978.

エピクテトス関連文献

エピクテトス『人生談義』鹿野治助訳(全二冊、岩波文庫)

鹿野治助『エピクテートス——ストア哲学入門』(岩波新書、一九七七年)

拙著で関連するもの

今村仁司『近代性の構造——「企て」から「試み」へ』(講談社、一九九四年)

今村仁司『交易する人間(ホモ・コムニカンス)——贈与と交換の人間学』(講談社、二〇〇〇年)

今村仁司『排除の構造』(ちくま学芸文庫、一九九二年)

今村仁司『暴力のオントロギー』(勁草書房、一九八二年)

あとがき

私が清沢満之を読み始めてからおよそ十年になる。この間とぎれることなく清沢満之の著作を読み続けながら、その読書のなかで数々の刺激を得ることができた。私の清沢読解を長い期間にわたって持続させた理由はいくつかある。なかでも、清沢の思索力の強靭さと構想の雄大さが私にとってもっとも魅力的であった。その感銘がなければ、私がかくも長く清沢とつき合うことはできなかったであろう。要するに、最初の出会いがすべてを決めた。私が清沢の思索力の鋭さと深さを直観したことが、これまでのつきあいを可能にしたといえるだろう。

最初の出会いでは私はまだ清沢の精神の奥底まで理解を届かせることはできなかったのだが、テキストを何度も読むなかで少しずつ清沢の精神の襞にまで食い入ることができるようになった。清沢的思考様式にピントがあうようになったきっかけは、私が現代語訳を試みたときである(『現代語訳　清沢満之語録』岩波現代文庫)。たんに原文を書き写すだけでも著者を理解する助けになるのだが、さらに現代文に言い換えることは独自の思想的努力を要求される。これによって私は清沢の一語一文のなかににじみ出る清沢の思考の体質を実感することができた。これによってようやく彼の精神の深いところまで入り込むことができたとひそかに確信することができた。この実感があったからこそ、私は清沢満之の思想的全体像を構築してみようと決意することができたのではないかと思う。清沢読解が高揚するなかで、本書中第一部の主要な部分と本書第二部が、二〇〇一年の夏期休暇中一挙に書き下ろされた。

清沢満之のテキストに忠実に沿う仕方で思想を分析するという意味では、本書第一部がいわゆる研究にあたるだろう。そこでは清沢の著作のなかに種蒔かれた主要な思想的着想が発掘されている。第二部は、第一部において確認された着想または構想を私の責任で引き伸ばしてみる試みである。第一部が注釈であるとすれば、第一部は解釈的展開である。清沢は若くして世を去ったので、彼の構想は実現しないままに終わったのだが、その構想は発展可能性を内蔵しているからこそ、彼に代わって展開させることができるのだと私は考える。

世の中に清沢満之を論じる書物は多々ある。論説やエッセーまで含めるなら実に膨大な量にのぼるだろう。現在、宗門のなかでは、人々はほとんど毎日と言っていいほど清沢について語っている。しかし、清沢と哲学の関係あるいは清沢の哲学的思考を主題的に論じた書物は、清沢の死後百年経った今でも皆無である。日本のどこかにその種の学的研究が埋もれている可能性がないではないが、おそらくゼロに近いだろう。なぜなら清沢を真実の意味で哲学する人として位置づける姿勢がこれまでまったくなかったからである。大学アカデミズムにおいても、本格的な清沢満之哲学の研究は皆無であろう。実に奇妙というほかはないのだが、事実は事実である。しかし、私が編集に参加した新『清沢満之全集』(全九巻、岩波書店)が二〇〇三年七月に完結したことは、今後の清沢研究の新しい出発点になるだろう。新『全集』ならびに本書をきっかけにして、忘れられた思想家清沢満之が思想界に復権されることを強く希望するものである。

最後に、本書が岩波書店から出版されるにあたって、前の『現代語訳　清沢満之語録』の場合と同様に、斎藤公孝さんのご高配を賜ることができた。この二冊以外にも、例えばベンヤミンの『パサージュ論』(全五巻)の編集と出版についても斎藤さんのご尽力を得たわけで、これらすべてをひっくるめて斎藤さんのご尽力に対して深甚なる感謝を捧げたい。

二〇〇四年一月一日

今村仁司

付記　本書の出版にあたって東京経済大学から二〇〇三年度学術図書刊行助成費を交付された。記して感謝する。

事 項 索 引

ア 行

カ 行

サ 行

タ 行

ナ 行

ハ 行

マ 行

ヤ 行

ラ 行

人名索引

ア 行

カ 行

サ 行

タ 行

ナ 行

ハ 行

マ 行

ヤ 行

ラ 行

■岩波オンデマンドブックス■

清沢満之と哲学

2004 年 3 月 12 日　第 1 刷発行
2004 年 6 月 25 日　第 2 刷発行
2013 年 12 月 10 日　オンデマンド版発行

著　者　今村仁司《いまむらひとし》

発行者　岡 本 厚

発行所　株式会社 岩波書店
〒101-8002 東京都千代田区一ツ橋 2-5-5
電話案内 03-5210-4000
http://www.iwanami.co.jp/

印刷／製本・法令印刷

ISBN978-4-00-730082-4　Printed in Japan